Renate und Roman Linhard

ErlebnisWandern mit Kindern

Oberpfalz

Hallo Kinder!

Ich bin Rothi, das Murmeltier. Von mir erfahrt ihr, wo in der Oberpfalz Luchse, blaue Moorfrösche oder seltene Schmetterlinge zu finden sind und an welchem Berg ihr im Sommer Skifahren könnt. Außerdem erzähle ich euch Geschichten von Ritter Kuno, dem Wilden Heinz und den frechen Waidhauser Schragerln.

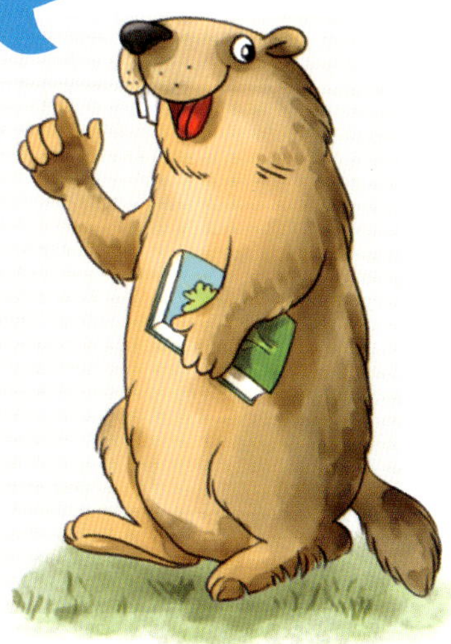

ROTHER

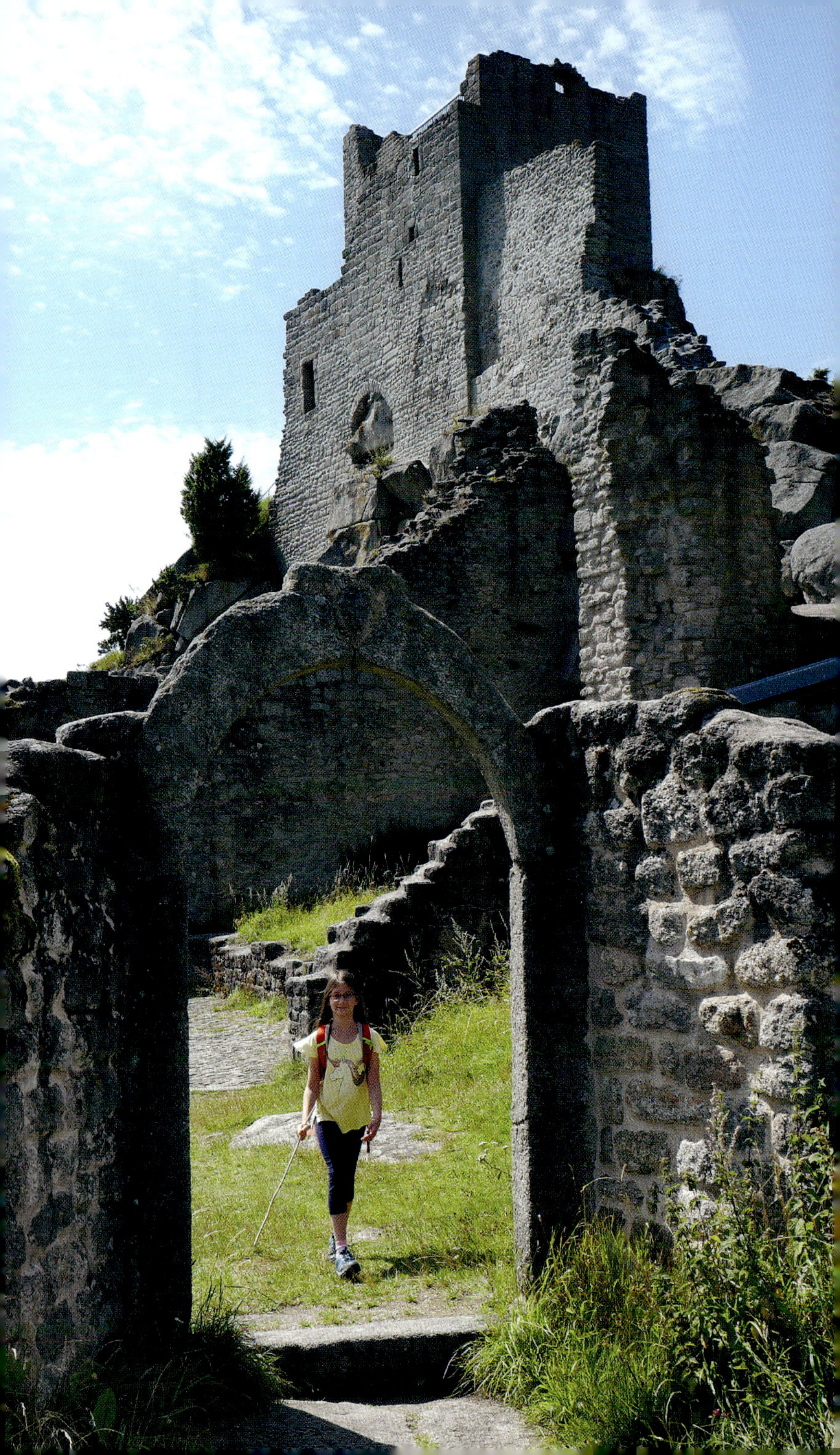

Vorwort

Abwechslungsreiche Wanderungen, auf denen man viel entdecken und erleben kann, machen Jung und Alt Spaß. Und hierfür bietet die Oberpfalz landschaftlich eine bunte Mischung: Mittelgebirgslandschaften im Naturpark Steinwald und im Oberpfälzer Wald, Hügellandschaften, schlafende Vulkane, verträumte Flussauen, Weiherlandschaften und Badeseen. Die relativ dünn besiedelte Region besitzt außerdem endlose grüne Wälder, spannende Felslandschaften und viele Höhlen. Sie überrascht uns mit dem tiefsten offenen Loch der Erde in Windischeschenbach oder dem höchsten künstlichen Sandberg der Region, dem Monte Kaolino. Für die Kinder wurden abwechslungsreiche Spielplätze und aufschlussreiche Naturerlebnispfade angelegt, die den Nachwuchs aktiv werden lassen. Geht es wirklich mal steil den Berg hinauf, wartet oben meist ein Aussichtsturm oder eine Burgruine. Kurzum, hier gibt es viel zu entdecken, und das Schöne ist, dass die Oberpfalz derzeit noch ein touristischer Rohdiamant ist.

Uns war es wichtig, altersgerechte, nicht allzu lange Wanderungen anzubieten, damit unterwegs genügend Zeit für Entdeckungen und Spiele bleibt. Schließlich wollen Kinder nebenher auf Felsen klettern, Steine sammeln, Tiere beobachten, springen, hüpfen, balancieren und die Gegend erforschen. Von Grund auf nehmen Kinder mehr wahr als Erwachsene. Sie beobachten viel detaillierter, sind offen für alles Neue und erkunden die Natur auf ihre Art und Weise. Den Nachwuchs dabei zu begleiten und ihm dabei zuzuschauen, wird Ihnen in der Oberpfalz viel Freude bereiten.

Unser Dank richtet sich an unsere Familien und Freunde, die uns tatkräftig mit Ideen und Vorschlägen versorgt haben. Nun wünschen wir allen kleinen und großen Wanderern viel Spaß beim Entdecken unserer früheren Heimat.

Renate und Roman Linhard — Sommer 2024

Burgruine Flossenbürg – Wahrzeichen des Naturparks Nördlicher Oberpfälzer Wald (Tour 18).

Inhalt

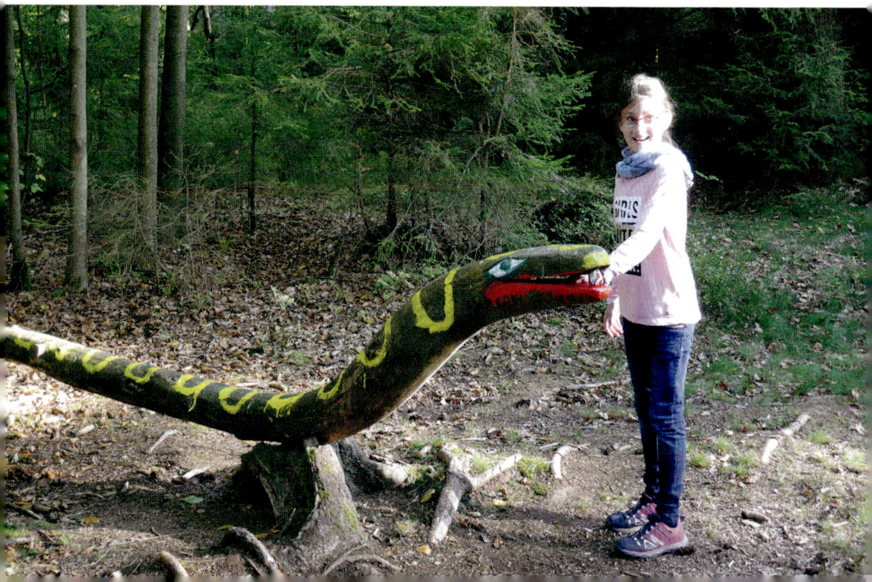

Liebenswerte Ungeheuer im Geisterwald Harlachberg (s. Freizeittipp 12).

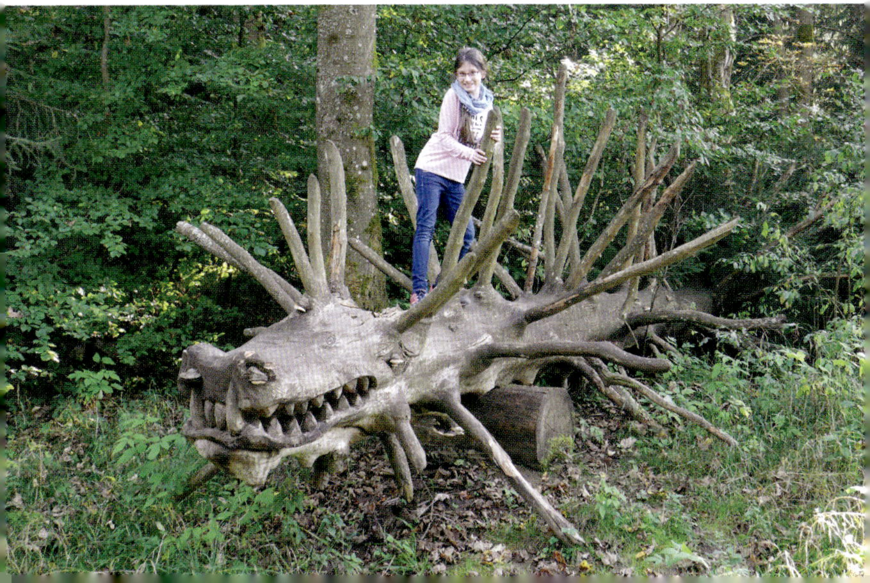

Allgemeine Hinweise

Anforderungen

Die Wanderungen in diesem Buch sind in drei farblich gekennzeichnete Schwierigkeitsstufen eingeteilt (siehe unten). Jedoch dient dies nur als grobe Orientierungshilfe und als erster Anhaltspunkt bei der Tourenauswahl, da Kinder ganz unterschiedliche Kondition und Motivation mitbringen. Beginnen Sie daher mit leichten und kurzen Wanderungen oder mit Kurzvarianten, um die Grenzen Ihrer Kinder zu testen und einschätzen zu können. Nach und nach kann so der Schwierigkeitsgrad gesteigert werden, ohne dass die gute Laune auf der Strecke bleibt. Letztendlich kennen Sie als Eltern Ihre Kinder am besten und wissen, was ihnen zuzutrauen ist. Unter dem Stichpunkt »Anforderungen« werden bei jeder Tour die jeweiligen Besonderheiten und Schwierigkeiten genauer beschrieben.

Anfahrt

Bei einigen Tourvorschlägen kann, neben der Anfahrt mit dem eigenen Auto, der Ausgangspunkt auch mit öffentlichen Verkehrsmitteln erreicht werden. Die Verkehrsverbünde VGN (vgn.de), Cham (landkreis-cham.de/mobilitaet), Regensburg (rvv.de) und Weiden-Neustadt a.d. Waldnaab (nwn-bus.de) decken einen Großteil der Oberpfalz ab. Auf den genannten Internetseiten können Busverbindungen und Ticketpreise aktuell, schnell und bequem vorab oder von unterwegs mit dem Smartphone ermittelt werden.

Zusätzlich bieten die Landkreise Neustadt a.d. Waldnaab, Schwandorf und Tirschenreuth ein Rufbussystem (z. B. BAXI) an, um Lücken in der Versorgung mit dem Öffentlichen Nahverkehr zu schließen. Bitte melden Sie hierfür Ihren Fahrtwunsch in einer der

SCHWIERIGKEIT: **LEICHT**

Einfache Wanderungen auf gut ausgebauten Wegen oder bequemen Pfaden mit geringem Höhenunterschied. Für diese Touren ist keine Wandererfahrung erforderlich und sie können von Kindern der angegebenen Alterstufe gut bewältigt werden. Sportschuhe oder Trekkingsandalen sind meist ausreichend. Einige dieser Touren können auch mit dem Kinderwagen befahren werden.

MITTEL

Etwas längere Touren, die wegen der teilweise auch größeren Höhenunterschiede schon etwas Ausdauer erfordern. Stellenweise führen diese über schmale, von Wurzeln durchsetzte oder steinige Wanderpfade. Trittsicherheit ist nötig. Gut profilierte Sport- oder Wanderschuhe sind erforderlich. Geeignet sind diese Wandervorschläge für Kinder, die schon etwas Wandererfahrung mitbringen.

SCHWER

Dies sind Wanderungen, die entweder von mehrstündiger Dauer sind oder große Höhenunterschiede aufweisen. Sie führen über schmale Wanderpfade, die stellenweise auch ausgesetzt sein können oder an steilen Hängen entlangführen. Von den Kindern verlangen sie Trittsicherheit, Schwindelfreiheit und eine gute Kondition. Gut profilierte, knöchelhohe Wanderschuhe sind vorteilhaft.

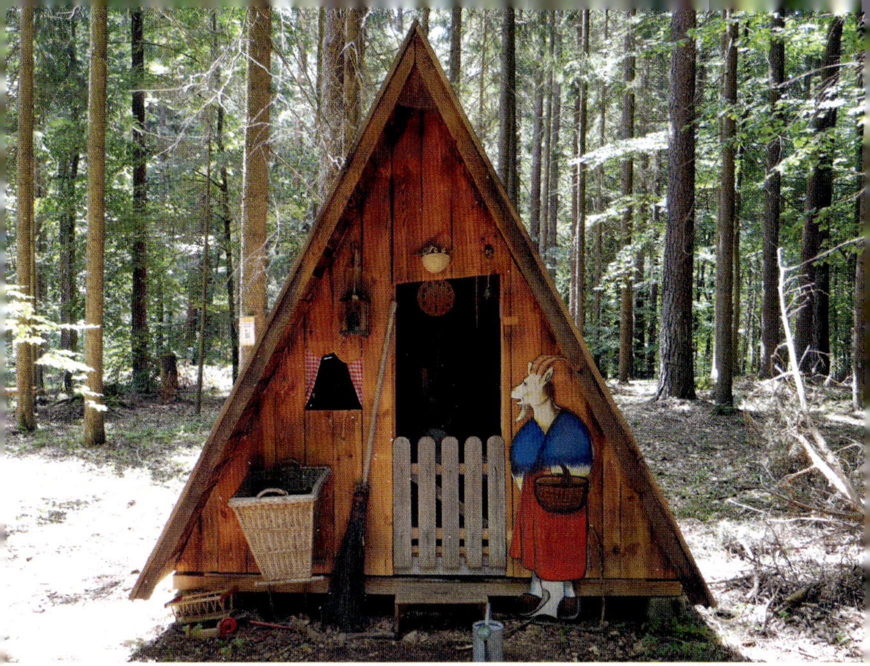

Der Wolf und die sieben Geißlein – im Laumertal (Tour 34).

im Buchumschlag angegebenen Rufbuszentralen telefonisch rechtzeitig vorher an. Rufbusverbindungen sind in diesem Buch zwar als Möglichkeit angegeben, die entsprechenden Touren sind aber nicht mit einem Bussymbol gekennzeichnet.
In den Tourvorschlägen ist beschrieben und ersichtlich, wie man von den Haltestellen zum Ausgangspunkt der Wanderung gelangt.
Die Ausgangspunkte der Wanderungen werden jeweils mit Adresse oder GPS-Koordinaten angegeben. Eine Liste mit den GPS-Koordinaten der Ausgangspunkte steht zudem zusammen mit den GPS-Tracks der Wanderungen zum Download auf der Internetseite des Rother Bergverlag zur Verfügung (siehe S. 11).

Gehzeiten

Die Zeitangaben verstehen sich als reine Gehzeiten und sind großzügig bemessen. Je nach Alter und persönlicher Ausdauer der Kinder kann die tatsächlich benötigte Zeit aber erheblich von dem angegebenen Richtwert abweichen. Planen Sie zusätzlich reichlich Zeit für Pausen ein, denn Kinder wollen die Gegend gerne auskundschaften, spielen und herumtollen. Bei Erlebniswegen muss zusätzliche Zeit für den Aufenthalt an den verschiedenen Stationen eingeplant werden. Eltern sollten sich auf der Wanderung an die Gehgeschwindigkeit der Kinder anpassen.

Kurzvarianten und Varianten

Da Kinder unterwegs manchmal die Lust am Weiterwandern verlieren oder manche Familien generell kürzere Wanderungen bevorzugen, sind bei einigen Tourvorschlägen auch Kurzvarianten beschrieben. So lassen sich längere Wanderungen abkürzen, ohne dass man auf allzu viele Erleb-

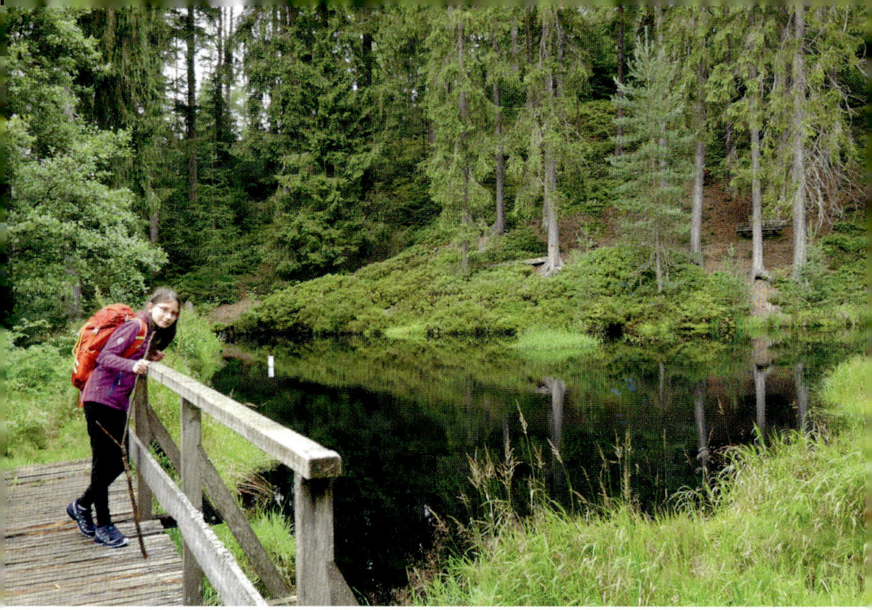

Schützweiher am Schleifererpfad bei der Glasschleif (Freizeittipp I1).

nisse verzichten muss. Die Kurzvarianten sind teilweise auch für jüngere Kinder geeignet als in der Haupttour angegeben. Längere Varianten stellen eine Bereicherung der jeweiligen Hauptwanderung dar und führen zu interessanten Nebenschauplätzen, wie Burgen, Höhlen und vielem mehr.

Ausrüstung

Bei jedem Tourenvorschlag finden Sie unter dem Stichwort Ausrüstung wichtige Hinweise zu geeignetem Schuhwerk und Kleidung sowie zu sonstigen hilfreichen Gegenständen, die man auf die Wanderung mitnehmen sollte.

Schuhwerk: Bei einfachen Touren (blau markiert) sind meist schon gut profilierte Trekkingsandalen oder Sportschuhe ausreichend. Bei mittelschweren (grün markiert) und schwierigen Touren (violett markiert) sollten gut profilierte Sport- oder Wanderschuhe getragen werden. Knöchelhohe Wanderschuhe bieten gerade auf steilen, steinigen oder rutschigen Wanderpfaden guten Seitenhalt und Stabilität. Die Schuhe müssen gut sitzen und dürfen weder drücken noch reiben. Neue Schuhe sollten vor größeren Wanderungen auf kleineren Spaziergängen eingelaufen werden, damit sich die Füße an die Schuhe gewöhnen können.

Kleidung: Die Kleidung muss der Jahreszeit und der Witterung angepasst sein. Auch im schönsten Hochsommer können wir von einem Regenschauer überrascht werden, daher sollte passende Regenbekleidung im Rucksack nicht fehlen. Oftmals reicht auch schon ein kompakter Regenschirm aus, um einen kurzen Schauer zu überbrücken. Dabei wird es schnell etwas kühler, sodass eine wärmende Jacke oder ein Fleecepulli gute Dienste leisten. Auch beim Besuch von Höhlen ist wegen der ganzjährig kühlen Temperaturen warme Bekleidung Pflicht. Viele Wanderungen führen uns entlang kleiner Bachläufe, die an seichten Stellen zum Planschen oder zur Abkühlung der müden Wanderbeine einladen. Ein Handtuch zum Abtrocknen der Füße und Wechselkleidung zum Tauschen einer nass gewordenen Hose oder eines T-Shirts sind dann von Vorteil. Wichtig ist ausreichender **Sonnenschutz** in Form eines Sonnenhuts oder einer Kappe und reichlich Sonnencreme, die schon vor Beginn der Wanderung aufgebracht und während der Tour bei Bedarf erneuert wird. Am Ende vieler Touren laden Frei- oder Erlebnisbäder zur Erholung von den Wanderstrapazen ein; Badesachen sollten dann nicht fehlen.

Rucksack: Viele Kinder haben Spaß daran, ihren eigenen Rucksack zu tragen. Das Gewicht des Rucksacks sollte mit Inhalt nicht mehr als 10 Prozent des Körpergewichts betragen und der Rucksack sollte über gepolsterte Gurte verfügen. Neben einer kleinen Stärkung für zwischendurch und etwas Wasser in einer unzerbrechlichen Trinkflasche sollte etwas Platz für Mitbringsel von unterwegs bleiben. Eventuell können auch ein Schnitzmesser mit abgerundeter Spitze oder eine Becherlupe untergebracht werden. Falls die kleinen Wanderer ihren Rucksack nicht mehr selbst tragen wollen, ist ein ausreichend dimensionierter Elternrucksack wünschenswert, in dem der Kinderrucksack verstaut werden kann.

Andere Ausrüstungsgegenstände: Eine kleine Notfallapotheke mit Pflaster, Desinfektionsmittel und sterilen Auflagen gehört in jeden Rucksack, um kleinere Verletzungen sofort versorgen zu können. Ebenso ist es ratsam, eine Zeckenzange mitzuführen. Beim Erkunden der vielen Höhlen ist ein mitgebrachter Helm zweckdienlich, damit Kopfverletzungen vermieden werden, auch eine Stirnlampe oder eine leuchtstarke Taschenlampe dürfen im Gepäck nicht fehlen. Wer hingegen in aussichtsreicher Höhe unterwegs ist, schätzt die Vorzüge eines Fernglases. Um die schönsten Erlebnisse des Tages festzuhalten, darf ein Fotoapparat oder Smartphone nicht fehlen. Letzteres leistet mit entsprechender App (z. B. Rother App) zur Navigation mit GPS-Tracks und im Notfall gute Dienste.

GPS-Tracks und Koordinaten der Ausgangspunkte

Auf **gps.rother.de** stehen zu diesem Wanderführer GPS-Tracks und die Koordinaten der Ausgangspunkte zum kostenlosen Download bereit. Dieser QR-Code führt direkt zum Download.

1. Auflage, Passwort: **340301rko**

Die GPS-Tracks können in die **Rother App** importiert werden. In der App kann man unterwegs stets sehen, wo man gerade ist und wo es langgeht. **Anleitungen dazu: rother.de/gps**

Trotz sorgfältiger Prüfung können wir Fehler und zwischenzeitliche Veränderungen nicht ausschließen. Verlassen Sie sich für die Orientierung niemals einzig und allein auf die GPS-Daten, sondern beurteilen Sie die Verhältnisse vor Ort.

Gefahren in der Natur

In Wald und Flur lauern leider auch einige versteckte Gefahren.

Zecken: Diese Plagegeister sind in Bayern weit verbreitet. Daher besteht eine erhöhte Gefahr, sich durch den Biss einer Zecke mit der gefährlichen Frühsommer-Meningoenzephalitis (FSME) oder mit Borreliose zu infizieren. Zecken lauern gerne im Gras, im Unterholz und auch auf Büschen bzw. Sträuchern. Daher ist es ratsam, Dickicht und hohes Gras zu meiden. Spätestens nach der Wanderung sollte man sich und seine Kinder gründlich auf Zecken untersuchen (v. a. Achselhöhlen, Kniekehlen, Genitalbereich und Ohren). Um das Infektionsrisiko zu senken, sollte eine Zecke sofort nach Entdeckung mittels einer Zeckenzange entfernt werden. Dringend notwendig ist ein Arztbesuch, wenn sich die Stelle rund um den Zeckenbiss ringförmig rötet oder eitert. Als Vorbeugung rät man zu einer FSME-Schutzimpfung, zur Verwendung von Zeckenschutzsprays und dem Tragen von geschlossener Kleidung mit langen Ärmeln und langen Hosen.

Schlangen: Gelegentlich kann man während der Wanderungen auf sich in der Sonne wärmende Schlangen treffen, z. B. die giftige Kreuzotter. In der Regel flüchten die Schlangen vor dem Menschen. Schlangenbisse sind leicht zu vermeiden, in dem man stets darauf achtet, wo man hintritt, Schlangen nur aus sicherer Entfernung beobachtet und ihnen aus dem Weg geht. Kommt es trotz aller Vorsicht zu einem Schlangenbiss, bewahren Sie Ruhe, vermeiden Sie jegliche körperliche Anstrengung und holen Sie, vor allem wenn ein Kind gebissen wurde, rasch ärztliche Hilfe.

Insekten: Vorsicht vor Bienen, Wespen und Hornissen beim Barfußlaufen in blühenden Wiesen sowie beim Essen und Trinken. Um sie fernzuhalten, gilt es, Speisen und Getränke in gut verschlossenen Behältern aufzubewahren. Allergiker sollten ein wirksames Gegenmittel mitführen.

Pilze und Beeren: Kinder lassen sich leicht von den farbenfrohen Beeren verschiedenster Sträucher zum Kosten verleiten. Es empfiehlt sich, sie regelmäßig zu ermahnen, Beeren, Pflanzen oder Pilze in der freien Natur nicht ohne Rücksprache mit den Eltern zu essen.

Essen und Trinken

Bei den meisten Touren ist eine Einkehrmöglichkeit angegeben; teilweise werden dort auch Kindergerichte angeboten. Sofern vorhanden sind Öffnungszeiten, Telefonnummer und

LINKS
Pause unter dem Felsen »Kammerwagen« (Tour 6).

RECHTS
Unterwegs Heidelbeeren naschen.

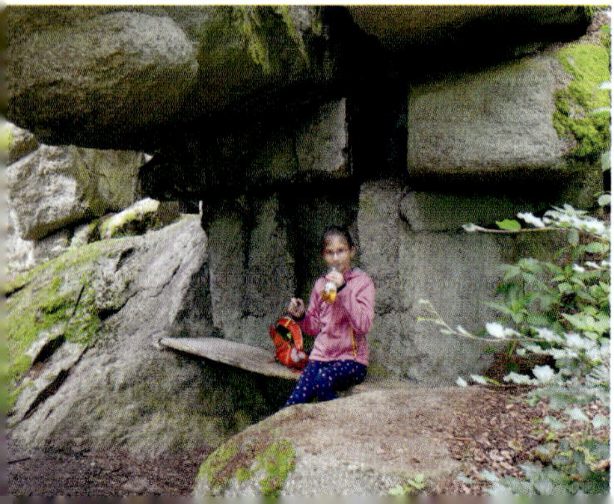

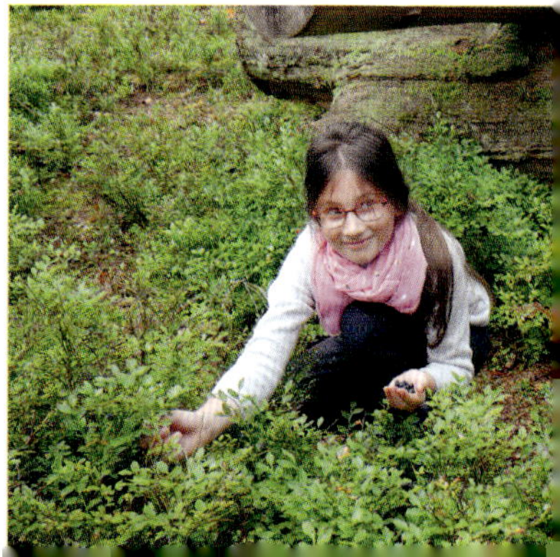

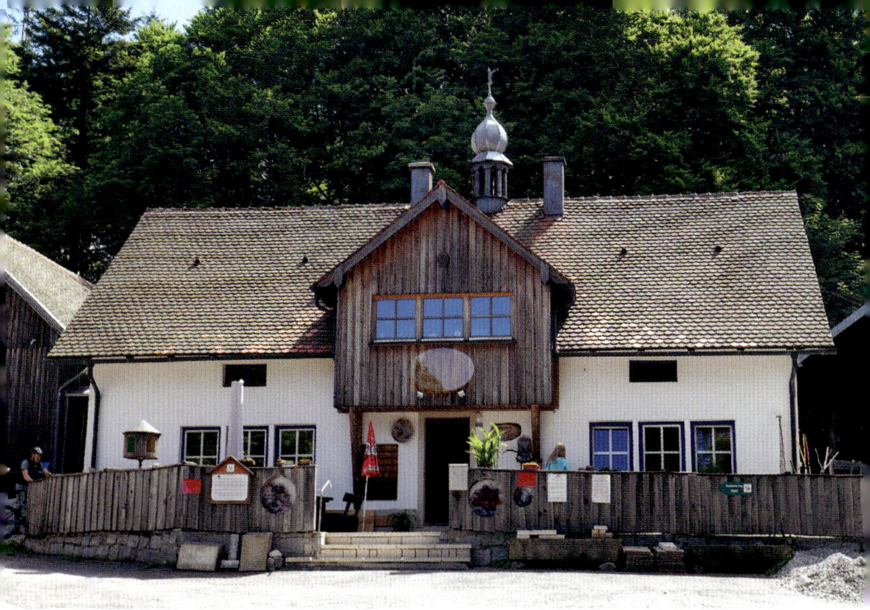

Der Berghof Gibacht mit Glaskunstwerken (Tour 40).

Internetadresse der jeweiligen Gastwirtschaft erwähnt. Dennoch sollten Sie sich vor Antritt der Wanderung informieren, ob das Gasthaus geöffnet ist. Auch ein Picknick in freier Natur ist ein tolles Erlebnis. Neben dem Verzehr der mitgebrachten Speisen und Getränke ist genug Zeit für Spiel und Spaß auf der Wiese. Ausreichend Getränke, vorbereitetes Obst, Brezeln oder Kekse für zwischendurch mitzunehmen, versteht sich von selbst.

Kinder-Highlights

Bei jeder Tour sind die Highlights für Kinder herausgestellt. Dabei haben wir Wert darauf gelegt, dass verschiedenste Aktionen für Kinder unterschiedlichen Alters enthalten sind. Unterwegs gibt es interessante Kindererlebnis- und Lehrpfade zu entdecken, die uns viel über die Kulturlandschaft und die Tier- und Pflanzenwelt der Region vermitteln. Wir erklimmen Burgen und Aussichtspunkte, tauchen ein in die geheimnisvolle Welt der Höhlen oder erfrischen uns in Kneippanlagen. Wir kraxeln durch Felsenlabyrinthe und Schluchten, besuchen Tierparks oder toben uns auf tollen Spielplätzen aus. Ausflugstipps in der Nähe, wie Museen, naturnahe Schwimmbäder und vieles mehr, runden das Angebot ab. Und dann ist da noch das Maskottchen Rothi, das den Kindern zu jeder Tour spannende Geschichten und Legenden erzählt, wichtige Tipps gibt oder Naturphänomene erklärt.

Freizeit- und Schlechtwettertipps

Im Anschluss an die 42 Wanderungen werden eine Vielzahl von Freizeit- und Schlechtwettertipps vorgestellt. Sie lassen sich nach der Tour oder unabhängig davon besuchen. Eine kurze Beschreibung, Adresse, Telefonnummer und Öffnungszeiten sind bei den einzelnen Tipps zu finden. Diese sind nummeriert und auf der Übersichtskarte in der hinteren Umschlagklappe eingetragen.

Wandern mit Kindern

Tourenplanung

Wir möchten etwas erleben! Das steht bei Kindern an erster Stelle, wenn es um einen gelungenen Ausflug geht. Selbstverständlich muss die Länge der Wanderung sich am Alter und an der Kondition der Kinder orientieren (siehe auch Anforderungen und Gehzeiten S. 8/9), sonst bleibt der Spaß schnell auf der Strecke.

Pausen: In die angegebenen Gehzeiten sind keine Pausen eingerechnet. Planen Sie zusätzlich zur Einkehr in einer Gastwirtschaft oder einem Picknick unterwegs viele kurze Pausen zum Trinken, Essen und Spielen ein. Danach haben die Kinder wieder genügend Energie, um die Wanderung fortzusetzen.

Wetter: Gewiss kann bei fast jedem Wetter gewandert werden, aber am meisten Lust auf Natur hat man bei schönem Wetter. Um unliebsame Überraschungen von Anfang an zu vermeiden, sollten Sie sich vorab über die aktuelle Wetterlage informieren (z. B. wetter-online.de oder foreca.de) und dementsprechend Kleidung und Ausrüstung wählen.

Kinderwagen und Laufrad: Der flache Streckenverlauf und die Wegbeschaffenheit mancher Touren erlauben es, dass diese mit einem Kinderwagen oder Laufrad befahren werden können. In der Tourenübersicht in der vorderen Umschlagklappe sind entsprechende Wanderungen verzeichnet. Zusätzlich finden sich in den einzelnen Tourbeschreibungen wichtige Hinweise und entsprechende Symbole. Gegebenenfalls sind kleinere Ausweichmöglichkeiten in Kauf zu nehmen.

Anregungen für unterwegs

Kinder haben an Bewegung in der Natur eigentlich immer Spaß, aber gelegentlich werden Abschnitte der Wanderung doch zu lang oder zu steil, und dann schlägt die Stimmung schnell um. Ideal ist es natürlich, wenn man mit Freunden, die Kinder im ähnlichen Alter haben, unterwegs ist. Dann kommt bei den Kindern meist überhaupt keine Langeweile auf. Wir möchten Ihnen noch ein paar

Große und kleine Steinmännchen bauen (Tour 3).

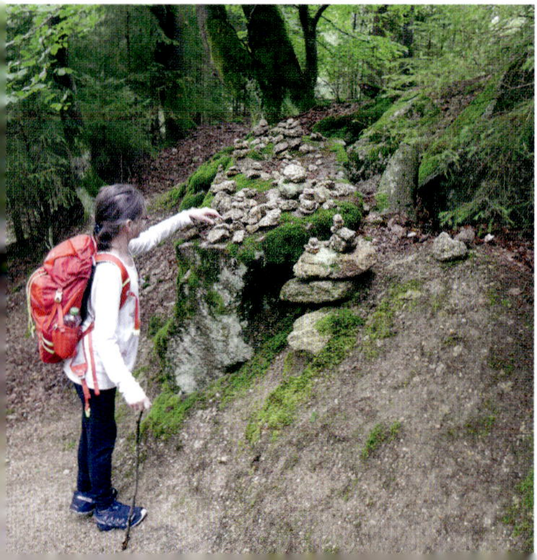

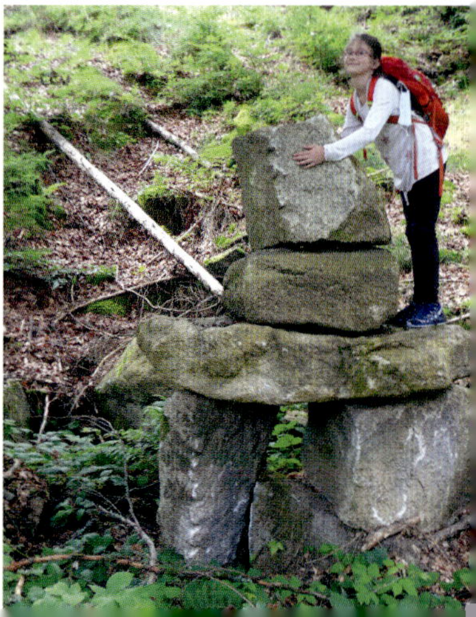

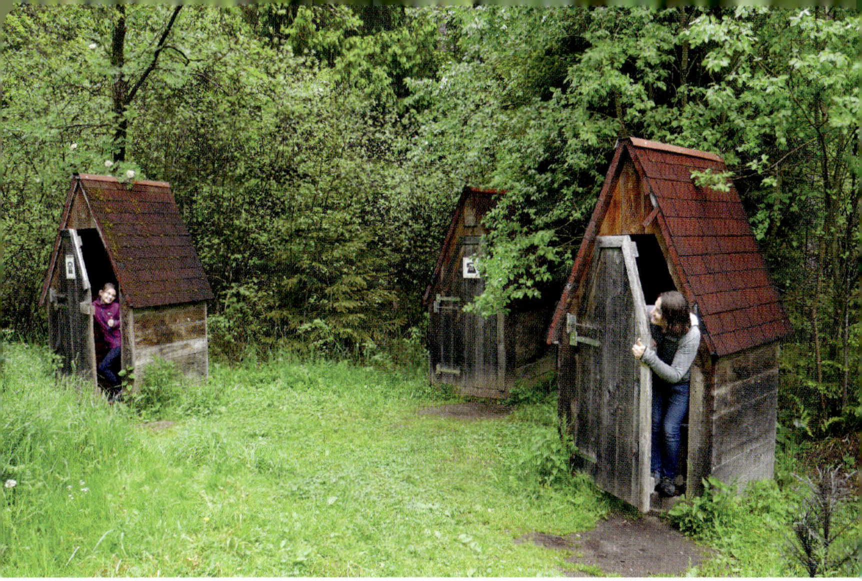

weitere Vorschläge und Ideen mit auf den Weg geben.

Singen und Musizieren: Ein spontan von den Eltern angestimmtes Wanderlied, vielleicht sogar im Kanon gesungen, lenkt von den »Strapazen« der Wanderung ab. Viel Spaß haben die Kinder auch beim Schnitzen und Pfeifen einer Weidenpfeife oder beim Blasen auf einem Grashalm, den man zwischen die beiden Daumen einspannt.

Legenden und Sagen: Gerade in der Oberpfalz gibt es über viele mystische Orte Legenden und Sagen zu berichten, die aus alter Zeit überliefert wurden. In den »Hallo-Kinder-Kästen« etlicher Touren erzählen wir davon. Den Kindern macht es jede Menge Spaß, an den schaurigen Orten den Geschichten zu lauschen, diese vielleicht sogar nachzuspielen oder in ihrer Fantasie weiterzuspinnen.

Naturspiele: Es muss nicht immer das eigene mitgebrachte Spielzeug sein, die Natur selbst bietet unzählige Möglichkeiten, Kinder zu unterhalten. Ein liegender Baumstamm oder ein Felsen laden zum Kraxeln und Balancieren ein. Aus gesammelten Blättern lassen sich lustige Gesichter auf dem Boden legen oder mit gefundenen Steinen Steinmännchen am Wegrand bauen. Ein auf die Nase geklemmter

OBEN

In den Klanghäusern lauschen (Tour 12).

UNTEN

Auf Lauftellern den Teich überqueren (Tour 27).

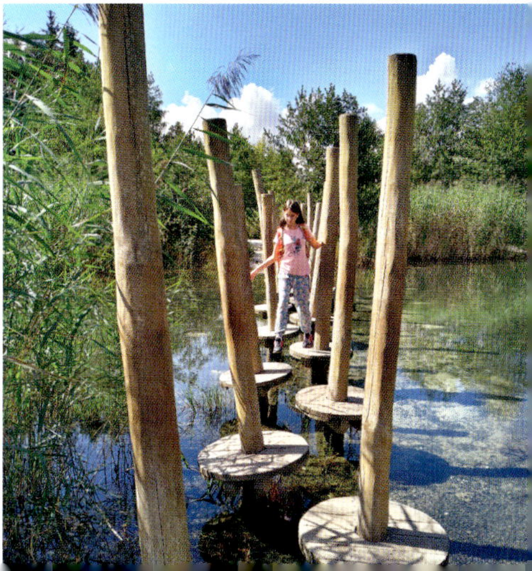

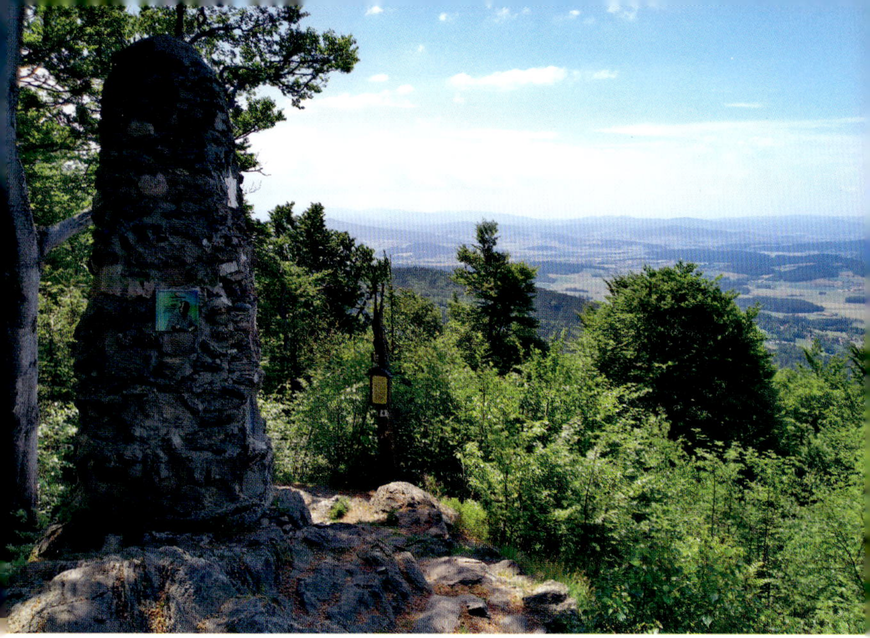

Herrliche Aussicht vom Tannenriegel (Tour 40).

Ahornsamen erheitert die ganze Familie, ein Blumenkränzchen im Haar verwandelt jedes Mädchen in eine Blumenprinzessin. Kinder freuen sich, wenn sie selbst aus einem Ast einen Wanderstock schnitzen oder ihn einfach nur zum Herumstochern in Löchern und Pfützen benutzen. Interessante Entdeckungen werden sofort im Sammelbehälter verstaut oder unter der Becherlupe begutachtet. Entlang vieler Bäche finden sich immer wieder seichte Stellen, an denen man die müden Füße erfrischen und planschen kann.

Alte Spielklassiker, wie »Ich sehe was, was du nicht siehst« oder »Ich packe in meinen Koffer …« kommen bei Kindern immer gut an. Für eine etwas modernere Variante der Schatzsuche, das Geocaching, benötigt man ein GPS-Handgerät oder ein Smartphone mit GPS-Empfang. Damit lassen sich von anderen an interessanten Orten versteckte Dinge suchen und finden. Während einer Picknickpause ist Wolkendeuten ein lustiger Zeitvertreib. Wir legen uns dazu in die Wiese, betrachten die Formen der Wolken am Himmel und beschreiben, was sie darstellen, oder erfinden Geschichten dazu. Beim Wandern im Wald ist das Spiel »Bäumchen, wechsle dich!« eine lustige Unterhaltung. Dabei sucht sich jeder Mitspieler, außer dem Fänger in der Mitte, einen Baum aus. Wenn der Fänger laut »Bäumchen, wechsle dich!« ruft, läuft jeder schnell zu einem anderen Baum und der Fänger versucht, einen der Mitspieler abzuschlagen. Wer erwischt wird, muss als neuer Fänger in die Mitte.

Beliebt ist auch das »Schattenfangen«, das natürlich nur bei Sonnenschein möglich ist. Dabei versucht der Fänger, die Schatten seiner Mitspieler zu fangen, indem er auf deren Schatten springt. Wer gefangen wird, ist der neue Fänger.

Die Oberpfalz

Der im Nordosten von Bayern gelegene Landstrich zeichnet sich durch eine vielfältige Landschaft aus und gilt derzeit noch als touristischer Rohdiamant. Eingerahmt vom südlichen Fichtelgebirge mit dem Naturpark Steinwald im Norden und dem Oberpfälzer Wald im Osten wird das Gebiet von zahlreichen Flüssen durchzogen. Tief im Wald verstecken sich grandiose Felsformationen und leicht zugängliche Höhlen. Von längst erloschenen Vulkanen, hoch oben liegenden Burgen und Aussichtsplattformen eröffnen sich großartige Blicke in die Ferne und ins benachbarte Tschechien. Die flacheren Gebiete hingegen sind geprägt von unzähligen Weihern und Teichen, die seit etwa tausend Jahren der Karpfenzucht dienen. Aus früheren Braunkohle- und Kiesabbaugebieten entstand das heutige Oberpfälzer Seenland mit seinen Freizeiteinrichtungen.

Geografie und Geologie

Die Oberpfalz hat Mittelgebirgscharakter. Im Westen liegt der Oberpfälzer Jura, der an die Ausläufer der Fränkischen Alb anschließt. Er ist von Karsthöhlen durchzogen und Dolomitfelsen bestimmen das Landschaftsbild.

Im Norden überwiegen die umfangreichen Granitvorkommen, die in zahlreichen Granitwerken bis zum heutigen Tage abgebaut werden. Im ehemaligen Steinbruch unterhalb der Burgruine Flossenbürg erkennt man die deutlich ausgeprägten Gesteinsschichten (Tour 18). Auch heute ist Granit noch ein begehrter Naturstein, wie auf den zahlreichen Infotafeln auf dem Lehrpfad »Weg des Granits« zu erfahren ist.

Das Oberpfälzer Becken- und Hügelland im Osten wird dominiert von seinen unzähligen

Burgweiher am »Weg des Granits« unterhalb der Ruine Flossenbürg (Tour 18).

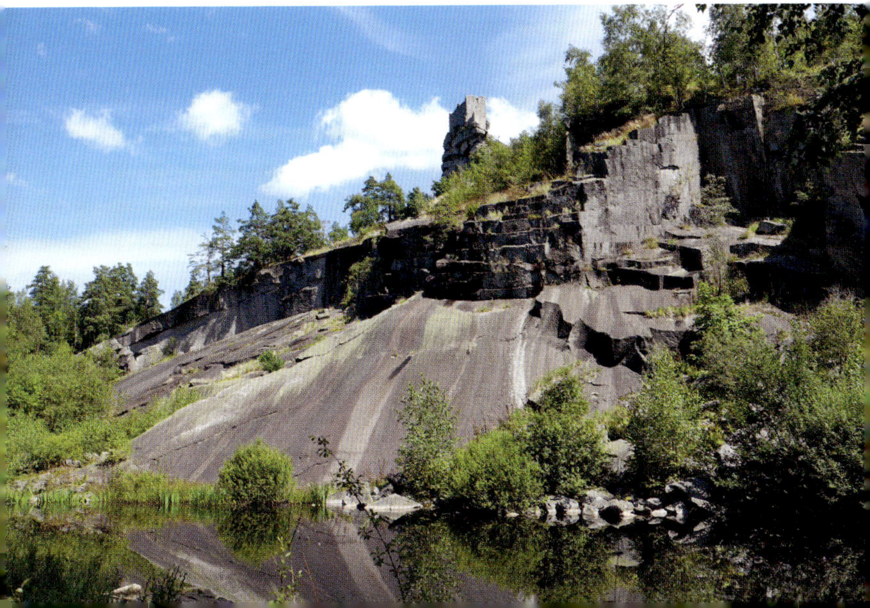

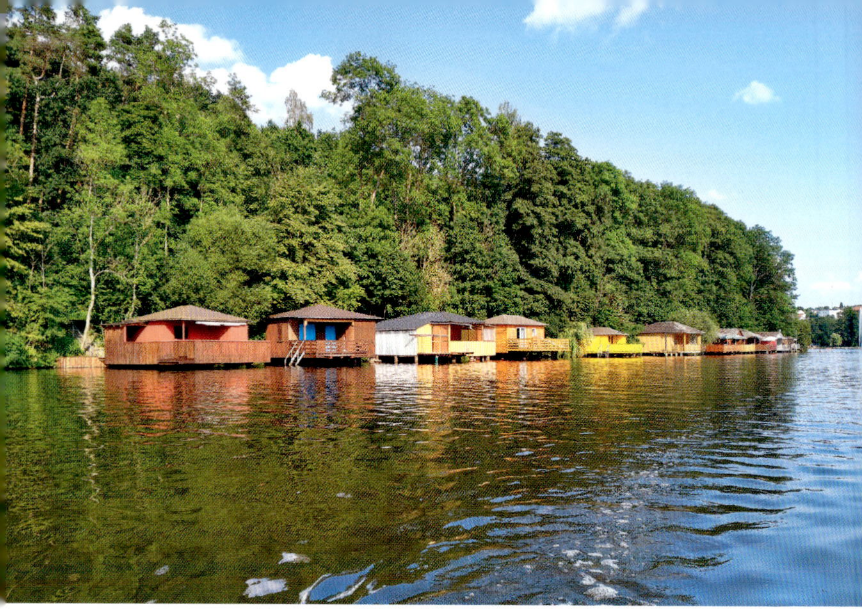

OBEN

Bunte Bootshäuser am Kleinen Rußweiher (Tour 10).

UNTEN

Theatron am Murner See (Tour 27).

Seen und Weihern (Touren 8, 9 und 10) sowie den weithin sichtbaren Basaltkegeln, die durch Vulkanismus vor ca. 25 Millionen Jahren entstanden sind. Auf unseren Wanderungen besuchen wir die Schlote von Rauhem Kulm (Tour 11) und Hohem Parkstein (Tour 13). Die erloschenen Vulkane dienen heute als hoch gelegene Aussichtspunkte mit guter Fernsicht. Viele interessante Einzelheiten über die Vulkane in der Oberpfalz erfahren wir im Museum »Vulkanerlebnis Parkstein«.

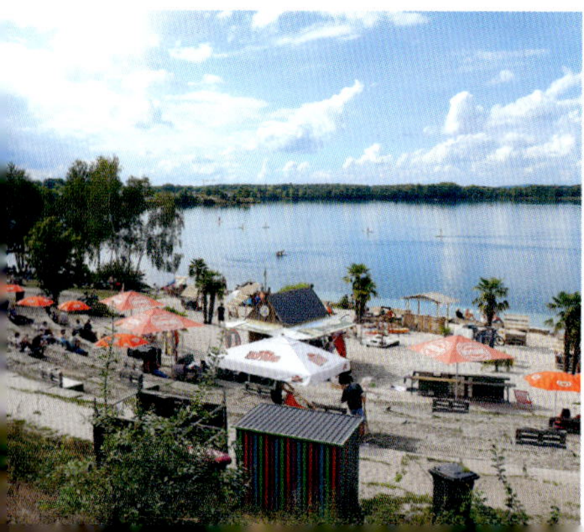

Auf dem Gebiet der Oberpfalz befinden sich auch mehrere große geschützte Moorgebiete, die ein Naturraum und Rückzugsort für seltene Pflanzen und Tiere sind. Darüber hinaus binden sie große Mengen des schädlichen Klimagases Kohlendioxid in den Bodenschichten. Meist besteht ein Betretungsverbot, um die empfindliche Flora und Fauna nicht zu stören. Das Prackendorfer und Kulzer Moos kann man aber im Rahmen der Tour 29 entdecken.

Die reichen Mineralien- und Gesteinsvorkommen der Oberpfalz werden seit Langem abgebaut und genutzt. Dies hat seine Spuren in der Landschaft hinterlassen. Neben zahlreichen Steinbrüchen, wie in Flossenbürg (Tour 18), und Abraumhalden, wie der Quarzsandberg des Monte Kaolino (Tour 26), finden sich auch viele weniger deutliche Spuren aus vergangenen Zeiten. Die Oberpfalz war aufgrund der Eisenerz-

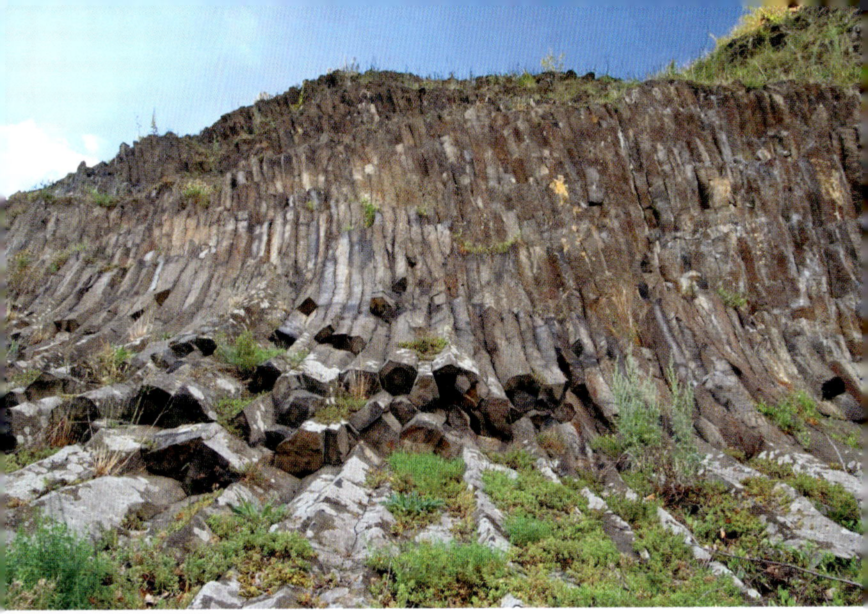

vorkommen einst ein europäisches Zentrum der Eisenverarbeitung und wird deshalb auch als »Ruhrgebiet des Mittelalters« bezeichnet. An mehreren Orten wurde Quarzsand zur Glasherstellung verwendet und anschließend, entlang der Flüsse in kleinen und großen von Wasserkraft angetriebenen Polier- und Schleifwerken, zu Spiegelglas verarbeitet. Im 19. und 20. Jahrhundert wurde in der Oberpfalz auch Braunkohle für die Brikettherstellung im Unter- und Übertagebergbau gefördert.
Noch heute zeugen in der Oberpfalz viele Ortsnamen, wie Blechhammer und Erzhäuser, von der einstigen Eisen-, Glas- und Kohleindustrie.
Die Hinterlassenschaften dieses Raubbaus an der Natur wurden inzwischen vielfach zu Freizeiteinrichtungen weiterentwickelt und sind heute besonders auch für Familien mit Kindern attraktive Ziele, wie der Monte Kaolino (Tour 26), der Hammersee (Tour 28) oder der Murner See (Tour 27) .

Höhlen

Unter der Erde im Gebiet der mittleren Fränkischen Alb zwischen Mittelfranken, Pegnitz und Regensburg sind mehr als tausend große und kleine Höhlen im säurelöslichen Kalk- und Dolomitgestein versteckt. In manchen dieser Höhlen haben sich im Laufe der Jahrtausende sehenswerte Tropfsteinformationen gebildet. Am besten

OBEN

Basaltsäulen am Parkstein (Tour 13).

UNTEN

Liebevoll gestalteter Wegweiser (Freizeittipp 11).

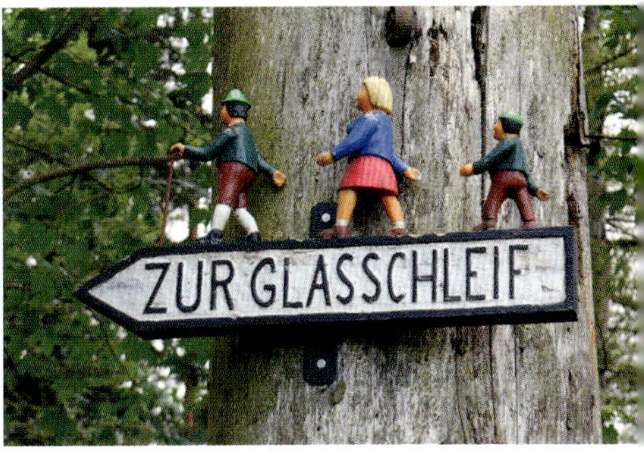

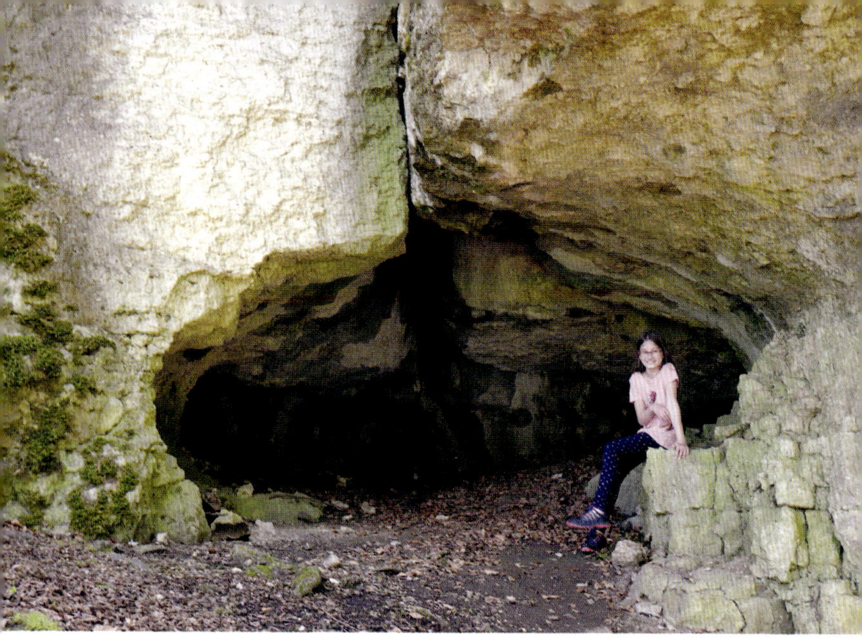

Frei zugängliche Höhle bei Trondorf (Tour 24).

lässt sich der Höhlenschmuck in einer der drei großen Schauhöhlen bewundern: Die Maximiliansgrotte bei Neuhaus an der Pegnitz (Freizeittipp F1), die Osterhöhle (Tour 24, Freizeittipp F2) und die König-Otto-Tropfsteinhöhle (Tour 31, Freizeittipp F4) wurden für den Tourismus zugänglich gemacht und sind im Rahmen von Führungen zu besichtigen. Daneben gibt es noch viele weitere frei zugängliche Höhlen, die auf eigene Faust und mit ein bisschen Mut erkundet werden können. Bitte begleiten Sie Ihre Kinder grundsätzlich beim Besuch von Höhlen und Grotten. Ihnen unbekannte Höhlen sollten Sie nur mit einem ortskundigen Führer, der die Eigenheiten wie z. B. senkrechte Schächte kennt, und mit entsprechender Ausrüstung betreten! Es empfiehlt sich, warme, bequeme Kleidung und wegen der Rutschgefahr auf dem feuchten, lehmigen Boden gut profiliertes, festes Schuhwerk zu tragen. Packen Sie mehrere hell leuchtende Taschenlampen und Stirnlampen ein, damit Sie nicht plötzlich im Dunklen stehen. Ein Helm schützt zuverlässig vor Kopfverletzungen beim Erkunden der Höhlen. Den heimischen Fledermausarten und vielen anderen Tieren dienen die Höhlen als Winterquartier, deshalb sollten diese aus Gründen des Naturschutzes mindestens von Anfang Oktober bis Ende März nicht betreten werden. Rauchen und jegliche Art von offenem Feuer sind verboten. Leider wurden schon viele Tropfsteinhöhlen mutwillig beschädigt oder ihres Schmuckes beraubt. Bitte hinterlassen Sie die Höhlen so, wie Sie diese vorgefunden haben!

Lehr- und Erlebnispfade

In der Oberpfalz wurden zahlreiche Wanderwege als Naturlehrpfade gestaltet. Sie informieren uns über die hiesige Tier- und Pflanzenwelt, Bodenkunde, Geologie, Ökologie oder Kulturgeschichte. Infotafeln stellen die verschiedenen Themen anschaulich dar. An einigen Stationen dürfen wir sogar selbst Hand anlegen und experimentieren. Besonders für Kinder sind die Lehrpfade spannend und bereichern auf unterhaltsame und spielerische Art die Wanderungen mit allerlei Wissenswertem. Einige Lehr- und Erlebnispfade sind Teil der Wanderungen in diesem Buch, andere können separat besucht werden (siehe Freizeittipps I1–I7).

Burgen und Burgruinen

Über 700 Burgen und Schlösser wurden einst in der Oberpfalz erbaut. Einige von ihnen, wie die Burgruine Waldeck (Tour 1), die Burg Leuchtenberg (Tour 17), die Burgruine Weissenstein (Tour 4) und die Burgruine Flossenbürg (Tour 18), besuchen wir auf den Wanderungen in diesem Buch. Durch ihre Lage auf Bergrücken und Felsspornen sind sie oft schon bei der Anfahrt von Weitem sichtbar. Der Aufstieg wird belohnt mit einem unverstellten Blick ins Umland und weit darüber hinaus (siehe auch Freizeittipps G1–G6).

Naturschutzgebiete

Die Naturschutzgebiete der Oberpfalz schützen kostbare Landschaften – einzigartige Lebensräume mit seltenen, bedrohten Tieren und Pflanzen. Daher sollten Sie dort auf den Wegen bleiben, Ihren Abfall wieder mit nach Hause nehmen, keine Pflanzen beschädigen und die Tierwelt in Ruhe lassen. Genießen Sie stattdessen die Vielfalt der Natur in diesen Naturschutzgebieten. Nähere Informationen dazu finden sich unter regierung.oberpfalz.bayern.de/regierungsbezirk/natur_landschaft/schutzgebiete/naturschutzgebiete/index.html.

Burgruine Weißenstein im Herzen des Steinwalds (Tour 4).

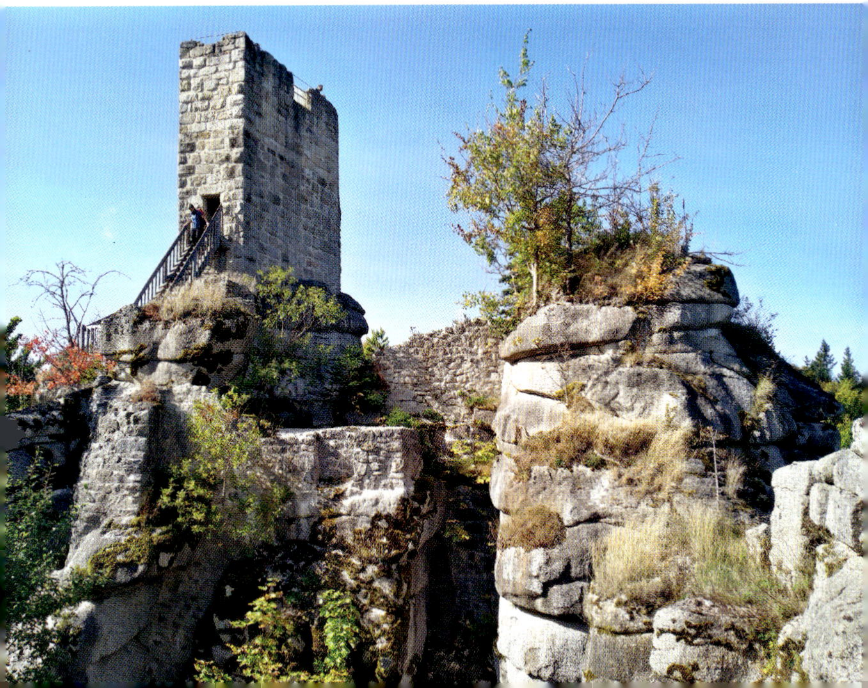

1 Essbarer Wildpflanzenpark

RUNDWANDERUNG ZUR BURGRUINE WALDECK

3.00 STUNDEN
5,9 KILOMETER
↗ 200 HÖHENMETER
↘ 200 HÖHENMETER
MITTEL ab 6 Jahren

Naschen in der Natur: Auf eine kulinarische Wanderung lädt uns der ca. einen Quadratkilometer große »Essbare Wildpflanzenpark«, kurz EWILPA, rund um Waldeck ein. Auf 13 Teilflächen wachsen hier verschiedenste, auch in Vergessenheit geratene Wildpflanzen, Wildfrüchte und Wildgemüse. Zu den bereits vorhandenen Pflanzen ergänzte man bei der Anlage des Parks 900 Wildsträucher und 100 Bäume, die ganz ohne Einsatz von Gentechnik, Dünger und Chemie gedeihen. So entstand ein Stück Natur, in dem sich Pflanzen, Tiere und auch der Mensch wohlfühlen. Groß und Klein können hier je nach Jahreszeit leckere Früchte nach Herzenslust ernten und probieren. Schautafeln helfen beim Bestimmen der wichtigsten essbaren Wildpflanzen. Zudem bringt uns die Wanderung hinauf zur frei zugänglichen Burgruine Waldeck (siehe »Hallo Kinder«).

Ausgangspunkt: Parkplatz am Sportzentrum des SV Waldeck, 506 m (Navi: Köglitzer Straße, 95478 Kemnath). Anfahrt: Am östlichen Ende von Waldeck von der B22 in die Straße Oberer Markt einbiegen. Dann links in die Köglitzer Straße und weiter bis zum Parkplatz am Sportzentrum auf der rechten Seite. Alternativ: Parkplatz am alten Friedhof, am Ende der Straße Am Schloßberg (siehe Kurzvariante 1).
ÖPNV: Haltestelle Oberer Markt der VGN-Linien 1854, 1874 und 1951 bzw. der BAXI-Linien 1818 und 1821.
Ausrüstung: Leichte Wanderschuhe, Fernglas und Sonnenschutz.
Anforderungen: Meist bequeme Feldwege oder geteerte Nebenstraßen, ein kurzes Teilstück führt über einen Wiesenpfad. Steiler Anstieg und Abstieg zur Burgruine Waldeck. Überwiegend sonnige Wanderung.
Einkehr: Mehrere Gasthäuser im Markt Waldeck.
Kurzvarianten: 1. Vom Alternativparkplatz direkt steil hinauf zur schon sichtbaren Burgruine Waldeck (ca. 700 m, 30 Min., ab 3 Jahren).
2. Am Parkplatz folgen wir dem Wegweiser »EWILPA-Rundweg Teilfläche 7–13«, wie beschrieben, hinauf zur Burgruine Waldeck und weiter bis zum Alternativparkplatz. Dort halten wir uns links, laufen am alten Friedhof vorbei und biegen anschließend links in den Rückweg hinunter zum Parkplatz ein (ca. 2,8 km, 1.30 Std., ab 4 Jahren).
Tipp: Am »Phantastischen Karpfenweg« rund um die historische Altstadt von Kemnath-Stadt (2,8 km) warten auf kleine Besucher nicht nur bunte Karpfenskulpturen, Eisdielen und Cafés, sondern auch ein ganz besonderer Spielplatz im Seeleitenpark mit dem Spielfisch »Johann« und dem Spielschiff »Lotte«.

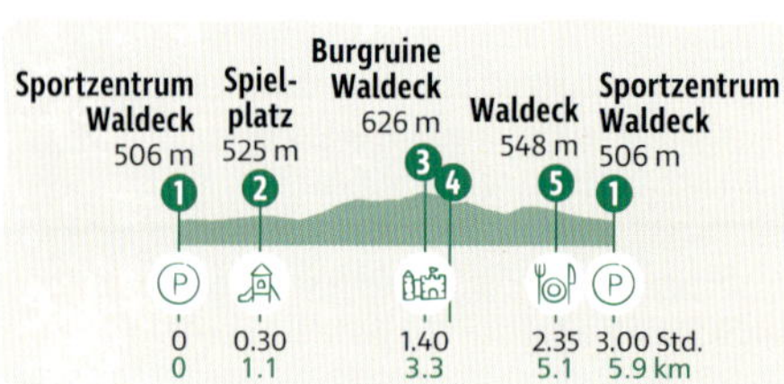

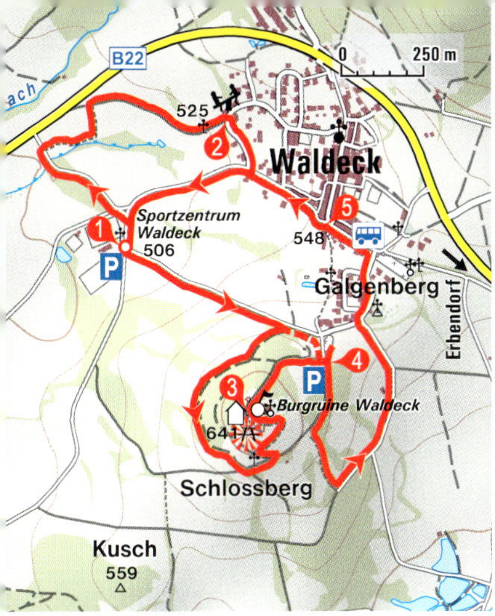

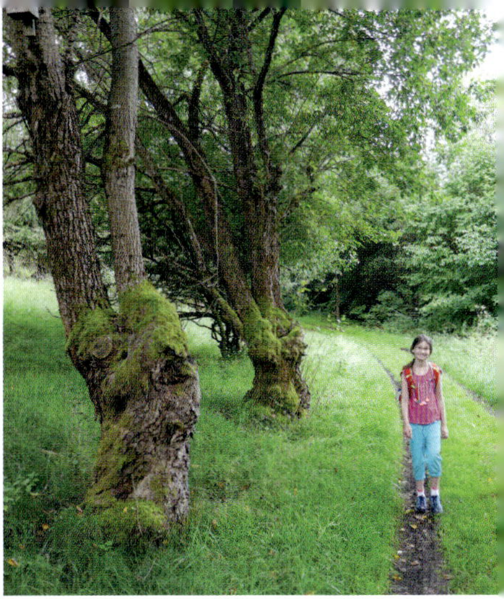

LOS GEHT'S Vom **Parkplatz 1** folgen wir der Beschilderung nach links Richtung »EWILPA-Rundweg (Teilfläche 1–6)«. Wir gehen auf dem Gehweg ein Stück neben der Straße und dann links mit der Beschilderung auf einem Schotterweg weiter. Vorbei an der ersten Schautafel (Begleitkräuter), biegen wir wenig später rechts in einen Feldweg ein. An der zweiten Schautafel (Bach-Auenwald) wandern wir auf einem Wiesenpfad in Richtung Bach. Anschließend biegen wir bei einer Scheune links ab. Ein Pfad bringt uns hinauf zum geschotterten Feldweg, dem wir mit der Beschilderung nach rechts folgen. Entlang des Weges bis zum **Spielplatz 2** laden verschiedene Streuobstbäume zum

OBEN

Auf dem Weg zur Burgruine, vorbei an alten, knorrigen Bäumen.

UNTEN

Im Nachbarort Kemnath warten Spielfisch »Johann« und Spielschiff »Lotte« (siehe Tipp).

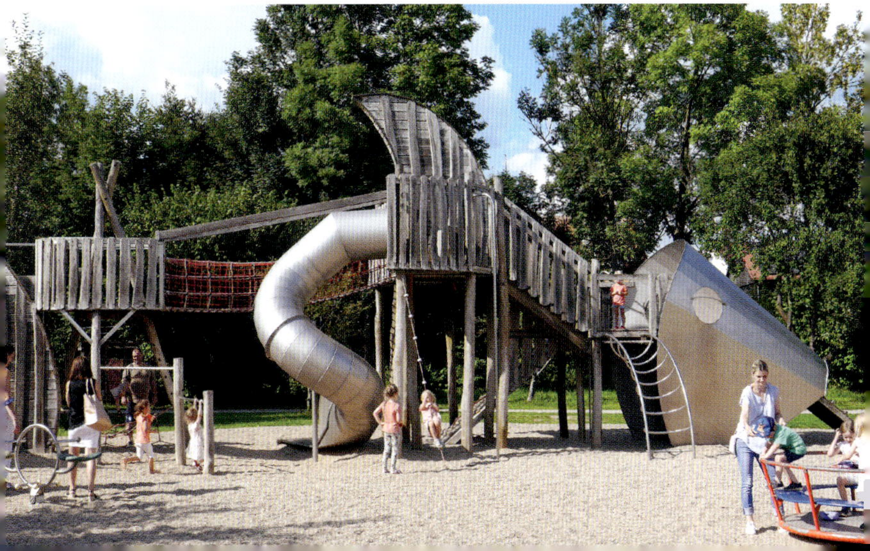

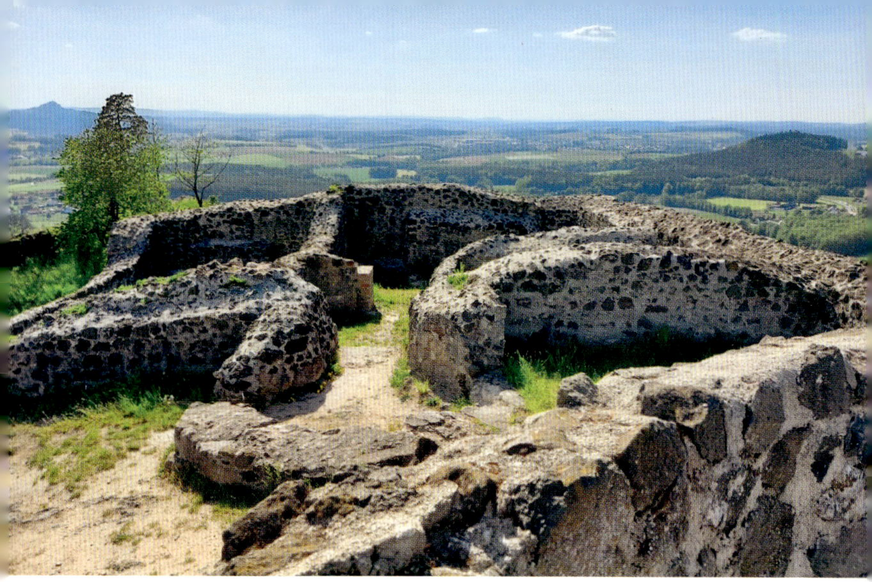

Vom Plateau der Burgruine erkennt man deutlich den Vulkan Rauher Kulm, siehe Tour 11.

Naschen ein. Nach einer Spielpause folgen wir dem beschilderten Rundweg rechts auf dem Quellenweg und zweigen später wiederum rechts in die Köglitzer Straße ab. Am Rande der Straße finden wir mehrere Anpflanzungen von Wildobstgehölzen und Streuobstbäumen. Vorbei am **Parkplatz 1** folgen wir der Beschilderung »EWILPA-Rundweg (Teilfläche 7–13)« nach links. Nun steigt der geteerte Weg steil an. Kurz vor den ersten Häusern biegen wir mit der Beschilderung an der Schautafel 7 (Nüsse) rechts in einen Forstweg ein. Er führt uns um den Schlossberg herum bis zu einer Teerstraße, der wir links ein Stück folgen und sodann links in einen Wiesenpfad hinauf zur Burgruine einschwenken. Ein steiler Pfad bringt uns serpentinenartig hinauf zum Eingangsportal, 626 m, der **Burgruine Waldeck 3**. Die Überreste der auf einem Basaltkegel errichteten Burganlage lassen die ursprünglichen Ausmaße erkennen. Alle Teile der Burg sind gut zu erkunden und vom Bergfried, 641 m, hat man einen uneingeschränkten Rundblick.

Wusstet ihr, dass Wildpflanzen viel mehr Vitamine und Mineralien enthalten als gezüchtetes Obst und Gemüse?

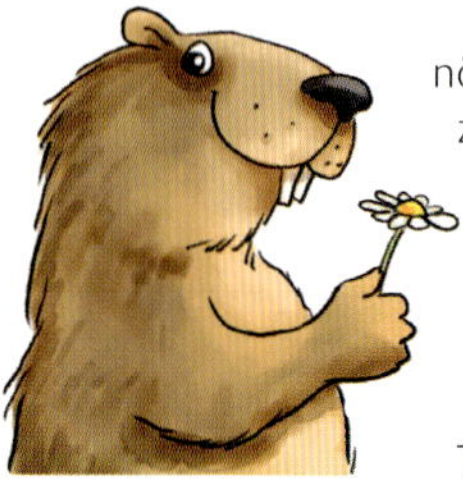

Vom Picknickpavillon folgen wir dem beschilderten EWILPA-Rundweg und verlassen die Burganlage in nördlicher Richtung. Ein steiler Weg bringt uns hinunter zum **Alternativparkplatz 4**. Dort unternehmen wir nach links einen beschilderten Abstecher zur Teilfläche 11 am alten Friedhof. Wir laufen wieder zurück zum **Alternativparkplatz 4** und weiter am Hang entlang. Dann biegt der Rundweg links in den alten Schulsteig ein. Durch eine Hohlgasse wandern wir hinunter bis zu einer Teerstraße, biegen links ab und erreichen schon bald den

Hallo Kinder!

Die EWILPA-Wanderung bringt euch heute hoch zu einer der ältesten Burganlagen in der Oberpfalz. Die **Burg Waldeck** wurde im Jahre 1124 erstmals als Sitz der Landgrafen von Leuchtenberg urkundlich erwähnt. Während des Spanischen Erbfolgekrieges wurde sie im Jahre 1703 eingenommen und zerstört. Nach einem anschließenden teilweisen Wiederaufbau der Anlage legte ein Brand im Jahre 1794 nicht nur die Burg, sondern auch die umliegende Ortschaft in Schutt und Asche. Mittels Unterstützung der Stadt Kemnath und vielen freiwilligen Helfern erstrahlt die prächtige Burgruine heute wieder in neuem Glanz. Über Treppen und Holzbrücken könnt ihr das oberste Plateau erklimmen und einen guten Überblick über die Reste der Burg erhalten. Ringsum erheben sich einige **erloschene Vulkane**, wie **Armesberg**, **Rauher Kulm**, **Parkstein**, **Anzenberg** und **Wunschenberg**, aber auch die Burgruine selbst thront auf einem 626 Meter hohen Basaltkegel.

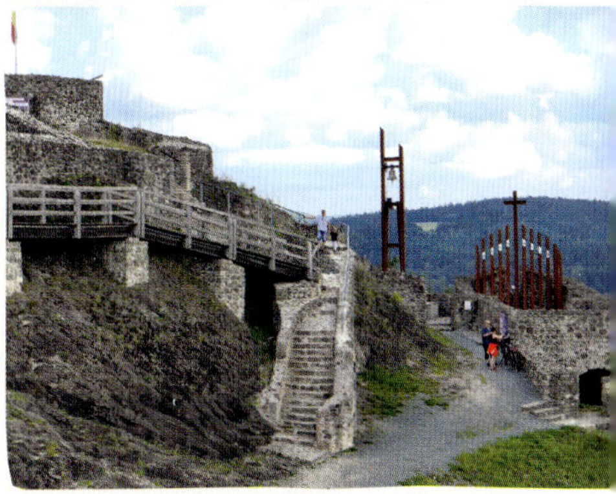

Ortsanfang von Waldeck. Wir gehen rechts auf der Straße Am Schloßberg, dann links durch die Straße Oberer Markt in den Ort **Waldeck** hinein. An deren Ende ❺ folgen wir links der Köglitzer Straße, die uns zurück zu unserem **Parkplatz** ❶ am Sportzentrum bringt.

★Highlights

In Deutschlands erstem »Essbaren Wildpflanzenpark« Kräuter beschnuppern, Beeren naschen und Obst ernten, das auch schon unsere Vorfahren kannten.

Auf der ältesten und größten Burgruine der nördlichen Oberpfalz picknicken und von hoch oben die umliegenden erloschenen Vulkankegel entdecken.

Auf halber Strecke schnell mal am Spielplatz mit dem fest installierten Sandbagger Löcher buddeln und Sandburgen bauen.

2 Auf die Große Kösseine

ZUR EUROPÄISCHEN HAUPTWASSERSCHEIDE

2.15 STUNDEN

3,8 KILOMETER

↗ 240 HÖHENMETER

↘ 240 HÖHENMETER

MITTEL ab 5 Jahren

An der Trennlinie des Wassers: Wir starten in der Oberpfalz und wandern hinauf zum 939 Meter hohen Gipfelmassiv der Kösseine, die im Regierungsbezirk Oberfranken liegt. Dabei überschreiten wir die Europäische Wasserscheide (siehe »Hallo Kinder«). Oben wartet eine urige Berghütte mit einer traumhaften Sonnenterrasse und einem steinernen Aussichtsturm. Belohnt werden wir dann mit einem herrlichen Ausblick ins Fichtelgebirge, in die Rhön, den Thüringer Wald und das Erzgebirge. Besonders beliebt ist bei Kindern und Erwachsenen das große Granit-Blockmeer rund um den Berg, das zum Kraxeln und Sonnenbaden einlädt.

Ausgangspunkt: Wanderparkplatz in Schurbach, Ortsteil Kössain, 696 m (Navi: Kleinwendener Str. 33, 95679 Waldershof). Anfahrt: A 93 an der Ausfahrt Marktredwitz-Süd verlassen. Durch Marktredwitz hindurch, Richtung Waldershof auf der St2177. Kurz vor Waldershof nach dem Kreisverkehr rechts in Richtung Rodenzenreuth/Schurbach einbiegen. Dem Straßenverlauf bis nach Schurbach folgen. Vor der Kirche nach links in die Kleinwendener Straße einbiegen. Ihr folgen, bis am Waldrand der Wanderparkplatz erreicht wird.
ÖPNV: Nur per Rufbus erreichbar; Haltestelle Kössain der BAXI-Linien 1805/1806.
Ausrüstung: Leichte Wanderschuhe oder Sportschuhe, Fernglas zum Blick von der Kösseine, Sonnenschutz.
Anforderungen: Steiler Aufstieg über meist geschotterte Forstwege oder wurzeldurchsetzte breite Waldpfade bis zum Gipfel der Kösseine. Zwischendurch laden einzelne Sitzgruppen zum Ausruhen ein. Un-

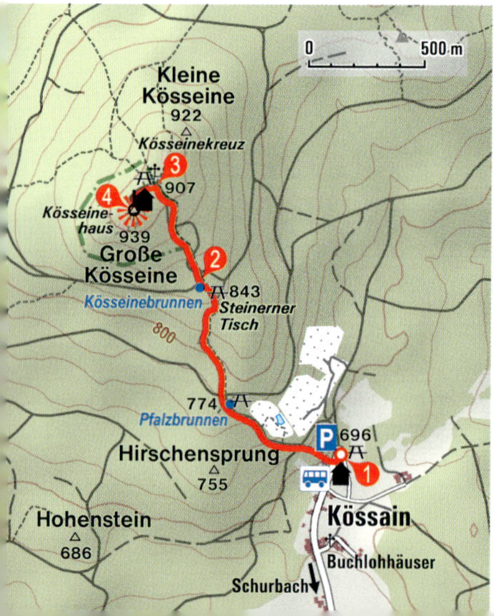

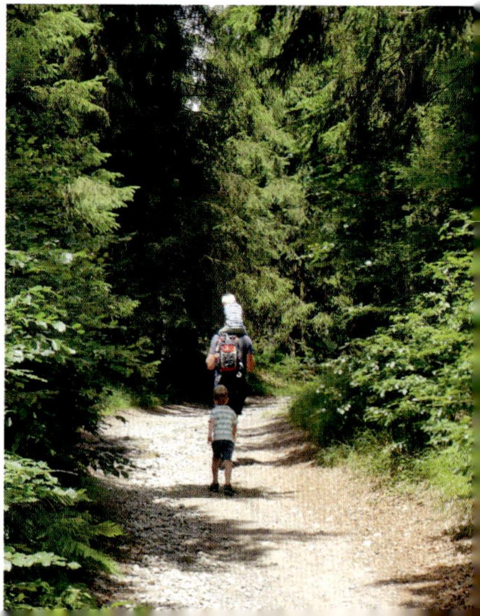

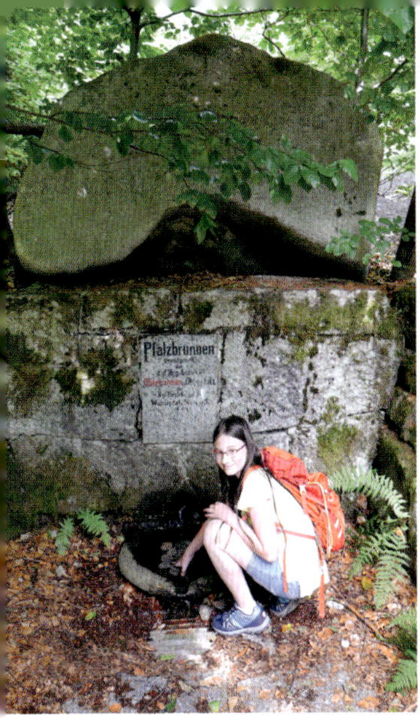

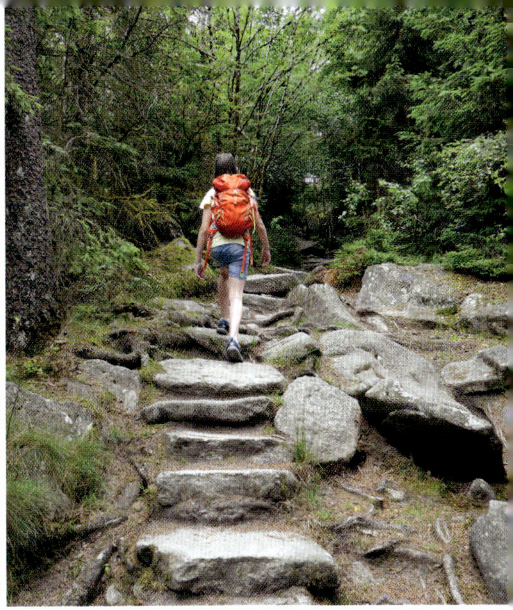

terhalb des Kösseinehauses verläuft der Wanderweg über Steinstufen. Bei Nässe sind die Felsen des Blockmeeres sehr rutschig. Kleine Kinder sollten das Blockmeer nur unter Aufsicht betreten. Sonniges Gipfelplateau, sonst überwiegend schattige Wanderung.
Einkehr: Kösseinehaus, Tel. +49 9232 2061, koesseinehaus-official.de, von Mai bis Ende September Mo Ruhetag, von Oktober bis Ende April Mo und Di Ruhetag, wechselnde Öffnungszeiten siehe Internetseite.

OBEN LINKS

Willkommene Abkühlung zwischendurch am Pfalzbrunnen.

OBEN RECHTS

Dank Granitstufen sind auch die letzten Höhenmeter schnell überwunden.

LINKS UNTEN

Auf Papas Schultern lässt es sich leicht wandern.

LOS GEHT'S Vom **Wanderparkplatz ①** kurz vor dem Ortsschild **Kössain** überqueren wir die Straße und halten uns mit der Markierung »weiß-roter Querstrich« in Richtung Kösseine. Unser schmaler Pfad steigt stetig an. Wir überqueren eine Forststraße. Vorbei an der Abraumhalde des Granitsteinbruchs folgen wir auf breitem Forstweg der Markierung. Bald treffen wir auf den Pfalzbrunnen, den Grenzpunkt der Bezirke Oberfranken und Oberpfalz. Wir überqueren erneut eine Forststraße und wandern geradeaus auf einem Wanderweg Richtung Kösseine. Kurz darauf erreichen wir einen Picknickplatz

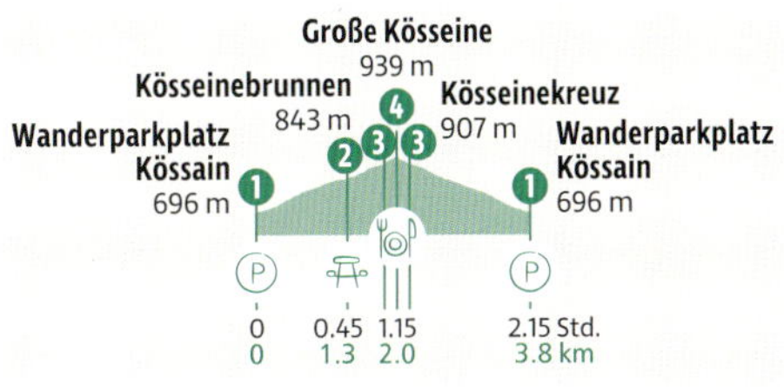

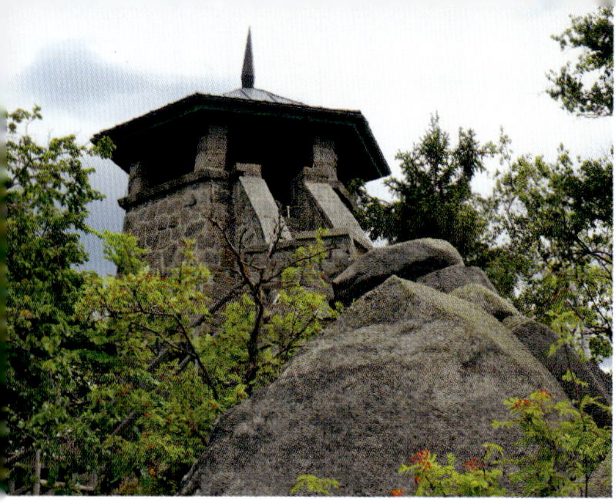 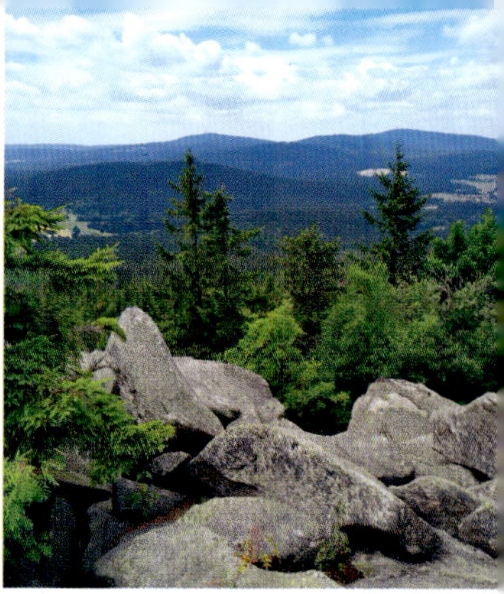

OBEN

Spektakulärer Blick vom steinernen Aussichtsturm.

UNTEN

Rasten und Kraxeln im Blockmeer.

mit einer Sitzgruppe aus Granit. An der nächsten T-Kreuzung machen wir mit der Markierung »blau-weiß-blauer Querstrich« nach links einen Abstecher zum **Kösseinebrunnen 2** mit seinem schattigen Picknickplatz. Zurück an der T-Kreuzung wandern wir mit der Markierung »weiß-roter Querstrich« weiter bergan und überqueren mehrmals die geschotterte Zufahrtsstraße zum Kösseinehaus. Kurz vor Erreichen des **Kösseinekreuzes 3** biegen wir auf die Zufahrtsstraße ab. Vor der gegen-

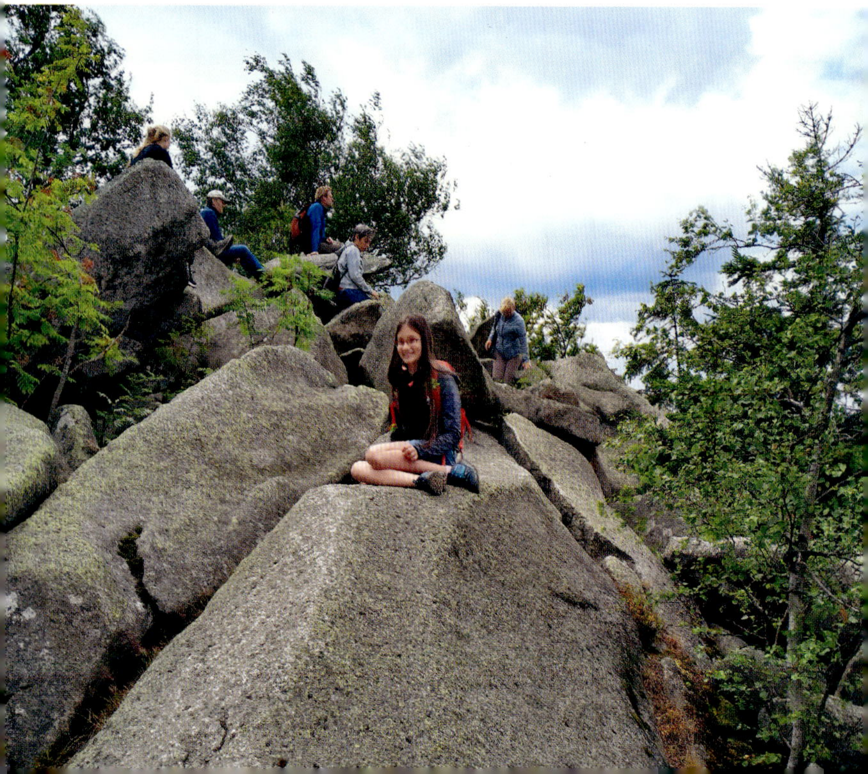

★Highlights

Leckere Schmankerln auf der Sonnenterrasse des Kösseinehauses verspeisen.

Den danebenliegenden steinernen Aussichtsturm besteigen und von oben das herrliche Bergpanorama genießen.

Am Fuß der Kösseine auf der natürlichen Blockhalde herumhüpfen und kraxeln.

Während des Auf- und Abstiegs auf gemütlichen Sonnenliegen und an schattigen Picknickplätzen entspannen.

Am Aussichtsturm rätseln, wo die Europäische Wasserscheide verläuft.

über dem Kreuz liegenden Bergwachthütte laden Sonnenliegen zum Verweilen ein. Weiter geht es ein Stück auf der Zufahrtsstraße dahin, bis uns die Markierung links über Steinstufen steil hinauf zum Gipfel der **Großen Kösseine ❹**, 939 m, weist. Die Einkehr im urigen Kösseinehaus, der Aussichtsturm und die unterhalb davon liegenden Felsen des Blockmeeres, die die Kinder zum Kraxeln einladen, entschädigen für den anstrengenden Aufstieg.
Auf demselben Weg kehren wir zum **Wanderparkplatz ❶** in **Kössain** zurück, wo wir vor der Heimfahrt noch eine Picknickpause am dortigen Steintor einlegen können.

Hallo Kinder!

Heute steht ihr auf einer unsichtbaren, aber bedeutenden Grenze. Über das Bergmassiv der Kösseine verläuft ein Teilstück der **Europäischen Hauptwasserscheide.** Sie durchquert den europäischen Kontinent von Gibraltar bis ins weit entfernte Russland. Alle **nördlich von ihr entspringenden Bäche und Flüsse entwässern Richtung Atlantik, Nord- und Ostsee**, die **südlichen Richtung Mittelmeer und Schwarzes Meer.** Mit künstlich gebauten Wasserstraßen wie der Fossa Carolina, dem Rhein-Main-Donau-Kanal oder dem Ludwig-Donau-Main-Kanal haben Menschen seit jeher versucht, die im Laufe der Erdgeschichte entstandene natürliche Wasserscheide zu überwinden. Deshalb ist es heutzutage möglich, Europa mit einem Flussschiff von der Nordsee bis zum Schwarzen Meer zu durchqueren.

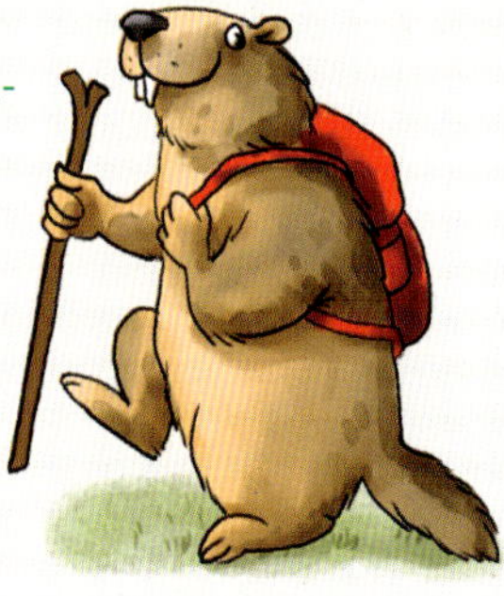

3 Zum Waldhaus

WALDHISTORISCHER LEHRPFAD IM STEINWALD

2.45 STUNDEN

6,5 KILOMETER

↗ 160 HÖHENMETER

↘ 160 HÖHENMETER

MITTEL ab 7 Jahren

Steinblockmeer und Steinwald-Sphinx: Von Pfaben aus startet der Waldhistorische Lehrpfad hinein in den schönen Naturpark Steinwald und bringt uns auf 13 Informationstafeln das Leben und die Waldbewirtschaftung im Steinwald von früher und heute näher. Der Lehrpfad führt uns zudem durch eine traumhafte Landschaft mit gigantischen Felsen. Gleich zu Beginn erreichen wir den Zipfeltannenfelsen, der wegen seiner skurrilen Felsform auch gerne als Steinwald-Sphinx bezeichnet wird. Nicht weit davon entfernt steht der niedliche Steinwaldpilz. Hingegen ist der große Saubadfelsen, eine Felsenburg umgeben von einem Steinblockmeer, eine besondere Herausforderung. Über Metalltreppen kann er von mutigen Kindern bestiegen werden. Sind dann die Beine müde, ist das Waldhaus mit leckerem Essen, einem großen Spielplatz und einem in Sichtweite gelegenen Rotwildgehege ein idealer Ort, um wieder Kraft für den Rückweg zu tanken.

Ausgangspunkt: Wanderparkplatz in Pfaben, 710 m (Navi: Pfaben 12, 92681 Erbendorf). Anfahrt: Von der A93, Ausfahrt Falkenberg, auf der B299 bis nach Erbendorf. Dort geradewegs auf der St2181 in Richtung Marktredwitz. Schon bald hinter Erbendorf rechts nach Wetzldorf, links haltend am Ort vorbei und hinauf in Richtung Pfaben. Durch Pfaben hindurch zum kurz vor dem Waldrand rechts gelegenen Wanderparkplatz.
ÖPNV: Nur per Rufbus erreichbar; Haltestelle Pfaben der BAXI-Linien 1802, 1803, 1807. Am Hotel vorbei weiter bergan in Richtung Wanderparkplatz (ca. 500 m/15 Min.).
Ausrüstung: Gut profilierte Wanderschuhe, Proviant für unterwegs.
Anforderungen: Aufstieg auf stark wurzel- und steindurchsetzten Wanderpfaden bis zum Waldhaus. Rückweg meist auf breiten, bequemen Forststraßen. Überwiegend schattige Wanderung.
Einkehr: Kiosk Stawoldhaus in Pfaben, stawold-rast.business.site, bei schönem Wetter Fr–So und feiertags geöffnet. Waldhaus im Naturpark Steinwald, waldhaus-steinwald.de, Tel. +49 9683 9299797 od. Tel. +49 171 8295440, nur Sa, So und feiertags geöffnet, jahreszeitabhängige

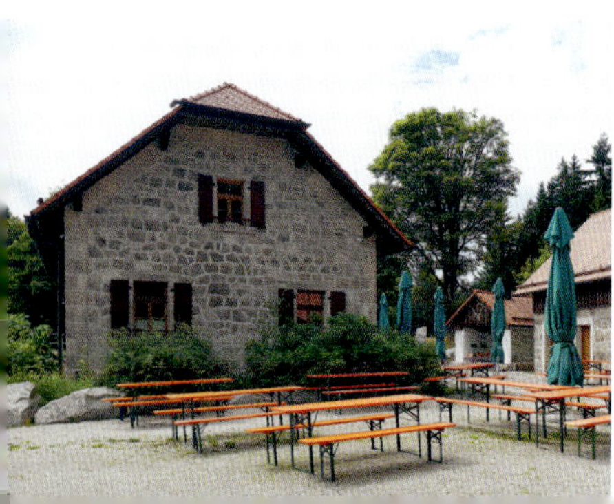

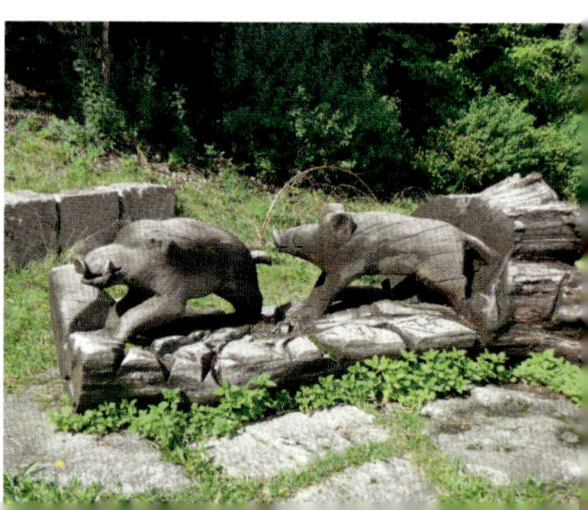

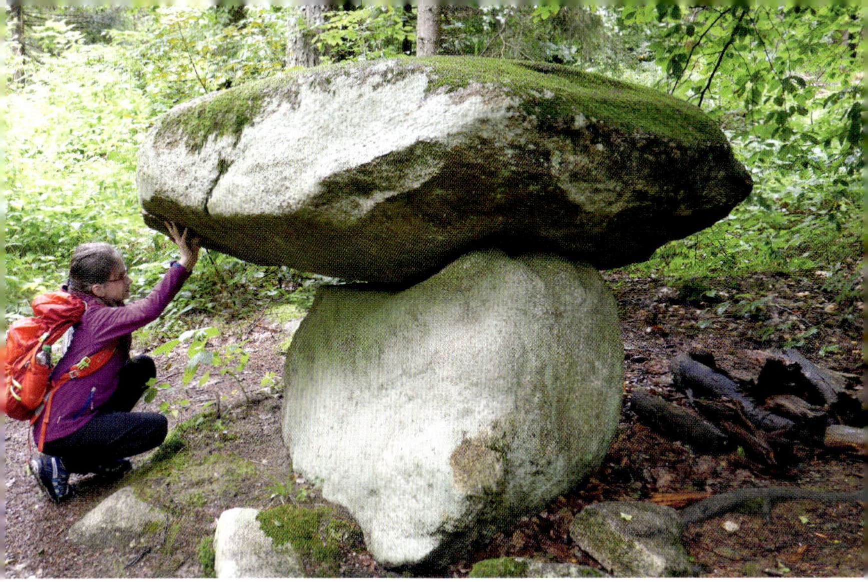

Öffnungszeiten siehe Internetseite, nur Brotzeiten und Getränke.
Tipp: Mitte September findet alljährlich das Waldhausfest statt, waldhaus-steinwald.de.

OBEN

Im Steinwald wachsen überdimensionale »Steinpilze«.

LINKS UNTEN

Das Waldhaus und Wildschweine am Spielplatz in Pfaben.

LOS GEHT'S Vom **Wanderparkplatz ❶** in **Pfaben** wandern wir mit der Markierung »blaues Kreuz« Richtung Waldhaus. Schon bald erreichen wir den **Spielplatz ❷** am Pfaben mit Klettermöglichkeiten und einer Rutsche. Die Markierung »blaues Kreuz« verlassen wir nun, denn hier beginnt und endet unser Lehrpfad. Linker Hand des Spielplatzes steigen wir beim Wegweiser »Waldhistorischer Lehrpfad« auf einem Wanderpfad stetig bergan. Kurz darauf erreichen wir die Felsengruppe **Zipfeltannenfelsen**. Gleich dahinter kommen wir am **Steinwaldpilz ❸**, einer Steinformation in Pilzform, vorbei. Wir überqueren die Forststraße und wandern auf dem markierten Lehrpfad bergauf. An mehreren Stellen ergeben sich schöne Blicke. Wir passieren eine Quelle und machen kurz darauf einen Abstecher zum Infopunkt Industrie/Steinbruch. Der Lehrpfad führt weiter aufwärts, und wir sehen schon von Weitem unser nächstes Ziel, den Saubadfelsen. An einer

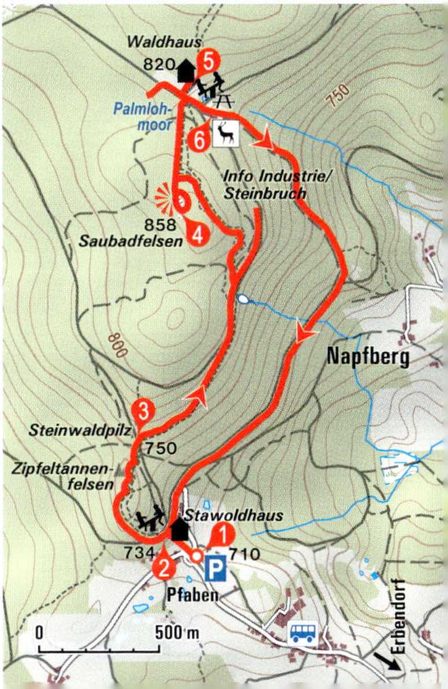

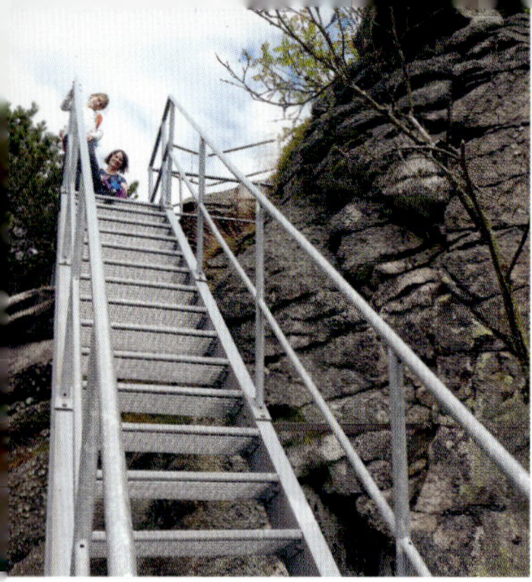

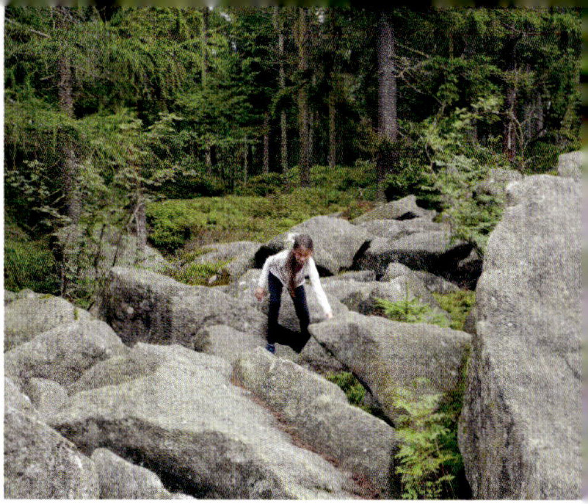

LINKS
Den Saubadfelsen erobern wir über steile Metalltreppen.

RECHTS
Kraxeln auf den Felsen des Blockmeeres am Fuße des Saubadfelsens.

T-Kreuzung laufen wir links zum Infopunkt Saubad. Das Blockmeer vor dem **Saubadfelsen** ❹ lädt zum Kraxeln ein. Über mehrere steile Metalltreppen kann die **Aussichtsplattform** erklommen werden. Unsichere, nicht schwindelfreie Kinder sollten lieber unten bleiben. Auf 858 m Höhe haben wir eine schöne Sicht auf die markanten Erhebungen der Umgebung: Von links nach rechts liegen Rauher Kulm, Armesberg, Ochsenkopf, Schneeberg vor uns.

Unser Wanderpfad bringt uns anschließend leicht bergab zum **Waldhaus** ❺. Bevor wir hier einkehren oder unterhalb des Waldhauses eine Spielpause einlegen, können wir zuerst noch nach links Richtung »Glasschleife/Pullenreuth« einen Abstecher machen. Nach ca. 150 m biegen wir links auf einen Waldpfad ein, um das **Palmlohmoor** zu besichtigen.

Anschließend kehren wir auf dem bekannten Weg zum **Waldhaus** ❺ zurück, wo auch eine Infostelle mit Bauklötzen und interaktiven Modulen im Obergeschoss untergebracht ist.

Unser Rückweg verläuft zuerst auf einem schmalen Pfad entlang des **Wildgeheges** ❻ mit seiner Wildkanzel und bringt uns hinunter zu einer Forststraße. Auf ihr nach rechts erreichen wir das Ende des Lehrpfades am **Spielplatz** ❷ am Pfaben. Auf dem bekannten Weg geht es links zurück zum **Wanderparkplatz** ❶.

Luchse sind sehr scheu. Am ehesten zu Gesicht bekommt ihr sie im Wildpark Waldhaus Mehlmeisel (Freizeittipp A1).

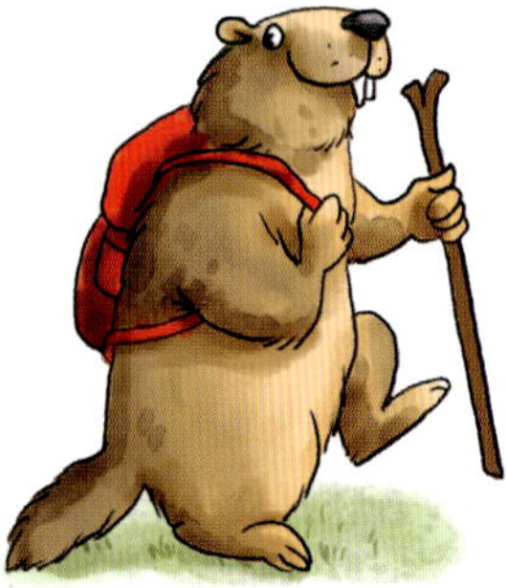

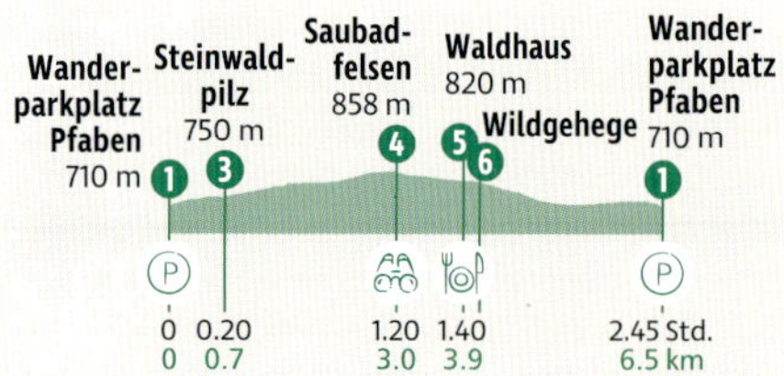

Hallo Kinder!

Wusstet ihr, dass es in **Bayern erst seit 50 Jahren wieder frei lebende Luchse** gibt? Die Raubtiere mit den Pinselohren galten lange Zeit als ausgerottet. Doch in den 1970er-Jahren siedelte man im Bayerischen Wald wieder erste Luchse an. Hier im Steinwald wurde im Sommer 2016 eine Luchsin namens Fee ausgewildert. Sie war ein verwaistes Findelkind aus dem Bayerischen Wald. Zwei Jahre später ließ man Kuder Hotzenplotz (einen männlichen Luchs), ebenfalls aus dem Bayerischen Wald, dort frei. Unerwartet wurde dann auf Fotos einer Wildkamera ein zweiter Kuder entdeckt. Es war Ivan, der aus dem Harz stammt und im Zuge eines Auswilderungsprojekts dort freigelassen wurde. Fee und Ivan streunten nun gemeinsam durch den Steinwald, was eine Wildkamera im Foto festhielt. Im September 2020 erspähte ein Revierförster auf einem Fels einen jungen Luchs. Die dann in der Nähe der Felsgruppe angebrachte Wildkamera zeigte zu aller Freude Luchsin Fee mit ihren drei Jungtieren – ein gutes Zeichen dafür, dass der Luchs in Nordbayern in Zukunft wieder heimisch werden könnte.

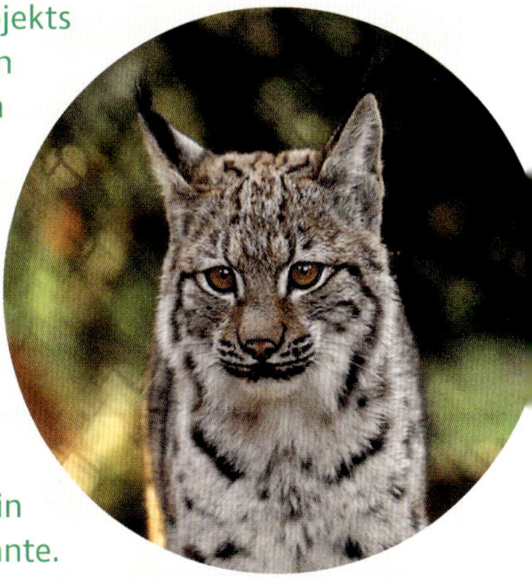

★Highlights

Auf den Tafeln des Waldhistorischen Lehrpfades Interessantes rund um das Thema Wald erfahren.

Den Saubadfelsen über steile Metalltreppen erklimmen und unterhalb des Felsens auf den Steinen der Blockhalde aus Granitfelsen kraxeln.

Skurrile Felsformationen, wie den Zipfeltannenfelsen und den Steinwaldpilz, bestaunen und das Palmlohmoor besuchen.

Von der Wildkanzel aus das Rotwild im Tiergehege am Waldhaus beobachten.

Zwei tolle Spielplätze besuchen. Am Waldhaus-Spielplatz kann man sogar auf einer Urwald-Seilschaukel schaukeln.

Im Obergeschoss des Waldhauses mit Bauklötzen oder interaktiven Modulen spielen und nebenbei lernen.

Naschen von den vielen Himbeer-, Heidelbeer- und Brombeersträuchern entlang des Wanderpfads.

4 Ruine Weißenstein und Platte

BELIEBTE AUSFLUGSZIELE IM STEINWALD

3.15 STUNDEN

7,3 KILOMETER

↗ 190 HÖHENMETER

↘ 190 HÖHENMETER

MITTEL ab 8 Jahren

Zum Wahrzeichen des Steinwalds: Lange Zeit war die Burgruine Weißenstein im Steinwald nicht begehbar, einsturzgefährdet und ringsum zugewuchert. Doch ab 1997 wurde die Burgruine von den freiwilligen Helfern der Gesellschaft Steinwaldia Pullenreuth e.V. Stück für Stück wahrlich aus dem Dornröschenschlaf geweckt. Heute ist sie eine der spektakulärsten Ruinen in der Oberpfalz und frei zugänglich. Auf einem Granitblock, der in sogenannter Wollsackformation verwittert ist, steigt die Burgruine empor. Ein bisschen Mut braucht es für kleine Kinder schon, den Burgfried über die vielen steilen Holzstufen zu besteigen. Aber oben angekommen, bietet sich uns nicht nur ein großartiger Rundblick, auch die prachtvolle Burganlage können wir bewundern. Wer mit dem Kinderwagen unterwegs ist, muss auf das tolle Ziel nicht verzichten und kann auf dem bequemen Forstweg hinaufwandern. Lauffreudige kleine Füßchen hingegen nehmen den herrlichen Wurzelpfad nebenan, der sie am wuchtigen Felsentor Kiebitzstein vorbei zur Burg führt. Mit Kindern, die noch mehr Ausdauer und Wanderlust haben, wandern wir weiter zur Platte, der höchsten Erhebung des Steinwalds. Es erwartet uns der Oberpfalzturm mit herrlichem 360-Grad-Blick ins Fichtelgebirge, ins Eger- und Stiftland und bis zum Oberpfälzer Wald.

Ausgangspunkt: Großer, gebührenpflichtiger Wanderparkplatz am Waldrand oberhalb Hohenhard, 783 m (GPS: N49.925583, E12.082583). Anfahrt: Von der A93, Ausfahrt Wiesau, auf der St2169 Richtung Wiesau und weiter geradeaus mit der St2170 durch Fuchsmühl hindurch, dann links nach Poppenreuth. In der Ortsmitte links Richtung Friedenfels (St2121), etwa 2 km später rechts Richtung Hohenhard und gleich darauf zum großen Wanderparkplatz auf der linken Straßenseite.
Ausrüstung: Gut profilierte Wanderschuhe, Proviant für unterwegs, Fernglas.
Anforderungen: Meist breite, stetig nur leicht ansteigende Forstwege, im Bereich der Ruine Weißenstein wurzeldurchsetzte, steinige und steile Wanderpfade. Rückweg über die Plattengasse auf überwiegend ausgewaschenen Wanderpfaden. Besteigung des Burgfrieds nur für trittsichere Kinder in Begleitung Erwachsener geeignet. Die Kurzvariante zur Ruine Weißenstein ist barrierefrei und kann mit jedem Kinderwagen unternommen werden. Größtenteils schattige Wanderung.
Einkehr: Unterwegs keine. Unweit des Wanderparkplatzes das Marktredwitzer Haus,

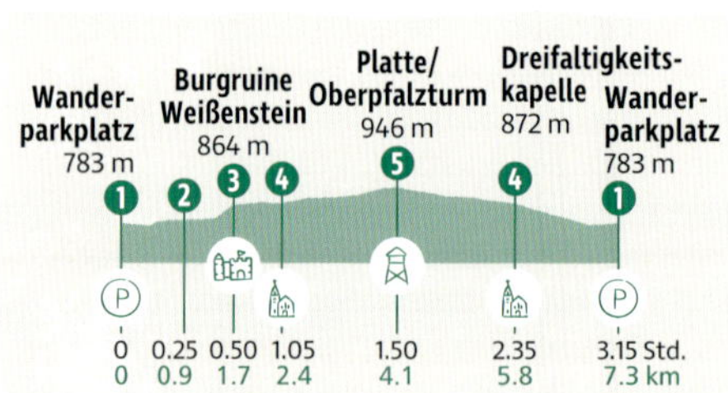

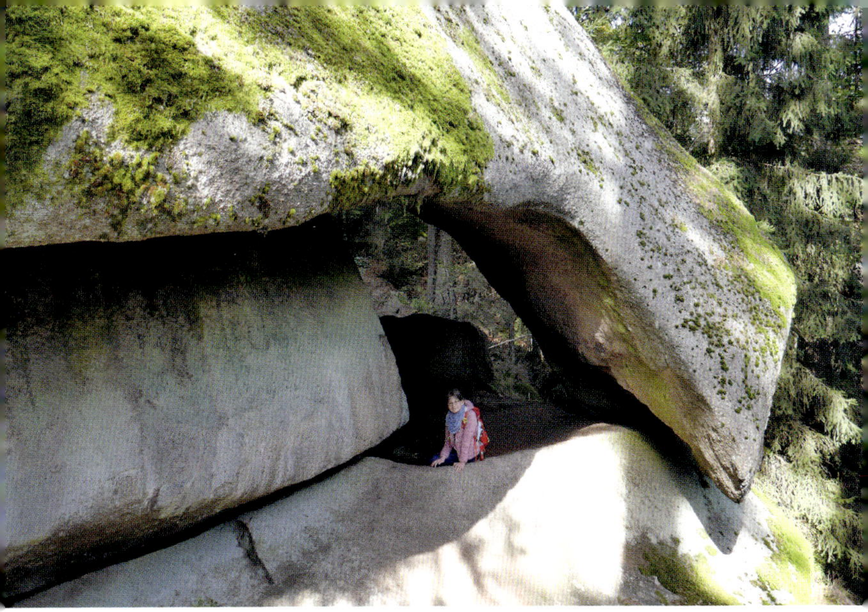

marktredwitzer-haus.de, Tel. +49 9231 9730953, Mo und Di Ruhetag.

Kurzvariante: Vom Wanderparkplatz auf breitem, bequemem Forstweg bis zum Schilderbaum und dort rechts (Wegweiser »Barrierefreier Weg«) weiter auf der Zufahrtsstraße hinauf zur Burgruine Weißenstein und auf demselben Weg wieder zurück zum Wanderparkplatz (3,5 km, 1.50 Std., ab 4 Jahren, kinderwagengeeignet).

Kiebitzstein: Vom begehbaren Felsentor kann man andere Wanderer beobachten.

LOS GEHT'S Bevor wir unsere Wanderung starten, können wir noch einen Abstecher zum sehenswerten **Geotop »Basaltpferde«** unternehmen. Die beiden kleinen Felsen aus erstarrtem Basalt ähneln mit etwas Fantasie zwei Pferdemähnen. Danach gehen wir vom **Wanderparkplatz ❶** mit der Markierung des Goldsteigs (gelbes S auf weißem Hintergrund) in Richtung Burgruine Weißenstein, dabei ignorieren wir abzweigende Wege. Entlang des Weges begleiten uns zahlreiche Tafeln, die über die Geologie und die Natur des Naturparks Steinwald informieren. An einem **Schilderbaum ❷** verlassen uns die Kinderwagenschieber und noch nicht so geübte Wanderzwerge (Wegweiser »Barrierefreier Weg«, siehe Kurzvariante). Alle ande-

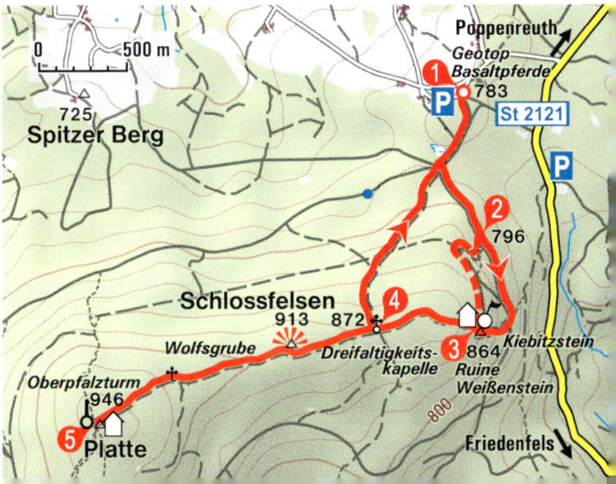

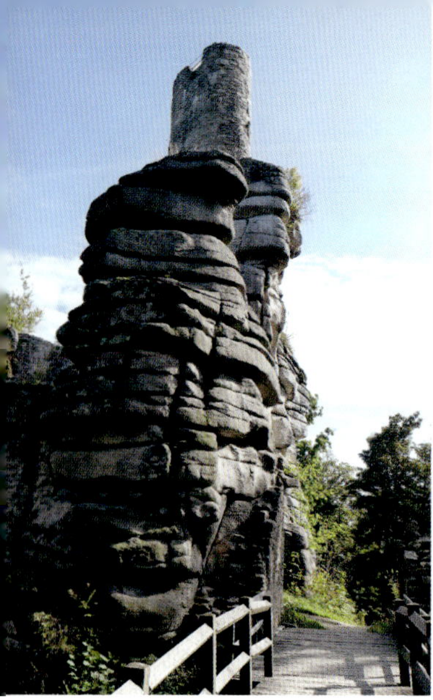

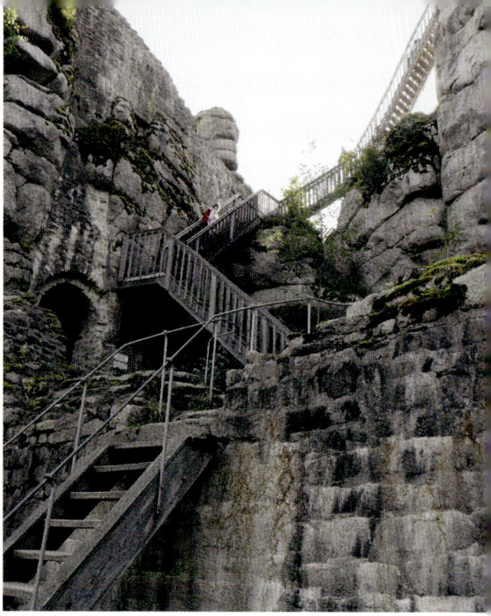

OBEN

Auf der Burgruine Weißenstein gibt es viel zu entdecken.

UNTEN

Der Oberpfalzturm ragt über die Baumwipfel hinaus.

ren wandern dort geradeaus mit dem Goldsteig weiter, der zwar anspruchsvoller, jedoch lohnenswerter ist. Wenig später verlässt uns der Goldsteig nach rechts, wir jedoch laufen auf der Forststraße ohne Markierung weiter und halten uns wenig später links (Wegweiser Richtung Friedenfels). Dann biegen wir rechts in den kreuzenden Wanderweg mit der Markierung »blaues Dreieck auf weißem Grund« ein. Der steile, steinige und wurzeldurchsetzte Wanderpfad bringt uns hinauf Richtung Burgruine. Etwa auf halber Strecke treffen wir auf der linken Seite auf den **Kiebitzstein**, einen gerundeten Wollsackfelsen mit einem begehbaren Felsentor. Bald darauf erreichen wir die **Burgruine Weißenstein** ❸, 864 m, deren Überreste und restaurierte Teile ausgiebig erkundet werden können. Vom Burgfried hat man einen tollen Rundblick auf den Oberpfälzer Wald, die Fränkische Schweiz und ins Fichtelgebirge.

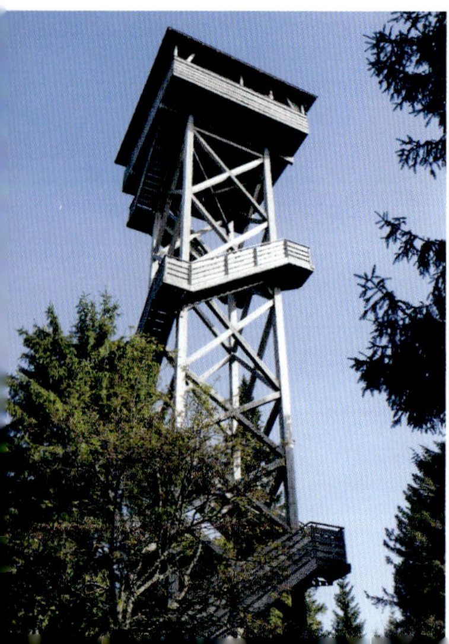

Weiter geht es mit der Markierung »Weiß-Rot« in Richtung Westen bis zur höchsten Erhebung des Steinwaldes, der Platte mit dem Oberpfalzturm. Der anfangs steinige und wurzeldurchsetzte Pfad bringt uns zuerst zur **Dreifaltigkeitskapelle** ❹. Geradeaus weiter, vorbei an Schlossfelsen und Wolfsgrube, erreichen wir dann unser Wanderziel, die **Platte** ❺, 946 m, mit dem markanten Aussichtsturm. Nach dem Erklimmen der 150 Stufen

Hallo Kinder!

Einst erzählte man sich, dass unterhalb der **Burgruine Weißenstein** mehrere **unterirdische Gänge** verlaufen. Die Leute vermuteten heimliche Stollen hinüber zur Burg Falkenberg, zu den Schlössern Waldershof und Friedenfels sowie zu einem Haus in Harlachhof, das zur Gutsherrschaft gehörte. Allerdings waren mit der damaligen Technik solche kilometerlangen unterirdischen Tunnel ein Ding der Unmöglichkeit. Aber woher kommen dann die Erzählungen? Als einst die Burg belagert und eingenommen wurde, waren sämtliche Bewohner einschließlich der Adeligen verschwunden. Es war kein Entkommen von der Burg möglich, denn alle Fluchttüren waren sowohl innen als auch außen mit dornigen Hecken und Gestrüpp verwachsen. Deshalb glaubte man, es gäbe eine Geheimtür in der Burgmauer, die zu den geheimnisvollen unterirdischen Gängen führt.

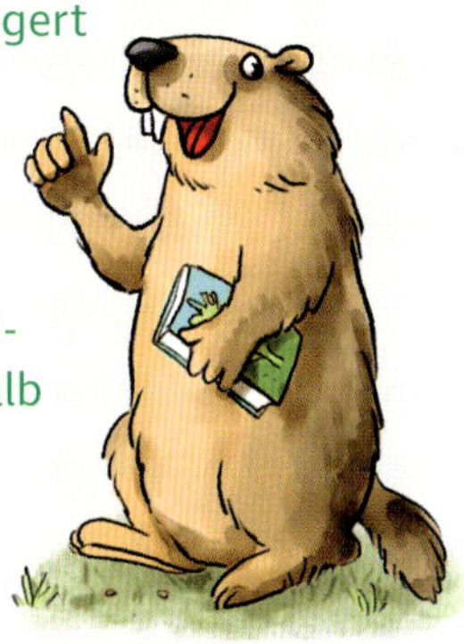

eröffnet sich von der in 30 m Höhe angebrachten Aussichtskanzel ein herrlicher Rundblick.
Auf demselben Weg wandern wir zurück zur **Dreifaltigkeitskapelle ❹**, dort biegen wir ohne Markierung links ab. Bei den nächsten beiden Weggabelungen halten wir uns rechts und schwenken nach der zweiten gleich links in einen schmalen Wanderpfad (Plattengasse) ein. Er bringt uns hinunter zum schon vom Hinweg bekannten Forstweg. In diesen biegen wir links ein und wandern zurück zum **Wanderparkplatz ❶**.

★Highlights

Vom riesigen, begehbaren Felsentor Kiebitzstein die Beine baumeln lassen.

Mutige und Schwindelfreie erklimmen den ehemaligen Bergfried der Burgruine Weißenstein, die auf einem Granitfelsen thront.

Über 150 Stahlgitterstufen hoch hinauf zur Aussichtskanzel des Oberpfalzturms steigen und die Aussicht genießen.

In der Nähe des Parkplatzes zwei sehenswerte »Basaltpferde« aus verwitterten Basaltsäulen bewundern.

5 Hoch zum Hackelstein

TEILSTÜCK DES WALDERLEBNISPFADS FUCHSMÜHL

2.00 STUNDEN

4,8 KILOMETER

↗100 HÖHENMETER

↘100 HÖHENMETER

MITTEL **ab 5** Jahren

Markante Felsenburg und ein Pferd aus Stein: Die hügelige Landschaft von Fuchsmühl ist ein beliebtes Ausflugsziel und für Kinder in vielerlei Hinsicht attraktiv. Im Wald versteckt sich der spektakuläre Hackelstein. Über Steintreppen und eine luftige Metallbrücke gelangen wir hinauf zur Aussichtsplattform. Und wer gut aufpasst, der entdeckt in den Nischen rund um die Felsenburg ein kleines Feendorf aus niedlichen Steinhäusern. Nicht nur landschaftlich lockt diese Gegend Familien an, denn in den Jahren 2006 und 2007 entstand ein interaktiver, aufwendig gestalteter Walderlebnispfad. Spielerisch bringt er uns den heimischen Wald mit seiner Flora und Fauna näher und führt zu einem Naturweiher, wo man auch baden kann. Leider wäre eine Wanderung samt Felsenburg und dem gesamten Naturlehrpfad für Kinder viel zu lang, deshalb begehen wir nur das interessanteste Teilstück des Lehrpfades und besuchen den Hackelstein.

Ausgangspunkt: Wanderparkplatz an der Steinwaldstraße, neben der Kapelle Maria-Frieden bei Fuchsmühl, 664 m (Navi: Steinwaldstraße, 95689 Fuchsmühl). Anfahrt: Von der A93, Ausfahrt Wiesau, auf St2169 und St2170 vorbei an Wiesau nach Fuchsmühl. Geradeaus durch den Ort und kurz vor der Wallfahrtskirche links in die Steinwaldstraße. Auf dieser bis zum Wanderparkplatz neben der Kapelle Maria-Frieden.
ÖPNV: Nur mit Rufbus erreichbar; Haltestelle Fuchsmühl Kirche der BAXI-Linie 1808 (ca. 800 m/20 Min. Fußweg zum Ausgangspunkt).
Ausrüstung: Gut profilierte Wanderschuhe, Wechselkleidung, wegen des Planschens am Wasserspielplatz. Badesachen (siehe Tipp).
Anforderungen: Meist bequeme Wanderpfade oder Forststraßen. Leicht ansteigend bis zum Hackelstein, dann leicht abfallend. Besteigung des Hackelsteins nur für trittsichere Kinder in Begleitung Erwachsener. Sowohl schattige als auch sonnige Wegabschnitte.

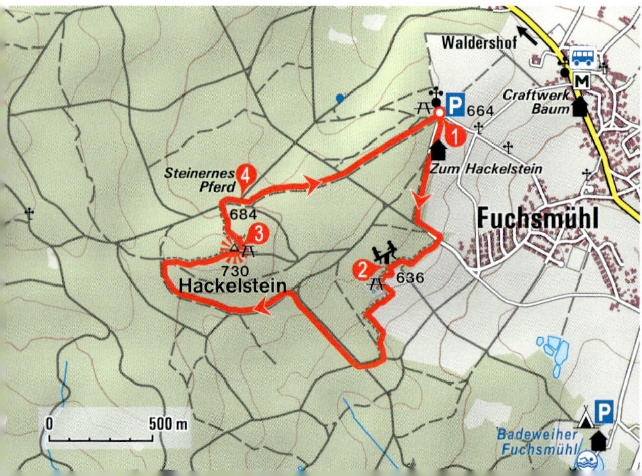

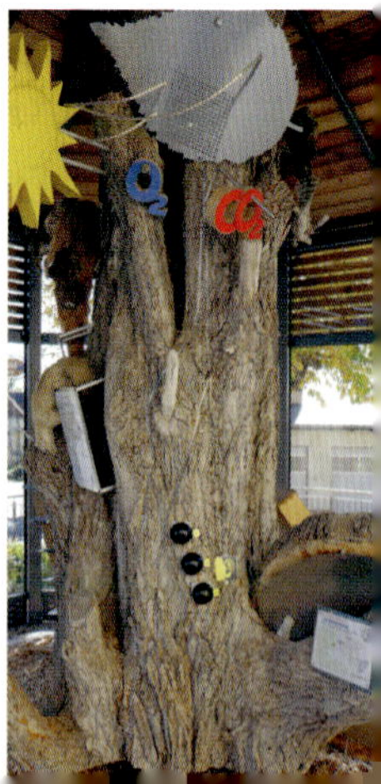

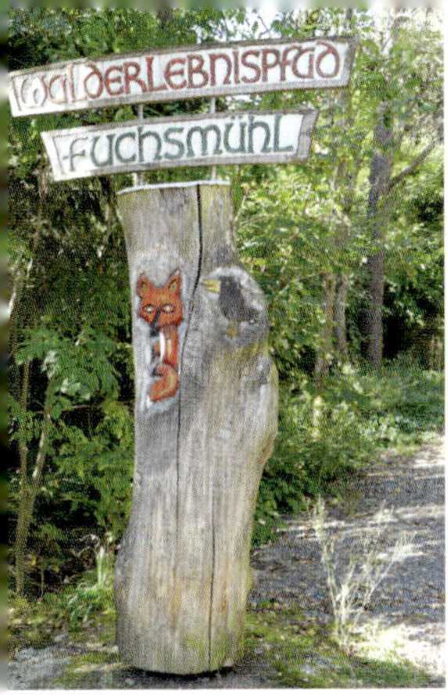

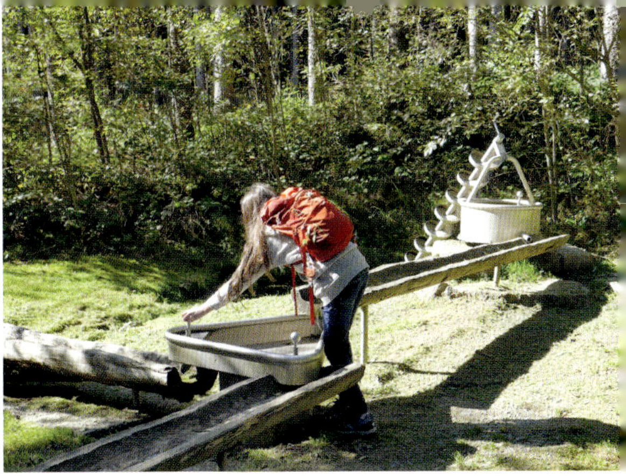

OBEN

Der Wasserspielplatz am Walderlebnispfad begeistert alle Kinder.

LINKS UNTEN

Kurzer Halt während der Anfahrt bei der Wallfahrtskirche am »Craftwerk Baum«.

Einkehr: Hotel & Restaurant Zum Hackelstein, hackelstein.de, Tel. +49 9634 2727, Mo–Mi geschlossen. Kiosk am Badeweiher, Tel. +49 9634 2950, Mai bis September geöffnet, Mo und Di Ruhetag. Diverse Einkehrmöglichkeiten in Fuchsmühl.

Tipps: Besuch des Badeweihers Fuchsmühl (s. Freizeittipp B2; Parkplatz: N49.911889 E12.144889); dort gibt es auch einen Zeltplatz. »Craftwerk Baum« mit vielen Infos über den Lebensprozess eines Baumes, Bedrohungen, wie z. B. durch Borkenkäfer, und über das Totholz. Zu finden neben der Wallfahrtskirche am Beginn der Steinwaldstraße in Fuchsmühl.

LOS GEHT'S

Vom **Wanderparkplatz ❶** gehen wir zurück zur Steinwaldstraße und halten uns rechts. Nach der Infotafel zum Walderlebnispfad Fuchsmühl kommen wir zu einem Schilderbaum. Hier folgen wir der Markierung »blaues Dreieck« Richtung Hackelstein weiter auf der Teerstraße. Die Straße geht nach dem **Hotel & Restaurant Zum Hackelstein** in einen Wanderpfad über, mit dem wir in den Wald eintauchen. Bei der nächsten Weggabelung halten wir uns links, verlassen den markierten Wanderweg und treffen alsbald auf eine Forststraße. Auf ihr geht es links weiter, bis wir zum Parkplatz des Walderlebnispfades kommen. Ab hier folgen wir rechts einem schmalen Wanderpfad (Markierung »Fuchs«). Vorbei an **Spechthöhle** und **Vogeluhr** erreichen wir den **Wasserspielplatz ❷**. Der Pfad bringt uns anschließend erst zu einer Infosäule und dann hinaus aus dem Wald auf eine Streuobstwiese. Hier informieren allerlei Tafeln über die Bedeutung der Streuobstwiesen für die Kulturlandschaft. Wir wandern mit der Markierung weiter bis zu einer Forststraße, in die wir nach

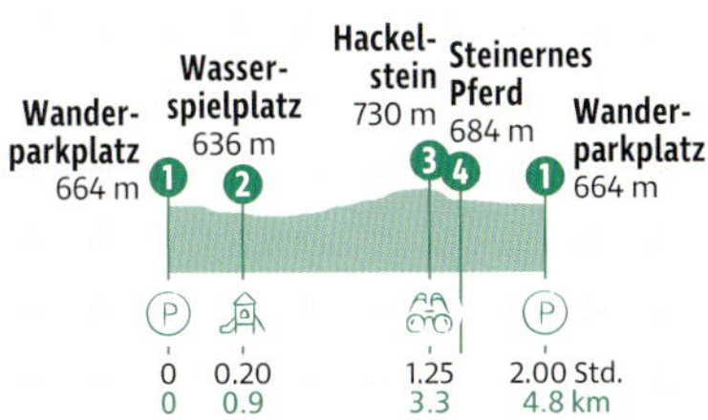

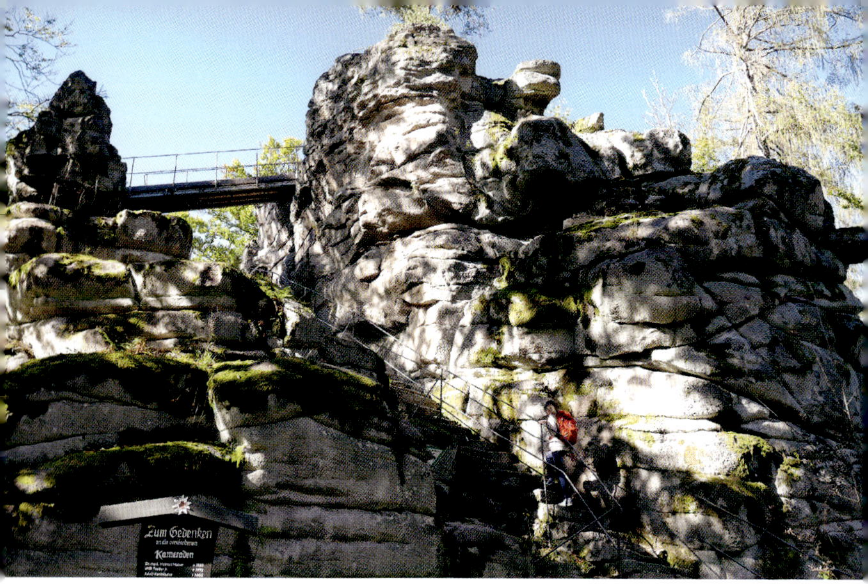

Über Steinstufen geht's hinauf zum Hackelstein.

rechts (ohne Markierung) einbiegen. Gleich darauf zweigen wir wieder nach rechts auf eine Forststraße (Südweg; ohne Markierung) ab. Wir folgen ihr leicht bergauf und biegen an der folgenden Weggabelung links mit der Markierung »blauer Querstrich« (Richtung Marktredwitzer Haus) in eine Forststraße ein. Um den Weg zum Hackelstein etwas abzukürzen, halten wir uns an der nächsten Weggabelung rechts. Ohne Markierung geht es weiter bergan, bis wir auf den Gebirgsweg (Markierung) stoßen. Diesem folgen wir nun nach rechts bis zum **Hackelstein ❸**. Über Steinstufen und eine Brücke gelangen wir zur Aussichtsplattform. Wer entdeckt rund um den Hackelstein die kleinen im Fels versteckten Feenhäuschen?

Habt ihr all die süßen Feenhäuschen bei der Felsenburg entdeckt?

Nach einer ausgiebigen Pause auf dem daneben liegenden Picknickplatz geht es mit den Markierungen »roter Fuchs und R« links Richtung Fuchsmühl auf

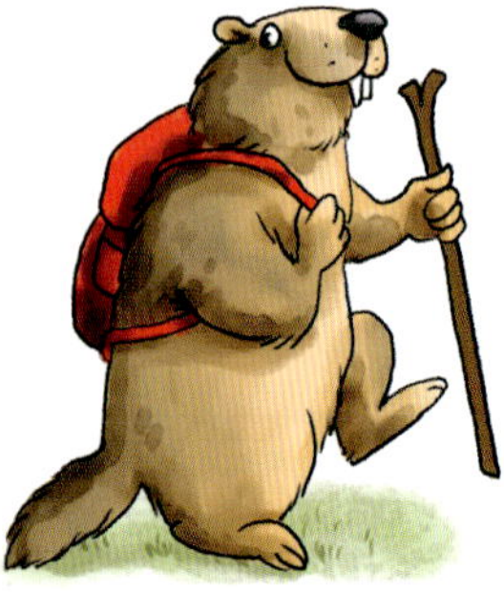

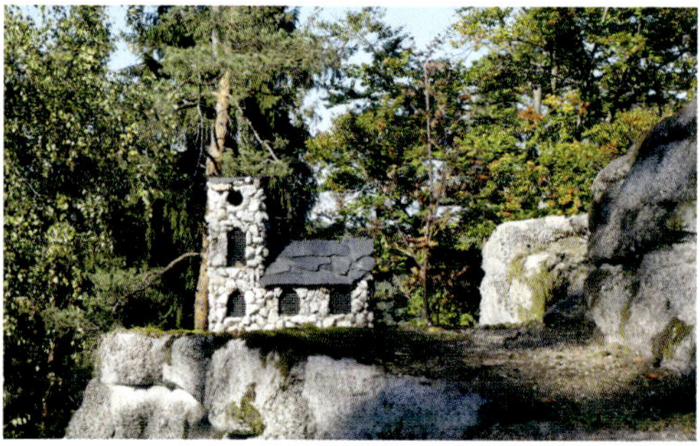

★Highlights

Auf einem Teilstück des Walderlebnispfades am Wasserspielplatz mit der archimedischen Schraube Wasser fördern oder an der Vogeluhr ablesen, wann die jeweilige Vogelart aufwacht.

Die Aussichtsplattform der Felsenburg Hackelstein besteigen und die im Fels verborgenen Feenhäuser entdecken.

Pausieren am Granitfels »Steinernes Pferd« und mit etwas Fantasie ein liegendes versteinertes Pferd erkennen.

Anschließend schwimmen im Badeweiher.

einem schmalen Pfad hinunter bis zu einer Forststraße. Dort halten wir uns rechts, wiederum Richtung Fuchsmühl. Vorbei am **Steinernen Pferd** ❹, biegen wir mit der Markierung links in den Kreuzsteinweg ein. Eine lang gezogene Forststraße führt, vorbei am Wasserhochbehälter und am **Waldspielplatz** des Kinderhauses St. Marien, zurück bis zur Steinwaldstraße. Dort links erreichen wir wieder unseren Ausgangspunkt am **Wanderparkplatz** ❶.

Hallo Kinder!

Im **Naturpark Steinwald** verstecken sich viele **außergewöhnlich geformte Felsen**, zu denen die Steinwaldbewohner so einiges zu erzählen haben. So treffen wir ziemlich am Schluss der Wanderung auf einen flachen Felsen, der aussieht wie ein liegendes **schlafendes Pferd**. Besonders gut zu erkennen ist der Pferdekopf. Einer Sage nach soll hier einst ein Pferdefuhrwerk – schwer beladen mit der Aussteuer einer Braut – von Burg Falkenberg zur Burg Weißenstein unterwegs gewesen sein. Jedoch hatte man es bei diesem Hochzeitswagen mit der Last etwas übertrieben. Die Pferde waren restlos erschöpft und versanken langsam in dem feuchten, schlammigen Boden.

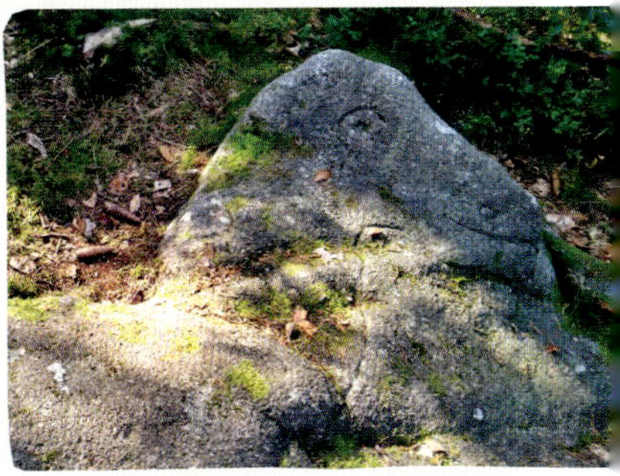

Der Fuhrknecht fing daraufhin an zu fluchen: »Gott verdamme mich! Soll doch das ganze Gelumpe zu Stein werden und versinken, wenn's nicht weitergeht!« Könnt ihr euch jetzt vorstellen, was passierte? Auf der Stelle erstarrten die Pferde zu Stein und blieben auf dem Waldboden liegen.

6 Im nördlichen Waldnaabtal

UFERWANDERUNG ENTLANG IMPOSANTER FELSBLÖCKE

3.00 STUNDEN

7,2 KILOMETER

↗ 140 HÖHENMETER

↘ 140 HÖHENMETER

MITTEL ab 8 Jahren

Kammerwagen, Butterfass und Sauerbrunnen: Zwischen Falkenberg und Windischeschenbach liegt das einmalige Flusstal der Waldnaab. Dieser herrliche Landstrich wird auch liebevoll als »Oberpfälzer Mini-Canyon« bezeichnet. Bei unser Wanderung besuchen wir den nördlichen Teil des Naturschutzgebietes Waldnaabtal, der mit Kindern erheblich bequemer zu begehen ist als die wildromantischen Uferpfade und Steige des südlichen Uferwegs (siehe Tour 15). Vorbei an malerischen Felsgebilden und imposanten Steinriesen im Flussbett mit Namen wie Kammerwagen, Amboss oder Butterfass geht es hinunter bis zur im Herzen des Waldnaabtals gelegenen Blockhütte (derzeit geschlossen; Stand 2024) mit einem Wasserrad.

Ausgangspunkt: Wanderparkplatz Hammermühle beim Markt Falkenberg, 462 m (Navi: Hammermühlweg, 95685 Falkenberg). Anfahrt: Von der A93, Ausfahrt Falkenberg, auf der St2167 bis zu den ersten Häusern von Falkenberg. Dort rechts zuerst in die Premenreuther Straße, dann gleich rechts in den Hammermühlweg einbiegen. Nach ca. 200 m erreichen wir den Wanderparkplatz.
Ausrüstung: Gut profilierte Wanderschuhe, Mückenschutz.
Anforderungen: Einfache, aber recht lange Wanderung, anfangs auf schmalen, wurzeldurchsetzten Wanderpfaden, später auf geschotterten Feld- und Waldwegen. Überwiegend schattig.
Einkehr: Waldgaststätte Blockhütte im Waldnaabtal derzeit leider geschlossen (Stand 2024). Mehrere Gaststätten im benachbarten Markt Falkenberg.
Tipp: Besichtigung der Burg Falkenberg mit dem MuseumBurg im Rahmen einer Führung (s. Freizeittipp G1).
Hinweis: Bitte die Bestimmungen des Naturschutzgebietes beachten.

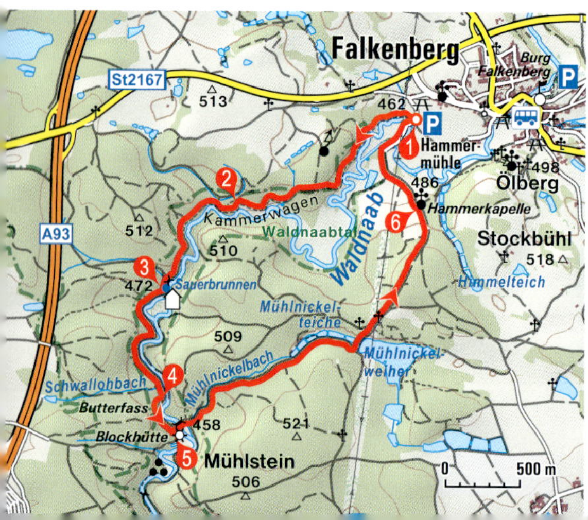

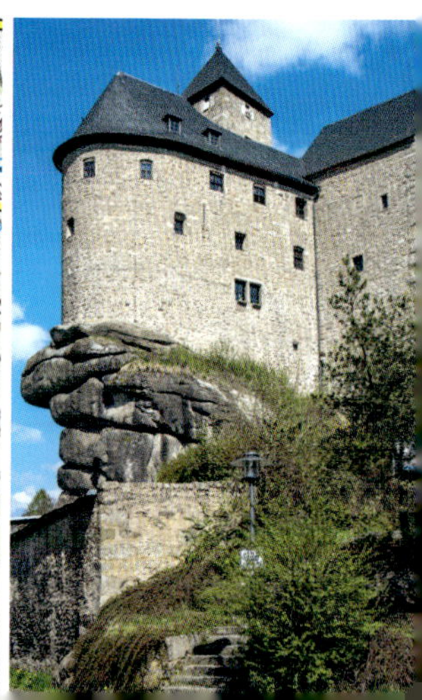

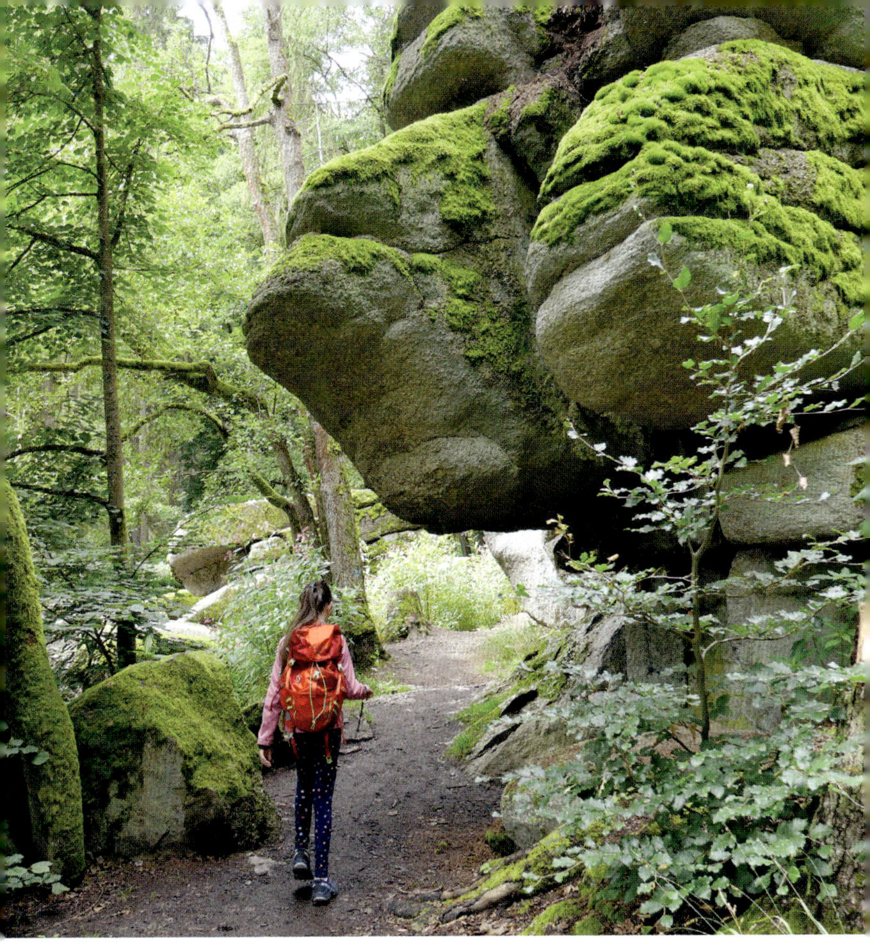

OBEN
Die Gesteinsformation Kammerwagen.

LINKS UNTEN
Burg Falkenberg (s. Tipp).

LOS GEHT'S Vom **Wanderparkplatz Hammermühle ❶** begleitet uns die Markierung »blauer Querstrich auf gelbem Grund« bis zur Blockhütte. Ein schmaler Wiesenpfad entlang der Waldnaab führt uns zunächst zum Wald, dann am Waldrand entlang des mäandrierenden Flusses. Bald steigt der Weg etwas an und fällt gleich darauf wieder ins Waldnaabtal ab. Wir überqueren den Steglohbach und etwas später eine Waldlichtung, um dann den **Kammerwagen ❷**, eine wollsackverwitterte Gesteinsformation, zu erreichen. Der bequeme Wanderpfad bringt uns vorbei am **Amboss**, einem vom Wasser geschliffenen Granit-

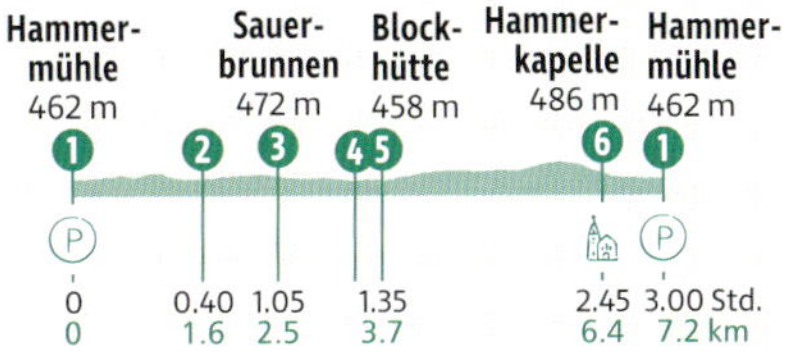

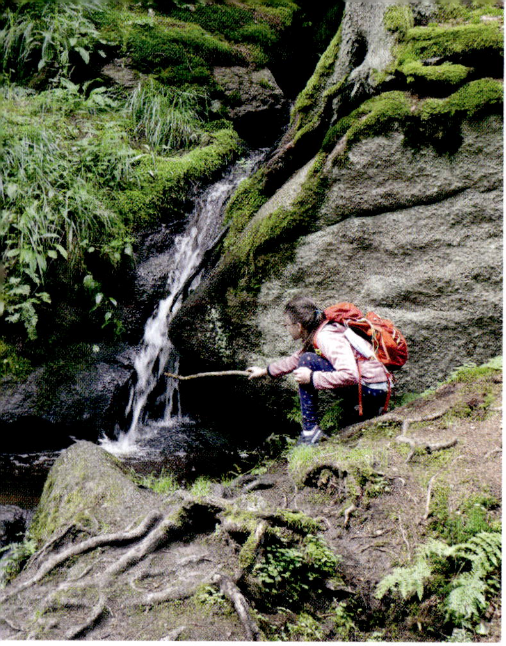

felsen im Flussbett. Schon bald darauf gelangen wir zum **Sauerbrunnen** **3** mit einem Pavillon. Das rostfarbene Quellwasser ist kohlensäure-, eisen- und schwefelhaltig und kein Trinkwasser!

Auf breiter Forststraße geht es weiter entlang der Waldnaab, vorbei an einem Gesicht im Fels. Wer entdeckt es zuerst? Bevor wir das **Butterfass** **4** mit seinen kräftigen Wasserstrudeln erreichen, sehen wir noch den kleinen Wasserfall des Schwallohbachs. Nun ist es nicht mehr weit bis zur **Blockhütte** **5** mit einem großen Wasserrad.

Unser Weiterweg führt uns ein paar Meter auf dem Hinweg zurück, dann verlassen wir an der Verzweigung die Markierung »blauer Querstrich auf gelbem Grund« und biegen mit dem »roten X« rechts in Richtung Falkenberg (über Mühlnickelweiher) ab. Wir überqueren die Waldnaab und unsere Forststraße steigt nun etwas an. Vorbei an den **Mühlnickelteichen** mit herrlichen Seerosen und über

OBEN

Pritscheln am Schwallohbach.

UNTEN

Am Butterfass.

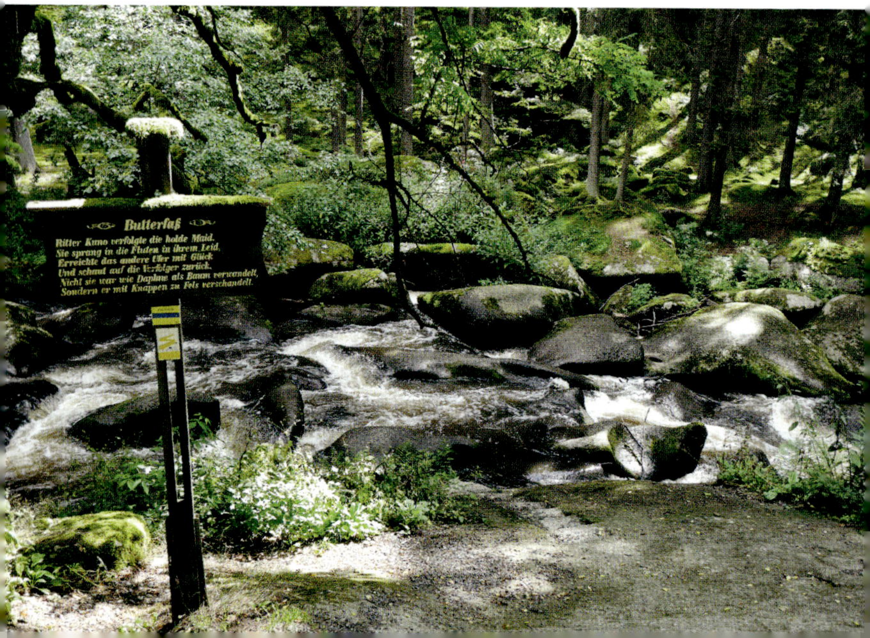

Hallo Kinder!

Die **Felsenlandschaft im Waldnaabtal** ist schaurig schön. Darüber, wie sie entstand und wie die großen Granitbrocken ins Flussbett gelangten, gibt es viele **gruselige Geschichten**. So erzählte man sich früher, dass einst der Ritter Kuno aus Falkenberg und sein Knappe ein junges Mädchen auf einer blühenden Wiese erblickten und sie mit ihren Pferden jagten. Das Mädchen rannte wie ein aufgescheuchtes Reh die Waldnaab entlang. Doch plötzlich versperrte eine steile Felswand den Weg. Sie sah keinen anderen Ausweg, als in die Fluten der Waldnaab zu springen. Vorher flehte sie Gott um Hilfe an und rief: »Dass Gott Genad!« Als sie das andere Ufer des Flusses erreicht hatte, drehte sie sich um und sah, dass der Ritter mitsamt seinem Knappen und den Pferden zu Stein geworden war. Wenn ihr heute am **Butterfass** seid, hört genau hin – man kann angeblich immer noch die Jammerlaute der Verfolger im tosenden Wasser hören.

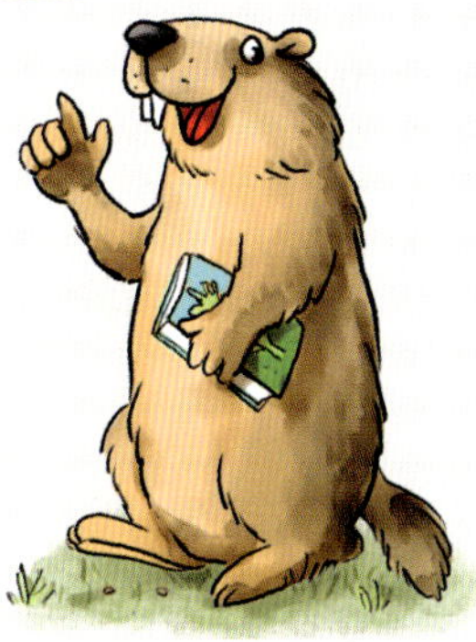

dem Wasser tanzenden Libellen erreichen wir den Damm des Mühlnickelweihers, überqueren ihn nach links und wandern mit dem »roten X« geradeaus weiter. Nach einiger Zeit kommen wir wieder aus dem Wald heraus und nähern uns nun der **Hammerkapelle ❻**. Hier verlässt uns der Wanderweg mit dem »roten X«. Wir folgen links dem Wegweiser Richtung Parkplatz Hammermühle, gehen durch die Siedlung Hammermühle hindurch und gelangen kurz darauf zurück zum **Wanderparkplatz Hammermühle ❶**.

★Highlights

Am Uferpfad entlang durchs nördliche Waldnaabtal streifen und die wilde Natur entdecken.

Die grandiosen Felsformationen des Tals bestaunen.

Das rostfarbene Wasser des Sauerbrunnens begutachten (kein Trinkwasser!).

An der Blockhütte eine Pause einlegen und das große klappernde Holzwasserrad beobachten.

Burg Falkenberg mit ihrem Museum nach der Tour besichtigen.

7 Erlebniswelt Waldnaabaue

STERZER RUNDWEG

1.30 STUNDEN

3,6 KILOMETER

↗ 30 HÖHENMETER

↘ 30 HÖHENMETER

LEICHT ab 3 Jahren

Platz nehmen auf dem Thronsessel: Ein abwechslungsreicher Rundweg mit einer angenehmen Länge und flachem Wegverlauf erwartet uns in Großensterz. Mit viel Liebe zum Detail wurden am Walderlebnispfad Waldnaabaue unterhaltsame und individuell gestaltete Spielstationen geschaffen, die die Kinder zum Entdecken, Erkunden und Klettern einladen. Auch von den kunstvoll gefertigten Holzfiguren werden die Kinder begeistert sein. Hier können sie einen lebensgroßen Holzbären umarmen, von einem Holzpilz zum nächsten springen, auf hölzernen Wildschweinen reiten, in einen großen hölzernen Eichhörnchenkobel kriechen, das Treiben der Insekten bei der Krabbelhöhle beobachten oder einen Thron besteigen. Und wer sein eigenes Fahrrad mitbringt, der kann seine Geschicklichkeit auf dem Bikeparcours unter Beweis stellen.

Ausgangspunkt: Parkplatz Waldspielplatz Waldnaabaue bei Großensterz, 505 m (GPS: N49.925694, E12.251722). Anfahrt: Von der A93, Ausfahrt Wiesau, auf der St2169 in Richtung Mitterteich. Am Ortsanfang von Kleinsterz nach rechts Richtung Großensterz und kurz vor dem Ortsanfang von Großensterz wiederum rechts (Wegweiser Waldspielplatz Waldnaabaue) zum großen Parkplatz im Wald.
ÖPNV: Nur mit Rufbus erreichbar; Haltestelle Großensterz Ortsmitte der BAXI-Linien 1809, 1810, 1811 und 1813 (ca. 700 m/20 Min. Fußweg).
Ausrüstung: Trekkingsandalen oder Sportschuhe, Proviant für unterwegs, Mückenschutz. Eigenes Fahrrad zum Besuch des Bikeparcours.
Anforderungen: Breite, bequeme Forstwege ohne nennenswerte Steigung. Ideal für Kinderwagen und Laufräder. Großteils schattige Tour.
Einkehr: Unterwegs keine. Im Nachbarort Themenreuth Gasthof Zum Finkenstich mit kleinem Biergarten und kleinem Spielplatz, Themenreuth 7, 95666 Leonberg, finkenstich.de, Tel. +49 9633 1362, Öffnungszeiten siehe Internetseite.
Tipp: Kostenloses Baden an der »Kipp«, einem der Wiesauer Waldseen, westlich von Schönhaid im Wald gelegen (GPS: N49.892972, E12.188417; s. Freizeittipp B3).

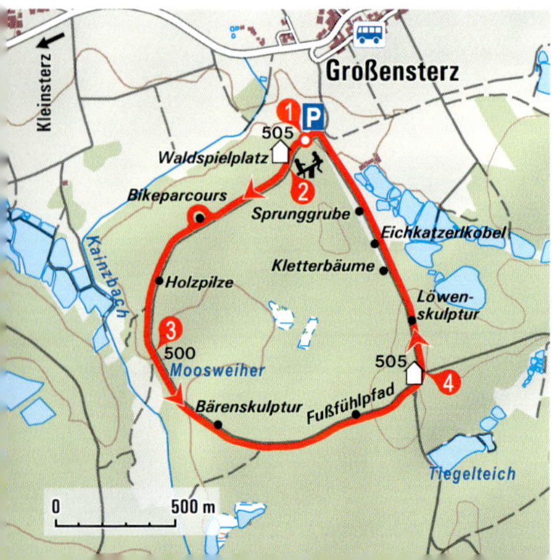

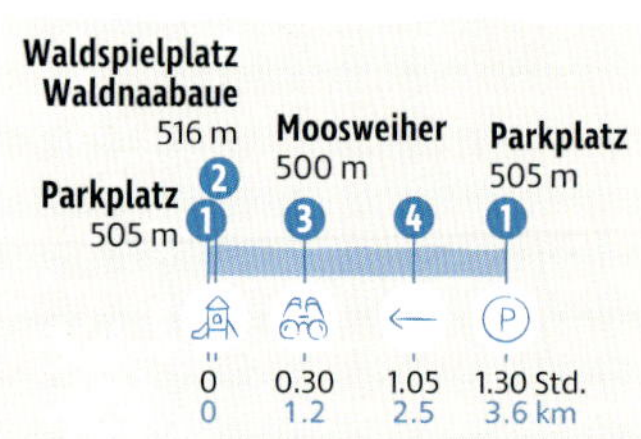

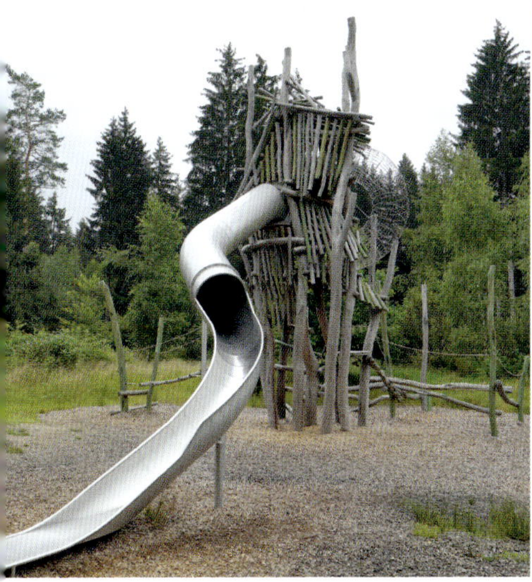

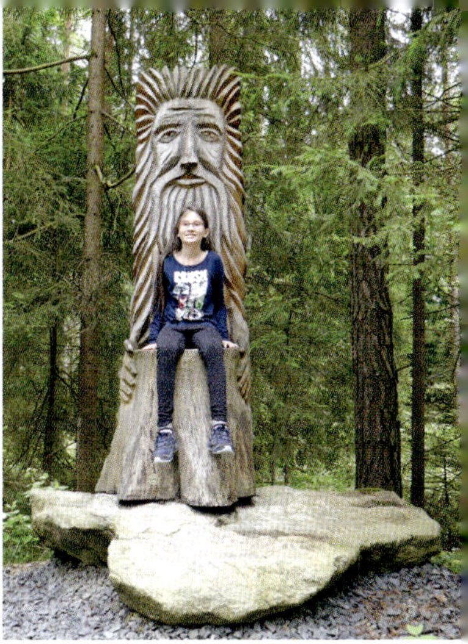

LOS GEHT'S Vom **Parkplatz 1** gehen wir auf einer breiten Forststraße tiefer in den Wald hinein und erreichen schon nach wenigen Metern den **Waldspielplatz 2** mit seiner auffälligen Rutsche und einem großen Balancier- und Kletterparcours. Weiter entlang der breiten Forststraße passieren wir die Einfahrt zum **Bikeparcours**, der mit Buckelpiste, Wippe und Avuskurve den Radfahrern alles abverlangt. Bald darauf entdecken wir links des Forstwegs einen großen Drachen zum Kraxeln und gleich danach rechts die Pilzskulpturen zum Balancieren und Springen. Geschnitzte Holz-Wildschweine erwarten uns bald auf der rechten Seite. An der nächsten Weggabelung halten wir uns links und erreichen den Beobachtungssteg am **Moosweiher 3**, einer ausgedehnten Moorlandschaft. Im weiteren Verlauf überrascht uns ein lebensgroßer Bär aus Holz und

OBEN LINKS

Am Waldspielplatz: erst hinaufkraxeln und dann auf der Rutsche hinuntersausen.

RECHTS UND UNTEN

Kunstvoll mit der Motorsäge gestaltete Spielstationen.

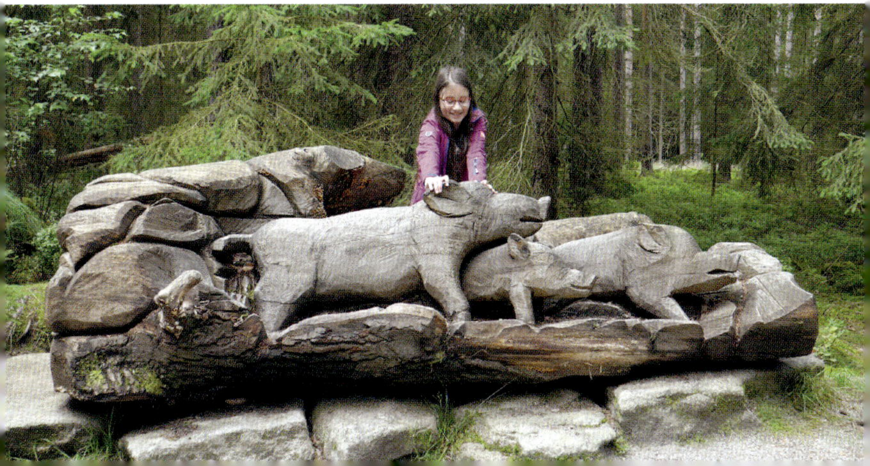

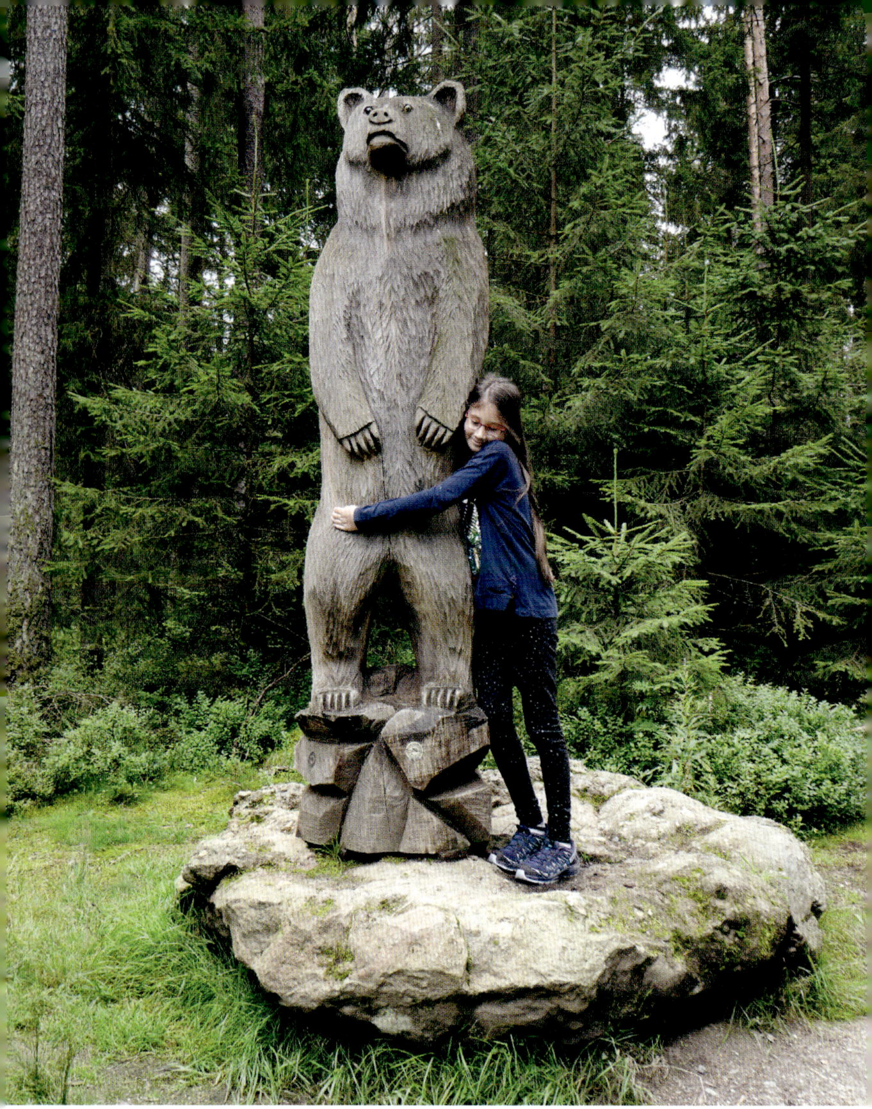

★Highlights

Am Waldspielplatz die tolle Rutsche hinuntersausen, in den Himmelsliegen rumlümmeln, den Kletterparcours bewältigen oder einfach nur am überdachten Picknickplatz eine Pause machen.

Mit dem eigenen Fahrrad über den Bikeparcours am Sterzer Rundweg brettern.

An den abwechslungsreichen Spielstationen aus Holz entlang des Rundweges immer wieder Spielpausen einlegen.

wenig später erreichen wir den Fußfühlpfad. Sowohl an der nächsten Weggabelung als auch an der **Kreuzung** ④ halten wir uns links. Ein prächtiger, hölzerner Thron ist rechts im Wald versteckt. Wir treten aus dem Wald hinaus, sehen die ersten Häuser von Großensterz in der Ferne und laufen am Waldrand entlang. Eine tolle Klettermöglichkeit ist der nachfolgende »Eichkatzerlkobel«. Als Nächstes dürfen wir uns im Weitsprung mit den verschiedensten Tieren im Wald messen, bevor wir am großen Insektenhotel Krabbelhöhle vorbei wieder zu unserem **Parkplatz** ① zurückkehren.

Hallo Kinder!

Habt ihr schon die **Krabbelhöhle** entdeckt? Sie ist keine Spielhöhle für euch Kinder, sondern ein großes, außergewöhnlich hübsch gestaltetes **Insektenhotel für Wildbienen, Hummeln, bestimmte Wespenarten, Florfliegen, Käfer und Ohrwürmer**. Hier finden die kleinen Krabbeltierchen nicht nur während der kalten Jahreszeit **Unterschlupf**, das Insektenhotel dient ihnen auch als **Brutstätte**. In den kleinen vorgebohrten Löchern legen die Tierchen ihre Eier ab, in denen sich Larven entwickeln. Bei manchen Insekten, wie Schmetterlingen und Käfern, verpuppen sich die Larven, bevor die erwachsenen Tiere schlüpfen. Andere Insekten entwickeln sich direkt aus den Larven. Aber alle sind ein wichtiger Teil unserer Umwelt und viele sind sogar sehr nützlich. Wildbienen und Hummeln bestäuben die Blüten von Wild- und Nutzpflanzen. Marienkäfer, Ohrwürmer und Schwebfliegen fressen gerne die in unseren Gärten unerwünschten Blattläuse.

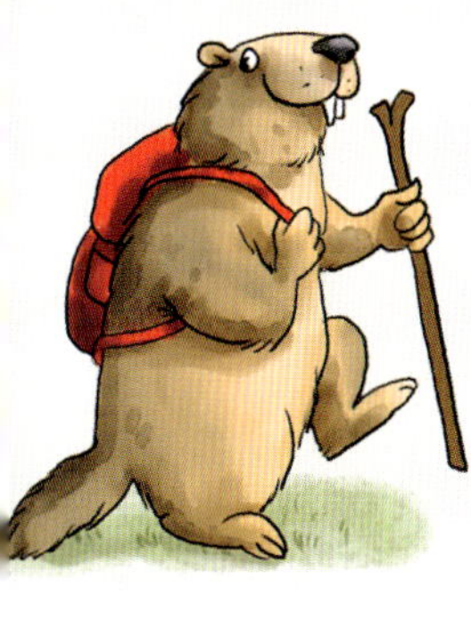

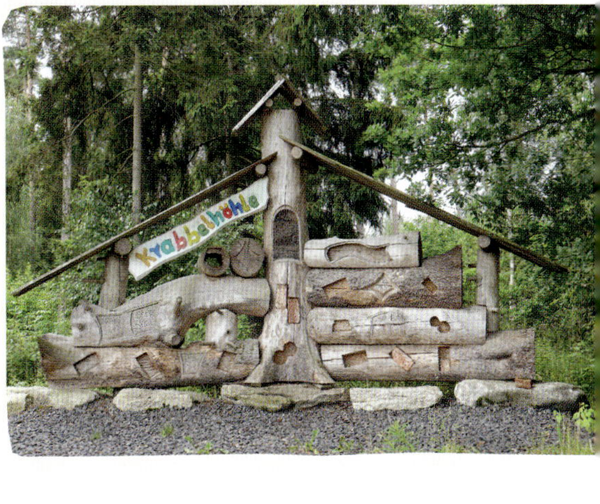

8 Tirschenreuther Himmelsleiter

IN DER TIRSCHENREUTHER TEICHPFANNE

1.45 STUNDEN

4,5 KILOMETER

↗50 HÖHENMETER

↘50 HÖHENMETER

LEICHT | ab 4 Jahren

Blick über die Teiche: Das Teichgebiet westlich von Tirschenreuth ist mittlerweile ein beliebtes Ausflugsziel für die ganze Familie. Der barrierefreie Wanderweg, angelegt auf der ehemaligen Vizinalbahn, lockt sowohl Fahrradfahrer als auch Wanderer ins »Land der Tausend Teiche«. So wie Landwirte anderswo ihre Felder bestellen, besetzen sie hier ihre Teiche. Die Hauptattraktion für jedes Kind aber ist die 70 Meter lange und knapp 20 Meter hohe Himmelsleiter, die auch schon von kleinen Wanderzwergen erklommen werden kann. Besteigt man die Stahlkonstruktion, fällt der Blick auf die vielen Teiche mit ihren schmalen Dämmen, die aussehen wie ein Mosaik aus schimmernden Steinchen. Je nach Jahreszeit und Sonnenstand leuchtet das Wasser der Teiche in verschiedensten Farben. Wer unten bleibt, kann auf der Wanderung eine vielfältige Flora und Fauna entdecken.

Ausgangspunkt: Wanderparkplatz am Ende der Kornbühlstraße in Tirschenreuth, 483 m (Navi: Kornbühlstraße 59, 95643 Tirschenreuth). Anfahrt: Von der A93, Ausfahrt Falkenberg, auf der St2167 in Richtung Falkenberg/Tirschenreuth. Am Ortsanfang von Tirschenreuth geradeaus auf der Falkenberger Straße bleiben, dann nach links in die Kornbühlstraße abbiegen und auf dieser bis zum Parkplatz.
ÖPNV: Die Baxi-Haltestelle Gh. Zeitlos (Linien 1807, 1809, 1810, 1812, 1814, 1816, 1817, 1818, 1820, 1822 und 1823) liegt nahe dem Ausgangspunkt. Von der VGN-Haltestelle Keram Werke (Linien 1854, 1857, 1858, 1862) 1,3 km/30 Min. Fußweg, ein Stück in Richtung Innenstadt, dann links entlang der Kornbühlstraße bis zum Wanderparkplatz.

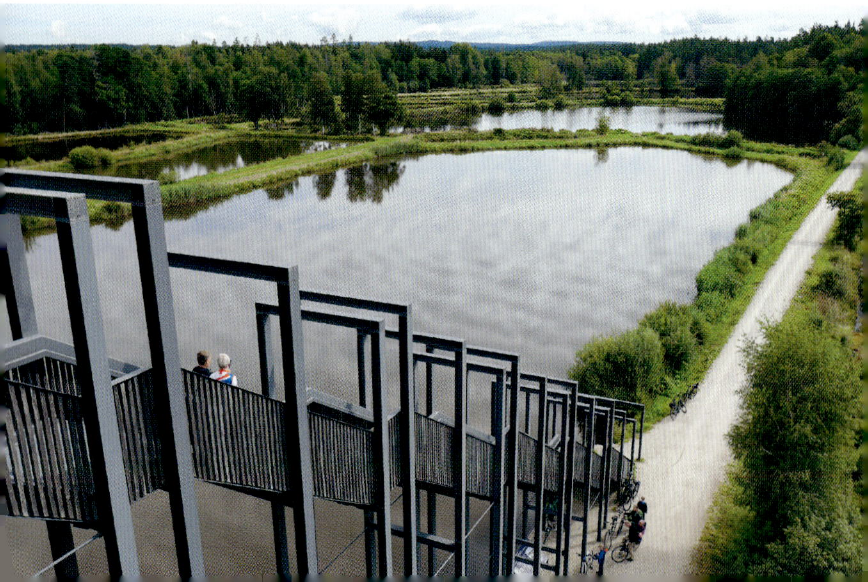

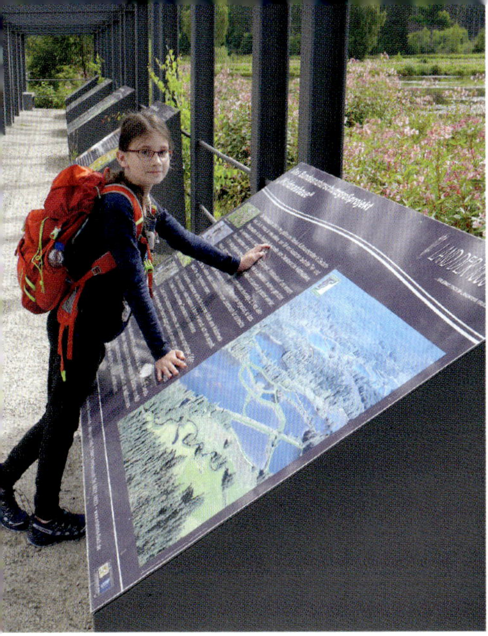

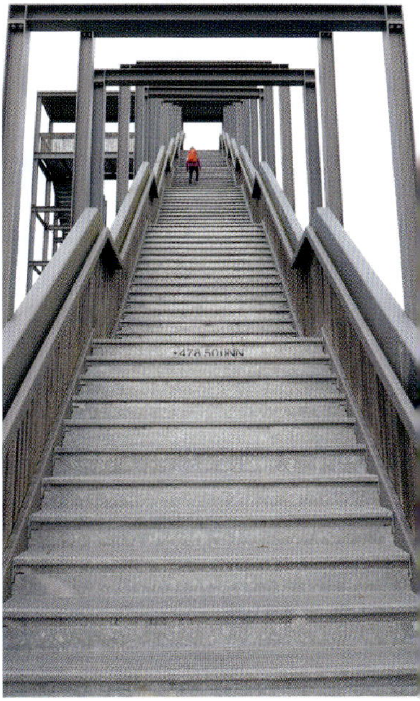

Ausrüstung: Trekkingsandalen oder Sportschuhe, Proviant für unterwegs, Sonnen- und Mückenschutz. Fernglas nicht vergessen.
Anforderungen: Flache, breite, bequeme Wege. Ideal für Laufrad oder Fahrrad geeignet und mit jedem Kinderwagen machbar. Viele Stufen sind hinauf zur Aussichtsplattform auf der Himmelsleiter zu überwinden (auf eigene Gefahr zu besteigen, bei Gewitter ist das Betreten verboten). Sonnige Wanderung.
Einkehr: Unterwegs keine, diverse Einkehrmöglichkeiten in der Innenstadt von Tirschenreuth.
Kurzvariante: Vom Parkplatz wie beschrieben zur Himmelsleiter und auf demselben Weg zurück (3,4 km, 1.30 Std., ab 3 Jahren).
Tipps: Nutzung des Picknick-Kerwl-Services der Stadtbäckerei Maschauer am Picknickplatz Heusterzbrücke (stadt-tirschenreuth.de/picknick oder Tel. +49 9631 1258, 1–2 Tage vorher telefonisch bestellen).
Ab Ende September finden in der Region die jährlichen »Erlebniswochen Fisch« statt, mit regionalen Spezialitäten, Handwerkermarkt und Abfischen für Kinder (erlebnis-fisch.de). Besuch des Tirschenreuther Fischereimuseums im Museums-Quartier (erlebnis-fisch.de/fischereimuseum; siehe Freizeittipp H1).

OBEN LINKS

Informatives über Fisch und Natur unterhalb der Himmelsleiter.

OBEN RECHTS

Aufstieg auf der Himmelsleiter.

LINKS UNTEN

Oben angekommen, lässt sich prima auf die schimmernden Teiche blicken.

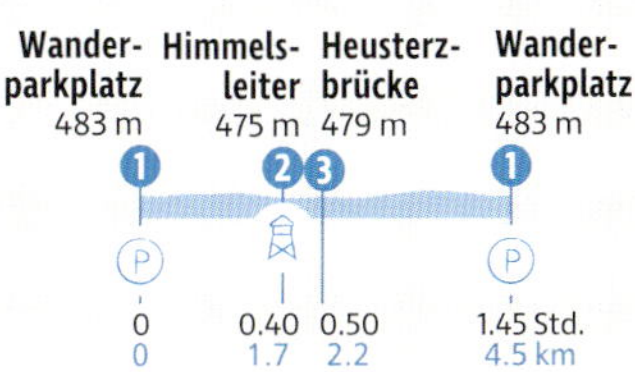

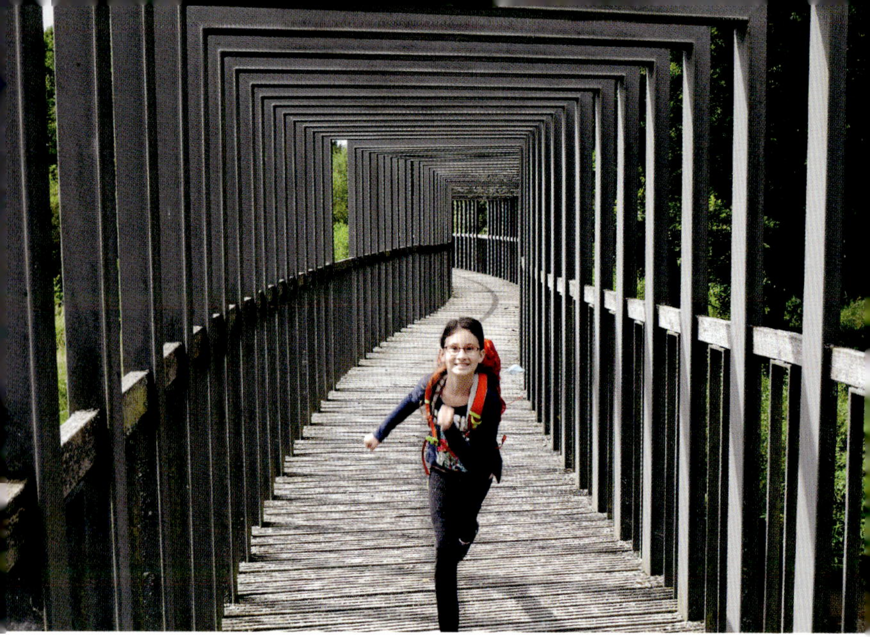

Hinter der Heusterzbrücke wartet schon der bestellte Picknickkorb (siehe Tipps).

LOS GEHT'S Vom **Wanderparkplatz 1** gehen wir ein Stück auf der Zufahrt zurück und schwenken dann nach links in den Fuß-/Radweg Richtung »Himmelsleiter« ein. Die Markierung Nr. 4 begleitet uns auf dem gesamten Rundweg. Vorbei an einem Moorgebiet tauchen wir wenig später in den Wald ein. Alsbald lädt ein Picknickplatz zum Verweilen ein. Am Ende des Waldgebiets erblicken wir die ersten Teiche und die nahe **Himmelsleiter 2**. Viele Stufen führen hinauf zur Aussichtsplattform, von der sich tolle Blicke ins weite Land und auf die umliegenden Teiche mit ihren Seerosen bieten. Am Fuß der Himmelsleiter befinden sich zahlreiche Infota-

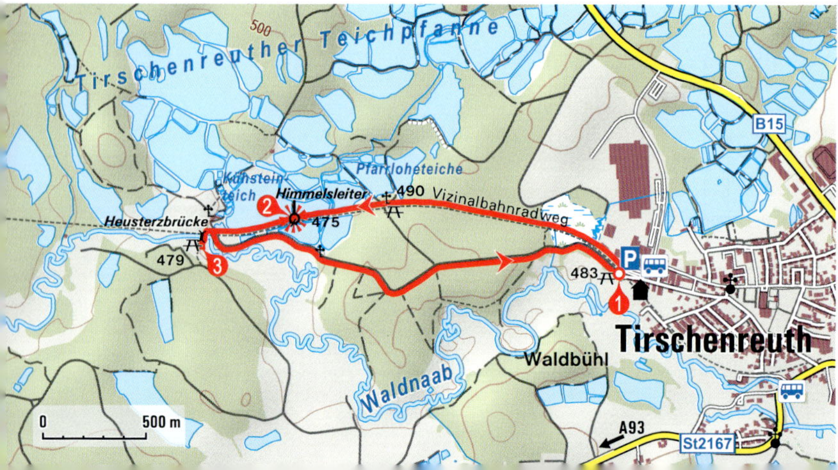

★Highlights

- Die Aussichtsplattform über die »Himmelsleiter« erklimmen und von oben das Farbenmeer der glitzernden Teiche bewundern.
- Wissenswertes über die traditionelle Teichwirtschaft sowie über seltene Pflanzen und Tiere am Fuße der »Himmelsleiter« erfahren.
- Das Schnappen der Fische in den Teichen beobachten.
- Auf der geschwungenen Heusterzbrücke die Waldnaab überqueren.
- Auf der Weide gleich neben dem Parkplatz grasenden Hochlandrindern zusehen.

feln, die uns die Bedeutung der Teichwirtschaft erklären und die Tier- und Pflanzenwelt in der Waldnaabaue vorstellen. Wir wandern geradeaus weiter. An der nächsten Kreuzung machen wir geradeaus noch einen Abstecher zu der schon in Sichtweite gelegenen **Heusterzbrücke ❸** mit dem dahinterliegenden Picknickplatz (Picknick-Kerwl-Service, siehe Tipps). Zurück an der Kreuzung treten wir nach rechts mit dem Wanderweg Nr. 4 den Rückweg an. Entlang der Teiche haben wir nochmals einen Blick von Weitem auf die Himmelsleiter, bevor wir wieder in den Wald eintauchen und, stets auf dem markierten Weg bleibend, zum **Wanderparkplatz ❶** zurückkehren.

Hallo Kinder!

Heute wandern wir durch das **älteste Fischzuchtgebiet Europas**. Schon im Mittelalter legte man in der Oberpfalz Teiche mit einer Gesamtfläche von ca. 25000 Hektar an – das ist mehr als das Doppelte der heutigen Teichfläche! Die Teiche dienten hauptsächlich der Fischzucht, die damals eine wichtige Einkommensquelle war und auch von den Klöstern Waldsassen und Speinshart gefördert wurde. Gezüchtet wurden dort hauptsächlich verschiedene **Karpfen- und Forellenarten**. Da im 19. Jahrhundert zahlreiche Teiche geplündert wurden, wendeten sich die Bauern der Viehzucht zu und stellten die Teichwirtschaft teilweise ein. Heute sind die verbliebenen Teiche auch ein **Erholungsraum** für Menschen und ein wichtiger **Lebensraum** für gefährdete Pflanzen- und Tierarten.

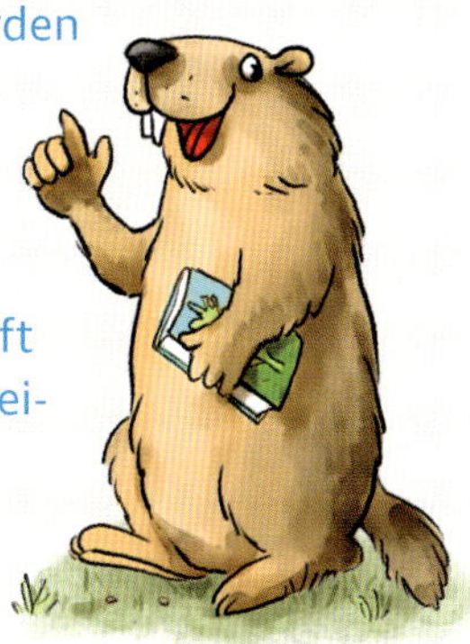

9 Fischhofpark Tirschenreuth

ZUM WASSER- UND ERLEBNISSPIELPLATZ »FISCHERS FRITZ«

0.45 STUNDEN

2,1 KILOMETER

↗ 10 HÖHENMETER

↘ 10 HÖHENMETER

LEICHT – ab 3 Jahren

Um den Stadtteich in Tirschenreuth: Wer das Gelände des Fischhofparks heute besucht, kann sich gar nicht vorstellen, dass dieses Areal lange Zeit der Standort einer stillgelegten Brauerei und einer Baufirma war. Im Zuge der Gartenschau »Natur in Tirschenreuth 2013« wurde der vor langen Jahren trockengelegte Stadtteich wieder mit Wasser geflutet und neu belebt. Dabei entstand ein abwechslungsreicher, individuell gestalteter Park, durch den rund um den Stadtteich ein kurzweiliger Naturlehrpfad führt. Beim Spaziergang um den Teich dürfen sich die Kinder auf den Wasser- und Erlebnisspielplatz »Fischers Fritz« mit verschiedenen Spielfischen freuen. Besonders der übergroße, bekletterbare Königskarpfen zieht die Kinder an. Jugendliche Skateboardfahrer kommen auf der modernen Skateanlage auf ihre Kosten. Die Erwachsenen können derweil die Ruhe dieser Stadtoase genießen und einfach die Seele baumeln lassen.

Ausgangspunkt: Parkplatz an der Mähringer Straße, 496 m (Navi: Mähringer Straße 9, 95643 Tirschenreuth). Anfahrt: Von der A93, Ausfahrt Windischeschenbach, auf der St2181 Richtung Tirschenreuth, dann links auf die B15. Diese kurz vor Tirschenreuth verlassen und auf der Äußeren Regensburger Straße Richtung Zentrum. Kurz davor in die Regensburger Straße, weiter auf der Dammstraße und nach rechts in die Mähringer Straße. Auf ihr bis zum großen Parkplatz nach dem Landratsamt oder direkt am Landratsamt parken (Mähringer Straße 7). Alternativ: Parkplatz Fischhof am Amtsgericht (Navi: Am Fischhof, 95643 Tirschenreuth).
ÖPNV: Haltestelle Landratsamt der VGN-Linie 1856 von Mähring. Haltestelle Fischhof bzw. Landratsamt der VGN-Linie 1842 bzw. 1860 von Neualbenreuth/Waldsassen.
Ausrüstung: Sandalen oder Sportschuhe, Fernglas zum Beobachten der Wasservögel. Sonnenschutz empfohlen. Wechselkleidung bei Benutzung des Wasserspielplatzes, eventuell Skateboard und Badesachen.
Anforderungen: Kurzer Spaziergang auf bequemen geteerten und fein geschotterten Wegen rund um den Stadtteich ohne nennenswerte

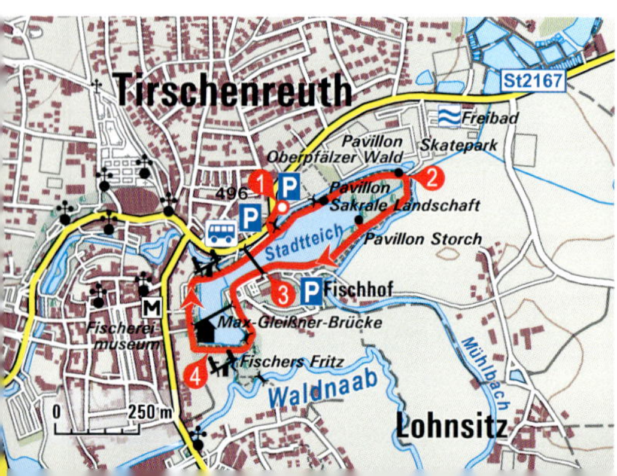

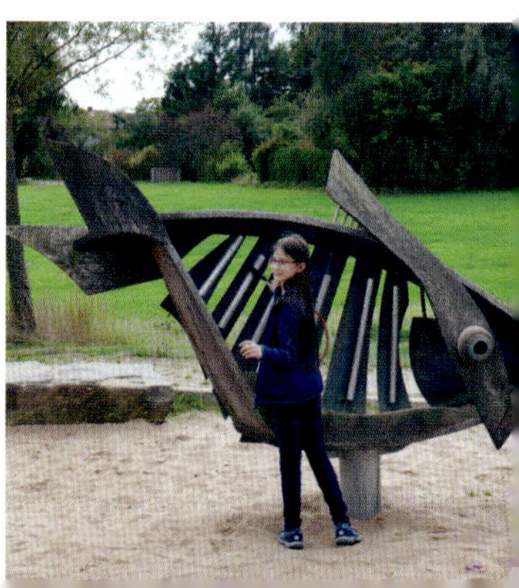

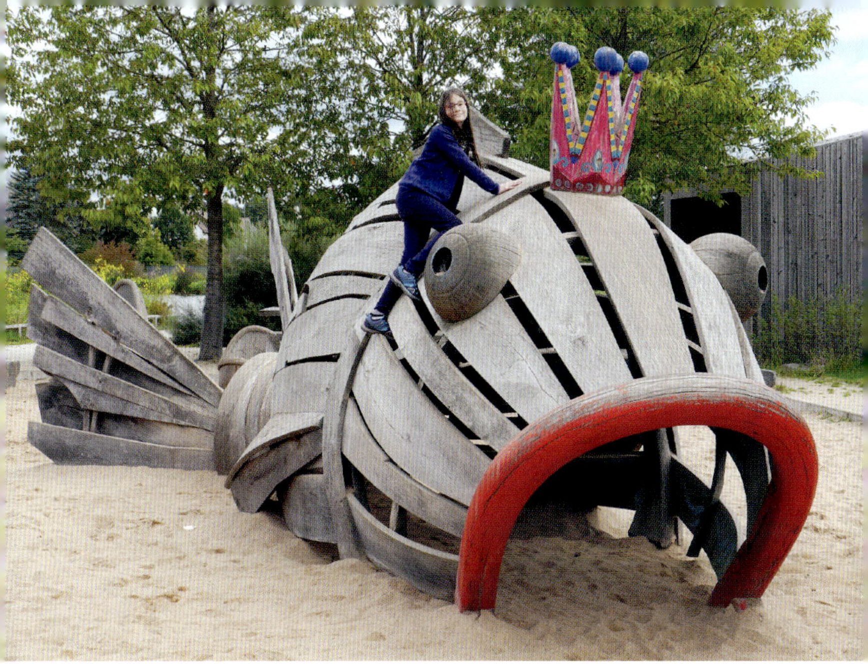

Steigungen. Für Laufrad und Kinderwagen geeignet. Sonnige Wanderung.
Einkehr: Hotel & Restaurant Seenario, hotel-seenario.de, Mo und Di Ruhetag. Öffnungszeiten siehe Internetauftritt.
Tipps: Freibad Tirschenreuth (s. Freizeittipp B4). Besuch des Fischereimuseums im MuseumsQuartier mit beeindruckender Aquarienlandschaft während oder nach der Wanderung (erlebnis-fisch.de/fischereimuseum; siehe Freizeittipp H1). Der Ausflug lässt sich auch gut mit einem Besuch der Himmelsleiter in der Tirschenreuther Teichlandschaft kombinieren (siehe Tour 8).

OBEN UND UNTEN

Der Königskarpfen und seine kleinen »Fisch-Freunde« warten auf die Kinder.

LOS GEHT'S Vom **Parkplatz ❶** gehen wir Richtung dem schon sichtbaren Stadtteich. Mit dem Uferweg wandern wir im Uhrzeigersinn ohne Markierung um den Teich. Schon bald erreichen wir den ersten Pavillon (Sakrale Landschaft). Vorbei am Kunstobjekt »Pegnitz-Mühle« und dem nächsten Pavillon (Oberpfälzer Wald) ist die steinerne Fischhofbrücke schon in Sichtweite. Gleich danach ist ein Abstecher über einen **Holzsteg ❷** hinüber zur Skateanlage und zum Freibad möglich. Zurück am Uferpfad wandern wir im Uhrzeigersinn weiter. Nach dem Kunstwerk

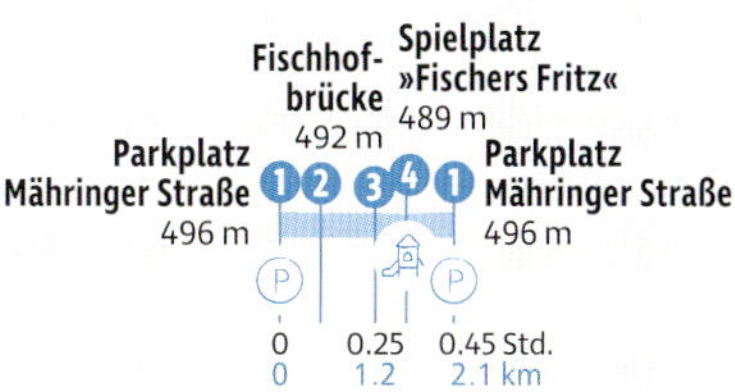

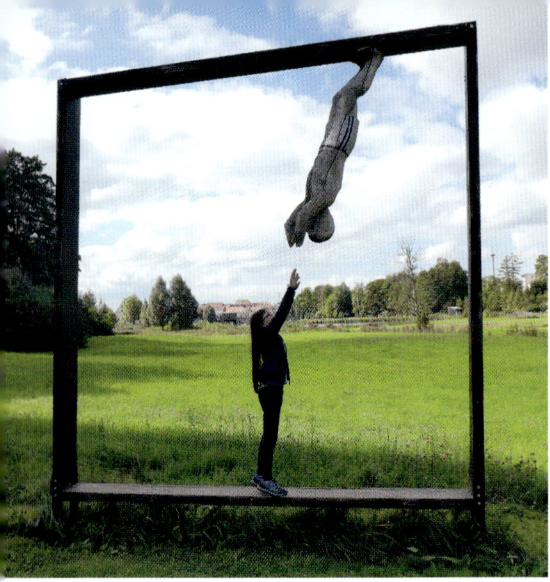

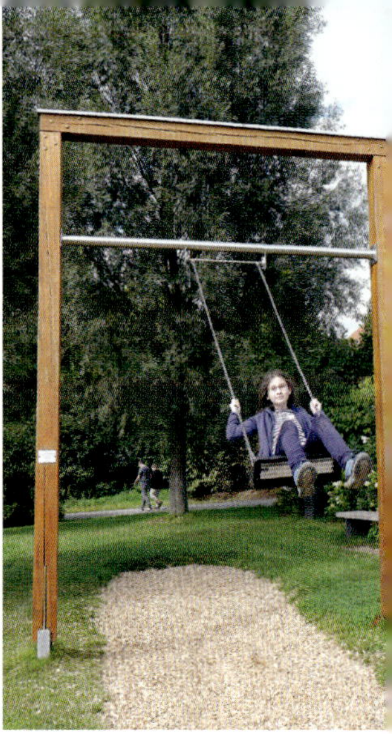

LINKS
Auf Tuchfühlung mit einem Kunstobjekt.

RECHTS
Hoch hinaus auf der Großschaukel.

»Aus dem Rahmen springen« erreichen wir den nächsten Pavillon (Storch), der rechts etwas abseits des Uferpfades im Schilf liegt. Neben Informationen zum Thema Storch bietet er von seiner Aussichtsplattform einen guten Überblick über den Stadtteich. In Sichtweite kommt nun auf der linken Seite der Alternativparkplatz am Amtsgericht und wir erreichen die steinerne **Fischhofbrücke** ❸. Sie ist begehbar und kann auch als Abkürzung benutzt werden. Vorbei an der Brücke, am Amtsgericht, dem Senkgarten und der Max-Gleißner-Brücke erreichen wir eine kleine Brücke, die nach rechts zum **Spielplatz Fischers Fritz** ❹ führt. Der begehbare Königskarpfen, viele Fische mit Wippfunktion, die übergroße Kletterreuse und der Wasserspielplatz laden zu einer Spielpause ein. Anschließend können wir im danebenliegenden Restaurant Seenario Hunger und Durst stillen. Ein Stück weiter treffen wir auf das andere Ende der Max-Gleißner-Brücke. Von hier eröffnet sich ein lohnender Abstecher nach links hinüber ins Fischereimuseum im MuseumsQuartier; siehe Tipps).

Im Fischereimuseum könnt ihr Karpfen und Co in drei Großaquarien aus nächster Nähe beobachten.

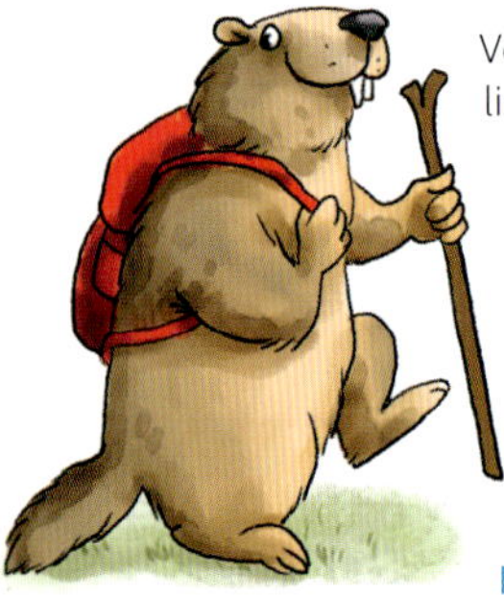

Zurück am Teich, geht es im Uhrzeigersinn weiter. Wer am Spielplatz eine Schaukel vermisst hat, der wird wenig später bei den Landschaftsschaukeln fündig. Eine Groß- und eine Nestschaukel laden zu einer Schaukelpartie ein. Nach Unterqueren der Fischhofbrücke verlassen wir am Kunstobjekt »Genezareth« unseren Uferweg und laufen zurück zum **Parkplatz** ❶ an der Mähringer Straße.

Hallo Kinder!

Heute kommt ihr an der **Fischhofbrücke** vorbei. Sie ähnelt sehr der berühmten Steinernen Brücke in Regensburg. Gebaut wurde die etwa 92 Meter lange, zur Mitte ansteigende Granitbrücke im 18. Jahrhundert. Sie führte damals hinüber zur Insel mit dem Zehenthof, der dem Kloster Waldsassen lange Zeit als Sommersitz der Äbte diente. Heute wird das Gebäude vom Amtsgericht Tirschenreuth genutzt. Zwei künstlich angelegte Teiche umgaben damals die Insel. Schon 1805 wurde der obere Stadtteich trockengelegt, somit stand die Brücke sozusagen auf dem Trockenen. Für die Gartenschau im Jahre 2013 legte man wieder einen neuen Stadtteich an, sodass die Fischhofbrücke seitdem wieder nasse Füße hat.

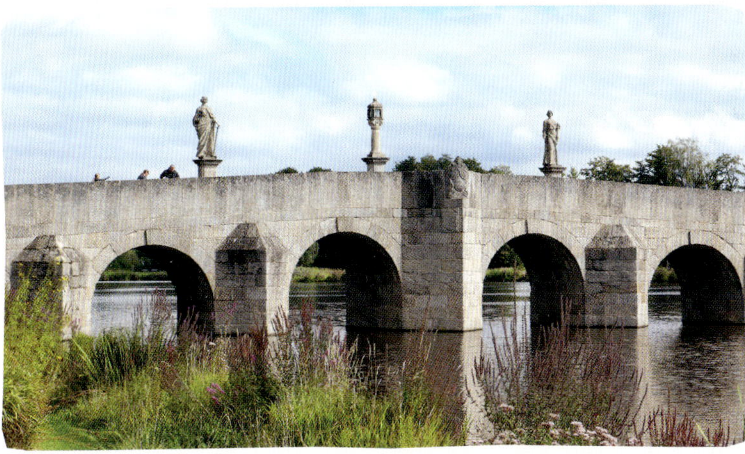

★Highlights

Spielen und toben am Wasser- und Erlebnisspielplatz »Fischers Fritz« mit begehbarem Königskarpfen, Fischen mit Wippfunktion und einer Kletterreuse.

In den Pavillons rund um den Stadtteich Interessantes über die Gegend und die Natur erfahren.

Auf einer 4,5 Meter hohen Großschaukel in luftige Höhen schwingen oder sich gemütlich in die Nestschaukel kuscheln.

Sich im nebenan liegenden Freibad abkühlen oder ein Skateboard mitbringen und coole Moves auf der Skateanlage vollführen.

10 Großer Rußweiher

NATURA-2000-GEBIET BEI ESCHENBACH IN DER OBERPFALZ

2.00 STUNDEN

4,2 KILOMETER

↗ 40 HÖHENMETER

↘ 40 HÖHENMETER

LEICHT **ab 4** Jahren

Vogelparadies und Badespaß: An heißen Sommertagen ist das größte Moorbad Nordbayerns, der Kleine Rußweiher, ein beliebter Treffpunkt. Er lockt mit seinem flachen Sandstrand viele Badegäste an. Gleich nebenan lassen sich SUPs, sowie Tret- und Ruderboote ausleihen und für den kleinen Hunger zwischendurch steht ein Kiosk zur Verfügung. Wer jedoch Stille und eine einzigartige Vogelwelt sucht, der besucht den Großen Rußweiher. Bekannt ist er vor allem wegen seiner großen Lachmöwenkolonie, aber mittlerweile haben sich dort ca. 100 verschiedene Vogelarten angesiedelt. Auch Fischadler brüten hier. In zwei Vogelbeobachtungshäusern, die auf der Wanderroute in den naturbelassenen Uferzonen gut versteckt liegen, können wir die Wasservögel beobachten, ohne sie zu stören. Jedoch sollte dazu ein Fernglas auf gar keinen Fall fehlen.

Ausgangspunkt: Parkplatz hinter dem Hotel Glutschaufel, 439 m (Navi: Obersee 1, 92676 Eschenbach i.d.OPf). Anfahrt: Von der B470 auf Höhe des Kleinen Rußweihers in Richtung Kleinkotzenreuth einbiegen. An der kleinen Ortschaft vorbei, über die Bundesstraße und dem Wegverlauf bis zum Hotel Glutschaufel folgen. Hinter den Hotelgebäuden liegt der große Parkplatz.

ÖPNV: Nur mit Rufbus erreichbar; Haltestelle Großkotzenreuth der BAXI-Linien 8437 und 8439. Auf der St2122 etwas nach Norden, dann gleich links in die Zufahrtsstraße zum Weiher einbiegen und dort in die Tour einsteigen (200 m/5 Min. Fußweg).

Ausrüstung: Geschlossene Sportschuhe. Fernglas zum Beobachten der vielen Wasservögel, Mückenschutz, Proviant für unterwegs. Badesachen für den anschließenden Besuch des Kleinen Rußweihers.

Anforderungen: Geschotterte, wurzeldurchsetzte und teils mit Holzhackschnit-

Freunde, vergesst nicht, ein Fernglas mitzunehmen! Vielleicht entdeckt ihr damit sogar einen Fischadler.

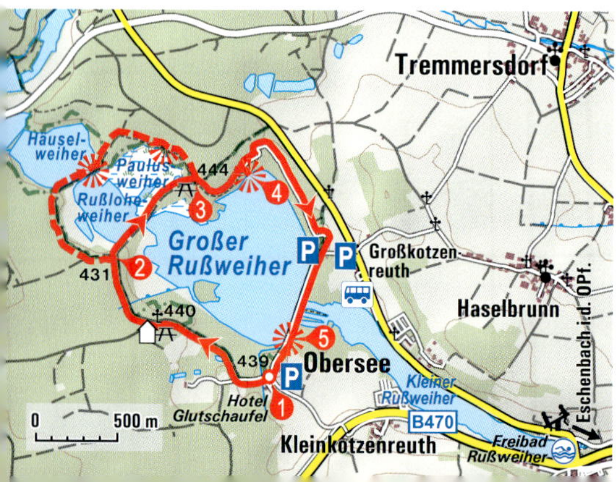

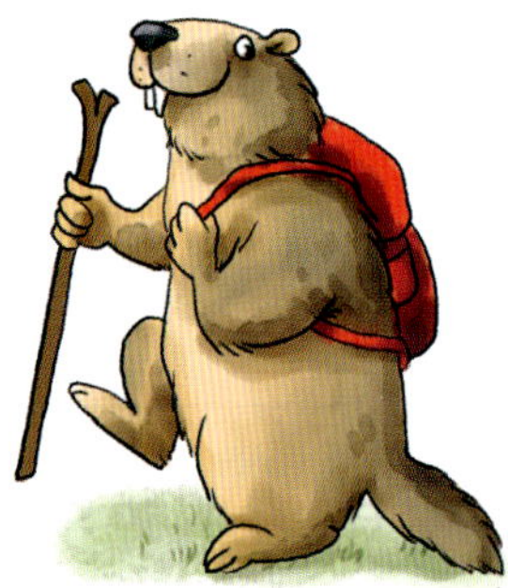

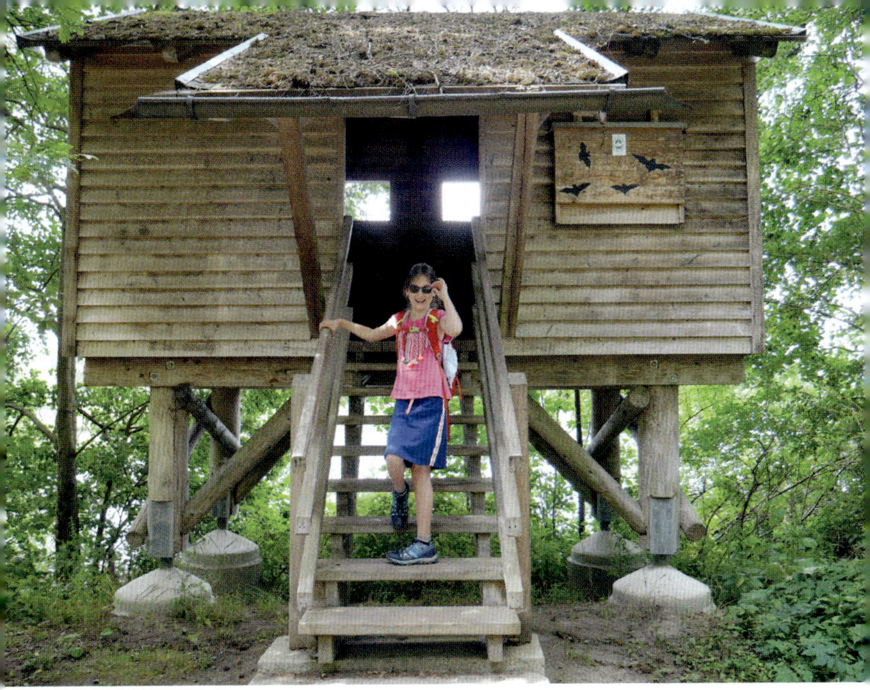

Aus dem Häuschen heraus ungestört die Vögel beobachten.

zeln belegte Pfade und Wege. Ein kurzes Stück des Rückwegs verläuft auf einer geteerten Nebenstraße. Der Wanderweg ist teilweise spärlich markiert. Sowohl schattige als auch sonnige Wegabschnitte.

Hinweis: Bitte die Bestimmungen des Naturschutzgebietes beachten, damit die Vögel beim Brüten nicht gestört werden.

Einkehr: Unterwegs keine. Während der Badesaison und bei schönem Wetter hat der Kiosk »Seeblick 21« am Rußweiher geöffnet (Kirchenthumbacher Str. 35, 92676 Eschenbach; Tel. +49 9645 3459923; Öffnungszeiten: Mo–Fr 11.00–20.30 Uhr, Sa und So 10.00–20.30 Uhr).

Variante: Am Beginn des Damms zwischen Großem Rußweiher und Rußloheweiher zuerst geradeaus weiter und dann rechts haltend um den Rußloheweiher herum. Nach der Vogelbeobachtungsstation am Rußloheweiher im Wald rechts, vorbei an der Aussichtsplattform am Paulusweiher bis zur Kreuzung. Von dort wie in der Haupttour beschrieben zurück zum Parkplatz (5,3 km, 2.30 Std., ab 5 Jahren).

Tipp: Besuch des Freibads Rußweiher mit Kiosk, Bootsverleih, großem Wasserspielplatz und Spielplatz (Mo–Fr ab 10.00 Uhr, Sa, So und an Feiertagen ab 9.00 Uhr geöffnet, eschenbach-opf.de).

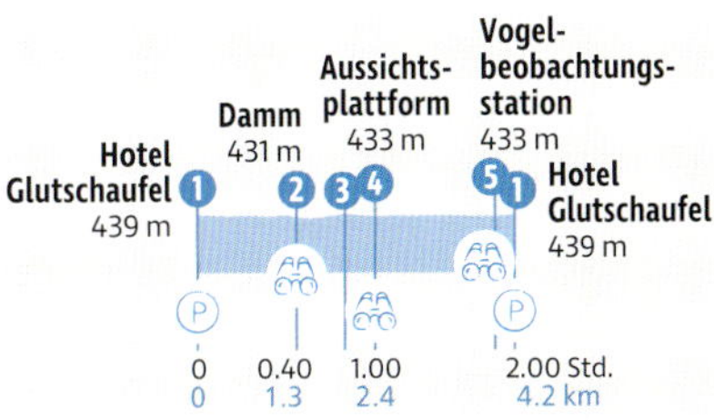

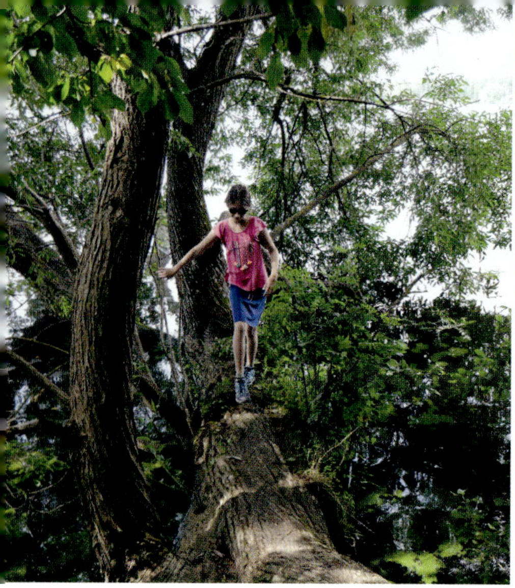

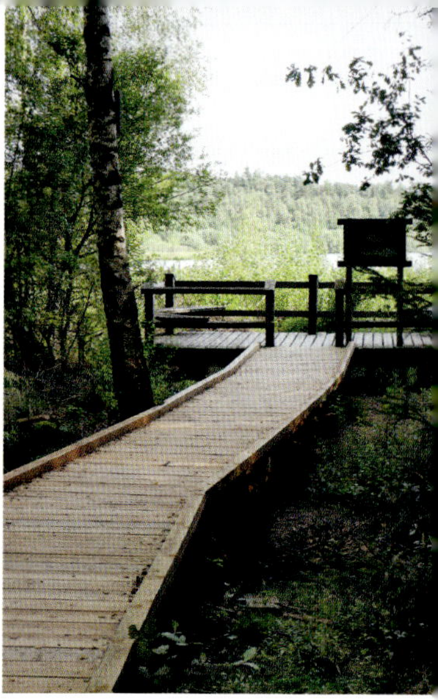

OBEN LINKS

Balancieren auf einem schief gewachsenen Baumstamm.

OBEN RECHTS

Ein langer Holzsteg führt zur Aussichtsplattform.

UNTEN

Badespaß am Kleinen Rußweiher.

LOS GEHT'S Vom **Parkplatz 1** hinter dem **Hotel Glutschaufel** wandern wir auf einem geschotterten Weg Richtung Landinger Weiher in den Wald hinein. Bei der nächsten Weggabelung und am Unterstand mit Picknickmöglichkeit halten wir uns jeweils rechts. Schon bald erreichen wir den **Damm 2** zwischen dem Großen Rußweiher und dem Rußloheweiher. Für die Variante um den Rußloheweiher und Paulusweiher mit einer Vogelbeobachtungsstation und einer Aussichtsplattform wandern wir geradeaus weiter. Ansonsten biegen wir hier rechts ab und laufen auf dem Damm zwischen den beiden Weihern hindurch. An einigen offenen Stellen ergeben sich ungehinderte Blicke auf die Weiher und ihre Wasservögel. Wir tauchen wieder in den Wald ein und erreichen die **Kreu-**

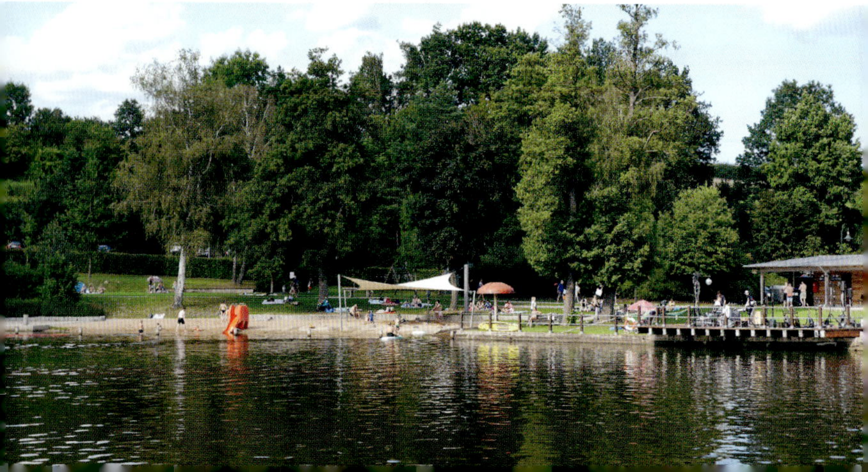

Hallo Kinder!

Im Jahre 1951 wurde der Rußweiher als **Naturschutzgebiet Vogelfreistätte Großer Rußweiher** anerkannt. Ein ganz besonderer Gast ist der **Fischadler**, der sich am Rußweiher wieder angesiedelt hat und dort auch brütet. Er bevorzugt hauptsächlich Gewässerlandschaften mit großem Fischreichtum und hochstämmigen Bäumen am Uferrand. Haltet bei der Wanderung um den See einfach mal Ausschau nach einem Adlerhorst hoch oben in den Baumkronen! Ein kostenfreies, fest installiertes Spektiv am Oberseedamm ist dabei sehr hilfreich. Einen direkten Blick in den Horst bietet eine **Webcam** unter **eschenbach-opf.de/freizeit-tourismus/adlerhorst**. So könnt ihr ganz aus der Nähe verfolgen, wie die Fischadler die Eier ausbrüten und ihre Jungen aufziehen.

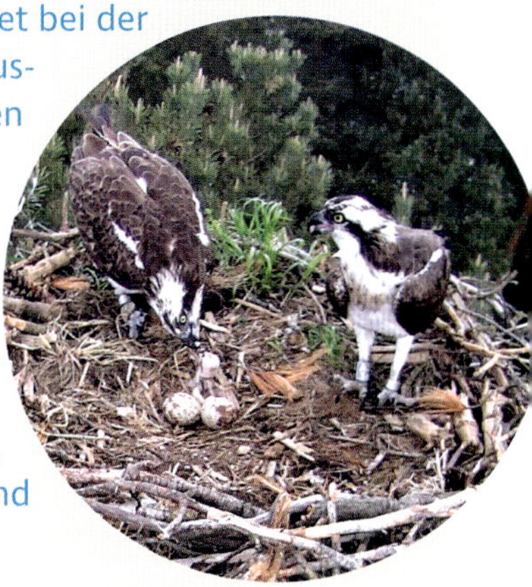

zung ❸, an der sich die Wanderer der Variante wieder zu uns gesellen. Gemeinsam gehen wir rechts auf einem Pfad weiter, der sich durch den Wald schlängelt und uns zu einer **Aussichtsplattform ❹** bringt. Über einen langen Holzsteg kommen wir in Gewässernähe, wo sich die Wasservögel leichter beobachten lassen. Auf einem bequemen Wanderpfad laufen wir anschließend um den Großen Rußweiher herum, bis wir einen Parkplatz erreichen. Wir biegen rechts in die Teerstraße ein und gehen auf ihr zwischen Kleinem und Großem Rußweiher hindurch. Vorbei an vielen Ruhebänken, einem Spektiv (Fernrohr) und einer **Vogelbeobachtungsstation ❺** erreichen wir wieder unseren **Parkplatz ❶** am Hotel Glutschaufel.

★Highlights

In Ruhe von der Vogelbeobachtungsstation oder der Aussichtsplattform die vielen Wasservogelarten am Großen Rußweiher beobachten.

Mit dem kostenlosen, fest installierten Spektiv Ausschau halten nach dem Fischadler hoch oben in den Baumkronen.

Nach der Wanderung im Kleinen Rußweiher baden oder über den See schippern.

11 Rauher Kulm und Kleiner Kulm

BESUCH ZWEIER VULKANE IN NEUSTADT AM KULM

2.15 STUNDEN

4,2 KILOMETER

↗ 190 HÖHENMETER

↘ 190 HÖHENMETER

MITTEL ab 5 Jahren

Spektakuläre Hinterlassenschaft zweier Vulkane: Neustadt am Kulm ist die kleinste Stadt in der Oberpfalz und liegt hübsch eingerahmt zwischen zwei Vulkanen, dem Rauhen Kulm und dem Kleinen Kulm. Der große Basaltkegel Rauher Kulm wurde von der Heinz-Sielmann-Stiftung 2013 zum schönsten Naturwunder Deutschlands gewählt. Interessant ist, dass dieser Vulkan niemals ausbrach, denn als vor ca. 21 Millionen Jahren Magma in einem Schlot aufstieg, traf es auf Grundwasser und erstarrte durch die Abkühlung zu Basalt. Im Laufe der Zeit verwitterte und zerbrach der Basaltschlot. Deshalb sehen wir heute rund um den ganzen Gipfel verteilt ein riesiges Trümmerfeld. Bei unserer Wanderung besteigen wir den 681 Meter hohen Berg, der mit einem Aussichtsturm gekrönt ist, laufen durch die Altstadt und besuchen anschließend noch den kleinen Bruder des Vulkans, den Kleinen Kulm.

Ausgangspunkt: Großer Wanderparkplatz am Ende der Rauher-Kulm-Straße nach der neu gebauten Kulmterrasse mit Infozentrum, 553 m (Navi: Rauher-Kulm-Straße, 95514 Neustadt am Kulm). Anfahrt: B22 in Kemnath-Stadt verlassen, weiter auf der St2665 in Richtung Kastl. Am Kreisverkehr rechts auf der St2168 nach Neustadt am Kulm. An der Ampel in der Ortsmitte links in die Straße Vorstadt und gleich wieder links in die Rauher-Kulm-Straße. Dem Straßenverlauf folgend kommen wir hinauf zum Wanderparkplatz am Waldrand.
ÖPNV: Haltestelle Neustadt am Kulm – Raiffeisenbank der RBO-Linie 6283 aus Richtung Kemnath-Stadt/Eschenbach. Zu Fuß über die Straße Vorbach und die Rauher-Kulm-Straße zum Ausgangspunkt (ca. 300 m/10 Min.).

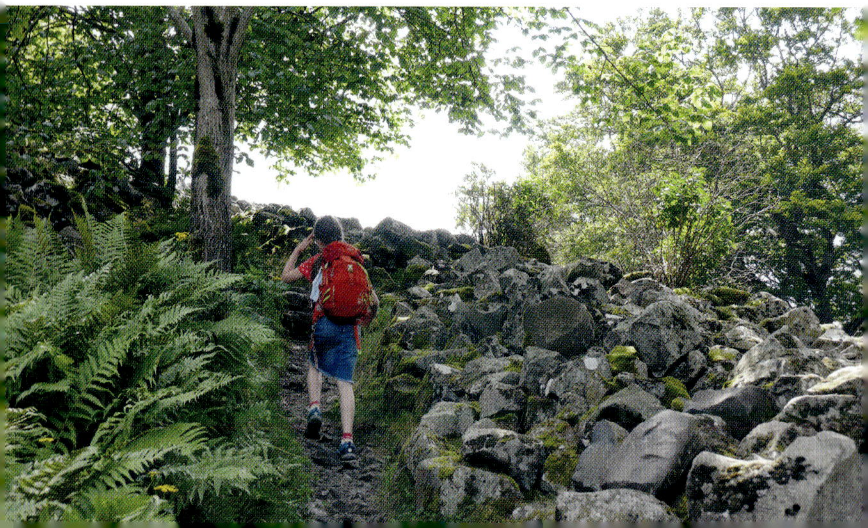

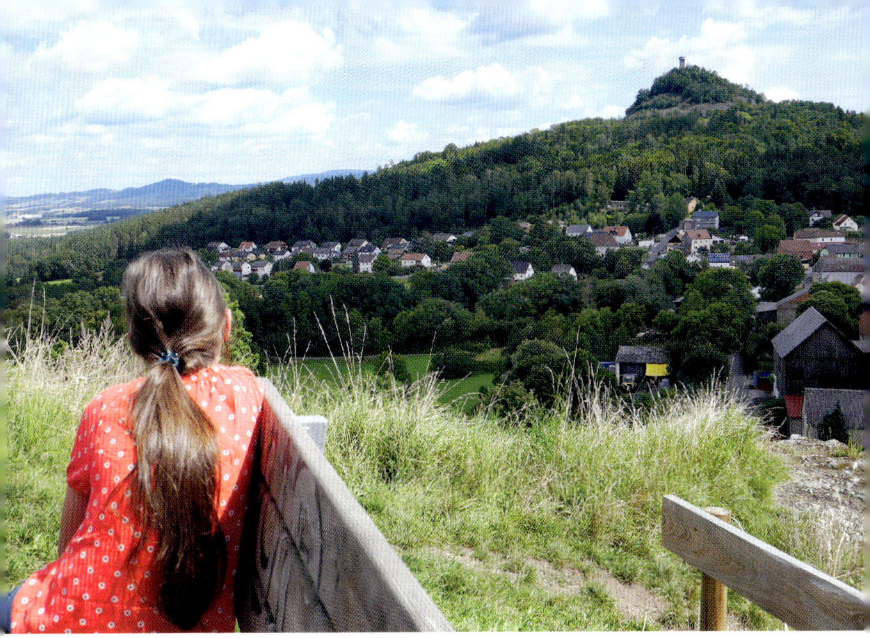

Ausrüstung: Gut profilierte Wanderschuhe, Sonnenschutz, Fernglas. Proviant für ein Picknick auf den Vulkanen.
Anforderungen: Beschwerlicher Auf- und Abstieg über das Basalttrümmerfeld unterhalb des Gipfels am Rauhen Kulm. Ansonsten bequeme Wanderpfade im Bereich der Vulkane, mit kurzem Anstieg hinauf zum Kleinen Kulm. Durch die Stadt verläuft die Wanderung auf asphaltierten Wegen mit geringem Verkehrsaufkommen. Überwiegend sonnige Tour.
Einkehr: Gaststätte Kulmterrasse am Parkplatz, kulmterrasse-neustadt.de, Tel. +49 9648 9139901, Mo und Di Ruhetag. Gasthof zur Sonne am Marktplatz, gasthof-zur-sonne-neustadt.business.site, Tel. +49 9648 380, Mo und Do Ruhetag.
Kurzvariante: Vom Wanderparkplatz wie in der Haupttour beschrieben zum Aussichtsturm auf dem Rauhen Kulm und zurück zum Wanderparkplatz (1,8 km, ab 4 Jahren).

OBEN

Blick hinüber zum Rauhen Kulm und dem danebenliegenden Armesberg.

LINKS UNTEN

Durchs Trümmerfeld des Rauhen Kulm.

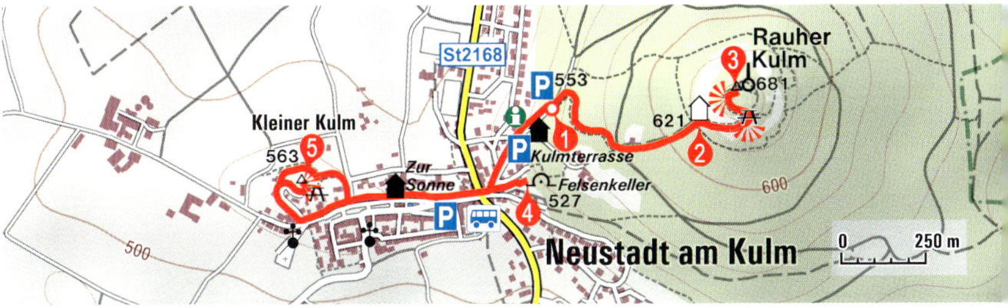

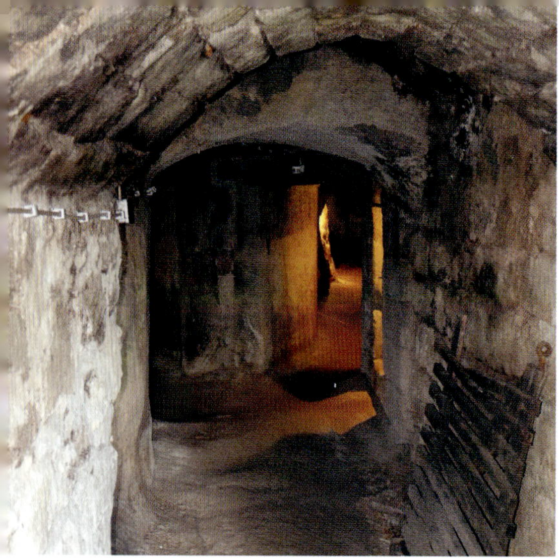

Im Winter bietet der Felsenkeller Fledermäusen einen Unterschlupf.

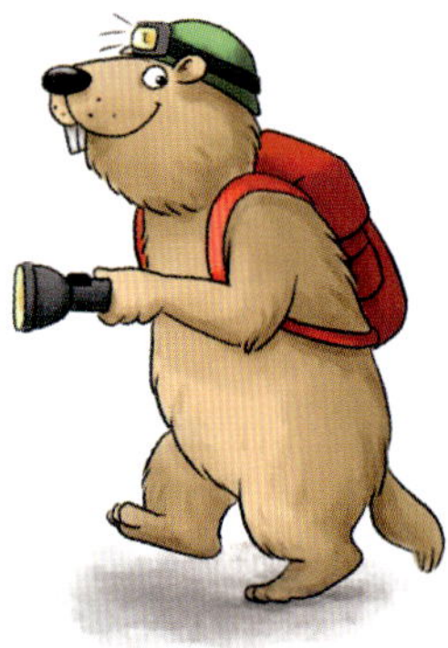

LOS GEHT'S Am oberen Ende des **Wanderparkplatzes ❶** schickt uns der Wegweiser »Zum Aussichtsturm« nach rechts auf einen Wanderpfad. Dieser führt uns durch den Mischwald bis zu einem **Unterstand ❷** am Rande der Blockhalde. Nun schlängelt sich unser Wanderpfad als Hohlweg durch die Basaltsteinbrocken und steigt steil an. Wir tauchen in den Wald ein und entscheiden uns am Picknickplatz für den linken Pfad (Wegweiser Aussichtsturm). Nach kurzem, aber steilem Anstieg gelangen wir zum **Aussichtsturm** auf dem **Rauhen Kulm ❸**, den wir über 110 Stufen erklimmen. Von dort oben genießen wir die herrliche Rundsicht auf die umliegenden Vulkane und das Fichtelgebirge.

Auf denselben Pfaden steigen wir vom Basaltkegel wieder bis zum **Wanderparkplatz ❶** ab. Auf der Zufahrtsstraße zum Parkplatz (Rauher-Kulm-Straße) spazieren wir dann hinab in Richtung Stadtzentrum und biegen links in den Sandbergweg ein. Kleine Wegweiser zeigen uns den Weg zum in den Hang gehauenen **Felsenkeller ❹** (während der Wintermonate geschlossen).

Zurück an der Rauher-Kulm-Straße gehen wir Richtung Ampel, überqueren die Filchendorfer Straße und setzen unsere Tour geradeaus auf der Straße Unteres Tor fort. Am Marktplatz halten wir uns rechts, laufen am Rathaus vorbei, um dann rechts in die Straße Badthürl einzubiegen. Kurz vor dem Ortsschild schwenken wir links in einen schmalen aufwärts führenden Wiesenpfad ein. An der nächsten Weggabelung halten wir uns rechts,

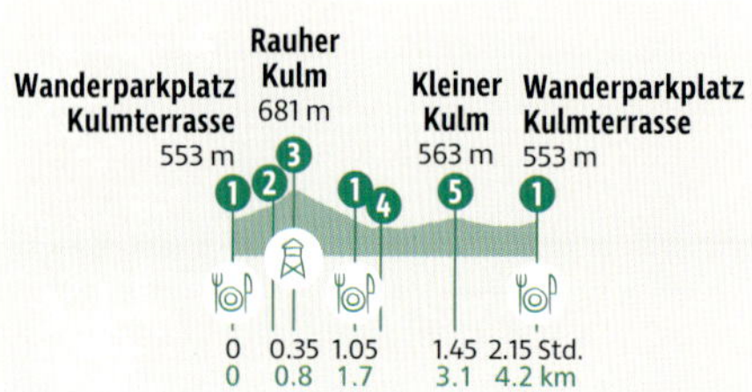

★Highlights

Besuch der beiden nicht aktiven Vulkane. Am Rauhen Kulm beeindruckt das ausgedehnte Basalttrümmerfeld.

Den 25 m hohen Aussichtsturm besteigen und den Rundblick genießen.

Besichtigen des Felsenkellers in Neustadt, der früher vor allem zur Lagerung von Bier, Rüben und Kartoffeln diente. In Kriegszeiten wurde er als Luftschutzraum benutzt. Heute ist er ein Rückzugsort für Fledermäuse.

Weidenden Ziegen am »Kleinen Kulm« begegnen.

laufen links haltend um den halben Berg herum und erreichen die ersten Häuser in der Straße Kleiner Kulm. Zum Aufstieg auf den **Kleinen Kulm ❺** halten wir uns abermals links und wandern mit dem Wegweiser »Zum Aufgang Kleiner Kulm« bis zum Picknicktisch unterhalb des Gipfels. Die weitere Besteigung des Gipfels erfolgt auf eigene Gefahr. Bei einer Rast haben wir einen tollen Blick hinüber zum Rauhen Kulm und zum etwas entfernten Armesberg.
Vom Kleinen Kulm steigen wir auf der Straße Kleiner Kulm hinunter und biegen dann links in die Straße Oberes Tor ein, die uns zum Marktplatz zurückbringt. Auf schon bekanntem Weg geht es durch die Stadt zurück bis zum **Wanderparkplatz ❶**.

Hallo Kinder!

Habt ihr die am Kleinen Kulm emsig weidenden **Ziegen** schon entdeckt? Sie sind den ganzen Sommer über als **lebende Rasenmäher** unterwegs, um die steilen Hänge von Büschen und Gräsern zu befreien. Zu Ehren ihrer Leistung veranstaltete die Stadt Neustadt am Kulm früher einen **Almabtrieb**, wie ihr ihn vielleicht aus den Alpen kennt, nur mit Ziegen als Hauptdarsteller. Dazu trieb man im Herbst die mit Blumenkränzen geschmückten Ziegen hinunter auf den Marktplatz. Dort wurden sie von Hornbläsern, Volkstanzgruppen, Schuhplattlern sowie einem Kunst- und Handwerksmarkt begrüßt.

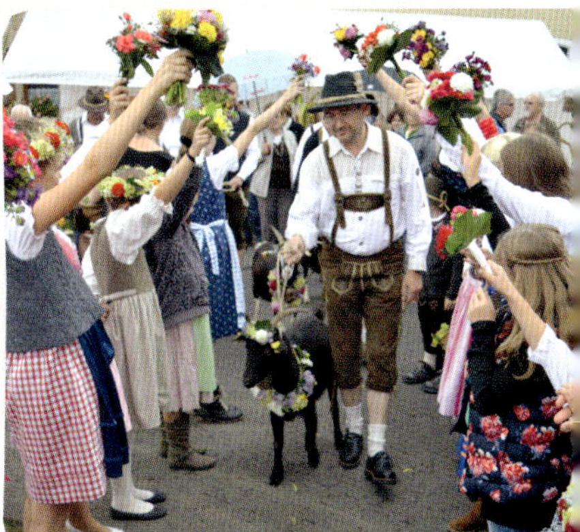

12 Walderlebnispfad Holzweg

IM DESSENREUTHER WALD

1.00 STUNDEN

2,5 KILOMETER

↗ 20 HÖHENMETER

↘ 20 HÖHENMETER

LEICHT ab 2 Jahren

Zum Erlebnisspielplatz im Wald: Unweit des Rußweihers liegt der Walderlebnispfad Holzweg mit tollen Spielstationen aus Holz und viel Liebe zum Detail. Langeweile kommt auf diesem Rundweg sicher nicht auf, denn immer wieder tauchen in kurzen Abständen neue Erlebnisstationen auf. Gleich zu Beginn sind kleine und große geschnitzte Holzfiguren nicht nur am Boden, sondern auch auf den Bäumen zu entdecken. Ein besonderes Highlight ist die Vogel-WG. Hier heißt es leise sein. Im Inneren lassen sich kleine Holzklappen öffnen und wir sind beim Brüten der Vögel live dabei. Etwas lauter wird es im Musikwald – dem Dendrophon, dem Xylophon und den Holztrommeln lassen sich tolle Klänge entlocken. Natürlich finden sich entlang des Weges auch Kletter- und Balanciermöglichkeiten. Es gibt einen Barfußpfad, ein Labyrinth sowie mehrere Klanghäuser. Auch ein Gästebuch fehlt nicht. Und beim Waldteich mit seinem Holzfloß oder am abwechslungsreichen Waldspielplatz wollen die Kinder am liebsten gar nicht mehr weiterwandern.

Ausgangspunkt: Parkplatz an der B470 am Erlebnispfad Holzweg, 422 m (GPS: N49.766494 E11.865789). Anfahrt: Von der B470 aus Richtung Eschenbach in der Oberpfalz kommend, kurz vor der Abzweigung in Richtung Zettlitz rechts in den Wald einbiegen. Nach ca. 50 m erreicht man den Parkplatz am Pavillon. Falls der Parkplatz belegt ist, zweigt man von der B470 eine Abfahrt später rechts in den Wald ab. Vom Alternativparkplatz geht man ca. 100 m in den Wald hinein, um dann am Wasserspielplatz die Wanderung zu beginnen.
Ausrüstung: Trekkingsandalen oder Sportschuhe, evtl. Wechselkleidung und Handtuch zum Planschen am Wasserspielplatz, Proviant für ein Picknick. Evtl. Mückenschutzmittel, da sich in dem wasserreichen Gebiet rund um Eschenbach die Mücken gut vermehren.
Anforderungen: Überwiegend breite, ebene Forstwege. Teilstücke auf Hackschnitzel- oder Wanderpfaden. Mit großrädrigen Kinderwagen und Laufrad machbar. Sowohl sonnige als auch schattige Abschnitte.
Einkehr: Unterwegs keine. Diverse Gaststätten in den Nachbarorten Eschenbach in der Oberpfalz oder Pressath.

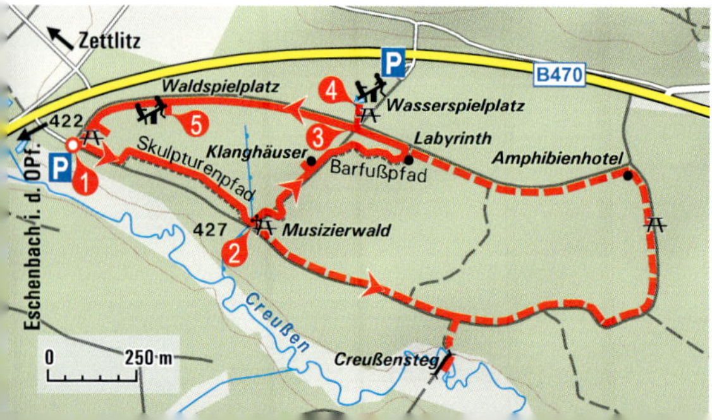

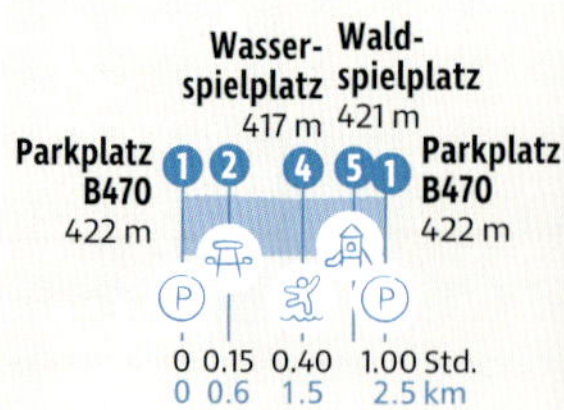

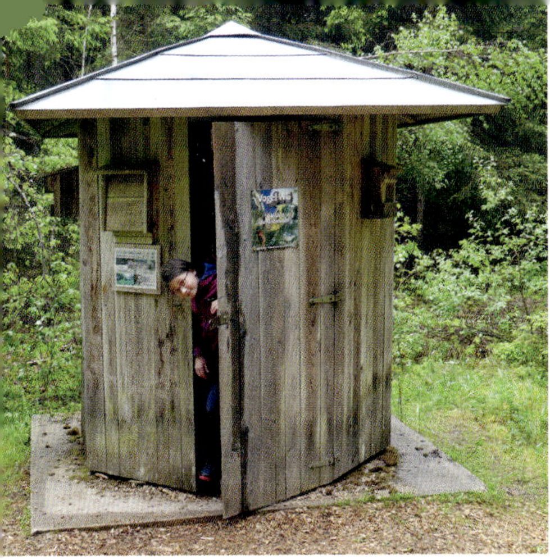

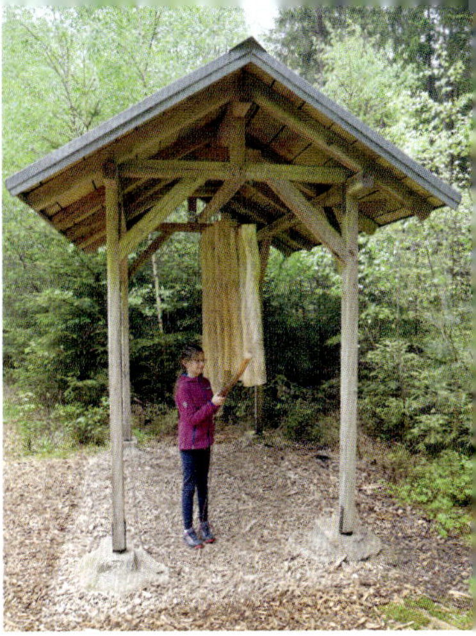

Variante: Am Picknickplatz auf dem Forstweg geradeaus weiter Richtung Waldlehrpfad (Schild). Etwas später führt ein Abstecher rechts zum Creußensteg (Wegweiser). Weiter auf dem Hauptweg, vorbei an mehreren Stationen und Infotafeln, wie z. B. Lebensraum Teich und Lebensraum Wald, halten wir uns immer links. Auch an der T-Kreuzung beim »Amphibienhotel« biegen wir links ein und gelangen zu einer Kreuzung. Wie bei der Haupttour beschrieben zurück zum Parkplatz (4,3 km, 2.30 Std., ab 5 Jahren).

LINKS
Besonders leise sein im Vogelhäuschen.

RECHTS
Musikalische Einlage im Musikwald.

Tipp: Bademöglichkeiten am Kleinen Rußweiher mit Kiosk, Spielbereich für kleine Kinder und Verleih von Ruderbooten, Tretbooten und SUPs. Mo–Fr ab 10.00 Uhr, Sa, So und Feiertag ab 9.00 Uhr geöffnet, eschenbach-opf.de.

Ihr habt Spaß an Lehrpfaden? Dann besucht doch auch die in Grafenwöhr und Pressath (Freizeittipps 14 und 15).

LOS GEHT'S Auf der rechten Seite des **Parkplatzes ①** beginnt unsere Wanderung am Forstweg (Wegweiser Holzweg/ Waldlehrpfad). Im Bereich des Pavillons am Parkplatz und entlang der Wegstrecke werden viele heimische Baumarten erklärt. Schon bald führt uns ein lustiges Eichelmännchen links auf den **Skulpturenpfad**. Der Hackschnitzelpfad bringt uns vorbei an einer **Steinschlange** und mehreren großen und kleinen Holzskulpturen. Zum Schluss erreichen wir die **Vogel-WG**, wo wir Vögel beim Brüten beobachten dürfen. In den kleinen Häuschen lassen sich die Brutstätten verschiedener Vogelarten mittels einer Klappe öffnen (bitte leise und vorsichtig öffnen, sonst fliegen die Vogeleltern weg). Der Hackschnitzelpfad bringt uns zurück auf den breiten Forstweg, dem wir nach links bis zum

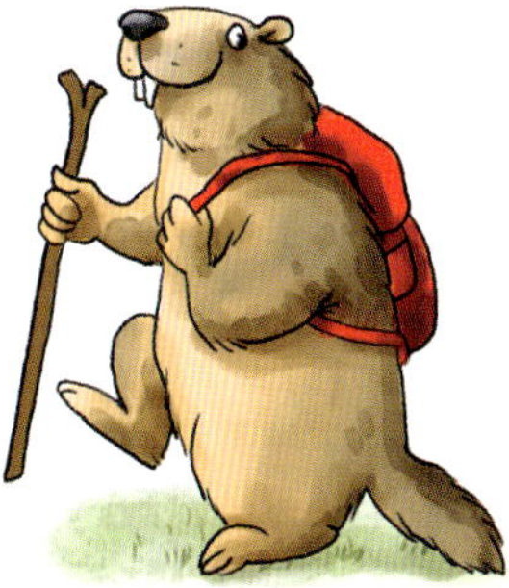

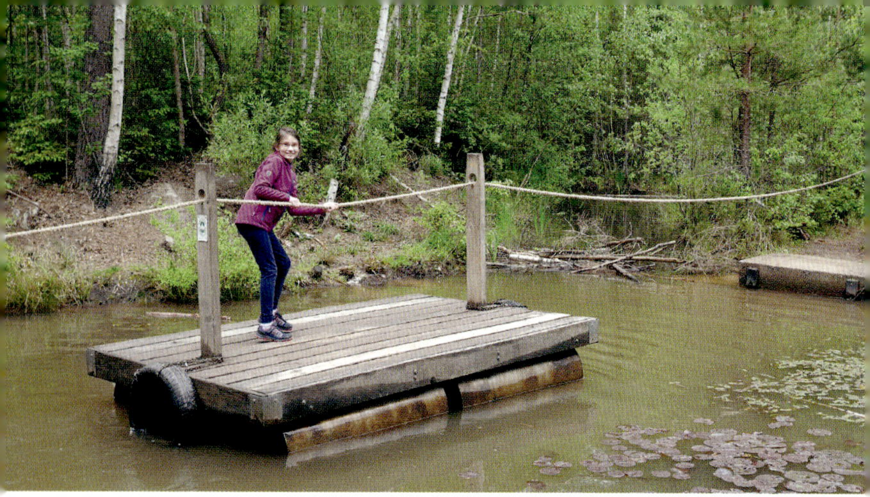

OBEN

Mit dem Seil ziehen wir uns ans andere Ufer.

UNTEN LINKS

Hier geht es ins Waldlabyrinth.

UNTEN RECHTS

Nach dem Specht Ausschau halten.

überdachten **Picknickplatz 2** folgen. Wer die große Runde des Lehrpfads (siehe Variante) laufen möchte, wandert hier geradeaus weiter. Wir jedoch biegen links in einen Forstweg ab und folgen dem Walderlebnispfad. Nach 50 m schwenken wir nach rechts in den **Musizierwald** ein. Ein kleiner Pfad bringt uns zum Dendrophon und Xylophon aus Holz. Der Pfad endet wieder an der bekannten Forststraße, wo wir rechts weitermarschieren. Links des Weges befinden sich Kletterpyramide, Baumtelefon und Gästebuch. Ein Stück weiter liegen links etwas abseits des Weges drei hübsche, kleine **Klanghäuser**, in denen wir das Rauschen des Waldes hören können. Dann lockt uns rechts ein Wegweiser zum Labyrinth. Vorbei am **Barfußweg** und am **Labyrinth** schlängelt sich ein Pfad bis zu einer Forststraße. Dort biegen wir links ab und laufen geradewegs zu einer **Kreuzung 3**. Ein kleines Schild (Wald & Wasser) weist uns nach rechts für ei-

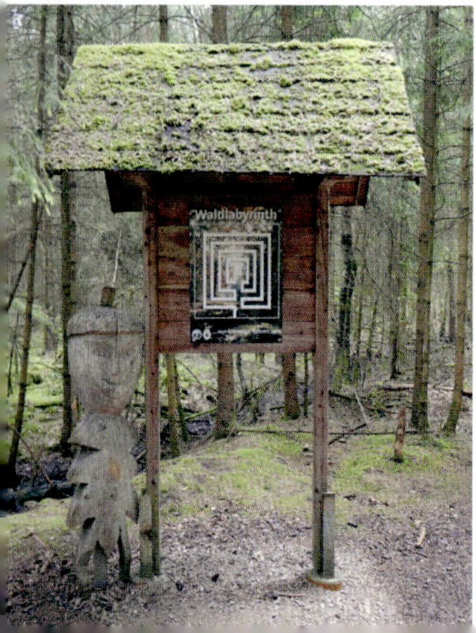

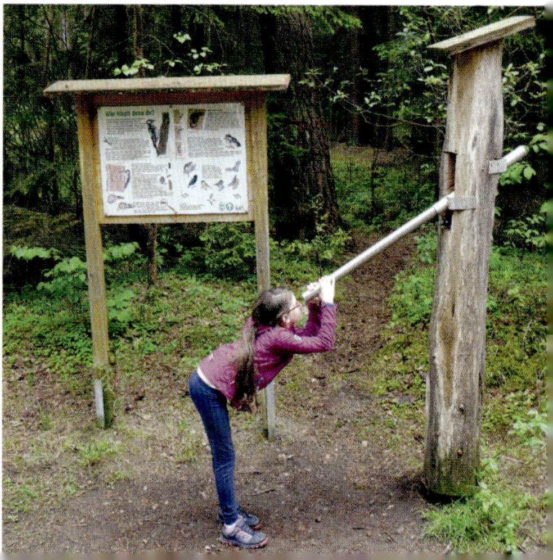

Hallo Kinder!

Habt ihr Lust, den **Walderlebnispfad Holzweg** mitzugestalten? Es gibt dort eine **Steinschlange**, die ihr verlängern könnt! Sammelt zu Hause einfach ein paar Steine und bemalt sie mit einem schönen Bild oder schreibt etwas Nettes darauf. Beim Besuch des Erlebnispfades könnt ihr euren Stein mitnehmen und an das Ende der Schlange anlegen. So entsteht eine immer längere, bunte Schlange, die weder beißt noch zischt. Viele solcher Steinschlangen stammen aus den Frühjahrs- und Sommermonaten 2020, als die Kontaktbeschränkungen wegen Corona galten. Als Kitas und Schulen geschlossen waren, bemalten und beschrifteten viele Kinder Steine. Sie schufen mit den Steinschlangen symbolisch ein **Gefühl der Gemeinschaft und des Zusammenhalts**, um diese Krise zu überstehen. Na, da bin ich jetzt gespannt, wie lange die Schlange am Holzweg noch wird und wo sie sich überall herumschlängelt.

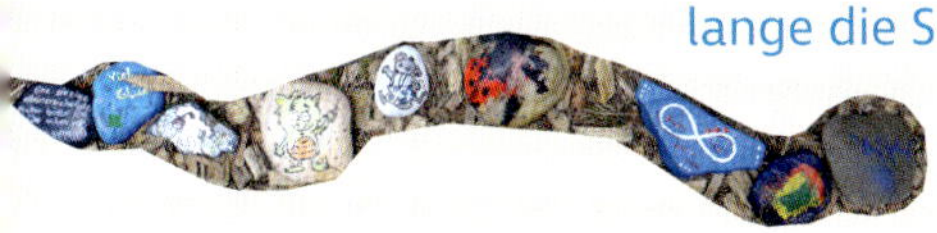

nen Abstecher zum **Wasserspielplatz ❹**, wo wir mit dem Floß ans andere Ufer des Teichs übersetzen können.
Zurück am Hauptweg folgen wir diesem nach rechts weiter und kommen schon bald zum nächsten Abstecher (Spielwald). Der große **Waldspielplatz ❺** bietet Rutsche, Holzkegelspiel, Wippe, Kletterhaus, Seilbahn und für müde Wanderer eine Ruheliege. Von der Forststraße aus können wir links einen Blick auf eine Spechthöhle werfen. Kurz vor dem **Parkplatz ❶** befindet sich links noch eine Großwippe, auf der wir uns austoben können, bevor wir heimfahren.

★ Highlights

- Im Musizierwald ein Konzert auf verschiedenen Holzinstrumenten geben.
- Entlang des Skulpturenweges lustige Holzfiguren suchen.
- Im Vogelhotel hautnah die Vögel beobachten.
- Wippen, balancieren und spielen am lauschigen Waldspielplatz.
- Die Fährte aufnehmen im Waldlabyrinth.
- Auf den Waldsofas einfach mal die Seele baumeln lassen oder an den überdachten Picknickplätzen eine leckere Brotzeit genießen.
- Am Waldteich eigenhändig per Floß auf das gegenüberliegende Ufer übersetzen.

13 Basaltkegel Hoher Parkstein

GEOPFAD PARKSTEIN

0.45 STUNDEN

1,2 KILOMETER

↗ 50 HÖHENMETER

↘ 50 HÖHENMETER

LEICHT – ab 3 Jahren

Abenteuer Vulkan: Eine Exkursion rund um das Thema Vulkan ist diese kurze Tour in Parkstein. Vom Parkplatz erblicken wir die außergewöhnliche, 38 Meter hohe Steilwand des Basaltkegels mit seinen eckigen Basaltsäulen. Sie beeindruckte schon den Naturforscher Alexander von Humboldt, der den Hohen Parkstein zum schönsten Basaltkegel Europas krönte. Dieser wurde auch in die Liste der »100 schönsten Geotope Bayerns« aufgenommen und erhielt das Prädikat »Nationales Geotop«. Beim Aufstieg zum Gipfel begleitet uns der Parksteiner Geopfad. Oben erwarten uns ein Bergkirchlein und ein weiter Rundblick. Am Fuße des Berges laden anschließend die Felsenkeller zu einem Blick ins Innere des alten Vulkans ein. In den Gängen lassen sich interessante Gesteinseinschlüsse entdecken. Die Krönung dieses Ausflugs für alle kleinen und großen Vulkanfans ist dann sicherlich der Besuch des Museums Vulkanerlebnis Parkstein, das ein einzigartiges Spektakel zu bieten hat. Per Laser- und Lichttechnik kann hier stündlich ein simulierter Vulkanausbruch im Inneren eines Vulkanschlotes miterlebt werden.

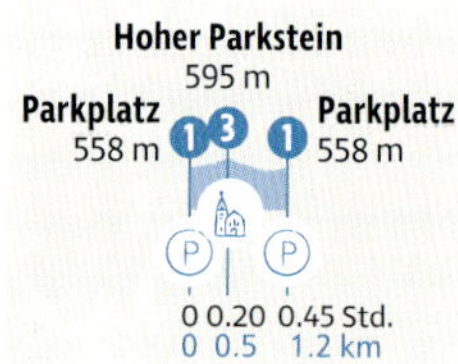

Ausgangspunkt: Großer Parkplatz in der Basaltstraße, 558 m (Navi: Basaltstraße 16, 92711 Parkstein). Anfahrt: Von der A93, Ausfahrt Altenstadt an der Waldnaab, auf der B22 in Richtung Erbendorf. Nach ca. 2 km links in Richtung Parkstein einbiegen. Wir erreichen Parkstein an der Neustädter Straße, der wir folgen und dann vor dem Marktplatz in die Basaltstraße links einbiegen.

ÖPNV: Haltestelle Basaltstraße der WIES-Busline 12/15/16 (200 m/5 Min. zum Ausgangspunkt).

Ausrüstung: Sandalen oder Sportschuhe, eventuell Taschenlampe zur genaueren Erkundung der Felsenkeller.

Anforderungen: Steiler Auf- und Abstieg, auf bequemen Pflasterwegen und Stufen zur Bergkirche und hinab zum Marktplatz. Meist sonnige Abschnitte.

Einkehr: Café und Gaststätte in Parkstein.

Tipps: Felsenkeller ganzjährig 8.00–20.00 Uhr geöffnet. Infos zum Museum unter vulkanerlebnis-parkstein.de.

Hinweis: Bitte die Bestimmungen des Naturschutzgebietes beachten.

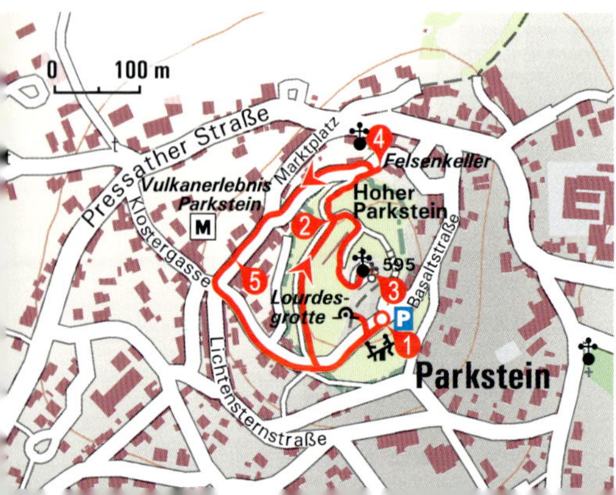

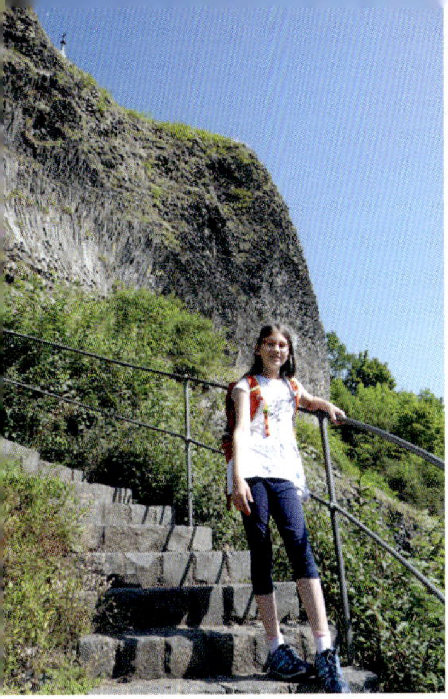

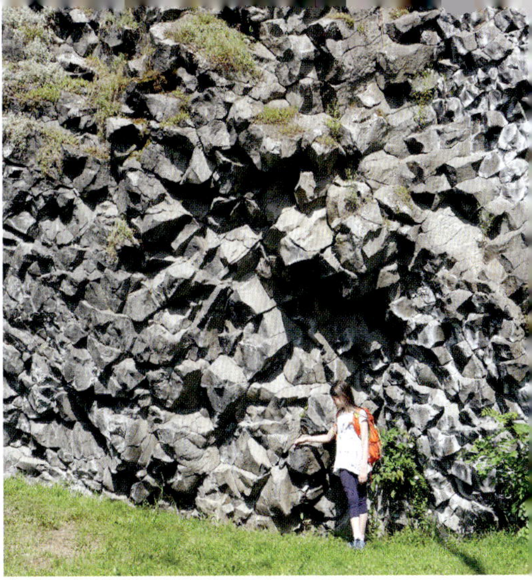

LINKS

Kleiner Abstecher hinauf zur Lourdes-Grotte.

RECHTS

Auf Tuchfühlung mit den Basaltsäulen.

LOS GEHT'S Schon am **Parkplatz 1** sehen wir die mächtigen Säulen der Basaltwand. Wir wandern mit dem Wegweiser »Geopfad/Bergkirche« entlang der Basaltstraße und unternehmen noch am Parkplatz einen Abstecher rechts hinauf zur in den Stein gehauenen **Lourdes-Grotte**. Zurück am Parkplatz folgen wir rechts weiter der Basaltstraße. Sogleich biegen wir rechts in den Joseph-Edenhofer Weg Richtung Bergkirche ein. Ein schmaler gepflasterter Pfad bringt uns vorbei an verschiedenen Gesteinsarten. Viele Ruhebänke laden zur Rast ein. Schon bald treffen wir auf den **Kreuzweg 2** und steigen mit ihm, vorbei an den Überresten der Burg Parkstein, über Treppenstufen hinauf bis zur Bergkirche am **Hohen Parkstein 3**. Von dort oben genießen wir die Fernsicht und den Rundblick.
Wir steigen wieder ab bis zum **Kreuzweg 2** und mit ihm hinunter bis zu den **Felsenkellern 4** (Wegweiser Felsenkeller). Die Zugangstüren zu den drei Kellern befinden sich rechts neben dem Stufenende in der

★Highlights

Einen der schönsten Basaltkegel Europas besteigen, der mit seinen fünf- und sechseckigen Säulen eine steilaufragende Basaltwand formt.

Entlang des Geopfades verschiedene Gesteinsarten wie Kalkstein, Sandstein, Basalt, Gneis und Granit kennenlernen und nebenbei auch noch spannende Geschichten über die Landschaft erfahren.

Ins Innere des Vulkans hineingehen und interessante Gesteinseinschlüsse in den Felsenkellern entdecken.

Im Museum Vulkanerlebnis Parkstein unter lauten Geräuschsimulationen und per Laser- und Lichttechnik einen Vulkanausbruch hautnah erleben.

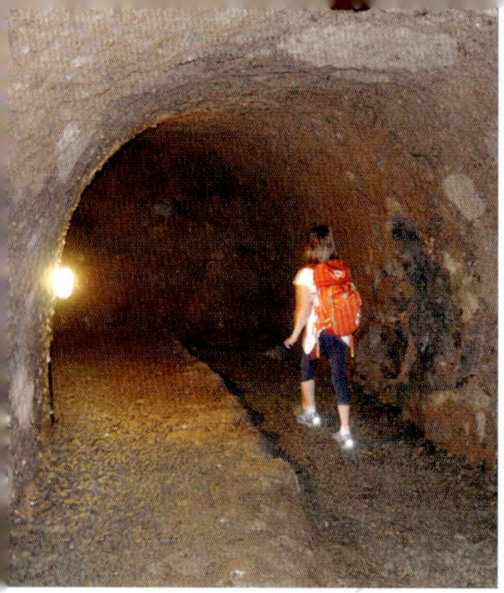

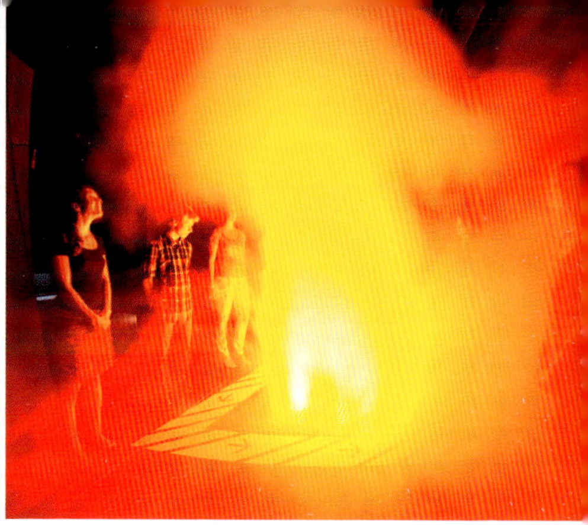

LINKS
Gleich drei Keller führen ins Vulkaninnere.

RECHTS
Es raucht und rumpelt, wenn der Vulkan im Museum ausbricht.

Kapuzinergasse. Nach der Besichtigung gehen wir links durch die Gasse Richtung Museum Vulkanerlebnis (Wegweiser). Nach Durchqueren des Marktplatzes sehen wir an seinem Ende rechts das **Museum Vulkanerlebnis Parkstein** ❺. Es bietet neben der Simulation eines Vulkanausbruchs Informationen über Geologie, Geschichte und Gegenwart rund um Parkstein. Anschließend spazieren wir links auf der Richard-Strauß-Straße, vorbei an den Büsten von Richard und Franz Josef Strauss, zurück zum **Parkplatz** ❶ in der Basaltstraße.

Hallo Kinder!

Wusstet ihr, dass das Innere der Erde aus geschmolzenem, flüssigem Gestein, dem **Magma**, besteht? Wir selbst leben nur auf einer äußerst dünnen, festen Erdkruste. An einigen Stellen dieser Kruste bilden sich Spalten, durch die das Magma aus dem Inneren der Erde an die Oberfläche dringt. Die glühende Masse, die bei einem **Vulkanausbruch** dort herausfließt oder herausgeschleudert wird, nennt man **Lava**. Der Basaltkegel in Parkstein war mal ein aktiver Vulkan, der aber inzwischen erloschen ist. Bei seinem Ausbruch wurden vom Magma auch **große Gesteinsblöcke** mitgerissen. In den Felsenkellern, die ins Innere des einstigen Vulkans führen, könnt ihr diese entdecken.

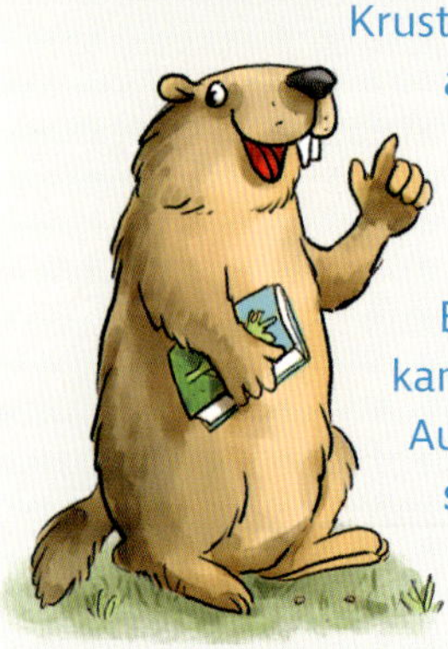

Walderlebnisweg Schweinmühle

IN DER NÄHE DES TIEFSTEN OFFENEN BOHRLOCHS DER ERDE

14

0.45 STUNDEN

1,4 KILOMETER

↗30 HÖHENMETER

↘30 HÖHENMETER

ab 3 Jahren LEICHT

Biergarten mit Tiererlebnis: Ein kleines, idyllisches Paradies finden wir am Ferienhof Schweinmühle. Der Ausflug dorthin ist ein Erlebnis für die ganze Familie und für die Kinder sicherlich unvergesslich. Die kleinen Tiergehege mit Ziegen, Hasen, Hühnern, Ponys, einer Schildkröte und einem Esel ziehen die Kleinen förmlich an. Sehr gerne werden im Sommer der kleine Badeweiher und der große Spielplatz benutzt. Und sollte doch einmal schlechtes Wetter sein, so vertreibt man sich die Zeit in der Spielscheune. Im danebenliegenden großen Biergarten genießen wir lokale Köstlichkeiten. Rund um den Hof führt ein kurzer Lehrpfad, teils an einem Bach entlang und mit vielen unterhaltsamen Stationen sowie einem Wildgehege. Unweit davon befindet sich das GEO-Zentrum am tiefsten offenen Bohrloch der Erde (siehe Tipp und »Hallo Kinder«).

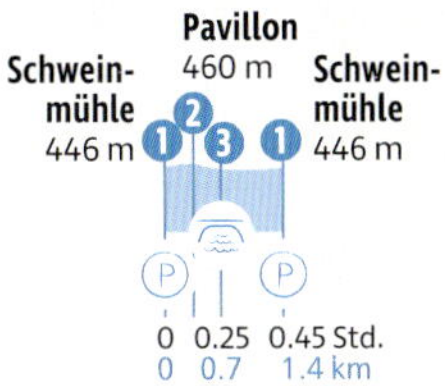

Ausgangspunkt: Parkplatz auf dem Gelände des Ferienhofs Schweinmühle, 446 m (Navi: Schweinmühle 1, 92670 Windischeschenbach). Anfahrt: Von der A93, Ausfahrt Windischeschenbach, auf der St2181 in Richtung Windischeschenbach. Dann nach rechts in Richtung Bernstein und etwa auf halber Strecke nach links in Richtung Pleisdorf. Nach ca. 1 km links in die Zufahrt zur Schweinmühle.

ÖPNV: Nur mit Rufbus erreichbar; Haltestelle Schweinmühle der BAXI-Linie 8440.

Ausrüstung: Trekkingsandalen oder Sportschuhe, Mückenschutz, Badesachen zum Baden im Weiher.

Anforderungen: Überwiegend schattige Tour auf breiten Forstwegen. Anfangs leichter Anstieg bis zum Wildgehege, dann leicht abfallend bis zur Brücke und ohne Steigungen entlang des Werkbaches.

Einkehr: Gaststätte und Biergarten Schweinmühle auf dem Gelände des Ferienhofs und Campingplatzes, schweinmuehle.de, Tel. +49 9681 1359, jahreszeitenabhängige Öffnungszeiten und Ruhetage siehe Internetseite.

Tipp: Besuch des GEO-Zentrums der Kontinentalen Tiefbohrung (KTB), Familienführungen für 1–2 Familien mit Kindern von 6 bis 12 Jahren, Am Bohrturm 2, 92670 Windischeschenbach, geozentrum-ktb.de, Tel. +49 9681 400430 oder Tel. +49 9681 4004315.

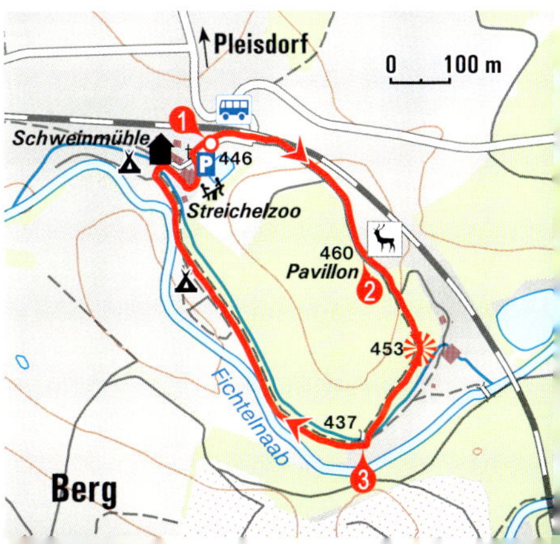

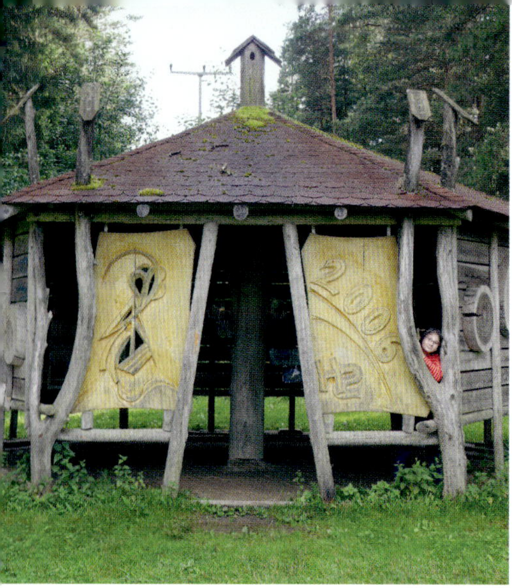

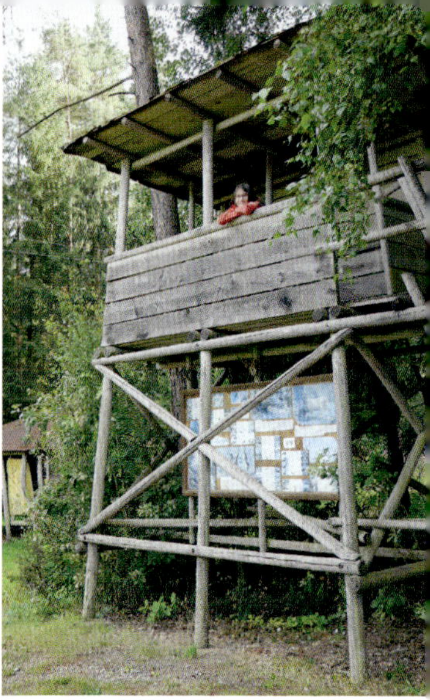

LINKS
Der Pavillon dient auch als Waldklassenzimmer.

RECHTS
Aussichtskanzel am Wildgehege.

LOS GEHT'S Vom **Parkplatz 1** gehen wir auf der Zufahrtsstraße ein Stück zurück und folgen dann der Beschilderung »Walderlebnisweg« auf einem geschotterten Forstweg leicht aufwärts. Der Weg verläuft entlang der Bahnlinie, an mehreren Erlebnisstationen links haltend vorbei, und bringt uns hinauf zum **Wildgehege**. Von einer Aussichtskanzel lassen sich Damwild und Ziegen beobachten. Der **Pavillon 2** nebenan informiert über heimische Hölzer. Unser Erlebnisweg taucht anschließend in den Wald ein und bringt uns vorbei an weiteren Stationen. In einem Rechtsbogen führt er uns dann hinunter zur **Holzbrücke 3** über den Werkbach. Dort halten wir uns rechts und wandern zwischen Fichtelnaab und Werkbach, bis wir den Campingplatz der Schweinmühle erreichen. Hier befinden sich die letzten Stationen des Lehrpfades. Am Biberschaukasten gehen wir nach rechts über eine Brücke zum Ferienhof

Hallo Tierfreunde und -freundinnen, in der Schweinmühle wartet auf euch ein Streichelzoo.

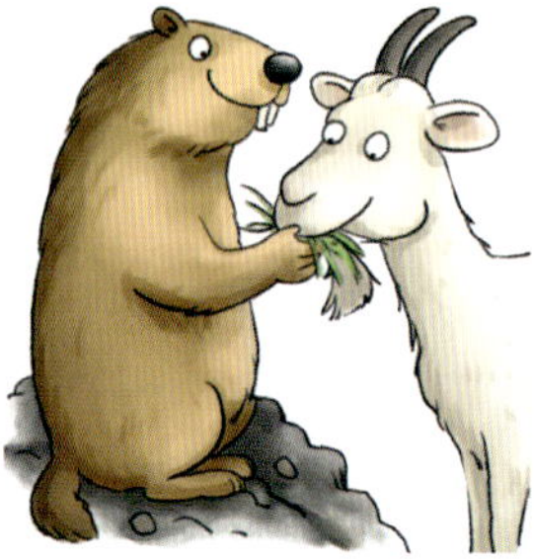

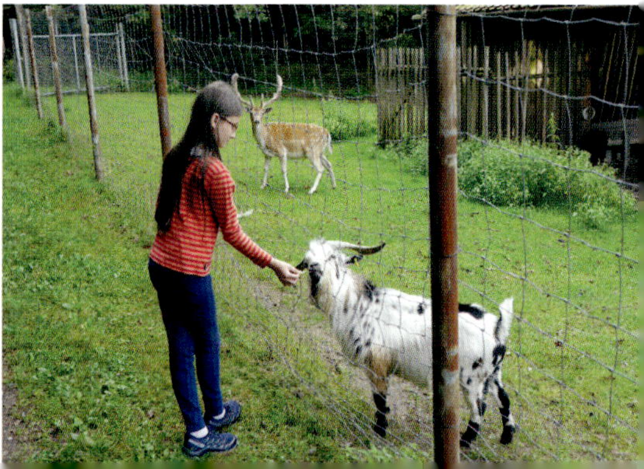

Hallo Kinder!

In der Nähe des heutigen Wanderziels steht zwischen Erbendorf und Windischeschenbach der mit 83 Metern **höchste Landbohrturm der Welt**. Mit ihm wurde das **tiefste offene Loch der Erde** gebohrt. Es ist sage und schreibe **9101 Meter** tief. Wissenschaftler konnten mithilfe der Bohrung einen Einblick in die Erdkruste unseres Planeten gewinnen und sie drangen bis in die Zone vor, in der die Erdkruste bei fast 300 Grad Celsius nicht mehr fest, sondern zähflüssig ist. Im Rahmen einer Führung könnt ihr den Bohrturm besteigen oder auf eigene Faust den Bohrplatz erkunden. In der Dauerausstellung »System Erde« erlebt ihr im **Erdbebensimulator** verschieden starke Erdbeben am eigenen Leib, informiert euch an den Multimediainstallationen unter anderem über Vulkane, Erdgeschichte, Magnetfeld und Gebirgsbildung oder inspiziert einen Teil der entnommenen Bohrkerne. **Geheimtipp:** Im Außenbereich, neben der Cafeteria, befindet sich ein großer Sandkasten mit vielen kleinen Mineralienschätzen – viel Spaß beim Ausbuddeln und Sieben!

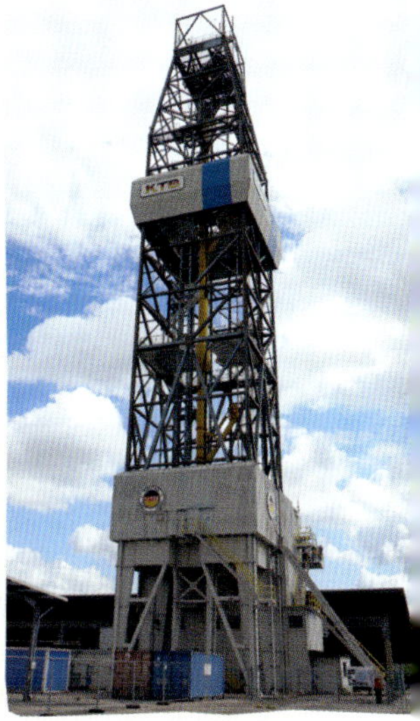

Schweinmühle. Hinter der Brücke biegen wir sofort wieder rechts ab und laufen zwischen Werkbach und Spielscheune hindurch. So gelangen wir zum Streichelzoo, Spielplatz und Badeweiher. Nach einer ausgiebigen Pause machen wir uns auf den Rückweg zum in Sichtweite gelegenen **Parkplatz ❶**.

★Highlights

Spannendes rund um das Thema Wald auf dem kurzweiligen Lehrpfad erfahren.

Tiere streicheln, sich in der Spielscheune austoben oder im Badeweiher abkühlen, all das ist auf dem frei zugänglichen Gelände der Schweinmühle möglich.

Im lauschigen Biergarten einkehren.

Von der Wildkanzel aus Damwild und Ziegen beobachten.

15 Gletschermühle und Tischstein

SÜDLICHER UFERPFAD IM WALDNAABTAL

2.30 STUNDEN

6,5 KILOMETER

↗ 200 HÖHENMETER

↘ 200 HÖHENMETER

MITTEL ab 8 Jahren

Kraxelspaß entlang des Weges: Wenn Ihren Kindern Wanderungen auf bequemen Wegen zu langweilig sind und sie am liebsten über Felsen kraxeln, dann ist diese Tour durchs wildromantische südliche Waldnaabtal genau das Richtige. Im Laufe der Zeit hat sich die Waldnaab hier tief in das Gestein eingeschnitten und im Flussbett liegen tonnenschwere Granitblöcke, die von Felsabbrüchen und Erosion zeugen. Das Tal ist ein wunderbares Naturerlebnis mit grandioser Felslandschaft. Die Kinder werden einen riesigen Spaß daran haben, auf dem Wanderweg über umgefallene Bäume und kleine Felsbrocken zu kraxeln.

Ausgangspunkt: Wanderparkplatz Blockhütte, 526 m (GPS: N49.840139, E12.180306). Anfahrt: Von der A93, Ausfahrt Falkenberg, auf der B299 kurz in Richtung Erbendorf, dann gleich links nach Ödwalpersreuth. Nach Durchqueren des Ortes an dessen Ende links in Richtung Wanderparkplatz Uferpfad. Eine ca. 1 km lange schmale Zufahrtsstraße bringt uns nach Überqueren der Autobahn zu dem im Wald gelegenen, großen Parkplatz.
Ausrüstung: Gut profilierte, feste Wanderschuhe, Proviant für unterwegs.
Anforderungen: Der Uferweg sollte nach ausgedehnten Regenfällen nicht begangen werden, es besteht Rutschgefahr auf den wurzeldurchsetzten Pfaden, auf moosbewachsenen Steinen sowie auf Holzstegen und Metalltreppen. Für die westliche Seite des Uferpfades ist Trittsicherheit erforderlich. Die Waldnaab muss über einen der beiden Behelfsstege (teilgesichert durch einseitiges Geländer) auf eigene Gefahr überquert werden. Falls Sie sich das nicht zutrauen, ist nur die 1. Kurzvariante möglich. Überwiegend schattige Wanderung.

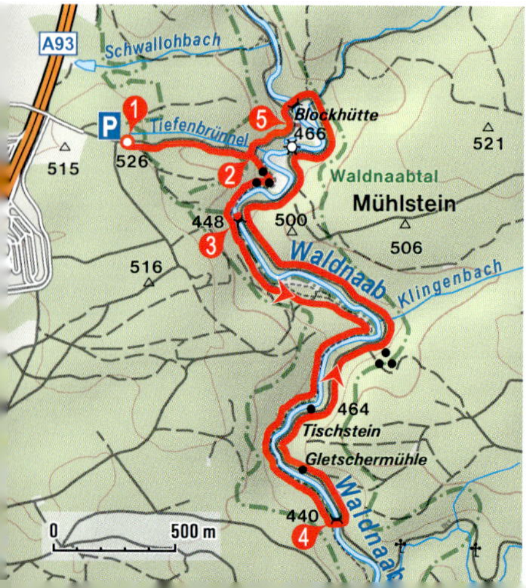

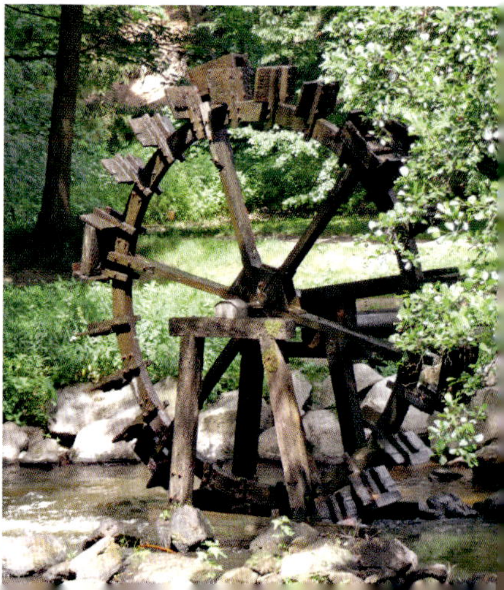

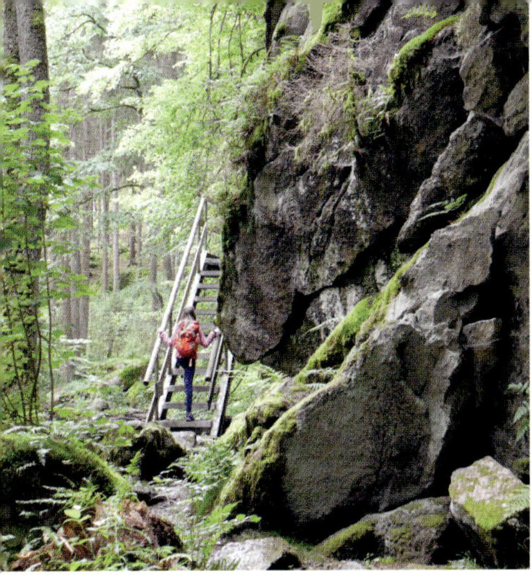

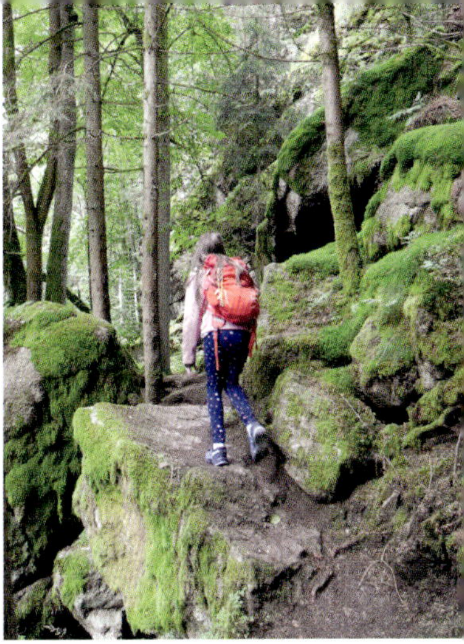

Einkehr: Waldgaststätte Blockhütte im Waldnaabtal derzeit leider geschlossen (Stand 2024). Mehrere Gaststätten im benachbarten Markt Falkenberg und eine Einkehrmöglichkeit in Bernstein.
Kurzvarianten: 1. Vom Wanderparkplatz Blockhütte bis zur Weggabelung und links mit »rotem X« auf bequemem Forstweg bis zur Waldgaststätte Blockhütte mit ihrem Wasserrad und zurück (1,5 km, 0.30 Std., ab 3 Jahren).
2. Vom Wanderparkplatz Blockhütte wie bei der Haupttour beschrieben bis zum ersten Behelfssteg. Dort die Waldnaab überqueren und anschließend links, wie in der Hauptroute beschrieben, weiter (2,7 km, 1.30 Std., ab 5 Jahren).
Hinweis: Bitte die Bestimmungen des Naturschutzgebietes beachten.

OBEN LINKS

Treppen helfen beim Überwinden von schwierigen Stellen.

OBEN RECHTS

Verwunschene Pfade entlang des Waldnaabtals.

LINKS UNTEN

Altes Wasserrad bei der Blockhütte.

LOS GEHT'S

Vom **Wanderparkplatz Blockhütte** ❶ wandern wir mit der Markierung »rotes X« Richtung Waldnaabtal/Blockhütte (Wegweiser). Ein breiter, geschotterter Forstweg bringt uns steil hinunter bis zu einer **Weggabelung** ❷. Wer mit der Kurzvariante 1 nur bis zur Waldgaststätte Blockhütte gehen möchte, biegt links mit der Markierung »rotes X« in Richtung Blockhütte ab, alle anderen biegen rechts in den schmalen Uferpfad mit der Markierung »U« ein. Schon bald erreichen wir am **Schwarzenschwall** die

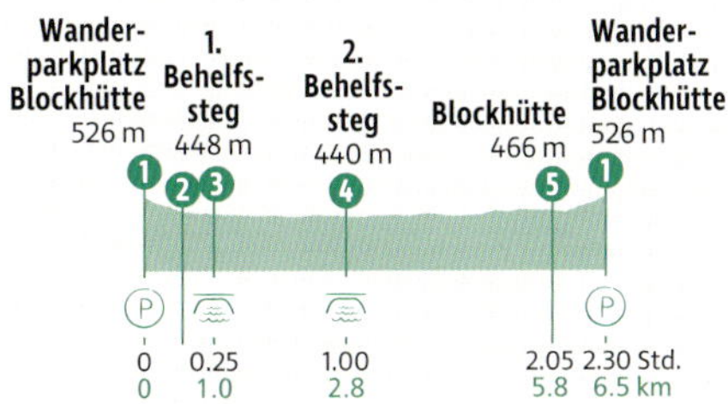

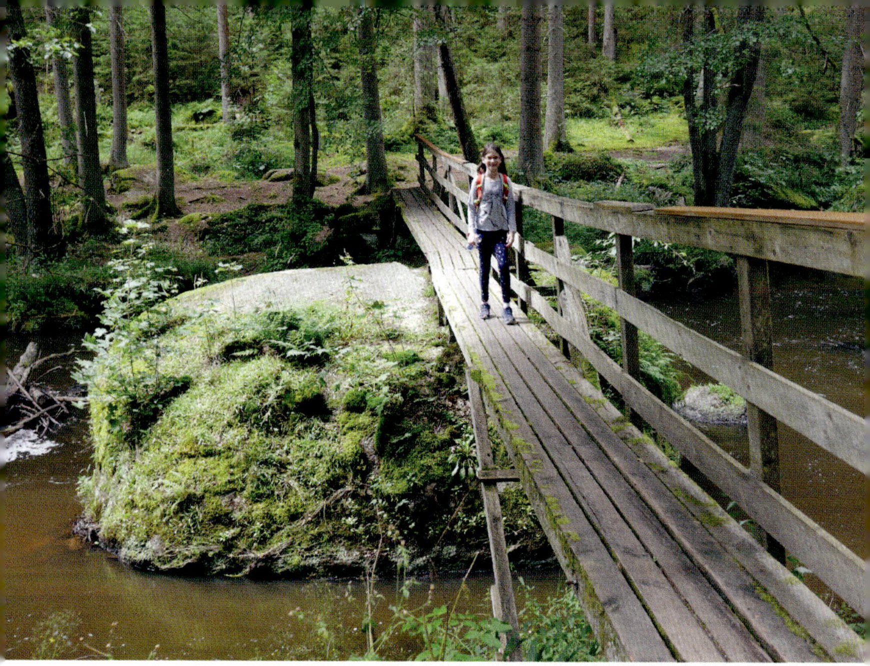

OBEN

Auf schmalen Holzstegen über die Waldnaab.

UNTEN

Mitten im Fluss steht der Tischstein.

ersten großen Granitblöcke. Der wurzeldurchsetzte, steinige Pfad führt uns immer am Wasser entlang bis zum ersten **Behelfssteg** ❸. Alle, die mit der Kurzvariante 2 unterwegs sind, wechseln hier am Steg die Uferseite und begeben sich auf den Rückweg Richtung Blockhütte. Trittsichere wandern mit der Markierung »U« am westlichen Waldnaabufer entlang. Bei der nächsten Weggabelung halten wir uns zuerst noch links und gehen gleich danach rechts auf einem schmalen Waldpfad weiter (Achtung, schlecht ausgeschildert). Der Markierung unseres Uferpfades folgend klettern wir über Steinquader und umgefallene Baumstämme und überspringen kleine Rinnsale. Schwierige Stellen überwinden wir mithilfe von Treppen und Stegen. Der Pfad führt uns vorbei am **Tischstein** und der **Gletschermühle**, die wir später noch einmal am anderen Flussufer passieren werden. Kurz nach der Gletschermühle erreichen wir den zweiten **Behelfssteg** ❹ und wechseln nun auf die andere Uferseite. Hier empfängt uns

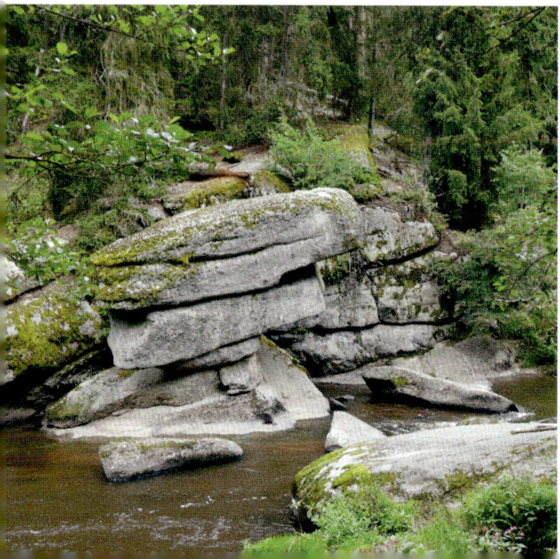

Hallo Kinder!

Mit Gletschern hat die **Gletschermühle** eigentlich nichts zu tun. Ihren Namen bekam sie von dem **großen Strudelloch**, dass durch ähnliche Prozesse entstand, wie man es beim Abschmelzen von Gletschern beobachten kann. Ist euch schon aufgefallen, dass das Wasser der Waldnaab hinter engen Stellen, wie Brückenpfeilern und Felsbrocken, erheblich schneller fließt und **große und kleine Verwirbelungen im Wasser** erzeugt. Aufgewirbelter Sand und vom Wasser mitgerissene kleine Steine schleifen im Strudel die Felsen im Flussbett ab. Nach und nach schneidet sich der Fluss so ins Gestein ein und kann in weichen Gesteinsarten tiefe Strudellöcher bilden.

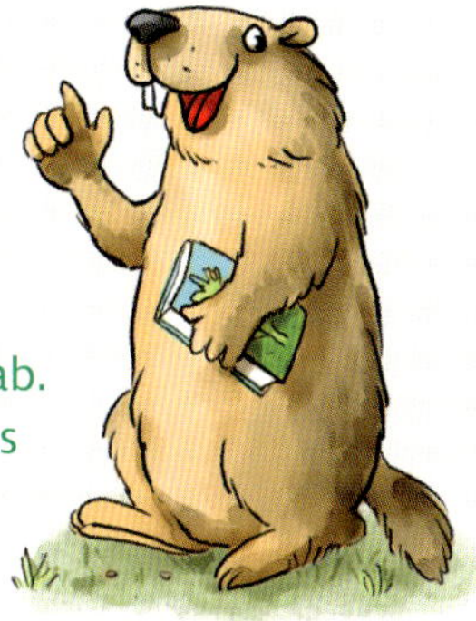

die Markierung »blauer Querstrich auf gelbem Grund«. Auf breitem, geschottertem Forstweg geht es links zurück Richtung Blockhütte. Wir kommen wieder zur **Gletschermühle** mit ihren großen Felsblöcken. Außerdem gibt es ein im Durchmesser ca. 40 cm großes Strudelloch zu begutachten. Am **Tischstein** vorbei geht es bequem weiter. An beiden Stellen finden wir Rastbänke zum Verweilen. Schon bald erreichen wir wieder den ersten Behelfssteg, wo die Wanderer der Kurzvariante 2 mit uns weiterwandern. An der nächsten T-Kreuzung werden wir von einem Wegweiser nach links Richtung Wiesau/Tannenlohe geschickt. Wir überqueren eine Brücke und biegen an der nächsten T-Kreuzung ohne Markierung links zur schon sichtbaren **Waldgaststätte Blockhütte ❺** ab. Von hier bringt uns die Markierung »rotes X« zur **Weggabelung ❷** und nach rechts auf dem vom Hinweg bekannten Fortstweg zurück zum **Wanderparkplatz Blockhütte ❶**.

★Highlights

Das felsenreiche Waldnaabtal ist ein herrliches Naturschutzgebiet. Auf dem schmalen Wanderpfad warten auch kleine Klettereinlagen auf die Kinder.

Am Schwarzenschwall und an der Gletschermühle beeindrucken uns die großen Felsformationen.

Schöner Picknickplatz beim Tischstein, einem großen, flachen Felsblock mitten im Wasser.

Mutige überqueren die Waldnaab auf zwei schmalen Stegen.

16 Felsenmeer Doost

ENTLANG DER GIRNITZ

1.15 STUNDEN

2,3 KILOMETER

↗ 50 HÖHENMETER

↘ 50 HÖHENMETER

LEICHT ab 4 Jahren

Sagenerzählungen zwischen Steinkolossen: Wir tauchen heute in das älteste Naturschutzgebiet der Oberpfalz ein, den Doost. Er beeindruckt uns mit einem einzigartigen Granitblockmeer. Das Girnitzbächlein, das hindurchfließt, verschwindet immer wieder zwischen den aufeinander getürmten, gewaltigen Felsen, die einen Durchmesser von bis zu fünf Meter haben. Dann hören wir nur noch das Gurgeln und Tosen des Wassers unter den rundlichen Granitblöcken. Vom Tosen des Wassers, das vor allem im Frühjahr während der Schneeschmelze zu vernehmen ist, kommt auch der Name dieser Gegend: Doost. Entlang des Weges finden sich viele kleine Bronzetäfelchen mit niedergeschriebenen Sagen, die uns sowohl vom Teufel als auch von Riesen erzählen. Für die einen ist der Doost ein mystischer Ort, für andere ein Kraftort.

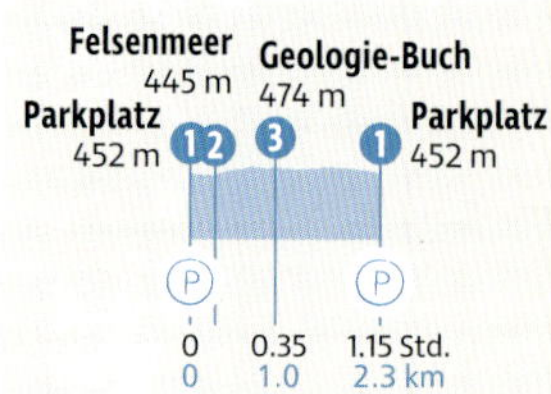

Ausgangspunkt: Kleiner Parkplatz in der Nähe von Diepoltsreuth am Waldrand (ca. sieben Stellplätze), 452 m (GPS: N49.717792, E12.234506). Anfahrt: Die A93 an der Ausfahrt Neustadt an der Waldnaab verlassen. Kurz nach Neustadt rechts Richtung Floß auf die St2395 und hinter Störnstein rechts nach Diepoltsreuth/Naturschutzgebiet Doost. In der Ortsmitte von Diepoltsreuth links in Richtung Campingplatz/Naturschutzgebiet Doost. Die asphaltierte Straße geht bald in eine unbefestigte Straße über, die uns vorbei am Gollwitzerhof und am Campingplatz zum Parkplatz am Waldrand bringt.

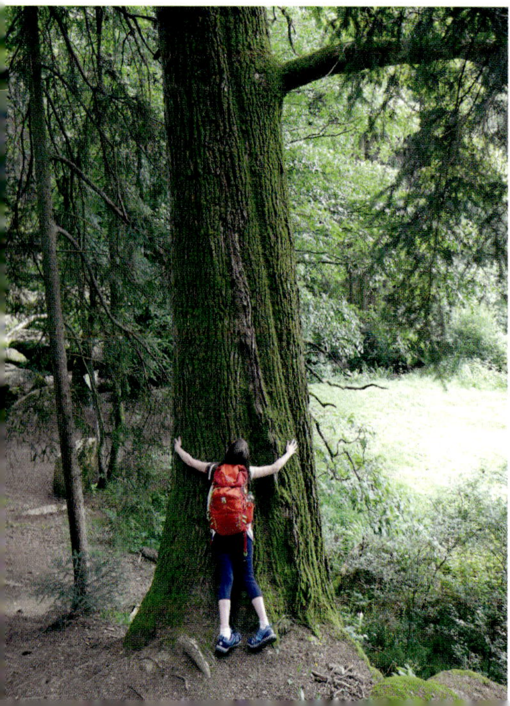

ÖPNV: Nur mit dem Rufbus erreichbar; Haltestelle Gollwitzerhof der BAXI-Linie 8431.

Ausrüstung: Gut profilierte Wanderschuhe, Proviant für unterwegs.

Anforderungen: Durch den Doost führen schmale Wanderpfade, ansonsten verläuft

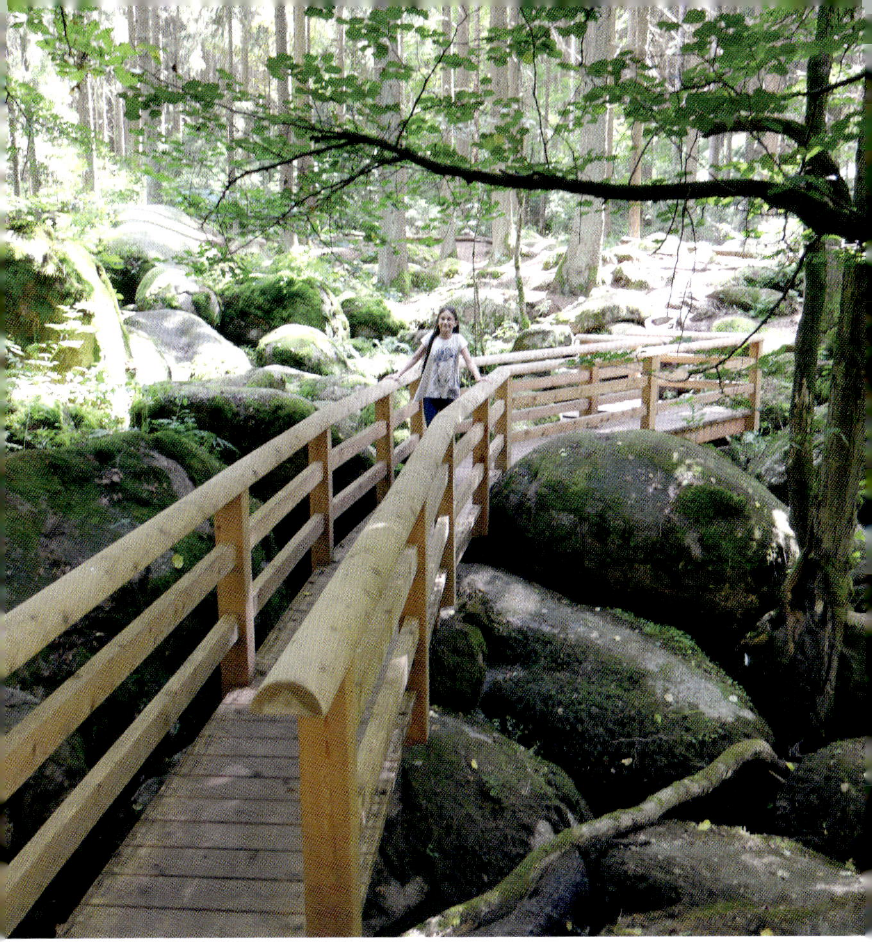

die Tour auf Landwirtschafts- und Forstwegen. Im Bereich Ritzlersreuth geteerte, verkehrsarme Straße. Teils schattige, teils sonnige Wanderung.
Einkehr: Unterwegs keine.
Hinweis: Bitte die Bestimmungen des Naturschutzgebietes beachten.

OBEN
Ein Holzsteg schlängelt sich zwischen den Steinriesen hindurch.

LINKS
Ein Baum von beachtlichem Ausmaß.

★Highlights

An der Girnitz die Granitkolosse bestaunen und dem Gurgeln des Wassers lauschen.

Unterwegs spannende Sagen und Geschichten über Teufel, »Doostnöck«, Sargträger und vieles mehr lesen.

Ein großes, hölzernes Geologie-Buch erklärt uns die Entstehung des Felsenmeeres.

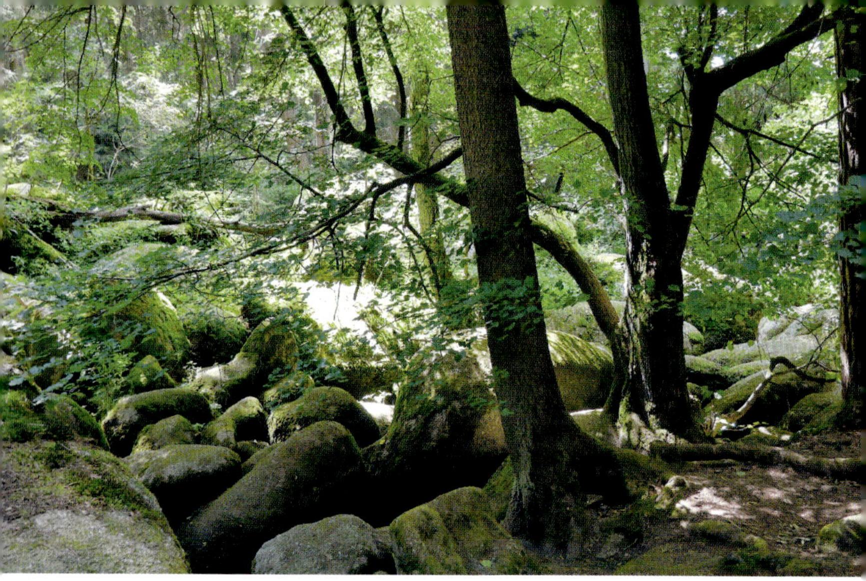

OBEN
Ausläufer des Felsenmeeres.

UNTEN
Sagentafeln entlang der Girnitz.

LOS GEHT'S Kurz vor dem **Parkplatz 1** am Waldrand führt uns die Markierung »blauer Kreis« auf schmalem Pfad links in den Wald hinein. Im stetigen Auf und Ab kommen wir dem Felsenmeer näher. Unten am Bachbett der **Girnitz** angekommen, erspähen wir schon die ersten Steinkolosse des **Felsenmeeres 2**. Der markierte Pfad führt erst über einen Holzsteg hinüber zur anderen Uferseite und schlängelt sich dann entlang des Felsenmeeres bis zu einer T-Kreuzung. Hier halten wir uns links Richtung Floß. Der Forstweg führt uns über eine steinerne Brücke hinaus aus dem Wald. Bald darauf folgen wir dem Wegweiser Richtung Teufelssprung. Ein Landwirtschaftsweg bringt uns, vorbei am **Geologie-Buch 3**, in die Ortschaft Ritzlersreuth. Auf der Teerstraße geht es mit der Markierung »blauer Kreis« links in Richtung Floß. Dann verlässt uns die Markierung nach rechts und wir gehen noch ca. 200 m auf der Teerstraße geradeaus, bevor wir links in

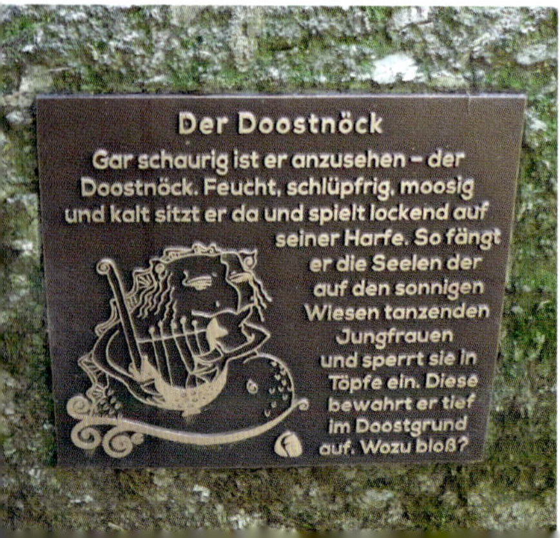

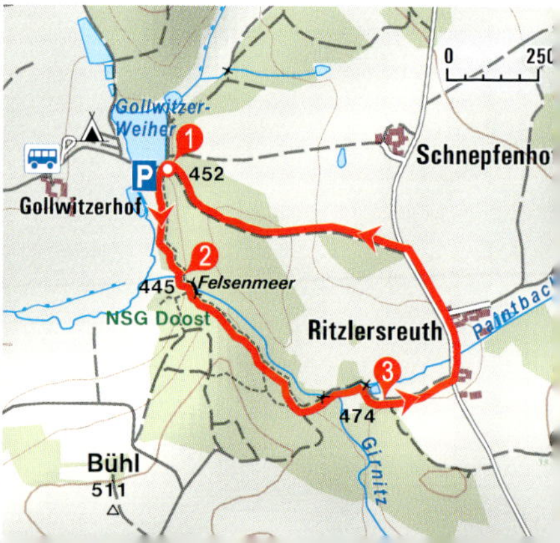

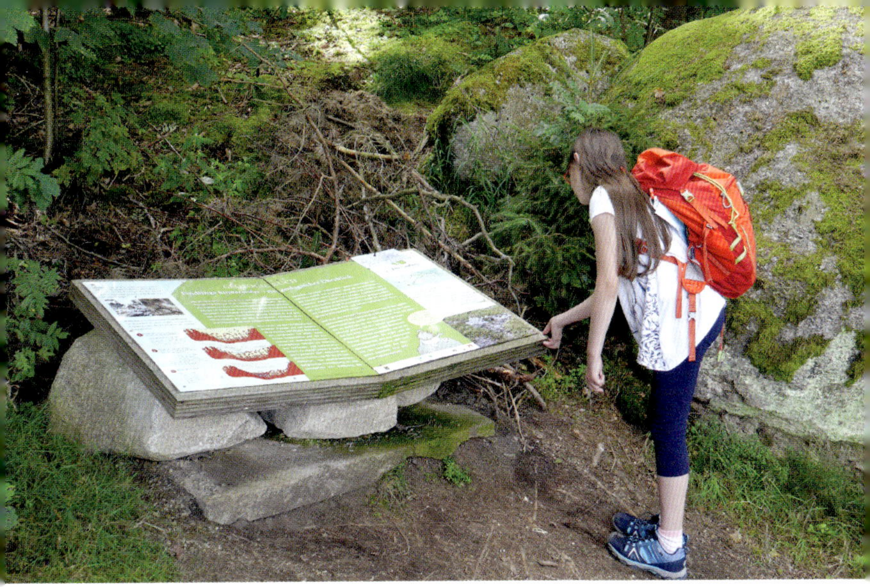

einen Landwirtschafts- und Fahrradweg einbiegen. Er führt uns erst am Waldrand entlang und nach einer Weile in den Wald hinein. Schon kurz darauf erreichen wir wieder unseren **Parkplatz 1** am Waldrand.

Das große Geologie-Buch erklärt die Entstehung des Doost.

Hallo Kinder!

Wundert ihr euch auch, wie die riesigen Felsen des **Naturschutzgebiets Doost** hierher gekommen sind? Das kleine Bächlein Girnitz hat sie jedenfalls nicht transportiert. Geologen nehmen an, dass eine spezielle Form von **Verwitterung die Ursache für die Entstehung der Felslandschaft** ist. Das Granitgestein zerfiel entlang vorhandener Klüfte schon unter der Erdoberfläche zu rundlichen Blöcken. Die Kraft des Wassers hat die Felsen dann nur freigespült. Genaueres könnt ihr unterwegs im Geologie-Buch erfahren. Die Menschen früher hatten diese Kenntnisse nicht und erklärten sich die Entstehung des Felsenmeeres mit zahlreichen Geschichten, wie der Sage vom Teufelssprung. Diese und weitere Geschichten könnt ihr entlang des Wanderweges auf kleinen Täfelchen nachlesen.

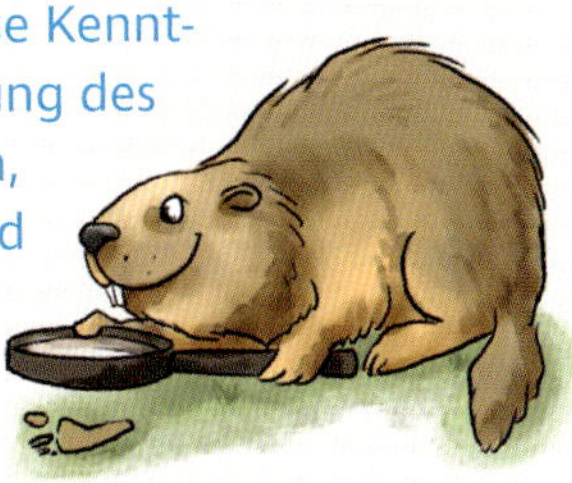

17 Burgruine Leuchtenberg

DURCHS NATURSCHUTZGEBIET LERAUTAL

2.45 STUNDEN

4,8 KILOMETER

↗ 140 HÖHENMETER

↘ 140 HÖHENMETER

SCHWER ab 8 Jahren

Akropolis der Oberpfalz: Unsere heutige Wanderung bringt uns zur größten und besterhaltenen Burgruine in der Oberpfalz, die mitunter auch als »Akropolis der Oberpfalz« bezeichnet wird. Die Besichtigung der mittelalterlichen Burg ist ein unvergessliches Erlebnis, darum sollte hierfür reichlich Zeit eingeplant werden. Zu entdecken gibt es die gotische Burgkapelle, die auch gerne für Hochzeiten genutzt wird, den schön eingerichteten Burgsaal (Dürnitz) und den Burgfried, den wir besteigen können. Von oben bietet sich uns ein Weitblick ins Lerautal. Ein Spektakel sind die alljährlich im Innenhof auf einer Freilichtbühne stattfindenden Burgfestspiele. Nach der Besichtigung der Burganlage geht es hinab ins geruhsame Naturschutzgebiet Lerautal. Dabei genießen wir die naturbelassene Flusslandschaft und besuchen mehrere Steinformationen.

Ausgangspunkt: Parkplatz an der B22, 515 m (GPS: N49.603577, E12.267169). Anfahrt: Von der A6, Ausfahrt Leuchtenberg, auf der B22 Richtung Leuchtenberg. Auf Höhe der Ortschaft Leuchtenberg an der Zufahrt zur Sargmühle liegt rechts ein großer Wanderparkplatz.
ÖPNV: Nur mit dem Rufbus erreichbar; Haltestelle Sargmühle der BAXI-Linie 8434.
Ausrüstung: Gut profilierte Wanderschuhe, Fernglas für die Aussicht vom Burgfried.
Anforderungen: Meist steile, steinige und wurzeldurchsetzte Pfade, im Lerautal bequeme, ebene Wanderpfade. Überwiegend schattige Tour.
Einkehr: Gasthof Lindenhof Leuchtenberg, Tel. +49 9659 283, lindenhof-leuchtenberg.jimdofree.com, Mi, Do, So und an Feiertagen ab 11.00 Uhr durchgehend geöffnet, Sa bis 15.00 Uhr.
Kurzvariante: Vom Parkplatz wie beschrieben hinauf bis zum Friedhof. Dort biegen wir rechts ohne Markierung in die Brauhausstraße ein und halten uns gleich wieder links. Auf einem schmalen Wiesenpfad lassen wir die letzten Häuser hinter uns und wandern geradeaus hinunter zum Insektenhotel. Von dort wie bei der Haupttour beschrieben hinunter ins Lerautal und zum Parkplatz (4,1 km, 2.15 Std., ab 6 Jahren).
Tipp: Die Burg Leuchtenberg kann von Anfang April bis Ende Oktober Mi–So 10.30–17.00 Uhr besichtigt werden.

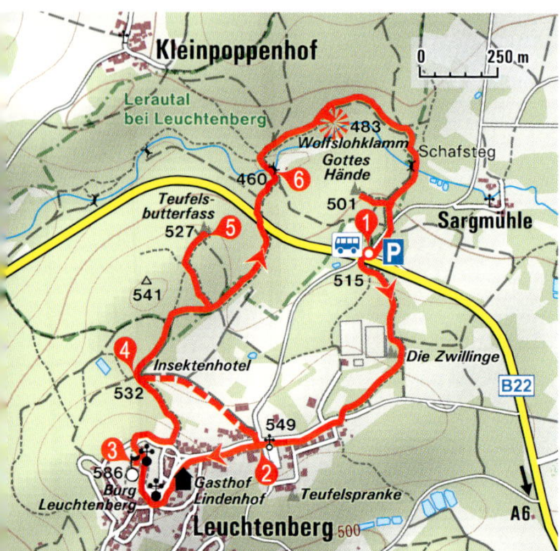

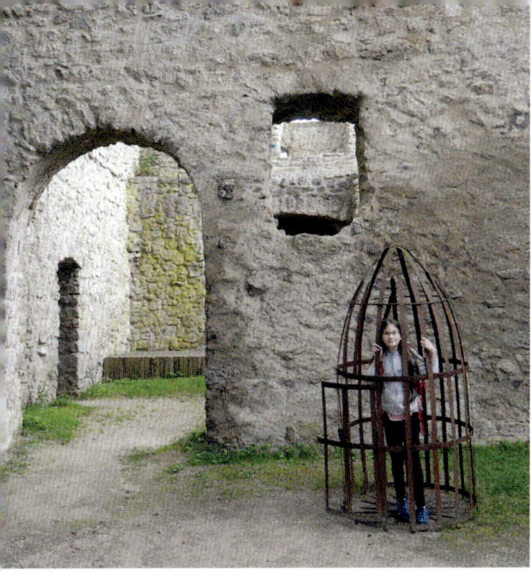

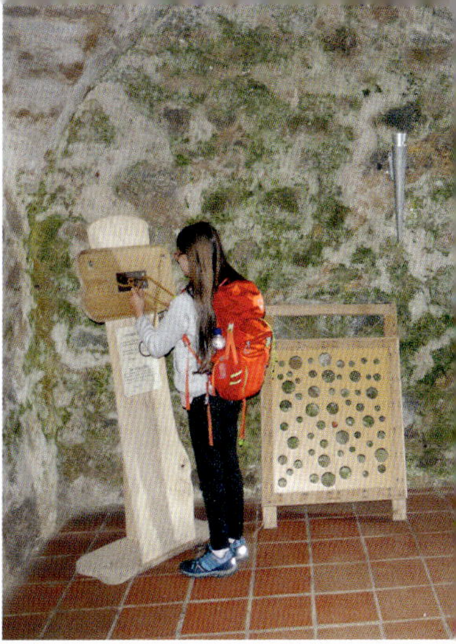

Eintritt ist kostenpflichtig. Führungen und Kindergeburtstagsfeiern nach vorheriger Anmeldung. Infos unter Tel. +49 175 3341263, burgruine-leuchtenberg.de.
Hinweis: Bitte die Bestimmungen des Naturschutzgebietes beachten.

In der Burg lässt sich so einiges entdecken.

Hallo Kinder!

Auf vielen Touren in diesem Buch besuchen wir Burgruinen oder noch gut erhaltene Burgen. Schließlich ist die **Oberpfalz eine der burgenreichsten Regionen Deutschlands**. Auf **Burgensteigen** könnt ihr deshalb von einer Burg zur nächsten wandern. Im Mittelalter waren Burgen der Wohnort des jeweiligen Landbesitzers und dienten auch der Verteidigung der umliegenden Besitztümer gegen ungebetene Gäste. In der äußerst gut erhaltenen **Burgruine Leuchtenberg**, dem ehemaligen Wohnsitz der Landgrafen von Leuchtenberg, könnt ihr in die Wohnbereiche, die Burgkapelle und den Burggarten hineinschnuppern und so einen Eindruck vom beschwerlichen Leben auf so einer Burg zu Zeiten des Mittelalters bekommen.

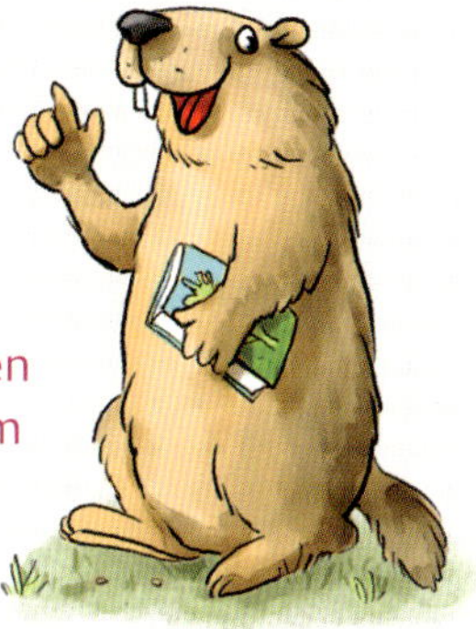

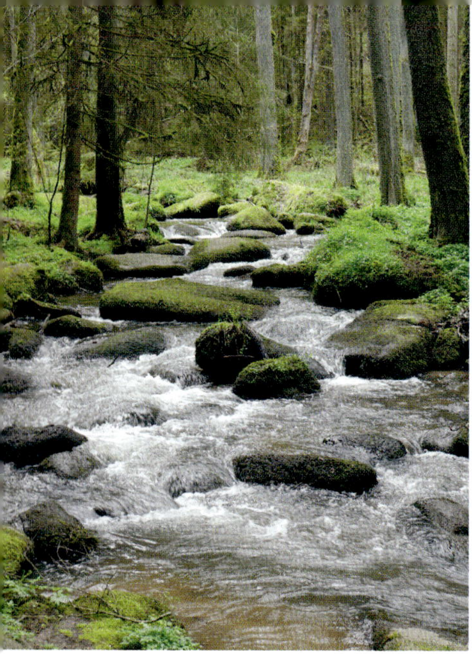

OBEN

Glucksender Wasserlauf im Leratal.

RECHTS

Kleine Pause am Felsturm Teufelsbutterfass.

LOS GEHT'S Am **Parkplatz** ❶ an der B22 überqueren wir mit Wanderweg »1« die Bundesstraße und steigen auf schmalen Pfaden mit der Markierung »1« stetig bergan. Vorbei an der Felsengruppe »Die Zwillinge« erreichen wir bald darauf die Straße Äußerer Markt. Auf ihr wandern wir am **Friedhof** ❷ vorbei hinauf zum Ortskern von **Leuchtenberg.** An der Kreuzung bei der Kirche St. Margareta biegen wir rechts in den Burgweg ein. Durch ein Tor in der Burgmauer gelangen wir auf das Burggelände und zum Zugang zur Kernburg.

Nach einer ausgiebigen Besichtigung der **Burgruine Leuchtenberg** ❸ verlassen wir das Gelände im Norden über eine Metalltreppe und spazieren die Parkplatzzufahrt rechts hinab bis zur Straße »Hinter der Burg«. Auf ihr nach rechts, bis wir auf den Wanderweg »1« treffen und mit ihm links in das »Binnergassl« einschwenken. Bis zum großen **Insektenhotel** ❹ geht es mit der Markierung »1« steil hinunter. Am Insektenhotel halten wir uns halb rechts und folgen dem Wanderweg »4« bis zu einer Sitzbank. Dort unternehmen wir am Wegweiser (Teufelsbutterfass) links einen Abstecher zum eindrucksvollen Felsenturm **Teufelsbutterfass** ❺.

Zurück an der Sitzbank marschieren wir mit Wanderweg »4« steil hinab zur Bundesstraße und überqueren diese. Mit der Markierung geht es nochmals sehr steil hinunter bis ins **Lerautal** ❻. Wir überqueren den Leraubach auf einem Steg und wandern danach rechts mit Wanderweg »1« weiter. Dieser schlängelt sich entlang des wildromantischen Bachs, vorbei an der **Wolfslohklamm** mit einem Aussichtspunkt, und überquert am Schafsteg wieder den Leraubach. Auf breitem Wanderweg steigen wir aus dem Tal hinauf, bis wir auf die Zufahrtsstraße zur Sargmühle treffen. Unterwegs ist nach rechts noch ein Abstecher zur Felsformation »Gottes Hände« (Wegweiser) möglich, die mit zerfurchten, rillenförmigen Vertiefungen im Fels beeindruckt. Auf der Zufahrtsstraße wandern wir dann nach rechts mit der Markierung »1« zurück zum **Parkplatz** ❶ an der B22.

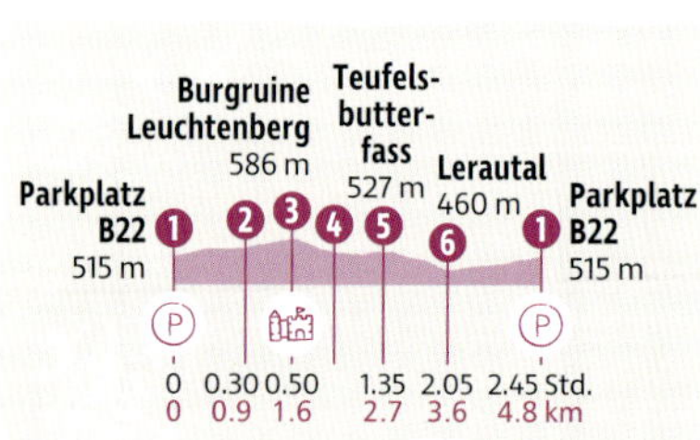

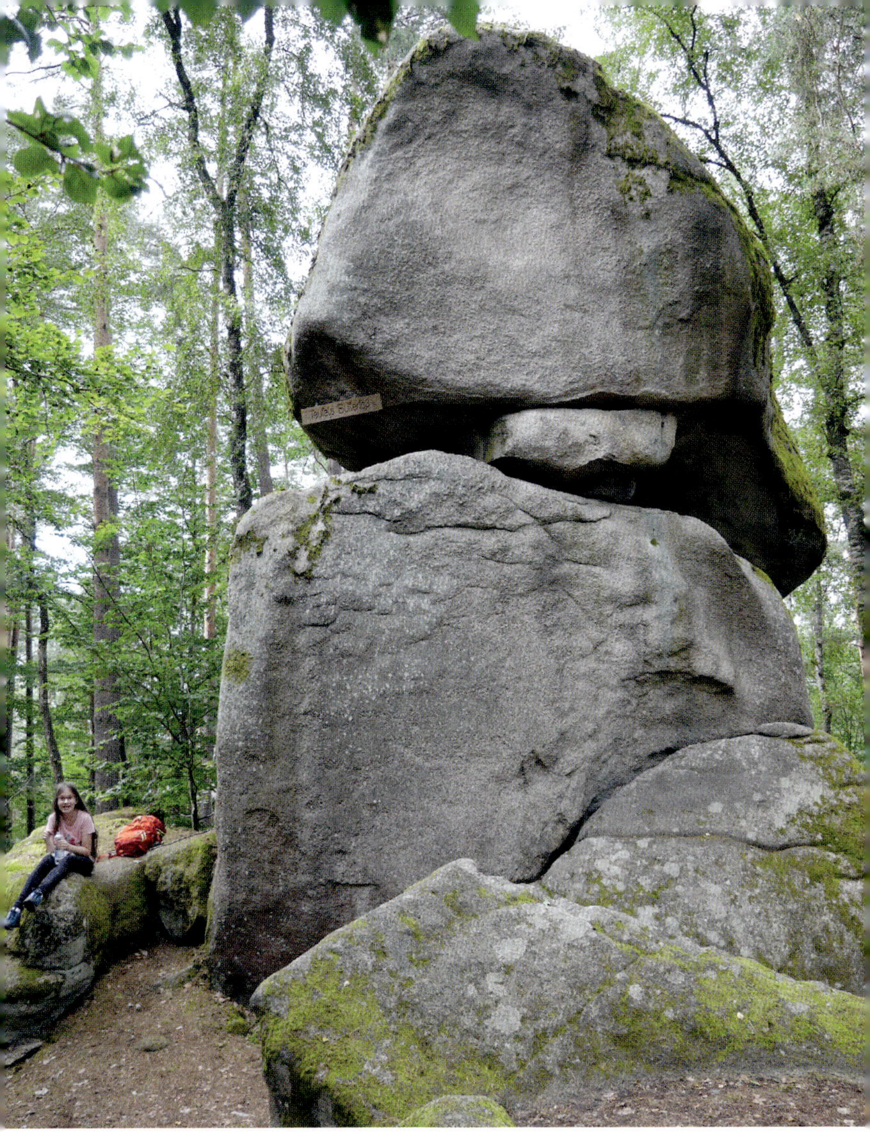

★Highlights

Besichtigung der Burgruine Leuchtenberg (kostenpflichtig) mit kleiner Burgkapelle, Bergfried, Kräutergarten, Burgsaal und kleinem Souvenirverkauf.

Eindrucksvolle Felsenformationen aus Granit, wie »Teufelsbutterfass« und »Gottes Hände«.

Wandern entlang des Leraubaches vorbei an kleinen Wasserfällen und der Wolfslohklamm.

18 Burgruine Flossenbürg

WEG DES GRANITS

1.15 STUNDEN

2,1 KILOMETER

↗ 90 HÖHENMETER

↘ 90 HÖHENMETER

MITTEL – ab 5 Jahren

Alles dreht sich um Granit: Das Wahrzeichen des Naturparks Nördlicher Oberpfälzer Wald ist die Ruine Flossenbürg. Schon von Weitem erblicken wir die einstige hochmittelalterliche Burg, die auf einem steil aufragenden Granitfelsen thront. Sie ist frei zugänglich und kann kostenlos besucht werden. Dank der im Jahr 2022 durchgeführten Sanierung kann auch der Burgturm neuerdings wieder bestiegen werden. Um den Berg herum führt im stetigen Auf und Ab der »Weg des Granits«, der uns zum krönenden Abschluss hinauf zur Burgruine bringt. Unterwegs passieren wir einen Steinbruch, dessen übereinanderliegende Granitschichten an eine aufgeschnittene Zwiebel erinnern, und darüber sitzt tollkühn der auf einem Felsenturm erbaute ehemalige Wohnturm der Burg.

Ausgangspunkt: Kleiner Parkplatz Ecke Rumpelbachstraße und Wurmsteinweg, 665 m (Navi: Rumpelbachstraße 1, 92696 Flossenbürg). Alternativ großer Parkplatz am Ortsplatz in der Hohenstaufenstraße. Anfahrt: Von der A93, Ausfahrt Altenstadt an der Waldnaab, auf der B15 Richtung Neustadt an der Waldnaab. Gleich hinter Neustadt rechts auf der St2395 über Störnstein und Floß nach Flossenbürg. Dort geradeaus auf Floßer Straße und Hohenstaufenstraße. Nach dem Friedhof links in den Gaisthalweg, dort beginnt die Wanderung.
ÖPNV: Haltestelle Flossenbürg Abzw. Gaisweiher der BAXI-Linie 8431 und NWN-Bus-Linie 6272.
Ausrüstung: Gut profilierte Wanderschuhe, Proviant für unterwegs, Sonnenschutz. Eventuell Badesachen für einen anschließenden Besuch des Gaisweihers (siehe Tipp).
Anforderungen: Stetiges Auf und Ab, stellenweise sehr steile, überwiegend geschotterte oder wurzeldurchsetzte Pfade. Überwiegend sonnige Wanderung.
Einkehr: Unterwegs keine. Diverse Möglichkeiten in Flossenbürg.
Kurzvariante: Vom Gaisthalweg wie in der Haupttour beschrieben hinauf zur Weggabelung und weiter direkt hinauf zum Burgturm. Rückweg auf derselben Strecke (1,1 km, 30 Min., ab 3 Jahren).

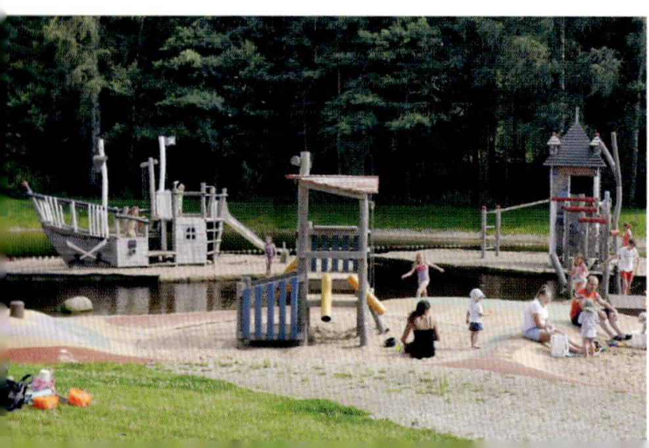

Badespaß am Gaisweiher (siehe Tipp).

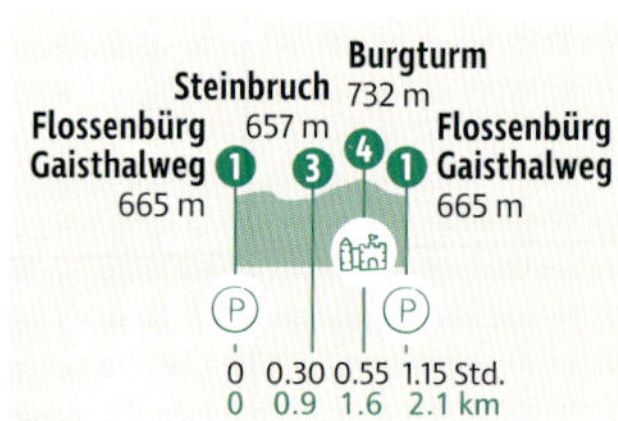

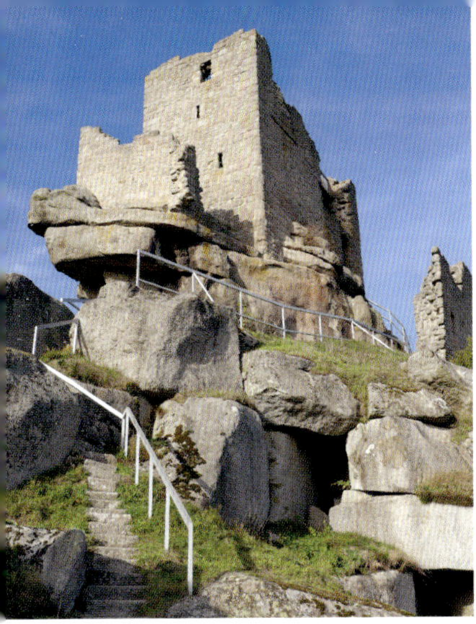

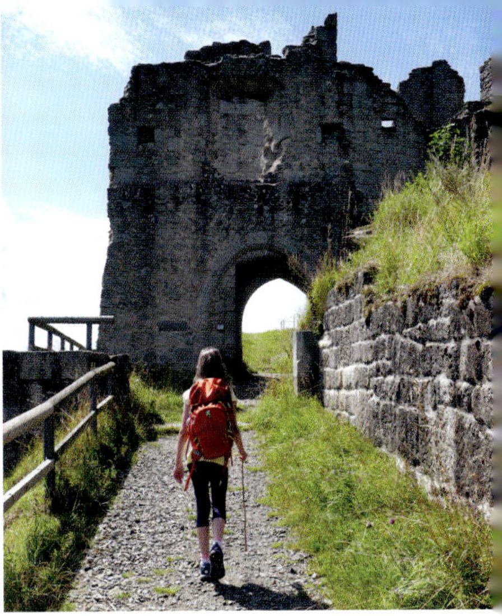

Die Burgruine Flossenbürg, spektakulär auf einem Granitmassiv erbaut.

Tipp: Kostenlose Bademöglichkeit am Gaisweiher mit großem Wasserspielplatz, erreichbar über den Gaisthalweg (freizeit-gaisweiher.de).
Hinweis: Bitte die Bestimmungen des Naturschutzgebietes beachten.

LOS GEHT'S Am **Gaisthalweg** ❶ folgen wir dem Wegweiser 50 m nach rechts zum Aufgang zur Burg. Kurz vor dem Ortsausgang weist uns ein Schild »Weg des Granits« nach links. An einer Schranke vorbei geht es hinauf in Richtung Burgruine. Wir kommen an eine **Weggabelung** ❷, wo wir nicht den direkten Weg zur Burgruine nehmen, sondern uns stattdessen links halten (Wegweiser »Weg des Granits«). Unser beschilderter Pfad verläuft zuerst unterhalb der mächtigen Burgmauern und führt dann in Serpentinen bergab. Wenig später steigt er wieder an und wir erreichen den ehemaligen **Steinbruch** ❸ mit dem Burgweiher. Mehrere Ruhebänke laden zum Verweilen ein. Wir wandern am Steinbruch entlang, biegen an seinem Ende

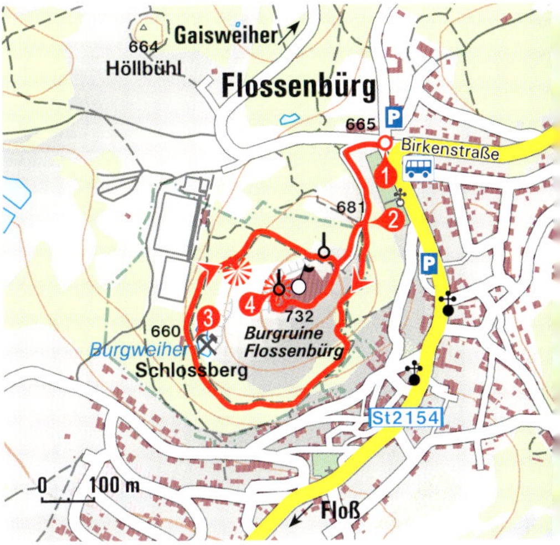

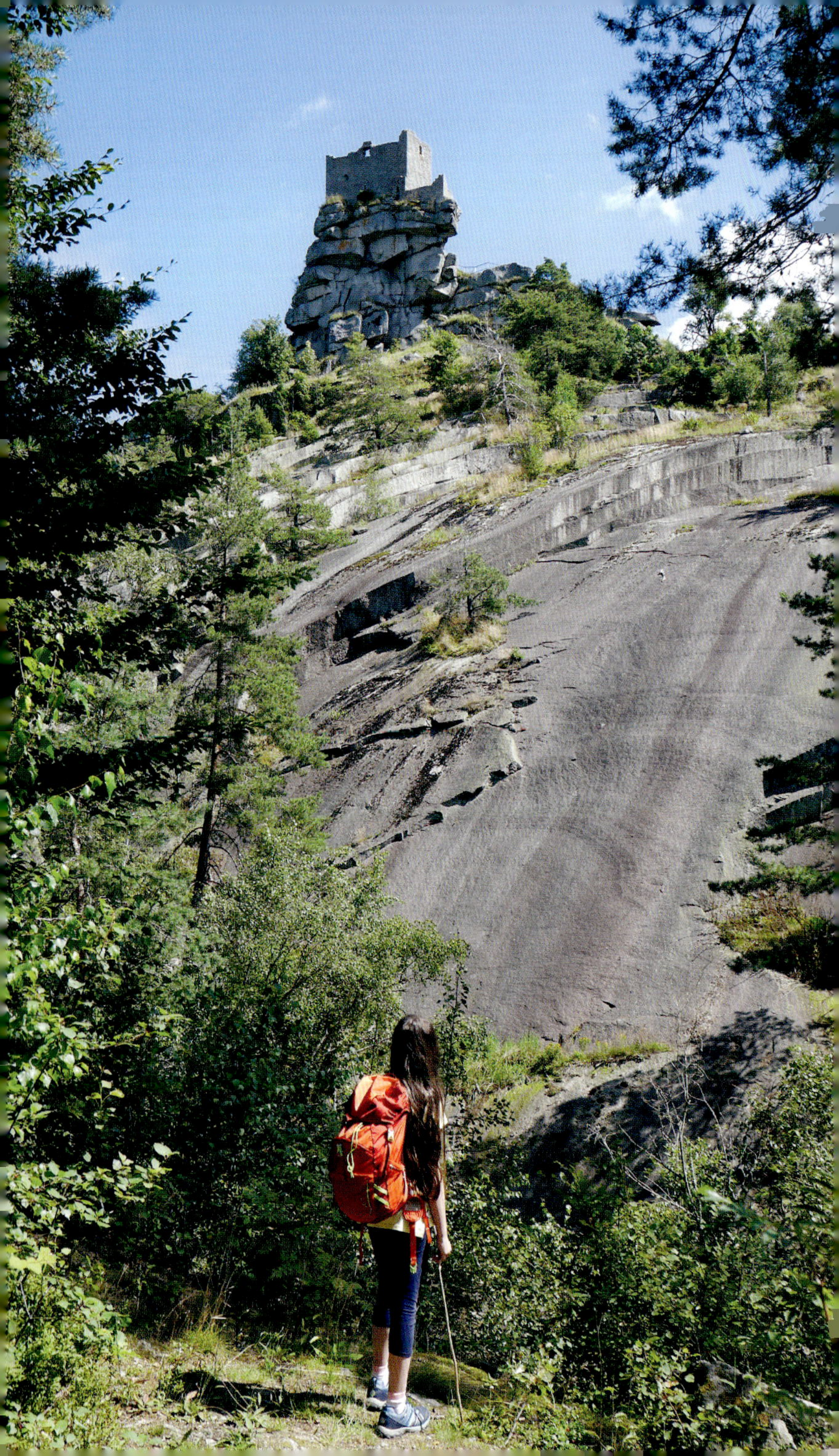

Hallo Kinder!

Was haben der Zuckerhut von Rio de Janeiro und der Felsen, auf dem die Burgruine Flossenbürg thront, gemeinsam? Beide sind **kuppelförmige Granitdome**. Der Flossenbürger Granit bildete sich im Erdinneren unter hohem Druck. Als das Gestein später an die Erdoberfläche gelangte, ließ der Druck nach, es entstanden Klüfte im Gestein und die auffälligen Granitschichten. Sie sehen aus wie die Schalen einer aufgeschnittenen Zwiebel und haben den Granitabbau im Flossenbürger Steinbruch vereinfacht.

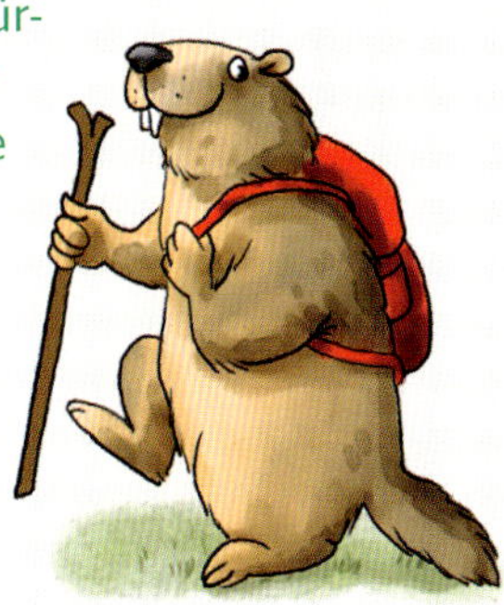

rechts ab und erreichen einen Aussichtspunkt. Von dort oben haben wir nochmals einen guten Blick über den Steinbruch und hinauf zur Burgruine auf ihrem Felssockel. An der nächsten Verzweigung rechts haltend steigen wir anschließend steil hinauf zum Gelände der Burgruine. Zwischen den Überresten des Wehrturms und der Burgruine hindurch, senkt sich der Pfad etwas ab, bevor rechts der eigentliche Aufstieg zur Burgruine erreicht wird. Durch das Torhaus betreten wir den Innenbereich der Ruine. Nach intensiven Sanierungsmaßnahmen ist der Aufgang zum **Burgturm** ❹ seit Mitte 2022 wieder möglich. Dort oben ergibt sich ein herrlicher Rundumblick auf die Stadt, den Oberpfälzer Wald und den Steinwald.

Nachdem wir das Burggelände ausgiebig erkundet haben, steigen wir auf direktem Weg ab. Wir durchqueren wieder das Torhaus, halten uns danach an der Verzweigung rechts und gleich darauf links und erreichen so wieder die **Weggabelung** ❷, von der es auf bekanntem Weg zurück zu unserem Ausgangspunkt am **Gaisthalweg** ❶ geht.

LINKS

Blick auf den Schalendom und die Burgruine.

★Highlights

- Die spektakulär gelegene Burgruine Flossenbürg erkunden.
- Die Aussichtsplattform des Burgturms besteigen und den atemberaubenden Panoramablick genießen.
- Rund um die Burg in den steilen Hängen des Naturschutzgebiets den Schafen beim Weiden zusehen.
- Am Burgweiher unterhalb des Steinbruchs einen Blick auf die früheren Abbaugebiete werfen.

19 Burgruine Schellenberg

VON DER PLANER HÖHE

2.30 STUNDEN

6,0 KILOMETER

↗ 130 HÖHENMETER

↘ 130 HÖHENMETER

MITTEL ab 7 Jahren

Tafelbuche und Brotfelsen: Idealerweise grenzt der Wanderparkplatz gleich an einen Waldspielplatz. So kann vor oder nach dem Wandern noch ausgiebig gespielt werden. Das Hauptziel aber ist der höchste Aussichtspunkt im Landkreis Neustadt an der Waldnaab, die Burgruine Schellenberg. Das hölzerne Schellenberger Männchen zeigt uns den Weg nach oben zur Ruine. Um sie zu erreichen, kraxeln wir über Granitfelsen und überqueren eine Holzbrücke hinüber zum Aussichtsturm. Nicht nur der Blick auf die Burg mit ihren Felstürmen, sondern auch der Osser-Arber-Blick ist famos. Weitere Attraktionen dieser Rundtour sind sicherlich der Brotfelsen und die Dolme am Bärenfels (siehe »Hallo Kinder«).

Ausgangspunkt: Wanderparkplatz Planer Höhe, 725 m (GPS: N49.720522, E12.395835). Anfahrt: Von der A93, Ausfahrt Altenstadt an der Waldnaab, auf der B15 Richtung Neustadt an der Waldnaab. Gleich nach Neustadt rechts auf der St2395 über Störnstein und Floß nach Flossenbürg. Dort am Ortsanfang rechts auf die St2154. Kurz hinter Waldkirch erreichen wir den Wanderparkplatz.
Ausrüstung: Gut profilierte Wanderschuhe. Fernglas. Proviant für unterwegs.
Anforderungen: Gemächlicher Anstieg auf wurzeldurchsetzten Pfaden hinauf zur Burgruine Schellenberg. Rückweg überwiegend auf breiten, geschotterten Forststraßen. Für den Aufstieg zum Aussichtsturm über hohe Steinstufen, teils mit Eisentritten unterstützt und abgesichert, ist Trittsicherheit erforderlich. Kleineren oder unsicheren Kindern muss geholfen werden. Bei Nässe sollte von einem Aufstieg Abstand genommen werden. Überwiegend schattige Wanderung.
Einkehr: Unterwegs keine. Picknickmöglichkeiten am Parkplatz und unterhalb der Burgruine.

»Bamhackl-Brunna« und Schellenberger Männchen.

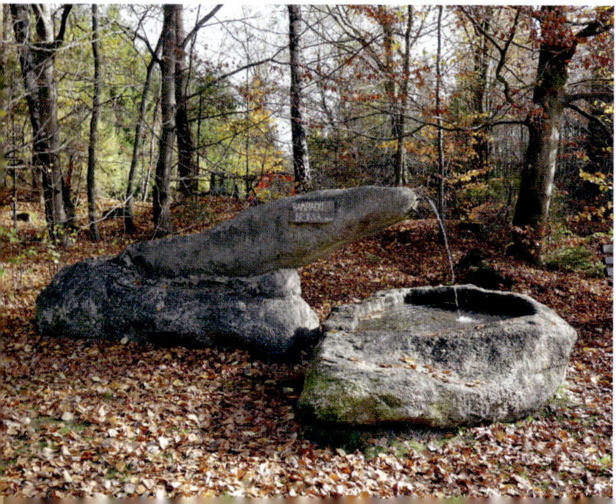

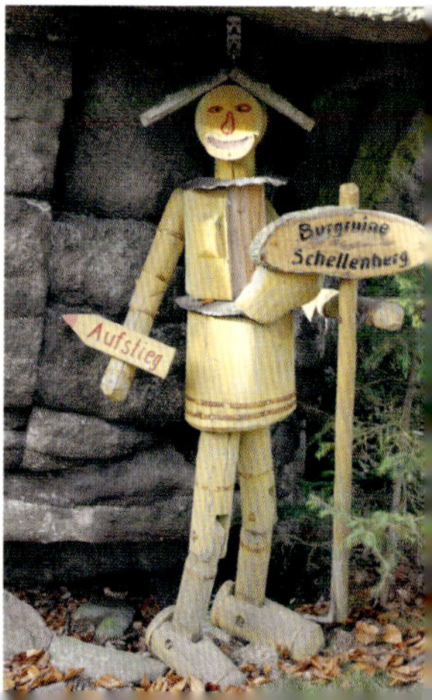

Hallo Kinder!

Heute könnt ihr am Bärenfelsen ein **Felsengrab**, eine sogenannte **Dolme**, bestaunen. Solche Grabkammern werden auch als **Hünengräber** bezeichnet, da man früher glaubte, zwischen den großen Steinen wären Riesen begraben. Gebaut wurden solche Dolmen gegen Ende der **Steinzeit**. Damals waren die meisten dieser Gräber unter einem Erdhügel verborgen, jedoch haben Wind und Wetter sie im Laufe der Jahrtausende freigelegt.

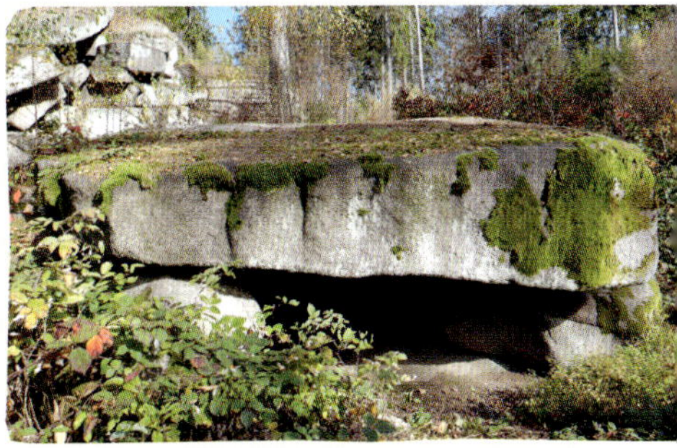

LOS GEHT'S Vom **Wanderparkplatz Planer Höhe ❶** und dem danebenliegenden Spielplatz gehen wir zwischen der Infohütte und dem »Bamhackl-Brunna« mit Wanderweg Nr. 2 Richtung Burgruine Schellenberg in den Wald hinein. Diesem gut ausgeschilderten Weg folgen wir während der gesamten Tour. Schon gleich weist uns ein Schilderbaum links Richtung Dolme. Ein wurzeliger, von Granitsteinen gesäumter Pfad führt uns am Drachselfels vorbei. Dann unternehmen wir links einen Abstecher zur **Dolme am Bärenfels ❷** (Wegweiser »Zur Dolme 450 m«). Wir umrunden auf einem schmalen Trampelpfad den Bärenfels, bevor wir auf demselben Weg zum Hauptweg zurückkehren. Links haltend errreichen wir bald die sternförmige Kreuzung an der **Tafelbuche**. Mit unserer Markierung Nr. 2 biegen wir scharf links Richtung Burgruine Schellenberg ab. Der schmale Pfad steigt stetig an und bringt uns zum Fuße der Ruine. Ein Holzmännchen weist uns den Aufstieg zur Aussichtsplattform auf der **Burgruine Schellenberg ❸**.

Auf dem Waldspielplatz wird es euch sicherlich nicht langweilig!

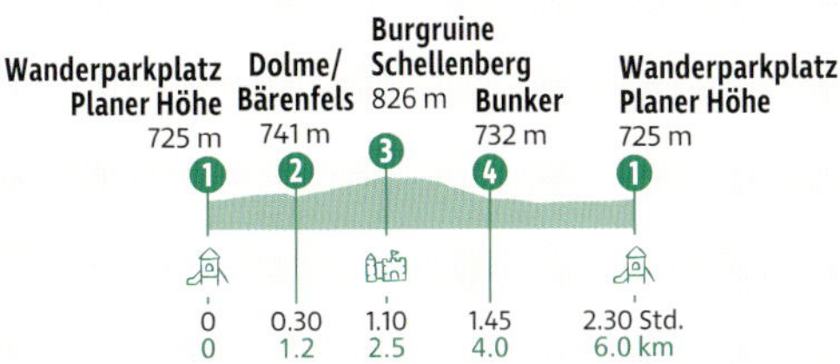

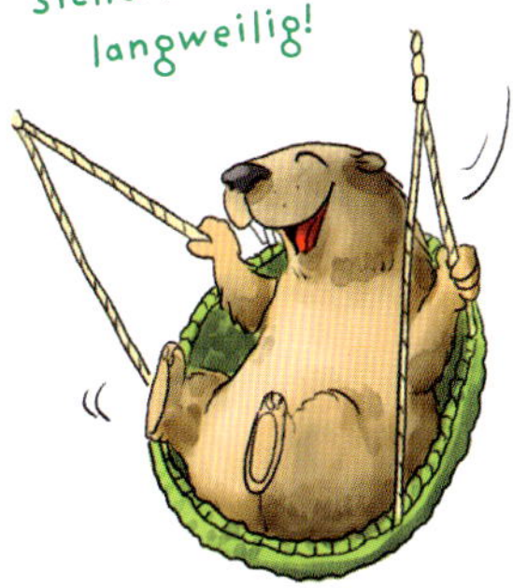

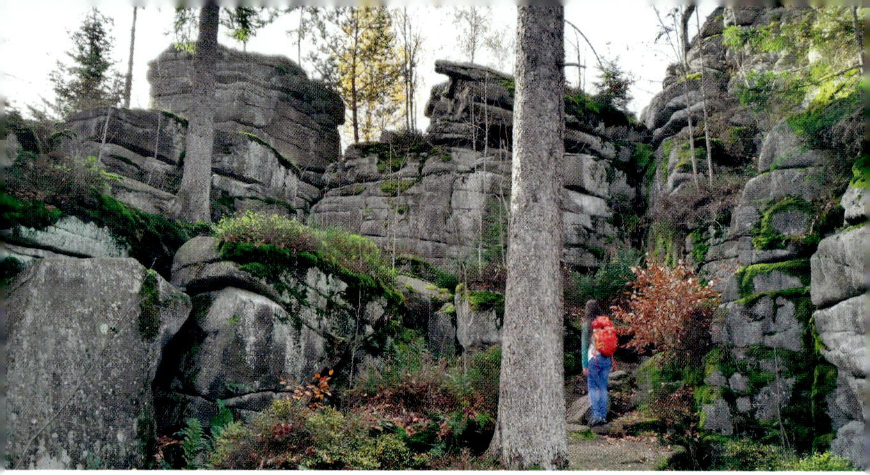

OBEN

Steinformationen am Schellenberg.

UNTEN

Brotfelsen, der Name verrät schon alles.

RECHTS

Über eine Holzbrücke erreichen wir den Aussichtsturm.

Zwischen hohen Felsblöcken hindurchkraxelnd und über Steinstufen und Eisentritte steigend, erreichen wir eine Holzbrücke, die uns zum Aussichtsturm bringt. Von oben reicht der Blick bei guter Sicht bis in den Bayerischen Wald, den Böhmerwald und den Oberpfälzer Wald.

Zurück am Wanderweg wandern wir nach links weiter Richtung Brotfelsen. Vorbei an der Schellenbergwiese geht es eben dahin bis zum markanten Felsturm **Brotfelsen**. Gleich danach halten wir uns links. Bergabwärts überqueren wir etwas später eine Forststraße. An der nächsten Forststraße biegen wir nach links zu einer kleinen **Bunkeranlage** ❹ ab. Auf der Forststraße geht es gemütlich, leicht abwärts zurück zum **Wanderparkplatz Planer Höhe** ❶.

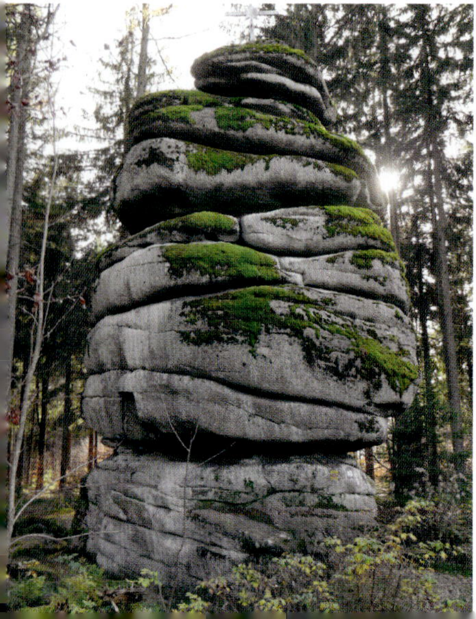

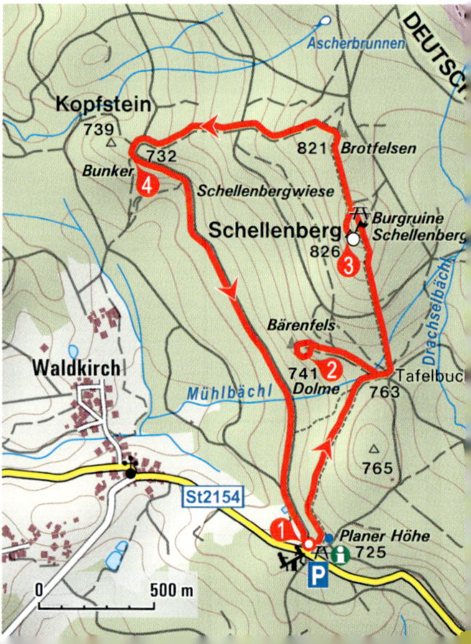

★Highlights

Nervenkitzel beim Aufstieg über mächtige Felsbrocken zur Holzbrücke und dem Aussichtsturm der Burgruine Schellenberg.

Die steinzeitliche Grabkammer am Bärenfels erkunden und in einen finsteren Bunker hineinkriechen.

Den markanten Brotfelsen bestaunen und mit einem Sandwich vergleichen.

Unterwegs von den zahlreichen Heidelbeersträuchern naschen, die den Weg hinauf zur Burgruine säumen.

Zum Abschluss der Wanderung den großen, neugestalteten Spielplatz neben dem Parkplatz mit Trampolin, Seilbahn, Schaukel, Klettermöglichkeiten und Wipptieren erobern.

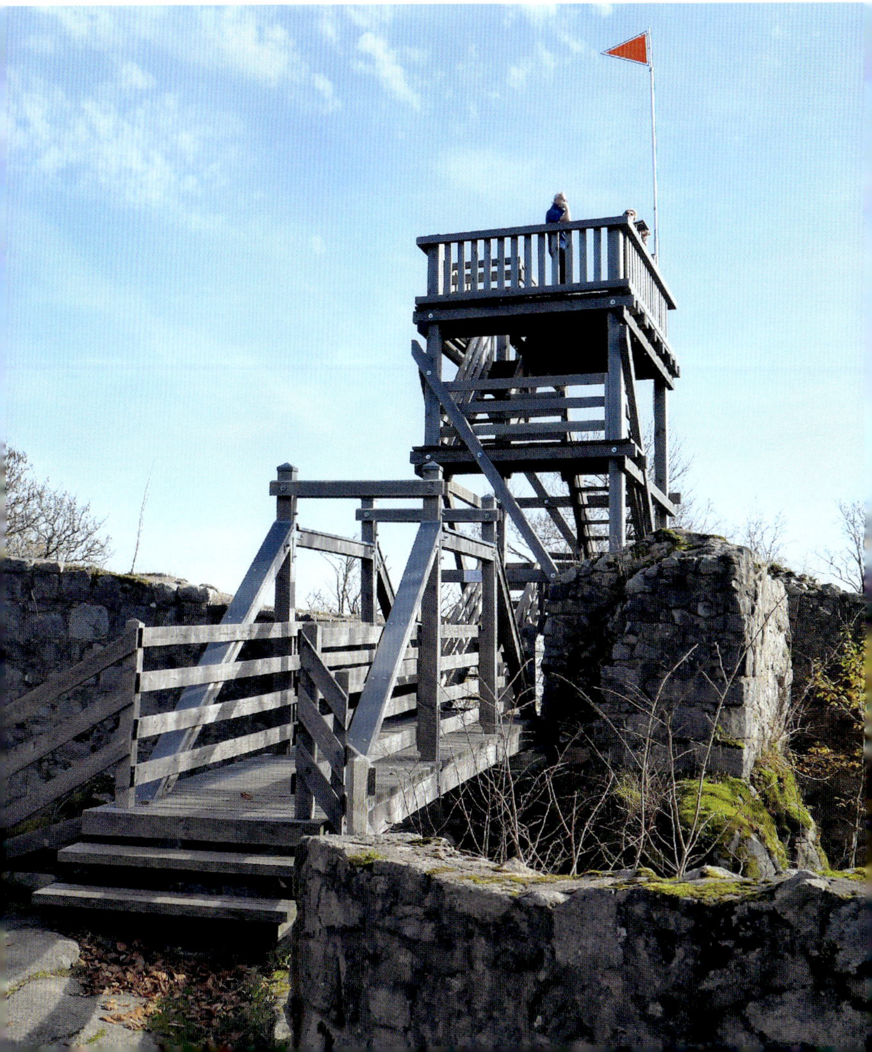

20 Naturerlebnispfad »Lust«

IN WAIDHAUS

1.30 STUNDEN

2,9 KILOMETER

↗ 100 HÖHENMETER

↘ 100 HÖHENMETER

LEICHT – ab 4 Jahren

Mit Schragerl und Butzlkouh auf Entdeckungsreise: Bei der Ortschaft Waidhaus, die an der deutsch-tschechischen Grenze liegt, findet sich der abwechslungsreiche, zweisprachig ausgeschilderte Naturerlebnispfad »Lust«. Deutsche und tschechische Kinder kommen sich bei einer der vielen Spielstationen schnell näher. Spielen, entdecken, bewegen und staunen stehen hier an erster Stelle. Das Maskottchen Butzlkouh und die Waidhauser Schragerln begleiten die Kinder dabei. Ein natürlich entstandener Hohlweg spendet währenddessen angenehmen Schatten. Wer dennoch nach der Wanderung Abkühlung sucht, der legt einen Badestopp im Erlebnisbad der Freizeitanlage Bäckeröd (siehe Freizeittipp B7) ein.

Ausgangspunkt: Parkplatz an der Freizeitanlage Bäckeröd, 516 m (Navi: Frankenreuther Str. 15, 92726 Waidhaus). Anfahrt: Von der A6, Ausfahrt Waidhaus, weiter in Richtung Waidhaus. Im Ortszentrum links auf den Marktplatz einbiegen und diesen am hinteren Ende links in die Frankenreuther Straße verlassen. Deren Verlauf folgend bis zum Parkplatz an der Freizeitanlage Bäckeröd.
ÖPNV: Haltestelle Waidhaus-Bahnhof der NWN-Linie 6291 (1 km Fußweg zum Ausgangspunkt).
Ausrüstung: Feste Sportschuhe, Sonnenschutz. Eventuell Badesachen zum anschließenden Besuch des Freibades in der Freizeitanlage Bäckeröd.
Anforderungen: Schattiger, wurzeldurchsetzter Hohlweg, der gemächlich ansteigt. Rückweg über sonnige, bequeme Feldwege.
Einkehr: Kiosk mit Biergarten in der Freizeitanlage Bäckeröd, während der Badesaison geöffnet. Kostenloser Zutritt bei Besuch des Biergartens. Diverse Gaststätten in Waidhaus.
Kurzvariante: Vom Parkplatz auf dem Erlebnispfad bis zur Station Pilzbestimmung und auf demselben Weg wieder zurück (2,1 km, 1.10 Std., ab 3 Jahren).

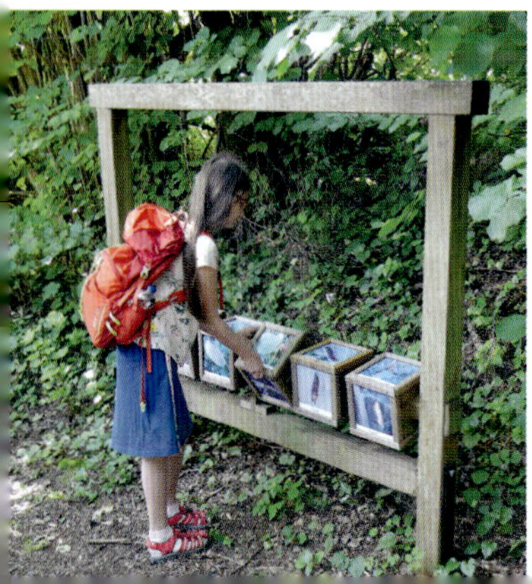

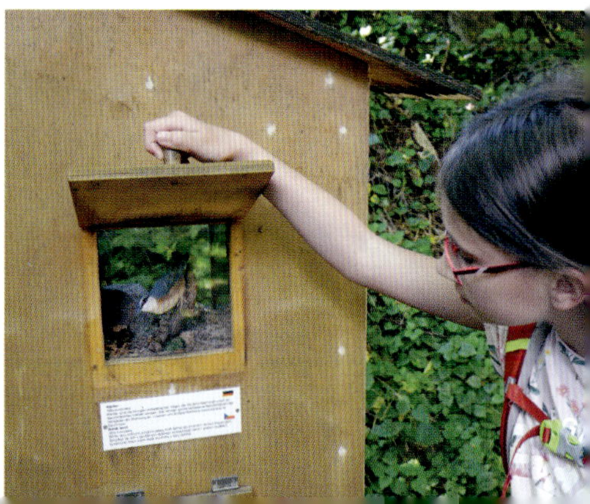

Drehen, öffnen und entdecken.

Hallo Kinder!

Man erzählt sich, dass in den Wäldern im Naturwaldreservat des Sulzberges die frechen **Waidhauser Schragerln** leben. Die kleinen Kobolde hausen in Erdhöhlen, die mit steinernen Türen verschlossen sind und in die lange Gänge hineinführen. In den Höhlen lagern sie Schätze, wie zum Beispiel Edelsteine, Eisen, Gold und Silber, die sie in der Gegend gefunden haben. Hin und wieder zeigen sie ihre Schätze angeblich braven Kindern, die im Wald spazieren gehen. Aber passt gut auf, denn manchmal erlauben sie sich wohl auch einen Scherz und stibitzen Süßigkeiten. Aber keine Sorge, die Schragerl sind liebenswerte Kobolde. Und man sagt, wer sie trifft, hat ein Jahr lang ganz besonders viel Glück.

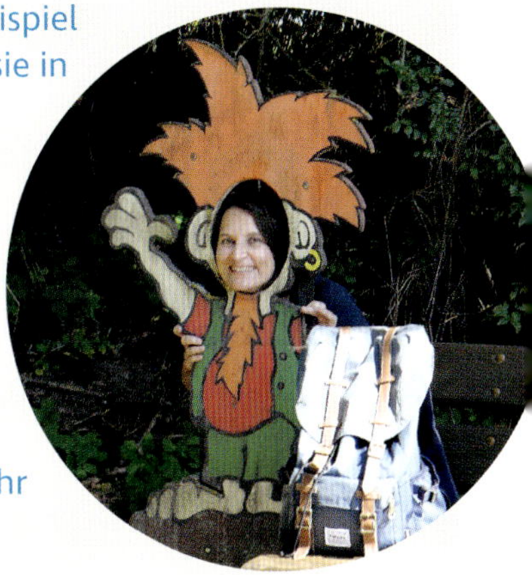

LOS GEHT'S Am Ende des **Parkplatzes** ❶ vor der **Freizeitanlage Bäckeröd** biegen wir links mit der Markierung »Gelb-Rot-Gelb« in den Naturerlebnispfad »Lust« ein. Hier empfangen uns gleich die beiden drolligen Maskottchen des Wanderweges, Schragerl und Butzlkouh. Weiter geht es auf Entdeckungsreise, leicht ansteigend durch einen Schatten spendenden Naturhohlweg. Dicht hintereinander folgen die Erlebnisstationen, wie das Xylophon, mehrere Infotafeln über Obstgehölze, Kletter- und Balanciermöglichkeiten, eine herrliche Tierfotogalerie und aufklappbare Vogelhäuschen, bevor wir schon bald das **Aussichtplateau** ❷ erreichen. Der Erlebnispfad steigt weiterhin etwas an. Vorbei am Schalltrichter, mit dem wir die Laute der

★Highlights

Der Erlebnispfad mit vielen Aktiv-Stationen lädt Kinder aus Deutschland und Tschechien zum Miteinander-Spielen ein.

Auf halbem Wege die Aussicht auf die Bergspitzen des Böhmerwaldes genießen.

In der Freizeitanlage Bäckeröd den Tag ausklingen lassen. Hier gibt es ein Freibad mit Kinderbecken, großer Wasserrutsche, Kiosk, Biergarten, Klettergarten, Kletterpyramide, Grillpavillon, Bolzplatz und Beachvolleyballfeld.

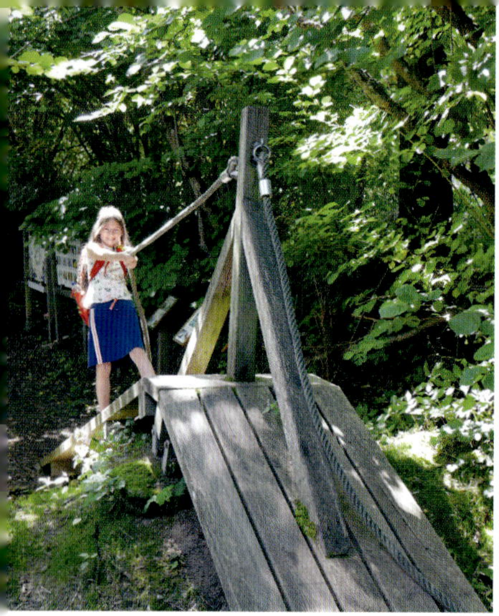

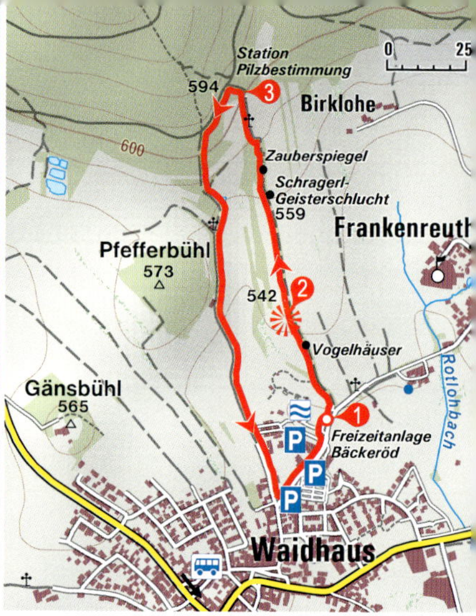

Mitmachen ist hier Programm!

Umgebung einfangen, und Infotafeln über den Wald, erreichen wir den Eingang zur **Schragerl-Geisterschlucht**. Hier halten wir uns rechts und stoßen auf mehrere Zauberspiegel und klapperige Holzgeister. Am Ende der Schlucht, kurz vor einem geschnitzten Greifvogel, steigen wir links ein paar Stufen hinauf und wenden uns anschließend nach rechts. Schon bald treten wir aus dem Wald heraus und wandern links am Waldrand entlang. Nach den Infotafeln zum Lebensraum Wald überqueren wir eine Wiese und tauchen an der Station **Pilzbestimmung** ③ wieder in den Wald ein. Hier endet der Naturerlebnispfad »Lust«. An der nächsten T-Kreuzung halten wir uns links, bevor wir an der folgenden Kreuzung die Markierung »Gelb-Rot-Gelb« verlassen und links mit der Markierung »rot-weiße Dreiecke« unseren Rückweg durch den Buchenwald antreten. Leicht absteigend geht der Waldweg etwas später in einen Landwirtschaftsweg über. Wir genießen die Blicke auf Waidhaus und die umliegenden Berge im Grenzgebiet zu Tschechien. Bald erreichen wir den Ortsanfang, wo es zuerst auf dem geteerten Sulzbergweg, dann links weiter auf der Frankenreuther Straße zurück zum **Parkplatz** ① geht.

Kinder, packt die Badesachen ein! Nach dem Erlebnisweg wartet noch die Wasserrutsche im Freibad auf euch.

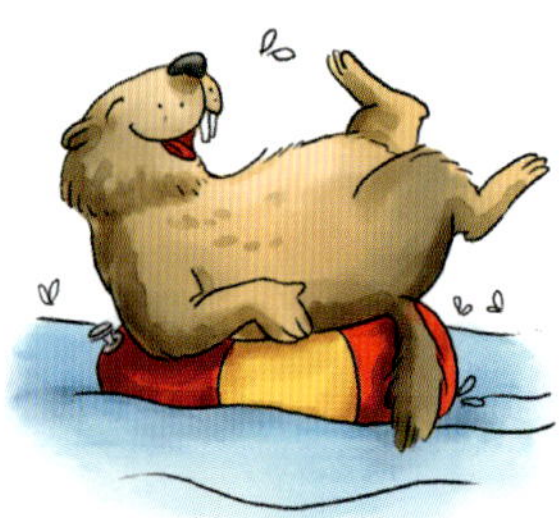

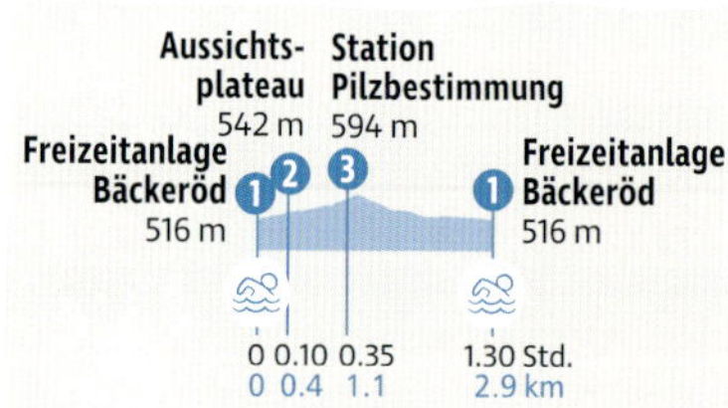

Naturwaldreservat Stückberg

21

WILDPARK UND AUSSICHTSTURM BEI ESLARN

Zum Waldspielplatz neben dem Wildpark: Der circa drei Hektar große, kostenlose Wildpark Stückberg bei Eslarn und der dazugehörige Waldspielplatz werden gerne von Familien besucht. Der kleine Rundgang um das Gehege mit vielen Mitmachstationen, wie Barfußpfad, Baumxylophon und Sprachrohr, ist bereits für die Allerjüngsten gut geeignet. Hier beobachten wir das Rotwild oder gucken den Wildschweinen beim Suhlen zu. Für die größeren Kids geht es hinauf zum Gipfel des 809 Meter hohen Stückbergs, wo uns der 34 Meter hohe Aussichtsturm mit einem rundum begehbaren Außenbalkon erwartet. Den Blick ins Fichtelgebirge, in den Oberpfälzer und den Bayerischen Wald sowie in den Böhmerwald im Nachbarland Tschechien wird man so schnell nicht vergessen.

2.30 STUNDEN

4,8 KILOMETER

↗ 170 HÖHENMETER

↘ 170 HÖHENMETER

ab 4 Jahren LEICHT

Ausgangspunkt: Parkplatz am Wildpark Eslarn, 645 m (GPS: N49.54642 E12.54000). Anfahrt: Von der A6, Ausfahrt Waidhaus, auf der St2154 nach Süden durch Eslarn und noch weitere 4 km in Richtung Schönsee bis zum ausgeschilderten Parkplatz auf der linken Straßenseite.
Ausrüstung: Festes, geschlossenes Schuhwerk wird empfohlen. Fernglas, Proviant für unterwegs.
Anforderungen: Stetiger Anstieg, meist auf breiten Forstwegen. Durchgängig gut markierter Wanderweg Nr. 24. Größtenteils schattig.
Einkehr: Keine unterwegs.
Variante: Vom Parkplatz aus betreten wir den Wildpark, durchqueren mit dem Wanderweg Nr. 24 den Waldspielplatz und umrunden das Rot- und Schwarzwildgehege. Dabei treffen wir auf mehrere Spielstationen. An einer T-Kreuzung verlässt uns der Weg Nr. 24 nach links, wir aber wandern mit Wanderweg Nr. 4 in Richtung Stückberg, bis wir an der Straße den Parkplatz wieder erreichen (Rundweg ca. 1 km, 0.30 Std., ab 2 Jahren).
Tipp: Kostenloser Besuch des Vogelparks im Bürgermeister-Karl-Roth-Kurpark mitten in Eslarn (Spielplatz, Naturlehrpfad, kinderwagentauglich); Brennerstraße 2, 92693 Eslarn.

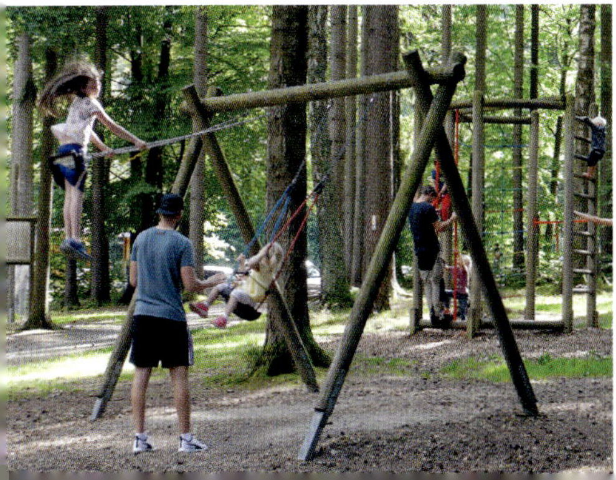

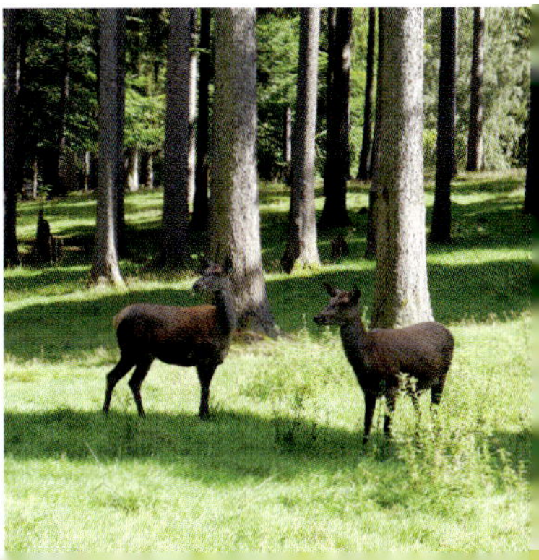

Beim Schaukeln Wildtiere beobachten.

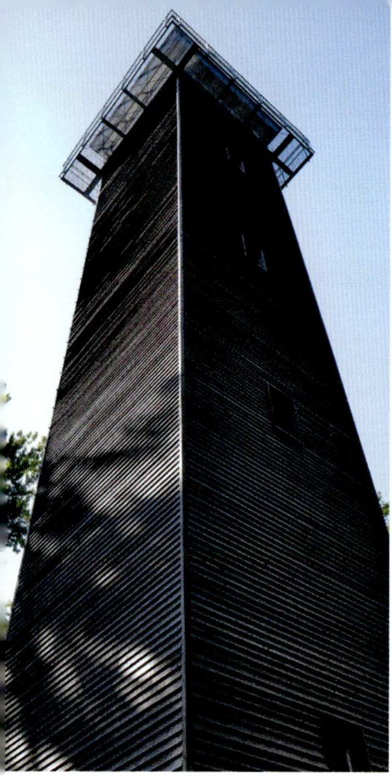

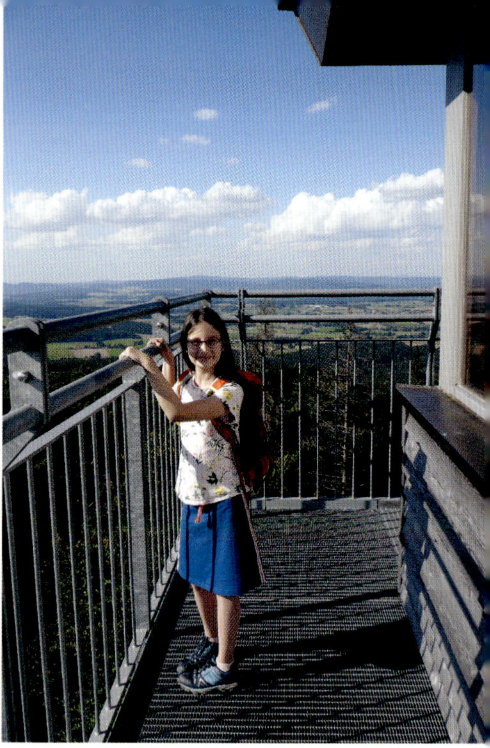

Im Inneren des Turms befindet sich ein Gipfelbuch.

LOS GEHT'S Bevor wir vom **Parkplatz 1** den anstrengenden Weg hinauf zum Aussichtsturm antreten, können wir erst noch dem **Wildpark Eslarn** mit seinem großen Waldspielplatz einen Besuch abstatten. Beim Verlassen des Wildparks wenden wir uns nach rechts (Richtung Eslarn) und überqueren mit dem Wanderweg Nr. 24 (Wegweiser zum Aussichtsturm) die Staatsstraße. Auf einem breiten Forstweg geht es aufwärts. Bei der T-Kreuzung halten wir uns mit der Markierung links und überqueren wenig später die Magerwiese am ehemaligen Skihang. Der Forstweg steigt stetig bis zum oberen Ende

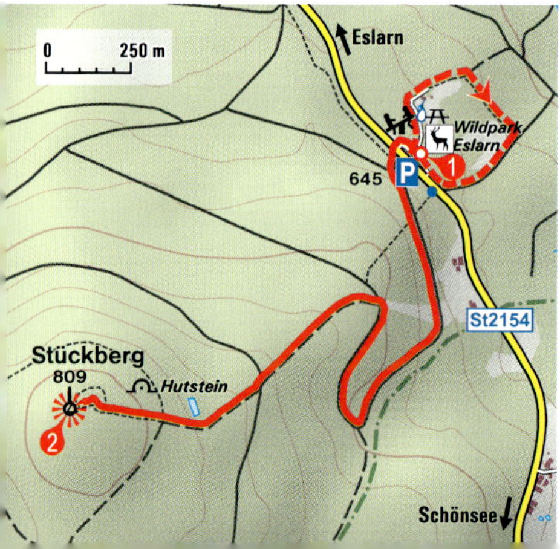

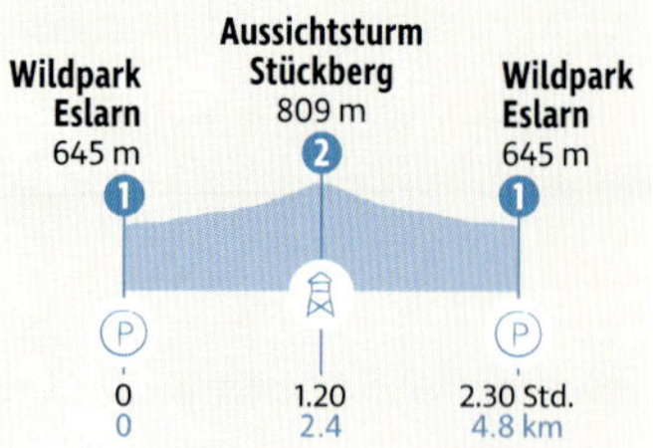

Hallo Kinder!

Heute besuchen wir einen richtigen **Urwald**! Seit dem Jahr 1978, also seit bald 50 Jahren, werden 46 Hektar im **Naturreservat Stückberg** nicht mehr bewirtschaftet und der Wald wird sich selbst überlassen. Umgefallene oder abgestorbene Bäume werden nicht mehr aus dem Wald entfernt, sondern liegen gelassen. **Die toten Baumstämme werden zu Orten voller Leben**. Moose, Flechten, Pilze und Algen besiedeln das Totholz und zersetzen es nach und nach. Auch viele Insekten, Schnecken, Vögel, Fledermäuse, Igel und Eidechsen finden dort Nahrung und Schutz. Die abgestorbenen Teile des Baumes führen dem Waldboden Nährstoffe zu, sodass neue Pflanzen wachsen können.

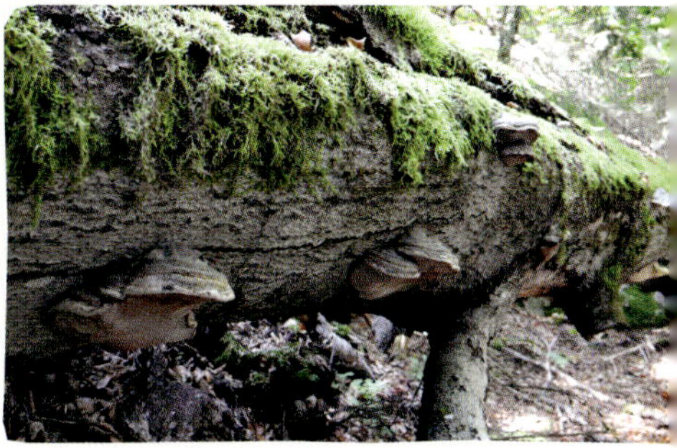

des Skihangs an. Dort biegen wir mit der Markierung links auf einen Wiesenpfad ab, der später in einen Waldpfad übergeht. Das letzte Stück zum **Stückberg** geht es noch etwas steiler bergauf, bevor wir den **Aussichtsturm** **2** und den danebenliegenden Picknickplatz erreichen. Über 144 Stufen erklimmen wir dann noch die Aussichtsplattform, von der sich bei guter Sicht ein phänomenaler Ausblick ins benachbarte Tschechien, zum Fichtelgebirge und in den Oberpfälzer Wald bietet. Danach geht es nur noch bergab auf demselben Weg zurück zum **Parkplatz** **1**.

Hallo Tierfreunde, im nahen Vogelpark Eslarn könnt ihr einheimische und exotische Vögel kennenlernen (s. Freizeittipp A5).

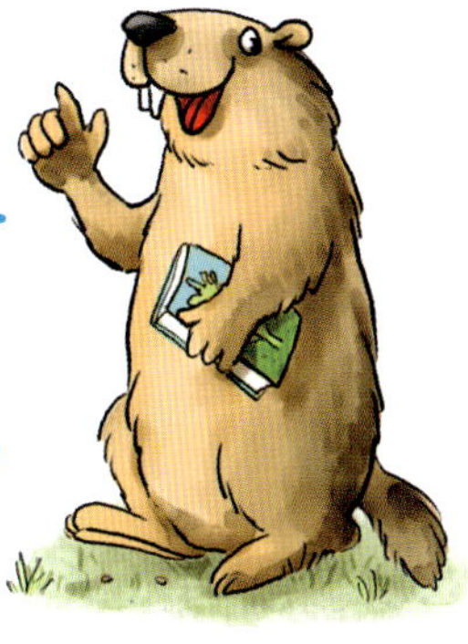

★Highlights

Tierische Begegnungen mit Wildschweinen und Hirschen im Wildpark.

Vor und nach der Wanderung spielen und toben auf dem großen Waldspielplatz mit Schaukel, Wippe, Tunnel, Rutsch- und Klettermöglichkeiten.

Den Aussichtsturm auf dem Stückberg erklimmen und den uneingeschränkten Rundblick genießen.

22 Steinbergrundweg

ÜBER BREITENSTEIN ZUM FELSENLABYRINTH AM STEINBERG

2.30 STUNDEN

5,2 KILOMETER

↗ 210 HÖHENMETER

↘ 210 HÖHENMETER

MITTEL – ab 5 Jahren

Felsblöcke und Badevergnügen: Wunderschön eingebettet in eine reizvolle Mittelgebirgslandschaft, liegt in einer Talsenke der Markt Königstein. Demzufolge ist dieser Ort ein beliebter Ausgangspunkt für viele Wanderungen. Wir begeben uns heute auf eine anstrengende, aber auch lohnende Tour hoch zum Breitenstein, der nicht nur eine schöne Rundumsicht gewährt, sondern auch Standort einer außergewöhnlichen, doppelstöckigen Burgkapelle ist. Der beschwerliche Teil der Strecke ist damit schon geschafft und wir begeben uns anschließend in die grandiose Karstlandschaft am Steinberg. Dort erwarten uns skurrile Felsen und Höhlen, die zum Klettern, Verstecken oder einfach nur zum Bestaunen einladen.

Ausgangspunkt: Parkplatz mit E-Tankstelle am Schulweg im Markt Königstein, 496 m (Navi: Schulweg 16, 92281 Königstein). Anfahrt: Von der A9, Ausfahrt Plech, Richtung Plech und über Neuhaus an der Pegnitz, vorbei an Krottensee bis nach Königstein. Dort biegen wir rechts auf den Marktplatz ein und erreichen an dessen Ende den Schulweg mit seinem Parkplatz.
ÖPNV: Haltestelle Königstein Marktplatz der VGN-Buslinien 447, 448, 457, 498 und 499.
Ausrüstung: Gut profilierte Sport- oder Wanderschuhe, Taschenlampe. Brotzeit und Getränke, da es unterwegs mehrere schöne Picknickmöglichkeiten gibt. Badesachen zum Besuch des Naturbads in Königstein.
Anforderungen: Anfangs sehr steiler Anstieg durch den Ort bis zur Kapelle am Breitenstein. Danach leichtes Auf und Ab. Innerhalb der Ortschaften Königstein und Breitenstein geteerte, meist verkehrsarme Wege. Ansonsten bequeme Feldwege oder Wanderpfade. Sowohl sonnige als auch schattige Wegabschnitte.
Einkehr: Kapellenschänke unterhalb der Breitensteinkapelle, kapellenschaenke-breitenstein.de, Tel. +49 9665 954813, Mo–Fr nur auf Reser-

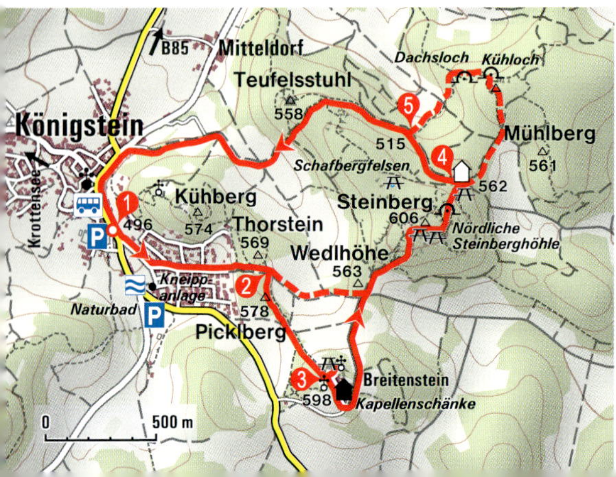

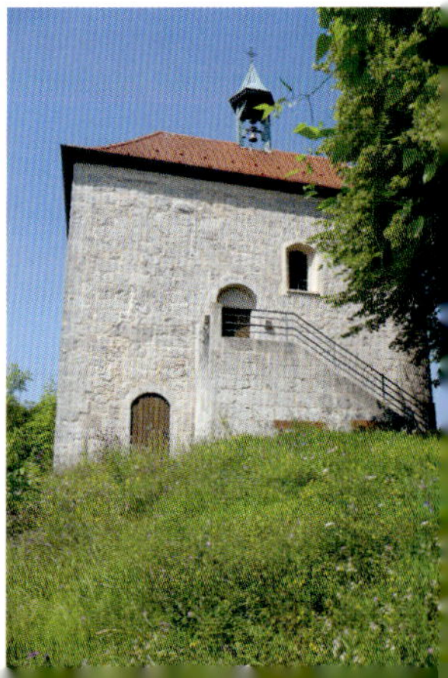

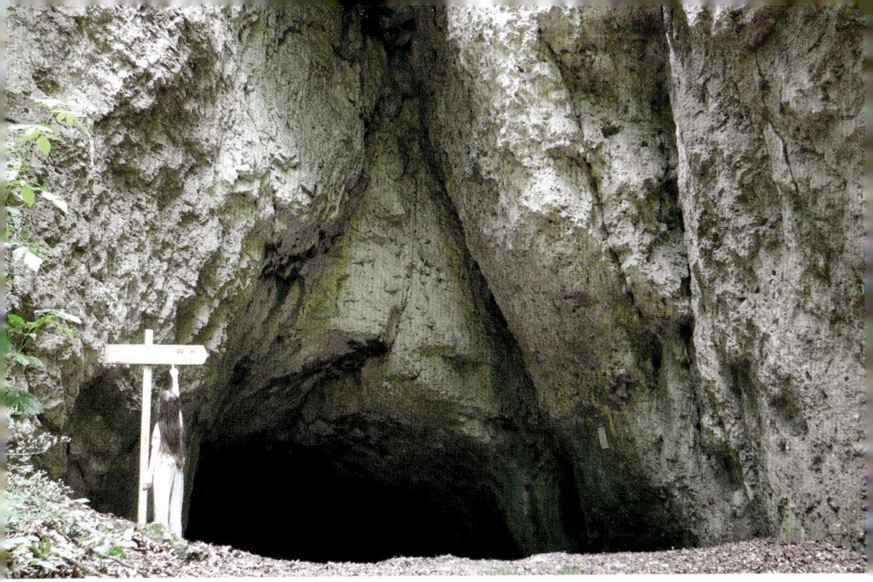

vierung, Sa ab 14.00 Uhr, So und feiertags 10.00–22.00 Uhr geöffnet. Diverse Gaststätten im Zentrum von Königstein.
Kurzvariante: Am Abzweig des Aufstiegspfades zur Breitensteinkapelle links auf dem Feldweg (Markierung »rotes Kreuz«, Richtung Pruihausen) weiter, der bald wieder auf die Hauptroute zum Steinberg trifft. Dadurch ersparen wir uns den Anstieg zur Kapelle, lassen aber auch die dortige Einkehrmöglichkeit aus (4,4 km, Gehzeit 2.00 Std., ab 5 Jahren).
Variante: Mit der Markierung Wanderweg »18« laufen wir an der Schutzhütte Richtung Kühloch geradeaus weiter. Der schmale Wanderpfad steigt zum Kühloch hin ständig an. Nach Besuch der Höhle führt uns die Markierung um den Felsen herum und bringt uns auf einem steilen, ausgesetzten Wanderpfad hinunter zur Forststraße und zur Hauptroute (zusätzlich 0,8 km, Gehzeit 20 Min., ab 8 Jahren).
Tipp: Besuch des Naturbads in Königstein (siehe Freizeittipp B9).

OBEN

Eingang zur Höhle Kühloch (s. Variante).

LINKS UNTEN

Doppelkapelle auf dem Breitenstein.

LOS GEHT'S Vom **Steinstadel** ➊, hinter dem sich unser Parkplatz befindet, gehen wir durch den Oberen Markt in Richtung Naturbad hinaus. Nach wenigen Metern biegen wir am Wanderwegweiser links in die Thorsteinstraße Richtung Steinbergrundweg »18« ein. Die Straße steigt steil an und führt uns oben auf einen Landwirtschaftsweg. Am Waldrand entlang, biegen wir wenig später mit der Markierung »18« rechts auf einen

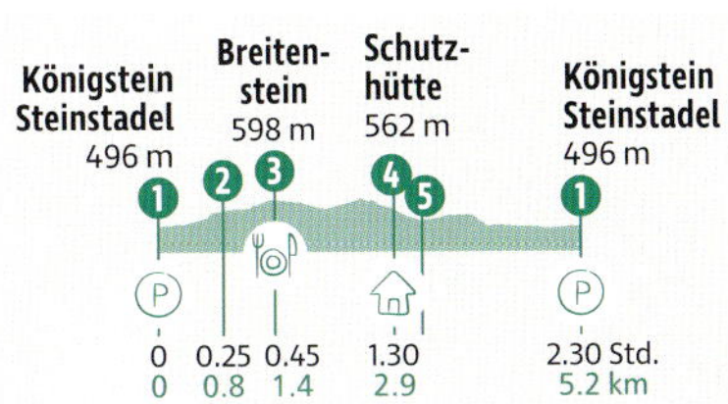

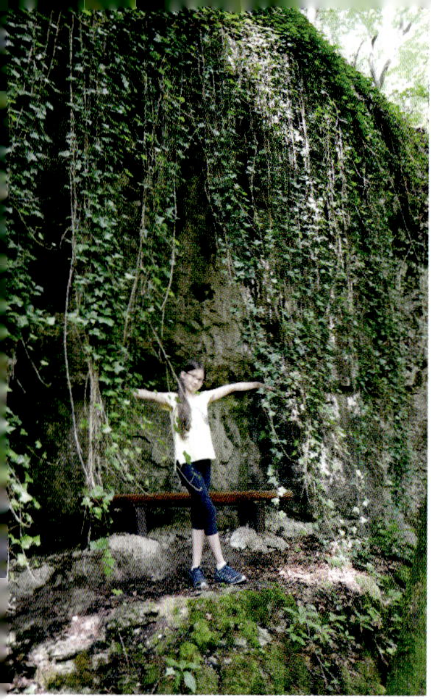

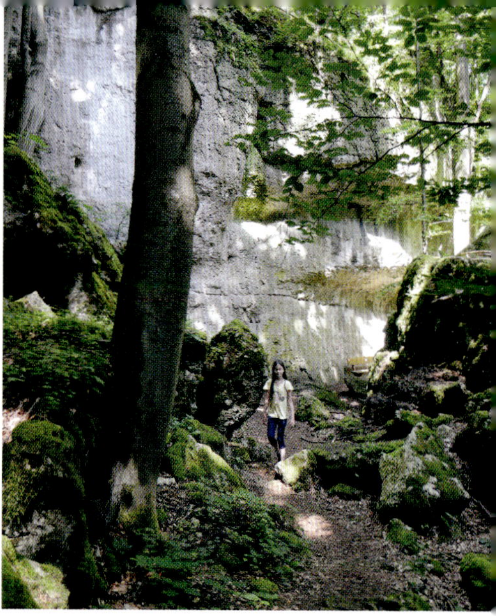

OBEN UND UNTEN

Zerklüftete Felsenlandschaften am Steinberg.

Pfad ❷ ein (geradeaus weiter verläuft die Kurzvariante). Unser Wanderpfad steigt stetig bis zur Ortschaft **Breitenstein ❸** an. Hier machen wir links einen Abstecher hinauf zur einzigen romanischen Doppelkapelle in der Oberpfalz. Außerdem haben wir von dort oben einen herrlichen Rundblick, hinüber zum Ossinger und auf die umliegende Hügellandschaft. Achtung: Das Gelände hinter der Kapelle fällt steil ab (ohne Sicherung).

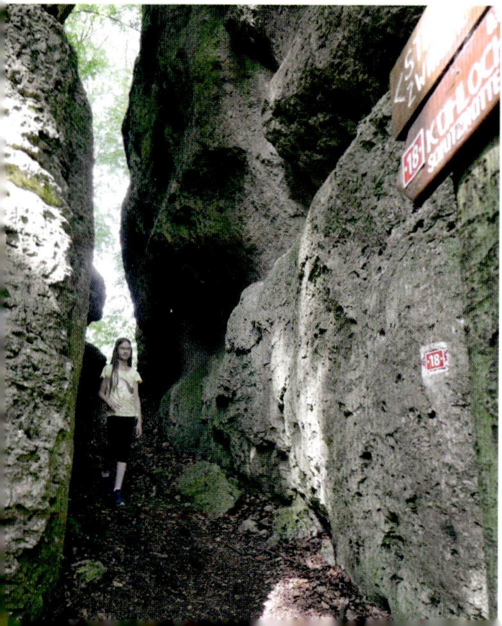

Unser markierter Wanderweg durchquert die kleine Ortschaft und bringt uns vorbei an der urigen **Kapellenschänke**. An den letzten Häusern des Ortes biegen wir mit Wanderweg »18« links in Richtung Steinberg ab. Auf einer Teerstraße wandern wir bergab zu einer Kreuzung. Wer abgekürzt hat, gesellt sich hier wieder zu uns. Mit der Markierung »18« geht es nun auf einem Landwirtschaftsweg geradeaus weiter, der uns in den Wald bringt. Wir folgen der »18« quer durch das verschlungene **Felsenlabyrinth am Steinberg**, genießen eine kurze Rast auf einem der Pick-

★Highlights

Die außergewöhnliche, zweigeschossige Doppelkapelle auf dem Breitenstein besuchen und bestaunen.

Müde Füße im kalten Wasser der Kneippanlage erfrischen.

Verstecken zwischen skurrilen Felsen und in Höhlen im Felsenlabyrinth am Steinberg.

Besichtigen und erkunden der großen Kühlochhöhle.

Eine Pause auf einem der schattigen Picknickplätze unter efeubewachsenen Felsüberhängen einlegen.

nickplätze und beobachten die waghalsigen Kletterer. Hier zwängt sich der Wanderweg zwischen zwei Felswänden hindurch, dem »Zwinger«. Ein Wanderpfad bringt uns hinab zur **Schutzhütte ④**. Mit älteren Kindern kann hier die Variante zum Kühloch anschließen (Wanderweg »18«), wir jedoch gehen ohne Markierung nach links auf breiter Forststraße weiter. Bei der nächsten Weggabelung halten wir uns rechts. Schon bald biegen der Wanderweg »18« und die Wanderer der Variante von rechts in unsere **Forststraße ⑤** ein. Vorbei am Schafbergfelsen bringt uns die Markierung »18« hinaus aus dem Wald und schließlich über einen Feldweg zurück nach **Königstein**. Dort geht es durch die Gaißacher Straße hindurch, dann links in den Unteren Markt. Wir durchqueren den Marktplatz, bis wir in der Straße Oberer Markt wieder zu unserem Ausgangspunkt am **Steinstadl ①** kommen.

Hallo Kinder!

Auf dem Breitenstein steht eine ganz besondere Kapelle – eine **Doppelkapelle**. Dabei handelt es sich um **zwei übereinanderliegende Gotteshäuser**. Die heutige Doppelkapelle war einst nur eine ganz normale Kapelle, die oberhalb eines Burgtores errichtet wurde und zu einer größeren Burganlage gehörte. Die Burg wurde während der Hussitenkriege zerstört, nur die Burgkapelle blieb in schlechtem Zustand erhalten. Im Jahr 1756 entschloss sich der Pfarrer von Königstein, die Kapelle wieder herzurichten. Dabei wurde das ehemalige Torhaus im Untergeschoss zur Behelfskapelle umgebaut und die Oberkapelle umgestaltet. Es entstand eine Doppelkapelle, die den zahlreichen Wallfahrern genug Platz bieten sollte.

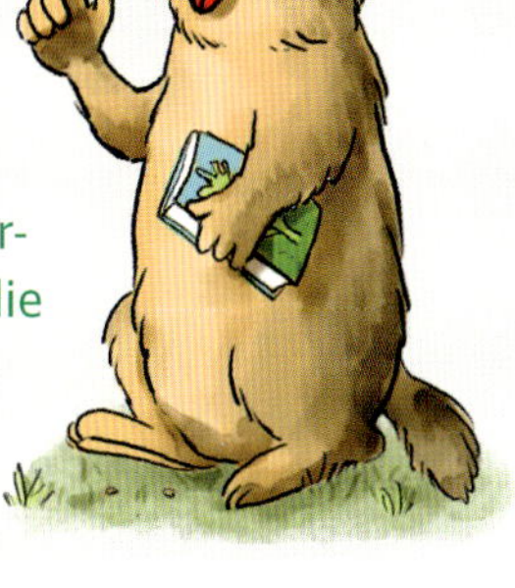

23 Felsenlabyrinth Sackdilling

IM HERRENSCHLAG

1.30 STUNDEN
3,1 KILOMETER
↗ 110 HÖHENMETER
↘ 110 HÖHENMETER
MITTEL ab 4 Jahren

Felsenlandschaft zum Kraxeln und Verstecken: Wer eine Auszeit von unserer schnelllebigen Zeit sucht, findet im Felsenlabyrinth Sackdilling in der Nähe von Auerbach eine märchenhafte, stille Oase. Während des Erdzeitalters Jura befand sich hier ein Flachmeer mit Riffen. Als sich das Meer zurückzog, wurden die Rifffelsen durch Verwitterungseinflüsse geformt und es entstanden die fabelhaften, skurrilen Felsengebilde und die leicht zugänglichen Höhlen des Felsenlabyrinths. Der leicht begehbare Rundwanderweg »Felsentour« ist geradezu ideal für eine Wanderung mit Kindern. An diesem magischen Ort verlieren wir schnell Raum und Zeit und es macht viel Spaß, sich hinter Felsen zu verstecken, auf Felsbrocken zu steigen oder die dunklen Höhlen zu erforschen.

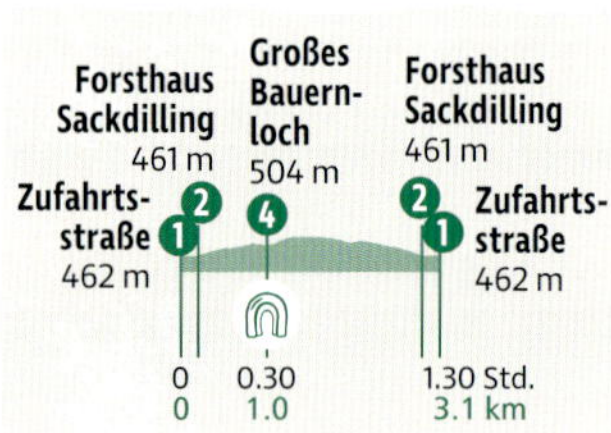

Ausgangspunkt: Beim ehemaligen Forsthaus Sackdilling, 462 m (Navi: Sackdilling 1, 91275 Auerbach in der Oberpfalz). Keine Parkmöglichkeit im Weiler Sackdilling (Privatgelände), Parkmöglichkeiten entlang des Zufahrtsweges von der B85. Anfahrt: Von der A9, Ausfahrt Pegnitz, auf der B470 in Richtung Auerbach in der Oberpfalz. Dort geradewegs noch ca. 8 km weiter auf der B85, bis wir mitten im Wald links in den einsam gelegenen Weiler Sackdilling einbiegen.

Ausrüstung: Gut profilierte Sport- oder Wanderschuhe. Gut leuchtende Taschenlampen oder Stirnlampen zum Erkunden der Höhlen. Brotzeit und Getränke, da es unterwegs keine Einkehrmöglichkeiten gibt.

Anforderungen: Trittsicherheit erforderlich. Unsichere Kinder müssen an steil abfallenden Stellen an die

Vergesst nicht, eure Taschen- oder Stirnlampen mitzunehmen!

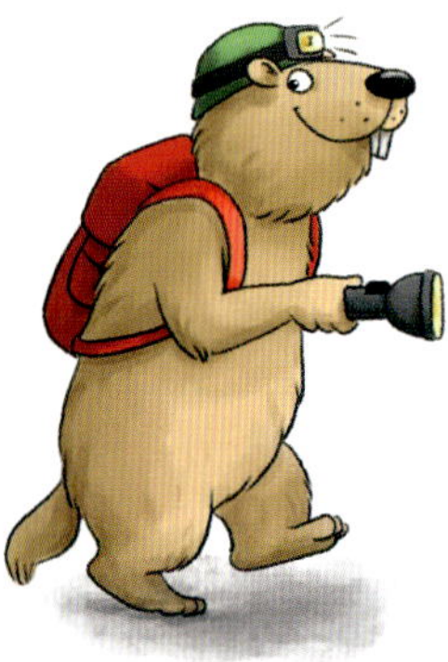

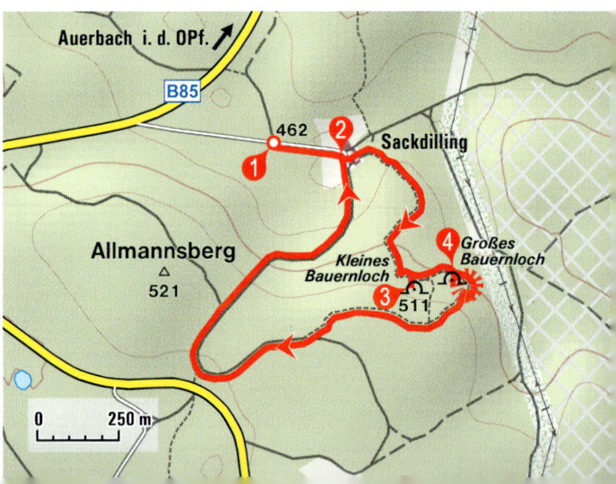

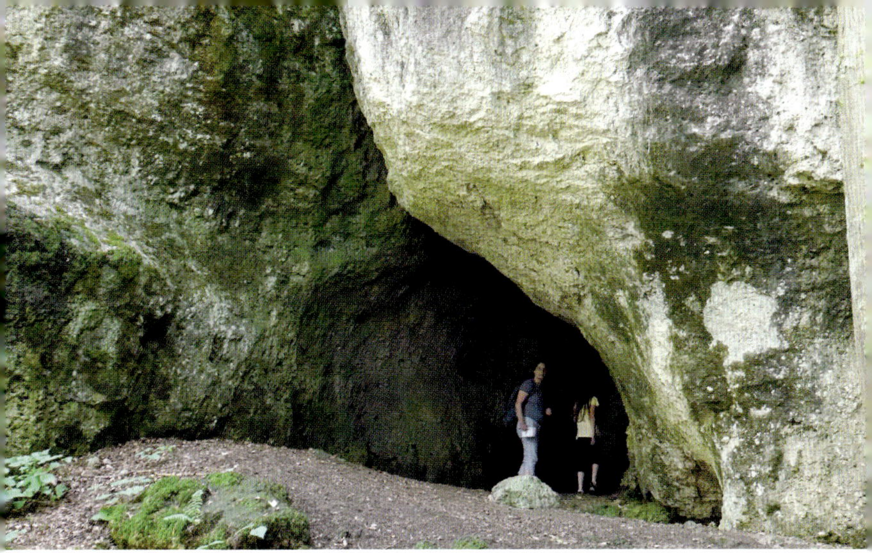

Hand genommen werden. Die Wanderung führt über Waldpfade und Forststraßen. Großteils schattige Wanderung.
Einkehr: Unterwegs keine.
Tipp: Besuch der Maximiliansgrotte bei Krottensee, maxi.grottenhof.de (s. »Hallo Kinder« und Freizeittipp F1). Naturbad im nahen Königstein, marktwerke-koenigstein.de.

Der Eingang zum Kleinen Bauernloch.

Hallo Kinder!

Seid ihr auch Höhlenfans? Im Anschluss an die Wanderung könnt ihr die nahe gelegene **Schauhöhle Maximiliansgrotte** besuchen. Bei der rund halbstündigen Führung durch das auf mehreren Etagen verzweigte Gangsystem mit Hallen und Grotten lässt sich auch **Deutschlands größter Tropfstein**, der **»Eisberg«**, bewundern. Die Höhle kann von April bis Oktober im Rahmen einer Führung besichtigt werden. Zieht euch warm an, denn dort unten beträgt die Temperatur nur etwa 8 Grad Celsius. Übrigens reift in der Höhle auch leckerer **Grottenkäse**, den ihr im benachbarten Gasthof Grottenhof probieren könnt.

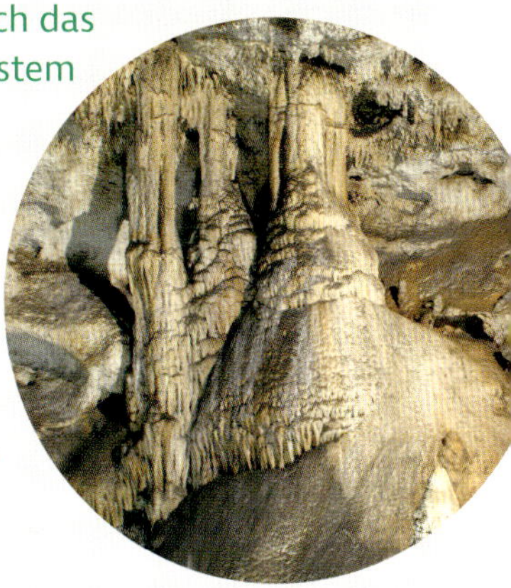

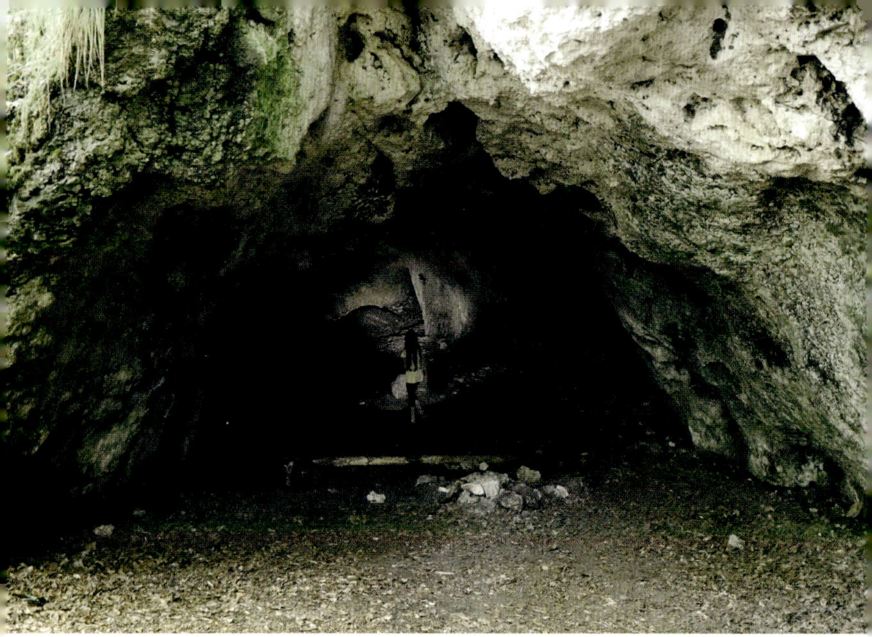

Mit einer Taschenlampe kann das Große Bauernloch erforscht werden.

LOS GEHT'S Von der **Parkbucht ❶** an der Zufahrtsstraße gehen wir bis zum ehemaligen **Forsthaus Sackdilling ❷**. Im Rechtsbogen durchwandern wir das Anwesen und biegen vor einer Scheune links ab. Ab hier begleitet uns der gut markierte Rundweg »Felsentour«. Ein schmaler Pfad schlängelt sich vorbei an herrlichen Rifffelsen und Felsblöcken. Schon bald darauf erreichen wir das **Kleine Bauernloch ❸**. Der bequem zu erkundende Eingang verschmälert sich im Inneren der Höhle zu einer engen Felsspalte, an der wir umkehren.

Zurück am Wanderweg geht es weiter durch das Felsenlabyrinth und im Nu gelangen wir zum **Großen Bauernloch ❹**, mit seinem ca. 50 m langen, gut zu erkundenden Höhlengang.

Über Steinstufen steigt der Pfad anschließend etwas an und wir erreichen einen kleinen Aussichtspunkt (Achtung, schlecht gesichert!). Der Wanderpfad verläuft jetzt im leichten Auf und Ab den Bergrücken entlang. Wir stoßen auf eine Forststraße und halten uns hier rechts. Die Straße verläuft in einem Rechtsbogen und fällt dann beständig leicht ab. Kurz vor dem **Forsthaus Sackdilling ❷** geht sie in eine Teerstraße über. Entlang der Zufahrtsstraße erreichen wir wieder unsere **Parkbucht ❶**.

★Highlights

Auf eigene Faust, mit Taschen- oder Stirnlampe ausgerüstet, bequem das Kleine und Große Bauernloch erkunden.

Verstecken und kraxeln im Felsenlabyrinth mit seinen riesigen Felsklötzen und Rifffelsen.

Auf verwunschenen, schattigen Pfaden zwischen moosbedeckten Dolomitfelsen wandern.

Höhlentour zur Geiskirche

24

KARSTGEBIET RUND UM NEUKIRCHEN

2.30 STUNDEN

4,1 KILOMETER

↗160 HÖHENMETER

↘160 HÖHENMETER

ab 6 Jahren MITTEL

Einblick in die Unterwelt: Bauen Ihre Kinder aus Decken und Kissen tolle Höhlen und verkriechen sich dort gerne? Dann schicken wir Ihre Kleinen und Sie in ein richtiges, fantastisches Höhlenabenteuer. In der Nähe von Trondorf befinden sich zahlreiche kleine und große Höhlen, Halbhöhlen und Grotten, die wir auf eigene Faust entdecken können. In einige der Höhlen gelangt man nur auf allen Vieren, wozu strapazierfähige Hosen und gut leuchtende Taschen- oder Stirnlampen von Vorteil sind. Ganz alleine sind wir dort drinnen aber nicht, denn so manche große Höhlenspinne hat dort ihre Heimat gefunden. Wem das zu gruselig ist und wer nichts mit Höhlen anfangen kann, dem wird es dennoch auf der Tour nicht langweilig. Viele schöne Aussichtspunkte können erklommen werden und wuchtige, skurrile Felsformationen überraschen uns auf dieser Runde.

Ausgangspunkt: Parkplatz an der Zufahrt zur Osterhöhle, 487 m (Navi: Trondorf, 92259 Neukirchen bei Sulzbach-Rosenberg). Anfahrt: Von der B14 aus Richtung Weigendorf bzw. Sulzbach-Rosenberg kommend auf etwa halber Strecke nach Trondorf abbiegen (Wegweiser). Ca. 200 m nach dem Ortsende scharf rechts zur Osterhöhle abbiegen.

Ausrüstung: Gut profilierte Wanderschuhe, evtl. wärmere Kleidung und stark leuchtende Taschen- oder Stirnlampen zur Höhlenerkundung.

Anforderungen: Am Hinweg stetiges Auf und Ab auf schmalen Wanderpfaden, der Rückweg verläuft auf breiten Wald- und Wiesenwegen. Sowohl schattige als auch sonnige Abschnitte. Nur bei trockener Witterung gefahrlos zu begehen (Rutschgefahr wegen Laub).

Einkehr: Unterwegs keine. Gaststätte an der Osterhöhle mit Biergarten, osterhoehle.net, Tel. +49 9663 2009747, Sa 11.00–21.00 Uhr, So und feiertags 11.00–19.00 Uhr von Karfreitag bis Ende Oktober geöffnet.

Variante: Am Schilderbaum rechts auf Feldweg mit der Markierung »3« Richtung Neukirchen (Wegweiser) zur schon sichtbaren Ortschaft Peilstein. Vor der Eisenbahnbrücke ist links mit Wanderweg »6« ein kurzer Abstecher zum Aussichtsfelsen Kuhfels möglich. Von diesem haben wir einen schönen Blick auf die Ortschaft und die Umgebung.

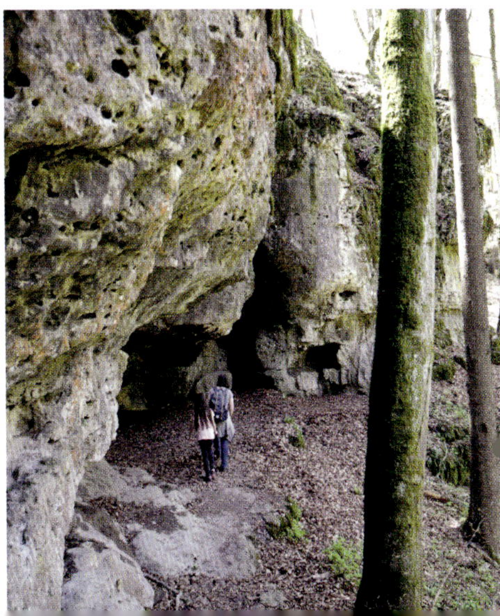

Unzählige Karstlöcher in den Rifffelsen.

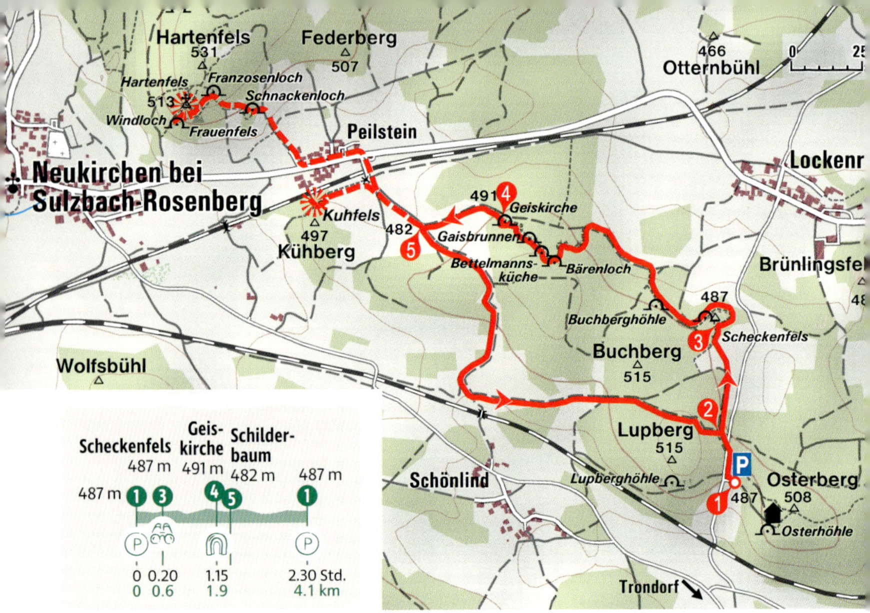

Zurück an der Brücke überqueren wir diese und laufen durch die Ortschaft hindurch. Am Ortsende biegen wir rechts Richtung Franzosenloch/Windloch ein. Gleich am Waldrand weist uns die Markierung »3« links in einen schmalen Pfad Richtung Franzosenloch. Unterhalb der Höhle Schnackenloch vorbei steigt der Pfad wenig später nochmals sehr steil an zum Franzosenloch. Durch ein kleines Felsenloch kann man hineinkriechen. Am Hang entlang mit der Markierung »3« vorbei am Felsenturm Frauenfels. Etwas später ergibt sich ein Abstecher hinunter zum Windloch (Achtung, nicht betreten, Absturzgefahr!). Zurück am Wanderweg »3« geht es gleich darauf mit der Markierung »blaue 2« rechts steil hinauf zum Felssockel des Hartenfels. Nur trittsichere Kinder ab 10 Jahren sollten den Aufstieg zum Gipfelkreuz wagen. Dazu wenden wir uns am Felssockel nach rechts und steigen auf schmalem, ausgesetztem Pfad entlang der Felswand hinauf. Schon bald erreichen wir ein paar steinerne Trittstufen, die uns zum Gipfel bringen. Nach ausgiebiger Rast steigen wir die steilen Trittstufen hinab und wandern auf dem Hinweg wieder zurück zur Ortschaft Peilstein und zum Schilderbaum (3,1 km und 1.50 Std. zusätzlich, ab 8 Jahren).

Vom Herbst bis in den Frühling halten viele Fledermäuse in der Osterhöhle ihren Winterschlaf. Deshalb könnt ihr diese Schauhöhle nur von Karfreitag bis Ende Oktober besuchen.

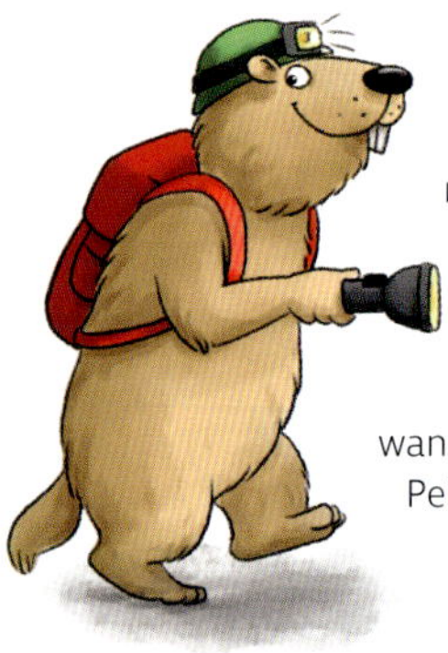

Tipp: Besuch der Osterhöhle im Rahmen einer Führung (s. Freizeittipp F2).

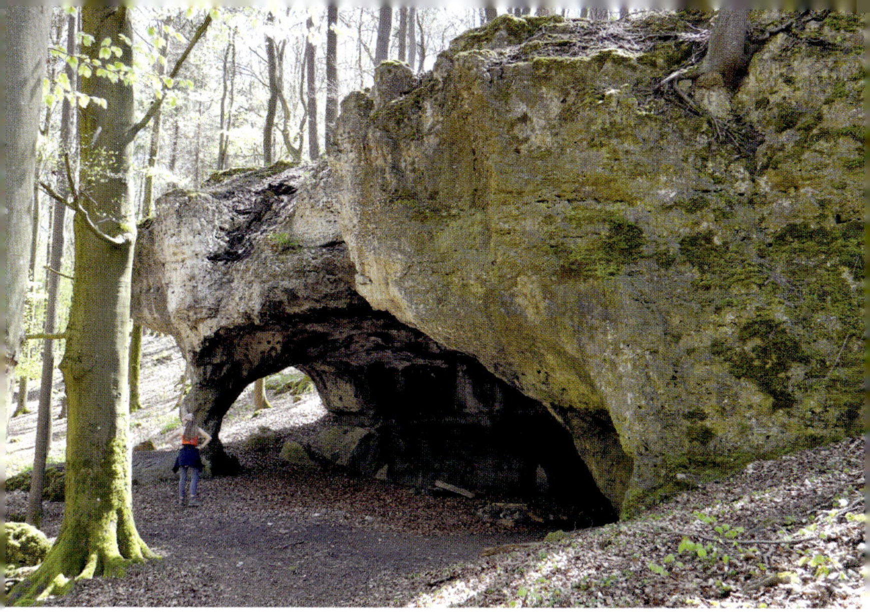

LOS GEHT'S Vom **Parkplatz ❶** gehen wir zurück zur Straße und wandern rechts mit der Markierung »roter Querstrich« ein Stück hinauf, bis links der schmale Wanderweg mit der Markierung »3« abbiegt. Diese begleitet uns nun durchgängig bis kurz vor die Ortschaft Peilstein. An der nächsten **Kreuzung ❷** halten wir uns geradeaus in Richtung Peilsteiner Geißkirche/Neukirchen b. SR. Schon bald biegen wir rechts ab (Wegweiser »Felsen- und Höhlensteig Richtung Peilstein«) und erklimmen stetig ansteigend den ersten kleinen Aussichtsfelsen, den **Scheckenfels ❸**. Über einen kleinen Pfad geht es dann wieder bergab (unsichere Kinder sollten hier an die Hand genommen werden) und entlang hübscher, vermooster Felsformationen (Schwammriff) an der Buchberghöhle vorbei. Später biegen wir links Richtung Felsen-

Für die Erkundung der Geiskirche braucht man keine Taschenlampe.

★Highlights

Die Geiskirche, eine sehr große, mehrseitig offene Höhlenhalle, kann einfach betreten werden.

Am beeindruckenden Felsensteig warten kleine und große Höhlen und Halbhöhlen, wie Bärenloch, Bettelmannsküche und Gaisbrunnen.

Während einer kleinen Pause zwischendurch das Franzosenloch durch seine verschiedenen Eingänge erkunden (siehe Variante).

Bei der Variante erklimmen Mutige den 531 m hohen Hartenfels mit Gipfelrastplatz und guter Fernsicht.

Nach der Wanderung im Rahmen einer Führung mit Taschenlampe und Helm ausgestattet die nahe gelegene Osterhöhle besuchen (s. Freizeittipp F2).

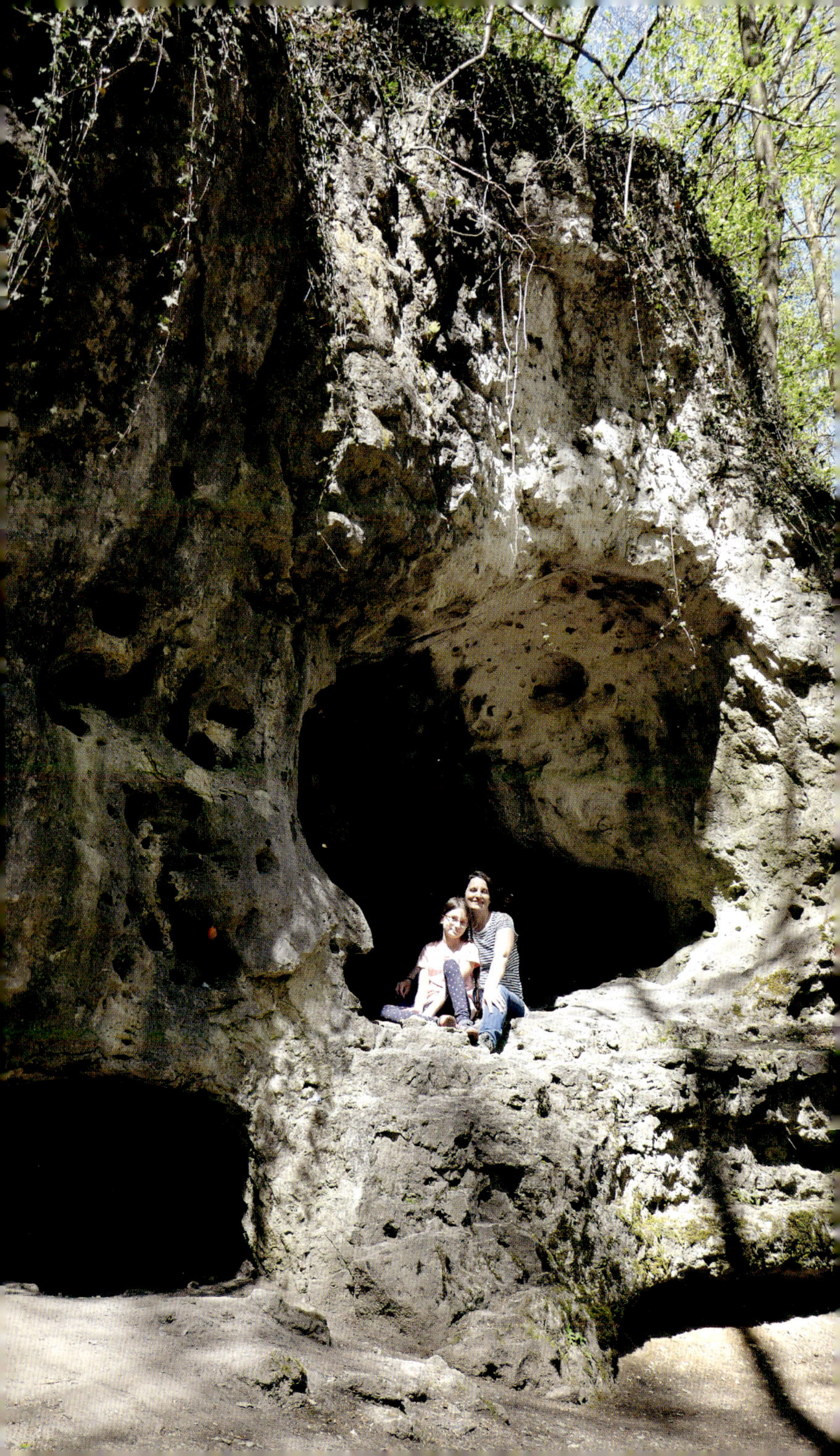

Hallo Kinder!

Der Höhepunkt nach dieser Wanderung ist sicherlich der Besuch der **Osterhöhle**. Die meisten Schauhöhlen sind beleuchtet, hier dürft ihr jedoch mit eurer **eigenen Stirn- und Taschenlampe** losziehen. Habt ihr diese vergessen, dann leiht ihr euch einfach eine bei der Verwaltung. Ungefähr 30 Minuten dauert die Führung. Denkt bitte an warme Kleidung, denn in der Höhle hat es nur etwa 9 Grad. Gleich am Anfang führt eine schmale Treppe steil nach unten. Bevor ihr die große Halle betretet, heißt es Kopf einziehen! Da habt ihr eindeutig einen Vorteil gegenüber den Erwachsenen! In drei verschiedenen Hallen entdeckt ihr zahlreiche **Versinterungen, Tropfsteine und einige Sinterbecken**. In der Wasserhalle gibt es sogar einen kleinen **Höhlensee**. Nach ca. 130 Metern erreicht ihr dann wieder das Tageslicht.

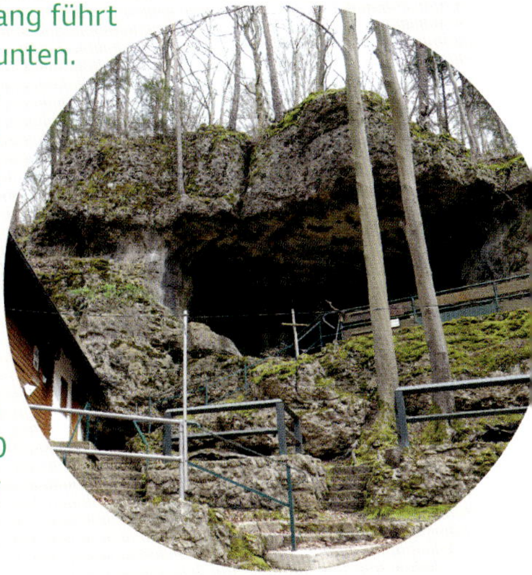

und Höhlensteig ab. Zwischen den Felswänden hindurch steigen wir alsbald steil aufwärts. Ein kleiner, verschlungener Pfad bringt uns vorbei an vielen Höhlen, wie dem Bärenloch, der Bettelmannsküche und dem Gaisbrunnen. Kurz vor dem Ende des Waldes erreichen wir die große Höhlenhalle der **Geiskirche** ❹. Der Wanderweg führt aus dem Wald hinaus. Auf einem Wiesenweg geht es weiter, bis wir an einem **Schilderbaum** ❺ auf einen Feldweg treffen. Alle, die die wesentlich längere und anspruchsvollere Variante in Angriff nehmen, bleiben hier rechts auf dem Wanderweg »3«. Wir begeben uns auf den Rückweg und wandern links ohne Markierung den etwas ansteigenden Feldweg geradeaus hinauf. Bei den folgenden Weggabelungen halten wir uns zunächst links und dann rechts. Kurz vor der Eisenbahnlinie treffen wir wieder auf den Wanderweg »3« und folgen ihm links Richtung Osterhöhle (Wegweiser). Er verläuft zunächst zwischen Wiesen hindurch, dann durch den Wald bis zur vom Hinweg bekannten **Kreuzung** ❷. Von hier geht es auf dem schon bekannten Weg zurück bis zum **Parkplatz** ❶.

LINKS

Es lohnt sich, ins Franzosenloch hineinzukrabbeln (siehe Variante).

25 Klettergebiet Kalmusfelsen

VON ILLSCHWANG ZUM OSTERLOCH UND ZUR BETTELKÜCHE

2.15 STUNDEN

4,8 KILOMETER

↗ 190 HÖHENMETER

↘ 190 HÖHENMETER

MITTEL ab 4 Jahren

Kletterfelsen und kleine Höhlen: Ein traumhaftes Naturerlebnis ist diese Tour bei Illschwang, die uns stets auf schmalen, wurzeldurchsetzten Wanderpfaden durch dichten Wald führt und uns dabei eine grandiose Felsenlandschaft präsentiert. Der Kalmusfelsen wird gerne von mutigen Kletterern und Kletterinnen besucht, die graziös die fast senkrechten Wände besteigen. Wir hingegen laufen um die Felsgruppe herum, besteigen danach das Plateau und genießen die herrliche Aussicht. Dabei hält die Wanderung noch einige Überraschungen bereit. Wir entdecken zwei kleine Höhlen, das Osterloch und die Bettelküche, sowie die sagenumwobene Felsformation Teufelskanzel. Hernach können wir uns mit einem Besuch im Freibad Illschwang belohnen.

Ausgangspunkt: Wanderparkplatz am Ortsrand von Illschwang, direkt am Feuerwehrhaus, 471 m (Navi: Am Kohlberg 2, 92278 Illschwang). Anfahrt: Von der A6, Ausfahrt Sulzbach-Rosenberg, auf der St2164 nach Pesensricht, dort rechts nach Illschwang, bis wir am Ortsrand das Feuerwehrhaus mit dem dahinterliegenden Parkplatz erreichen.
ÖPNV: Haltestelle Feuerwehrhaus der VGN-Buslinie 479 (Birgland-Express) von Hartmannshof Bahnhof (verkehrt nur an Sonn- und Feiertagen).
Ausrüstung: Gut profilierte Wanderschuhe. Taschenlampe zum Erkunden der Höhlen und Spalten.
Anforderungen: Leichtes Auf und Ab auf meist schmalen Wanderpfaden. Kurzer, steiler Abstieg von der Teufelskanzel. Nicht empfehlenswert nach ausgiebigen Niederschlägen, da die Pfade dann sehr rutschig und morastig sind. Überwiegend schattige Wanderung.
Einkehr: Keine. Bäckerei Wenkmann direkt am Parkplatz (kein Café! 6.00–12.00 Uhr geöffnet, Do und So geschlossen).

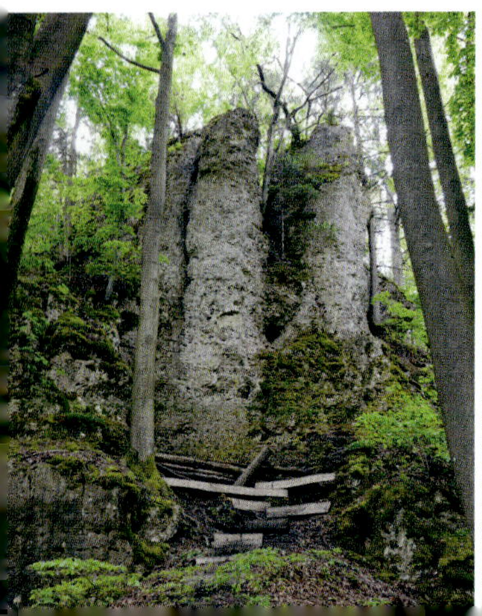

Zwei Felstürme aus Dolomit.

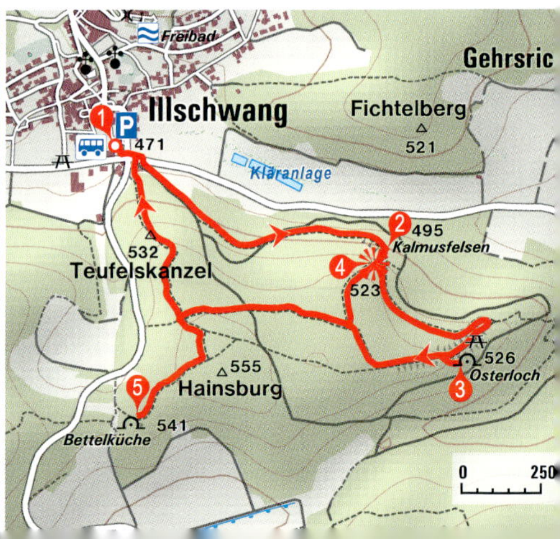

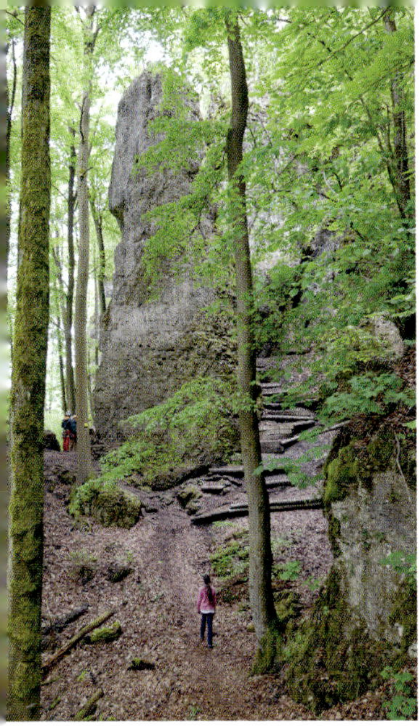

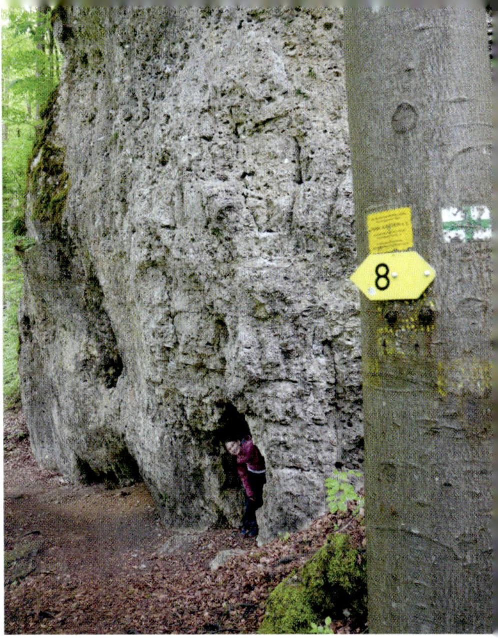

Tipp: Besuch des Freibads von Illschwang (Am Pfarrerberg 2, 92278 Illschwang, illschwang.de/freizeit-und-gaeste/aktiv-in-illschwang/freibad, Tel. +49 9666 313), geöffnet von Mitte Mai bis Mitte September, Öffnungszeiten siehe Internetseite.

Im Klettergebiet Kalmusfelsen kann man sich herrlich verstecken und die Kletterer beobachten.

LOS GEHT'S

Wir starten am großen **Wanderparkplatz ①** am Rande von Illschwang. Auf unserem gesamten Rundweg begleitet uns die Markierung »schwarze 8 auf gelbem Grund«. Am Feuerwehrhaus folgen wir ihr nach links Richtung Kalmusfelsen. Wir überqueren die Kreuzung und gehen auf einer Teerstraße in Richtung Schöpfendorf. Nach ca. 30 m biegen wir an einer Scheune rechts in eine Forststraße ein und wandern am Waldrand entlang. Kurz darauf verlassen wir den Forstweg und zweigen mit der Markierung links in einen Wanderpfad ab. Wir überqueren eine Forststraße und laufen im stetigen Auf und Ab bis zum **Kalmusfelsen ②**, wo wir meist jede Men-

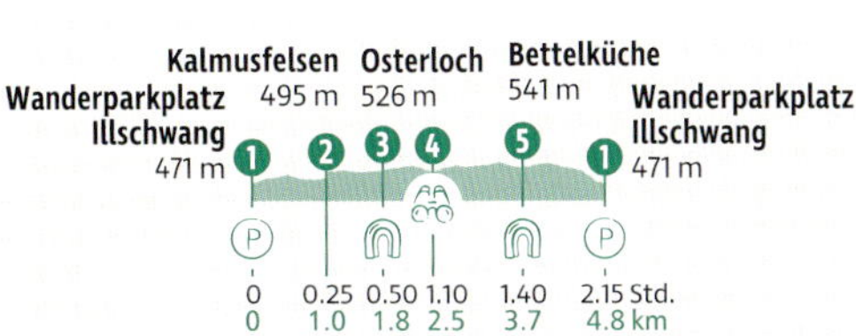

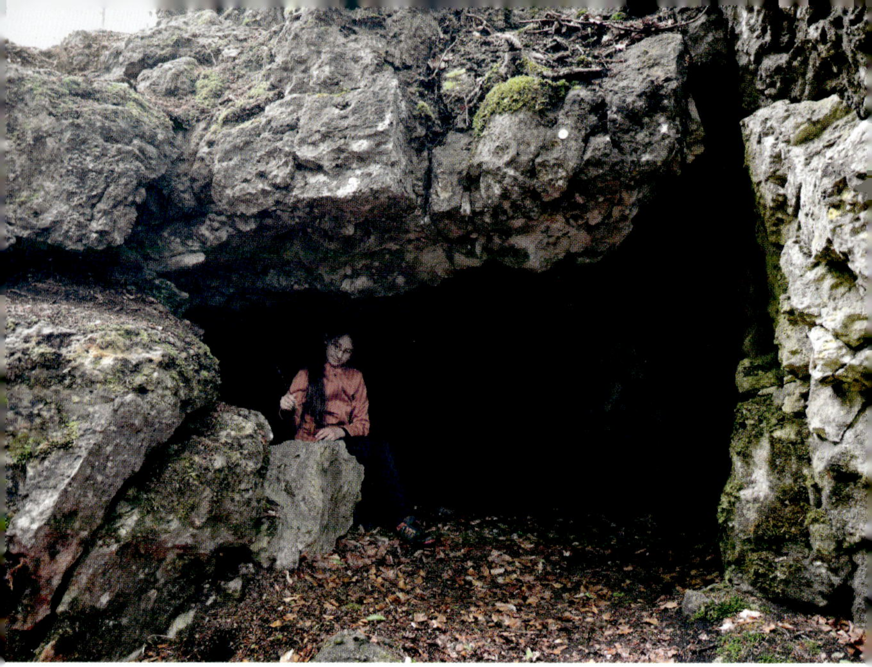

Bettelküche – kochen in einer Küche aus Stein.

ge Kletterer in Aktion sehen können. Unser Wanderpfad schlängelt sich entlang einer Felsgruppe und biegt dann am Ende rechts Richtung Kalmusfelsen (Gipfel) ab. Über in den Fels gehauene Stufen geht es steil hinauf zum Felsplateau, auf dem ein Gipfelkreuz und eine Ruhebank stehen. Eben geht es auf dem Plateau dahin, einige Ruhebänke laden zum Verweilen ein. Schon kurz danach lädt uns ein Wegweiser links zu einem Abstecher zum **Osterloch ❸** ein. Nach 100 m erreichen wir mit der Markierung »O« das Osterloch und können gebückt kriechend und mit einer Taschenlampe ausgerüstet die vorderen Teile der Höhle gut erkunden.

Wollt auch ihr klettern lernen? Dann macht doch die ersten Versuche in einer Boulderhalle (siehe Freizeittipps).

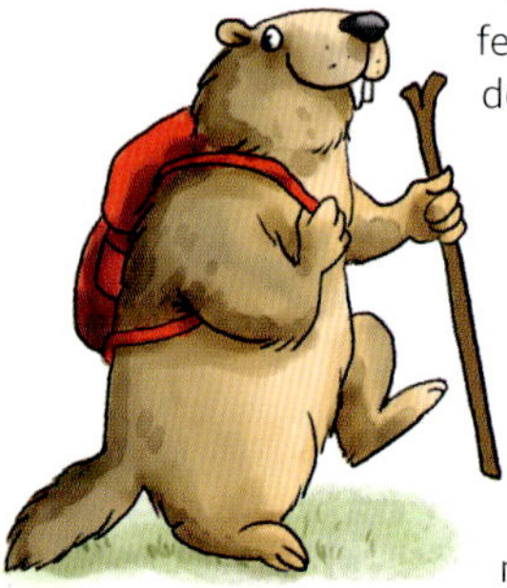

Zurück an unserem Wanderweg »8«, geht es eben weiter durch den schönen Buchenwald. Schon bald lockt der nächste Abstecher nach rechts zum Gipfel des Kalmusfelsens. Mit der Markierung »K« laufen wir 250 m durch den Wald, bis wir zum **Aussichtspunkt ❹** gelangen. Von dort oben haben wir einen herrlichen Blick hinüber zur Ortschaft Gehrsricht und auf die Umgebung.

Wieder zurück an unserer Hauptroute, wenden wir uns nach rechts, wandern auf einem schmalen Pfad weiter und überqueren eine Forststraße. Kurz darauf ergibt sich links ein weiterer Abstecher (400 m) mit der Markierung »B« zur **Bettelküche ❺**. Die kleine Höhle sieht aus wie eine verlassene, mittelalterliche Küche mit Kochnische und Rauchabzug.

★Highlights

Links und rechts des Weges auf kleinen und großen Felsen kraxeln oder den Profis beim Klettern am Kalmusfelsen zusehen.

»Kochen« in der Bettelküche, einer kleinen Höhle mit Kochmulde und Dunstabzug.

Auf allen Vieren ins Osterloch hineinkriechen, dabei sollten Taschen- und Stirnlampe nicht fehlen.

Die Aussicht vom Gipfel des Kalmusfelsens genießen.

Auf dem Rückweg werden die kanzelartigen Felstürme der Teufelskanzel aus Frankendolomit durchwandert.

Wieder zurück am Hauptweg, folgen wir nun geradeaus wieder der Markierung »8«. Nach einem kleinen Anstieg erreichen wir die Felsformation **Teufelskanzel**, bevor wir steil hinunter Richtung Illschwang absteigen (jüngere, unsichere Kinder sollten hier an die Hand genommen werden). Am Waldrand erreichen wir schließlich die Scheune und auf dem vom Hinweg bekannten Weg den **Wanderparkplatz** ❶ am Feuerwehrhaus von Illschwang.

Hallo Kinder!

Wie zu vielen anderen außergewöhnlichen Felsen gibt es auch zur **Teufelskanzel** eine alte Legende: Man erzählt sich, dass einst ein heiliger Mann nach Illschwang kam und den christlichen Glauben verbreitete. Das jedoch missfiel dem Teufel sehr. Daher stellte er im Wald auf einem Felsen eine Kanzel auf und predigte den vorbeikommenden Menschen. Sie sollten so viel essen und trinken, wie sie wollten, raufen und hetzen. Des Teufels Zuhörer schimpften von nun an über den heiligen Mann und wollten ihn sogar nachts in seiner Hütte umbringen. Der jedoch betete jede Nacht im Wald und als er morgens heimkam, bekehrte und taufte er die sündigen Leute. Daraufhin wurde eine Kirche genau gegenüber der noch heute turmhoch im Wald stehenden Teufelskanzel gebaut.

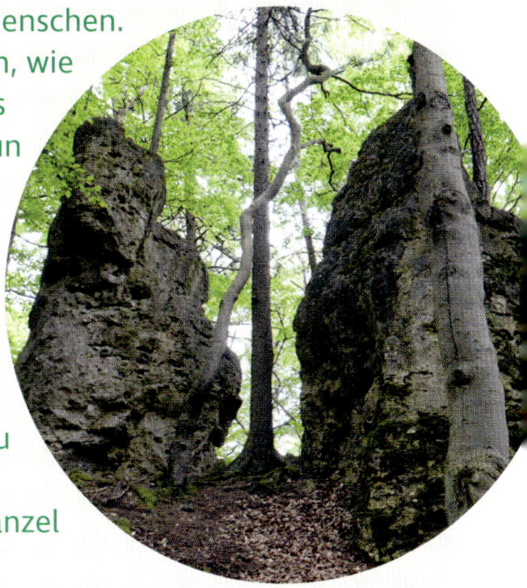

26 Freizeitpark Monte Kaolino

DER WEISSE BERG VON HIRSCHAU

1.15 STUNDEN

2,5 KILOMETER

↗ 150 HÖHENMETER

↘ 150 HÖHENMETER

MITTEL ab 4 Jahren

Skifahren mitten im Sommer: Bei dieser Wanderung versinken unsere nackten Füße in weißem, glitzerndem Sand. Wir besteigen den 150 Meter hohen Quarzsandberg Monte Kaolino, der eigentlich als Abfallprodukt des Kaolinabbaus in dieser Gegend entstanden ist. Es ist ganz schön anstrengend, den Sandberg zu besteigen, denn mit jedem Schritt rutschen wir wieder ein Stück zurück. Wer den mühsamen Weg nach oben scheut, kann ganz bequem mit dem Lift hinauffahren. Anschließend geht es für Mutige per Sandboard, Ski oder Zipflbob rasant den Berg hinab. Wesentlich ruhiger dagegen haben es die Fußgänger neben der Abfahrtsstrecke. Weitere, vielfältige Freizeitangebote sind ringsherum um den Berg zu finden, ob kühles Dünenbad, Hochseilgarten, Rodelbahn oder Minigolf – hier ist für jeden etwas geboten (s. Freizeittipps B10 C3 D1 E2).

Ausgangspunkt: Parkplätze am Freizeitpark Monte Kaolino, 450 m (Navi: Wolfgang-Droßbach-Straße 114, 92242 Hirschau). Anfahrt: Von der A93, Ausfahrt Wernberg-Köblitz, auf der B14 in Richtung Schnaittenbach/Hirschau. In der Ortsmitte von Hirschau links in die Wolfgang-Droßbach-Straße und nach ca. 1,5 km links zum Freizeitpark.
ÖPNV: Haltestelle MonteKaolino der VGN-Linie 455 direkt am Freizeitpark.
Ausrüstung: Sportschuhe oder Trekkingsandalen. Festes Schuhwerk zum Besuch des Hochseilgartens. Badekleidung zum Besuch des Dünenbades. Inlineskates zur Benutzung der Inlineskaterstrecke. Minigolfschläger, Ski, Sandboard und Zipfelbob können vor Ort gegen Gebühr ausgeliehen werden. Sonnenschutz nicht vergessen!
Anforderungen: Bequemer Rundweg auf meist ebenen Waldpfaden und Forstwegen. Jedoch steiler, anstrengender Auf- und Abstieg zum Gipfel des Monte Kaolino. Wem das zu anstrengend ist, benutzt die kostenpflichtige Standseilbahn. Sowohl sonnige als auch schattige Wegabschnitte.
Einkehr: Restaurant/Café am Monte, montekaolino.eu, Tel. +49 9622 703420.
Hinweis: Öffnungszeiten und Preise siehe montekaolino.eu.

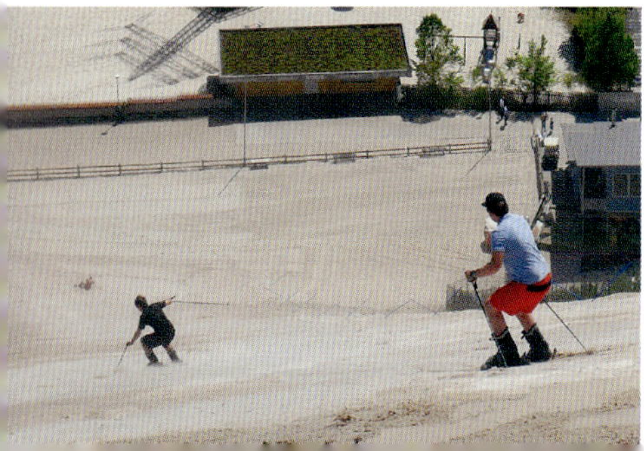

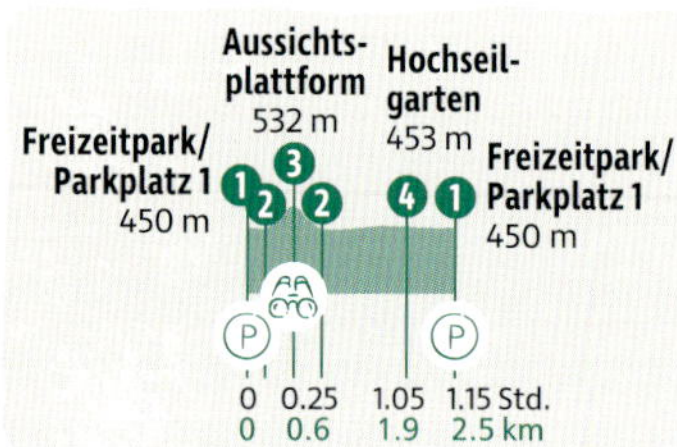

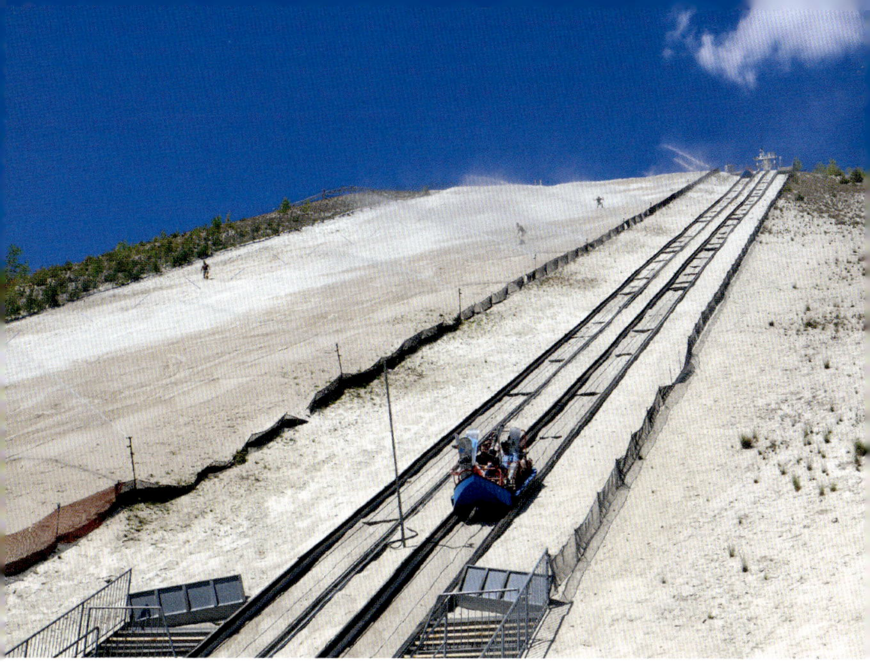

Monte Kaolino – der höchste künstliche Sandberg der Welt.

Hallo Kinder!

Wolltet ihr auch schon mal **im Sommer Skifahren**? Am **Monte Kaolino** ist das möglich. Der weiße Quarzsandberg und tiefe Abbaugruben prägen die Landschaft südlich von Hirschau. Hier wird schon seit langer Zeit **Sandstein** abgebaut, aus dem **Kaolin** gewonnen wird. Kaolin wurde früher hauptsächlich zur Herstellung von Porzellan benötigt. Heute findet es sich auch in Papierprodukten oder dient als Hilfsstoff bei der Herstellung von Tabletten. Da bei der Gewinnung von Kaolin aber jede Menge **Quarzsand** übrig bleibt, den man in so großen Mengen gar nicht braucht, wurde dieser aufgeschichtet. So entstand im Laufe der Zeit der künstliche Berg Monte Kaolino, der sich auch heute noch vergrößert.

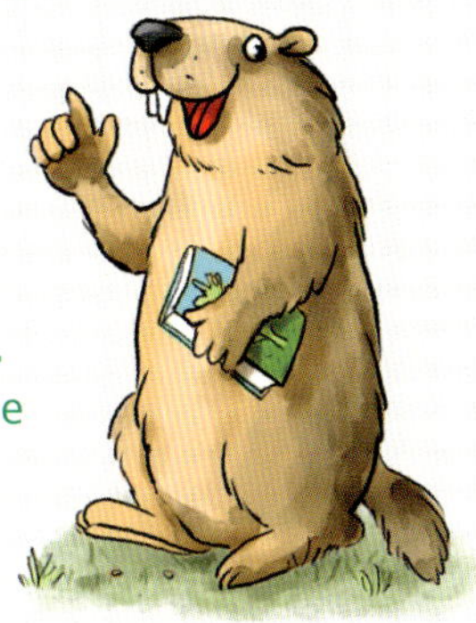

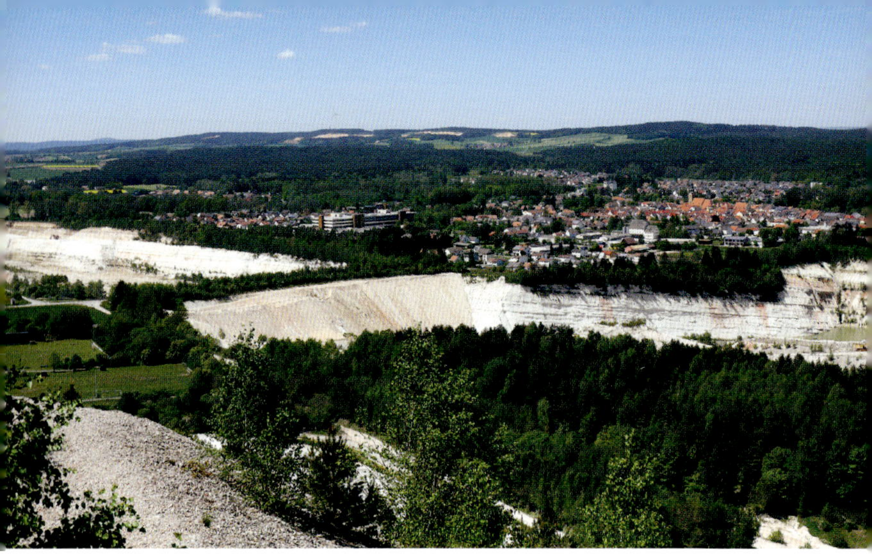

Blick hinab in die Kaolingruben.

LOS GEHT'S Wir starten mit der Markierung »19« unseren Rundweg am Ende von **Parkplatz »1« ❶** und spazieren zwischen Spielplatz und Restaurant hindurch auf das Gelände des Freizeitparks. Nach der Talstation der Sommerrodelbahn müssen wir uns entscheiden, ob wir den bequemen Aufstieg per Standseilbahn oder die danebenliegende, anstrengende **Kletterstrecke ❷** zum Aufstieg nutzen. Oben am Gipfel laufen wir geradewegs zur **Aussichtsplattform ❸**. Von dort oben können wir die Spuren des Kaolintagebaus in der Region entdecken und die waghalsigen Skifahrer und Skifahrerinnen beobachten.

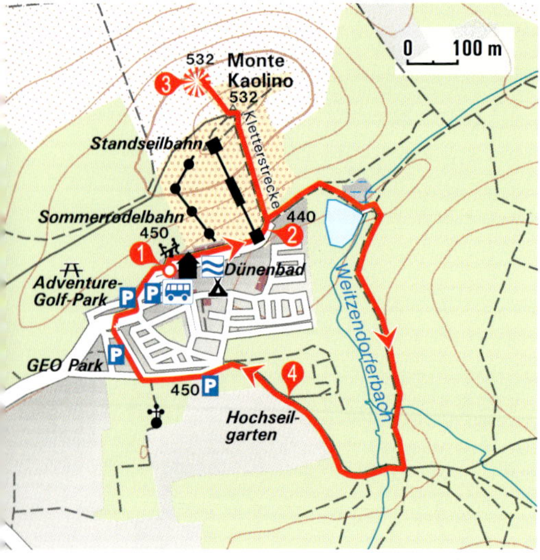

Wer nicht mit Ski, Sandboard oder Zipfelbob hinunterfährt, kehrt auf dem Anstiegsweg wieder zurück ins Tal. Dort wenden wir uns nun nach links und gehen mit Markierung »19« in den Wald. Nach Passieren eines Weihers überqueren wir auf einem Steg den Weitzendorfer Bach. Hier verlassen wir die Wegmarkierung »19« und laufen rechts mit dem Industriepfad (Wegweiser GEO PARK) weiter. Er schlängelt sich durch den Fichtenwald, bis wir auf einen Forstweg stoßen. Auf diesem geht es rechts gemeinsam

★Highlights

Mit der Standseilbahn (montelift.de) bequem auf den Gipfel des Monte Kaolino. Von dort entweder wieder mit dem Lift, zu Fuß oder rasant per Ski, Snowboard oder Zipfelbob hinab ins Tal.

Nach der Tour relaxen im Freibad »monteDünenbad« mit vielen Attraktionen: 50-m-Wasserrutsche, Kinderbecken mit einem Segelschiff, Sprungbereich, Erlebnisbecken und 25-m-Schwimmbecken.

Auf der ca. 800 m langen Strecke vom Gipfel mit der Sommerrodelbahn (montecoaster.de) hinuntersausen.

Im Hochseilgarten (montehochseilgarten.de) auf sechs verschiedenen Parcours klettern. Einer davon eignet sich schon für Kinder ab 1,25 m Körpergröße.

Mit Skater- oder Skiroller die 3,5 km lange Strecke »monteSkater« fahren.

Schon ab 10 Jahren (Mindestgewicht 30 kg) kann eine Segway-Tour rund um den Monte Kaolino gebucht werden (monteseg.de).

Im Adventure-Golf-Park »monteGolf« auf einer 18-Loch-Anlage auf Kunstrasen die Bälle einlochen (adventure-golf-hirschau.de).

mit Wanderweg »19« und dem Industriepfad weiter. Schon bald ist der Eingang zum **Hochseilgarten** ❹ erreicht, in dem Kletterfans auf ihre Kosten kommen. Anschließend führt uns unsere Route bald aus dem Wald heraus und wir passieren den Campingplatz. Von Weitem haben wir einen tollen Blick auf den mächtigen weißen Berg des Monte Kaolino. Am Ende des Campingplatzes schwenken wir rechts auf den Parkplatz »2« ein und durchqueren diesen. Nach Überqueren der Wolfgang-Droßbach-Straße biegen wir rechts in den Fahrradweg ein, der uns zur Einfahrt des Parkplatzes »1« bringt. Vorbei am **Adventure-Golf-Park** erreichen wir wieder unseren Ausgangspunkt am Ende von **Parkplatz »1«** ❶.

Eine Portion Mut braucht es im Hochseilgarten.

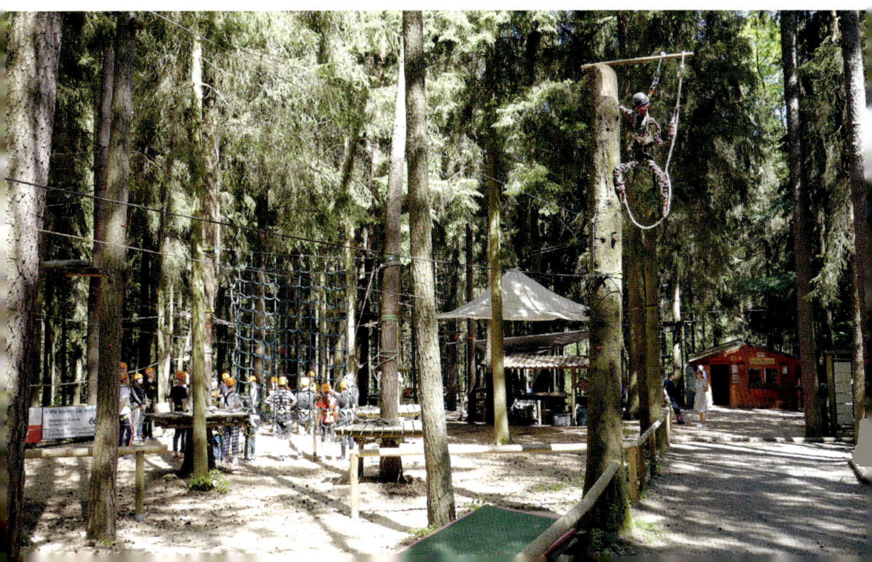

27 Rund um den Murner See

IM EHEMALIGEN BRAUNKOHLE-TAGEBAUGEBIET

2.30 STUNDEN

6,8 KILOMETER

↗ 25 HÖHENMETER

↘ 25 HÖHENMETER

LEICHT ab 5 Jahren

Wasserspaß und Urlaubsflair: Der Murner See und der Brückelsee locken mit vielen Wassersportmöglichkeiten jede Menge Besucher an. Entlang des Seeufers entstand darüber hinaus eine bunte Mischung an Freizeitattraktionen. Der Lieblingsplatz für Kleinkinder ist sicherlich der Oberpfälzer Märchengarten, der ein Sammelsurium von Geschichten erzählt und mit seinen aufwendig geschnitzten Märchenfiguren die Kleinen in seinen Bann zieht. Etwas weiter lockt der unterhaltsame Erlebnispark Wasser-Fisch-Natur. An fünf Teichen erforschen die Kinder hier die Pflanzen- und Tierwelt, gelangen per Floß, über Trittsteine oder Hängebrücken zu Inseln und begeistern sich am Wasserspielplatz für die Spielstationen. Einen Hauch von Karibik genießen die Erwachsenen am weißen Sandstrand beim Theatron mit Palmen, Strandliegen und einer Strandbar.

Ausgangspunkt: Kreisverkehr am Übergang Sonnenrieder Straße und Industriestraße, 374 m (Navi: Industriestraße 1, 92442 Wackersdorf). Anfahrt: Von der A93, Ausfahrt Schwandorf-Mitte, auf der B85 in Richtung Bodenwöhr/Bruck in der Oberpfalz. Noch in Wackersdorf die B85 verlassen und links in die Industriestraße (Richtung Freizeitgebiet Murner See) einbiegen. Auf ihr bis zum Parkplatz im Industriegebiet (vor dem Kreisverkehr) oder über den Kreisverkehr hinweg bis zum kostenpflichtigen Großparkplatz direkt am Murner See.
ÖPNV: Nur mit Rufbus erreichbar. Haltestelle Murner See Großparkplatz der BAXI-Linie 8409. Beginn und Ende der Wanderung dort.
Ausrüstung: Trekkingsandalen bzw. leichte Sportschuhe. Sonnenschutz. Badesachen zum Besuch des Strandbads. Fernglas zur Beobachtung der Wasservögel vom Aussichtsturm.
Anforderungen: Ebener, fein geschotterter oder geteerter Rundweg, der auch mit Laufrad oder Kinderwagen befahren werden kann. Sonnige Wanderung.
Einkehr: Restaurant & Biergarten Seaside (seaside-murnersee.de, Tel. +49 9431 9994490) und Kiosk im Erlebnispark (Tel. +49 170 5666478, geöffnet bei schönem Wetter von Mitte April bis Ende Oktober täglich 8.00–18.00 Uhr).

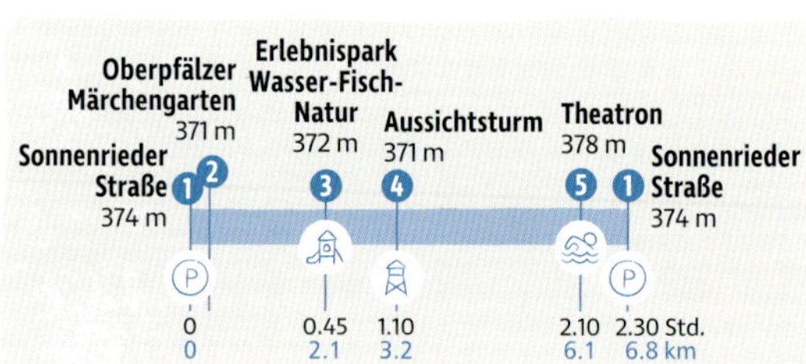

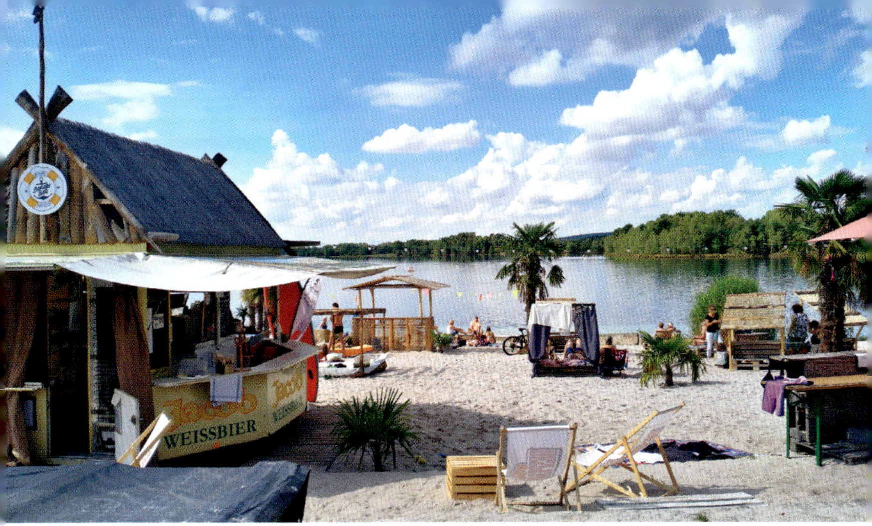

Kurzvariante: Vom Startpunkt am Kreisverkehr wie beschrieben am See entlang, vorbei am Oberpfälzer Märchengarten bis zum Erlebnispark Wasser-Fisch-Natur und zurück (4,2 km, 1.45 Std., ab 3 Jahren).
Tipp: Go-Kart fahren für Kinder von 6 bis 11 Jahren (Körpergröße 1,25 m–1,40 m) im ProKart Raceland, prokart-raceland.com, Industriestr. 8, 92442 Wackersdorf.

OBEN
Urlaubsfeeling am Murner See.
UNTEN
Im Oberpfälzer Märchengarten.

LOS GEHT'S Der Rundweg um den Murner See kann an mehreren Stellen begonnen werden. Wir starten am Kreisverkehr in der **Sonnenrieder Straße** ❶ und folgen dem Wegweiser in Richtung Naturkneippanlage und Oberpfälzer Märchengarten. Der Weg taucht in den Wald ein und bringt uns, vorbei an Campingplatz, Kneippanlage und Picknickplatz, bis zum Eingang des frei zugänglichen **Oberpfälzer Märchengartens** ❷. Sechs fantasievolle Geschich-

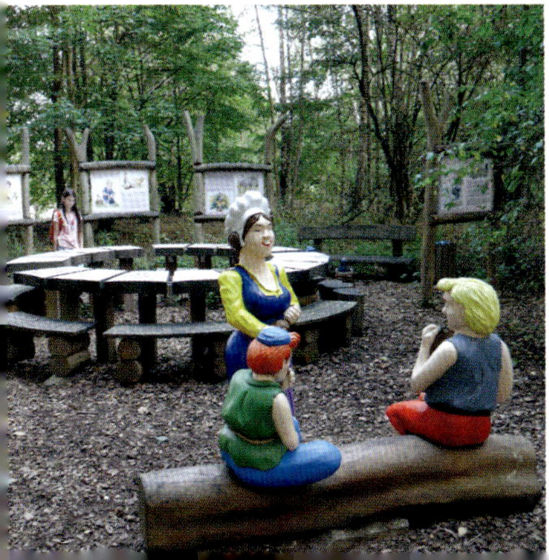

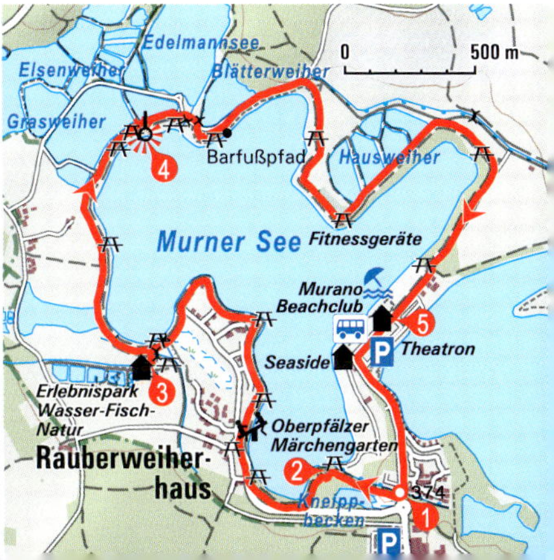

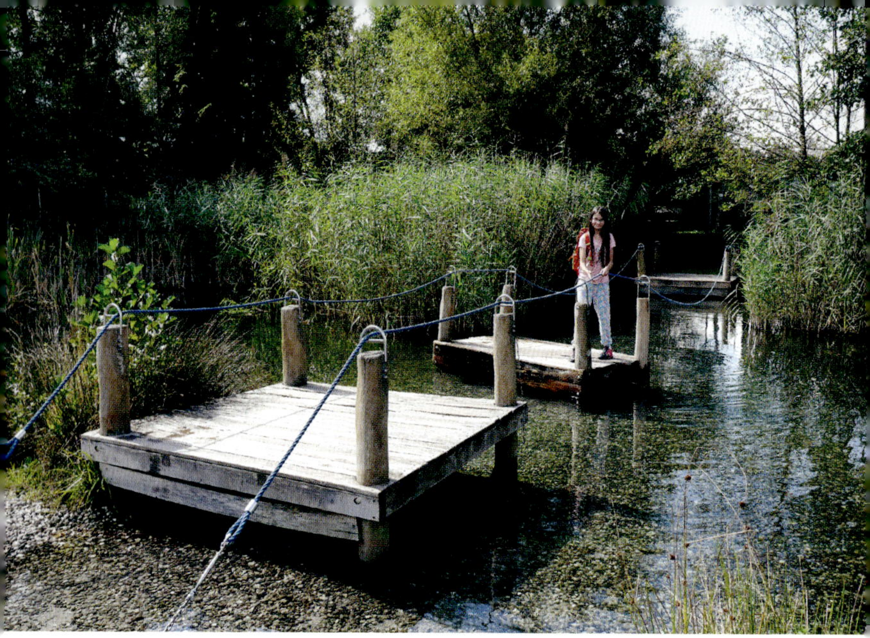

OBEN

Im Erlebnispark Wasser-Fisch-Natur mit dem Floß zur nächsten Insel.

UNTEN

Buddeln und Planschen am Wasserspielplatz.

ten des Märchen- und Sagensammlers Franz Xaver von Schönwerth werden hier mit Holzfiguren in Szene gesetzt.
Wir verlassen den Märchengarten durch den gegenüberliegenden Ausgang und setzen unsere Tour auf dem Hauptweg nach links fort. Schon bald erreichen wir einen Spielplatz. Dort finden sich am Seeufer auch einige seichte Badestellen. Entlang des Hohlwegs stellen Tafeln verschiedene Baumarten vor. Nach einer Weile ergibt sich links ein Abstecher zum **Erlebnispark Wasser-Fisch-Natur 3**. An zwei Teichen kann nach Herzenslust gespielt und geplanscht werden, an den anderen drei Teichen erfahren wir Interessantes über die Natur und die Teichwirtschaft. Zurück am Hauptweg setzen wir unsere Runde links in Richtung

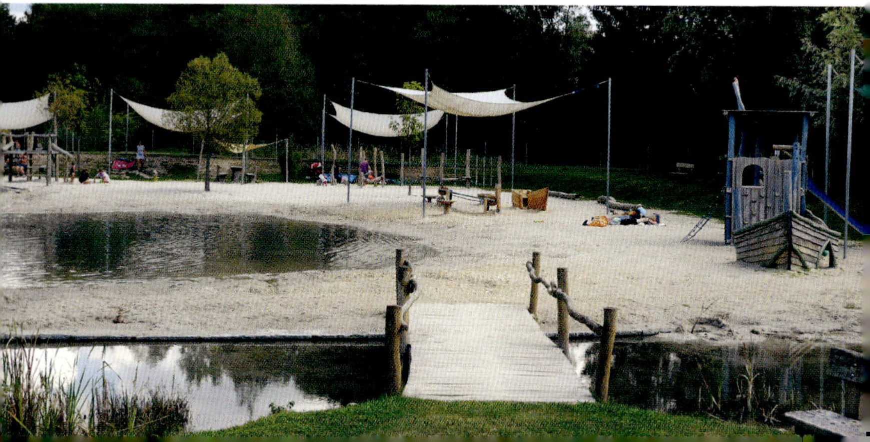

Hallo Kinder!

Wo ihr jetzt die **herrliche Seenlandschaft** genießt, fuhren früher große Schaufelradbagger über das Land und förderten **Braunkohle** zutage. Als 1982 die Kohlevorräte zur Neige gingen, wurde dieses Gebiet wieder in Natur verwandelt. Einige der tiefen Gruben wurden aufgefüllt, andere ließ man bestehen und sie füllten sich mit Wasser. So entstanden einige der Oberpfälzer Seen, wie zum Beispiel der **Murner See**, der **Brückelsee**, der **Knappensee** und zahlreiche weitere. Allerdings vergingen dann nochmals circa 20 Jahre, bis die ehemaligen Tagebaugruben zu den heutigen Freizeitlandschaften wurden.

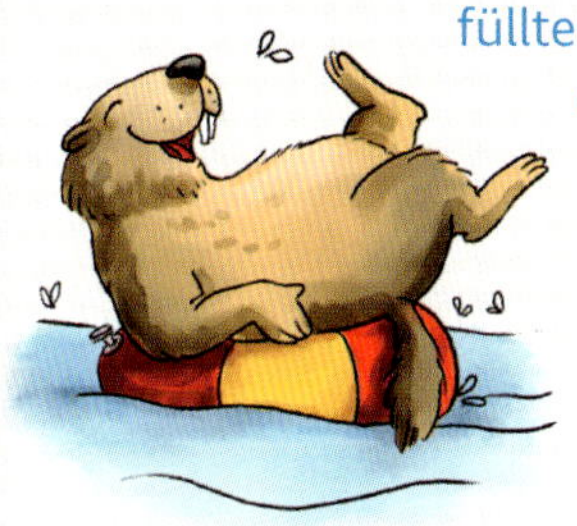

Aussichtsturm ❹ fort. Dieser ist bald erreicht und ermöglicht uns einen Blick sowohl auf den Murner See als auch auf die zahlreichen Weiher im Charlottenhofer Weihergebiet.

Wir wandern rechts haltend um den See herum, vorbei an Barfußpfad, Fitnessgeräten und zahlreichen Liegewiesen. Nach einer Weile erreichen wir den Damm zwischen Murner See und Brückelsee. Dort liegt auf der rechten Seite am weißen Sandstrand mit Strandbar und Bootsverleih das **Theatron** ❺. Gegenüber sind eine **Minigolfanlage** und ein großer Park- und Campingplatz auf dem Damm untergebracht. Am Ende des Parkplatzes geht unser Weg in die Sonnenrieder Straße über, der wir bis zum Ausgangspunkt am **Kreisverkehr** ❶ auf einem Fußweg folgen.

★Highlights

Bälle einlochen auf der Minigolfanlage zwischen Murner See und Brückelsee.

Im Erlebnispark Wasser-Fisch-Natur am Wasser spielen und die Oberpfälzer Teichwirtschaft kennenlernen.

Einen fantastischen Blick mit dem fest installierten Fernrohr vom Aussichtsturm auf die Teichlandschaft und den See werfen.

Am Badestrand mit Strandbar und Tretbootverleih den Sommer genießen.

Sich im Märchengarten Geschichten von den Eltern vorlesen lassen und sie auf bunten Holzfiguren nachspielen.

In der Kneippanlage durchs kalte Wasser treten und auf dem Spielplatz und am Fitnessplatz Power-Pausen einlegen.

28 Rund um den Hammersee

KUNST- UND WASSERWEG BODENWÖHR

2.00 STUNDEN

4,6 KILOMETER

↗ 50 HÖHENMETER

↘ 50 HÖHENMETER

LEICHT ab 4 Jahren

Funkelnde Skulpturen und Badespaß: Eine Wanderung auf dem herrlichen, flachen Uferweg rund um den Hammersee ist gerade für Familien mit Kleinkindern oder Kinderwagenschieber ideal. Im Laufe der Zeit entwickelte sich aus dem ehemals industriell genutzten Stausee ein hübsches Freizeit- und Naherholungsgebiet. Unser Wanderweg gewährt uns immer einen Blick auf den schimmernden See und sowohl Gastronomie als auch Spielplätze sind vorhanden. Dabei sind die aufwendig gestalteten Mosaikkunstwerke entlang des Weges ein Hingucker. Nach der Wanderung steht alles zur Verfügung, um einen erlebnisreichen Tag am Wasser ausklingen zu lassen. Hier finden sich sandige Uferbänke mit flachen Einstiegsstellen für Schwimmanfänger, SUPs oder Tret- und Ruderboote können ausgeliehen werden. Ein besonderes Highlight an Sonn- und Feiertagen ist bei schönem Wetter eine Fahrt mit der Plätte, einem historischen, hölzernen Transportkahn.

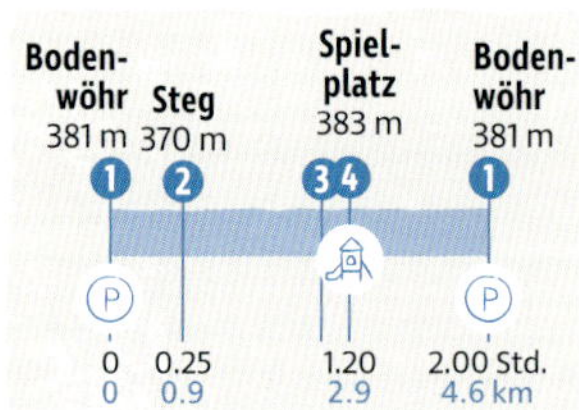

Ausgangspunkt: Parkplatz Ludwigsheide in der Straße »Ludwigsheide«, 381 m (Navi: Ludwigsheide 34, 92439 Bodenwöhr). Anfahrt: Von der A93, Ausfahrt Schwandorf-Mitte, auf der B85 in Richtung Cham/Wackersdorf fahren, dann links abbiegen nach Bodenwöhr. Durch die Schwandorfer Straße hindurch fahren, links in die Hauptstraße und gleich wieder links in die Straße »Ludwigsheide« bis zum großen Parkplatz auf der linken Seite.

ÖPNV: Haltestelle Bodenwöhr-Kriegerdenkmal der RVV-Buslinie 106 aus Richtung Nittenau oder Schwandorf. Über Hauptstraße und Neunburger Straße bis hinunter zum Feuerwehrhaus, wo man auf den Rundweg trifft.

Ausrüstung: Trekkingsandalen oder leichte Sportschuhe. Badesachen und Picknickdecke zum Besuch des Badeplatzes, Sonnenschutz.

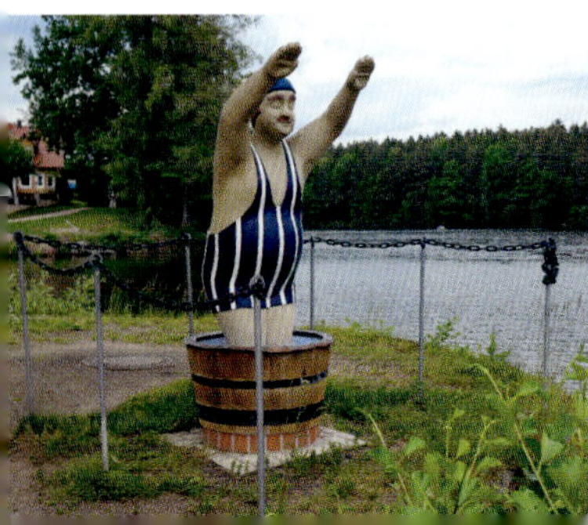

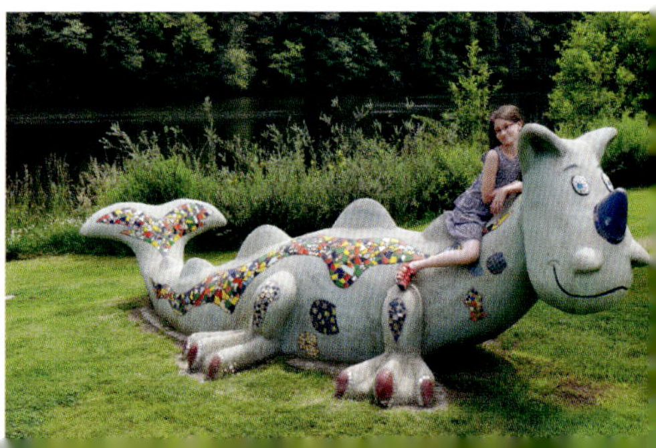

Hallo Kinder!

Wenn ihr heute am **Hammersee** nach der Wanderung den Tag mit Schwimmen und Planschen verbringt, könnt ihr euch sicherlich nicht vorstellen, dass Bodenwöhr vor langer Zeit einmal eine große Bedeutung in der Eisenverarbeitung hatte. Mit **Eisenerz** und **Holzkohle** aus der Umgebung wurden im **Hammerwerk Bodenwöhr** ab 1464 Stabeisen, Schieneisen und Bleche geschmiedet. Die Wasserkraft des aufgestauten Hammersees diente dabei zum Antreiben der schweren Schmiedehämmer sowie der Blasbälge für das Feuer. Wegen der vielen Hammerwerke, die es früher in der Oberpfalz gab, war sie eines der europäischen Zentren für Eisenverarbeitung und wird deshalb auch **Ruhrgebiet des Mittelalters** genannt. Noch heute zeugen Ortsnamen wie Blechhammer und Erzhäuser davon.

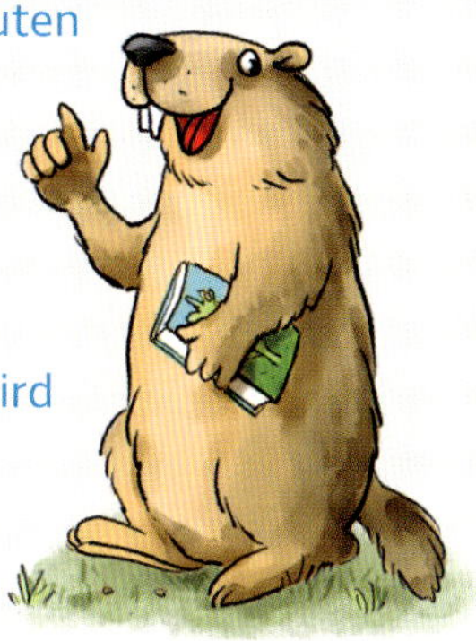

Anforderungen: Leichte Wanderung um den Hammersee ohne merkbare Steigungen. Kann mit dem Kinderwagen oder Laufrad unternommen werden. Sowohl sonnige als auch schattige Abschnitte.
Einkehr: Kiosk am Badeplatz »Im Seewinkl« mit Kleinkinderspielplatz, Taverna Am Hammersee (Im Seewinkl 8, Tel. +49 9434 9011333), Brauereigasthof & Hotel Jacob (Ludwigsheide 2, gasthof.brauerei-jacob.de, Tel. +49 9434 941041, Mo–So 7.00–22.00 Uhr geöffnet).

★Highlights

Am Badeplatz »Im Seewinkl« matschen und baden. Der Kiosk und das danebenliegende Seeungeheuer »Wöhrchen« sind bei den Kindern sehr beliebt.

Wunderschön gestaltete Skulpturen, von der verträumten Meerjungfrau bis zu glitzernden Fischen aus Mosaiksteinen.

Auf dem Lehrwanderweg entlang der Nordseite des Sees Interessantes über die Gegend erfahren.

SUPs, Tret- oder Ruderboote am Badeplatz »Im Seewinkl« ausleihen.

Eine idyllische Plättenfahrt auf dem Hammersee unternehmen (von Mai bis September nach Anmeldung unter Tel. +49 9434 902273).

Würstchen am Grillplatz des Hammersees grillen (nach vorheriger Anmeldung bei der Stadtverwaltung) und am nebenliegenden Volleyballplatz spielen.

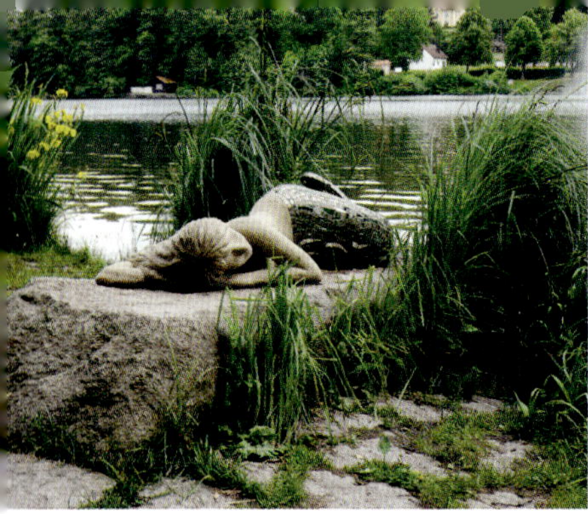

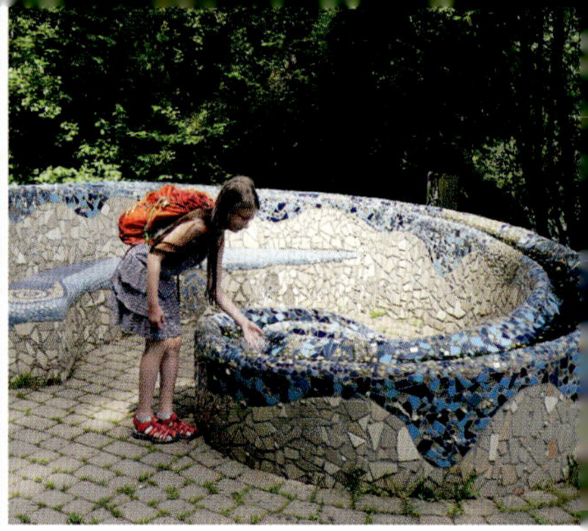

Die glitzernden Kunstwerke sind ein Hingucker für Groß und Klein.

LOS GEHT'S Vom **Parkplatz ❶** in der Straße »Ludwigsheide« spazieren wir durch die Straße »Im Seewinkl« hinunter zum See. Am Badeplatz wandern wir nach links, am Kiosk vorbei, auf breitem Uferweg im Uhrzeigersinn mit der Markierung »blaues S« um den See. Vorbei an den ersten Skulpturen »Exotische Fische« und Sitzspirale »Alles im Fluss« erreichen wir das Ende des Sees. Zwischen Hammersee und Weichselbrunner Weiher wechseln wir über einen **Steg ❷** hinüber zum anderen Ufer. Dort halten wir uns mit der Markierung »blaues S« rechts und wandern im schattigen Wald am See entlang. Dabei stellen uns einige Lehrtafeln die Tiere und Pflanzen vor, die hier im Wald am Fuße des Schlossbergs leben. Mehrere Sitzbänke und ein Picknickplatz laden zum Verweilen ein. Gleich nachdem wir das Gleis am **Bahnübergang ❸** überquert haben, biegen wir ohne Markierung rechts ab, überqueren den Damm und können an der anderen Uferseite einen kleinen Abstecher zu einem Spielplatz machen. Dazu gehen wir 20 m nach links und laufen rechts einen Hang hinauf zur Straße »Am Hammersee«. Auf der anderen Straßenseite befindet sich der **Spielplatz ❹** mit Schaukel, Sandkasten, Rutsche, Reckstange, Kletterhaus und Balancierbrücke.

Zurück am Damm, folgen wir der Markierung »weißer Querstrich auf gelbem Grund« (Oberpfalzweg), überqueren abermals das Bahngleis und passieren einen Grill- und Volleyballplatz. Nach dem Feuerwehrhaus biegen wir rechts mit der Markierung »blaues S« auf den Seeweg ein. Am Brauereigasthof Jacob und mehreren Skulpturen vorbei wandern wir am See entlang, bis wir wieder den Badeplatz »Im Seewinkl« erreichen. Dort lassen wir den Tag im Matschbereich, auf der Liegewiese oder am flachen Sandstrand ausklingen und erreichen schließlich auf schon bekanntem Weg den **Parkplatz ❶** in der Straße »Ludwigsheide«.

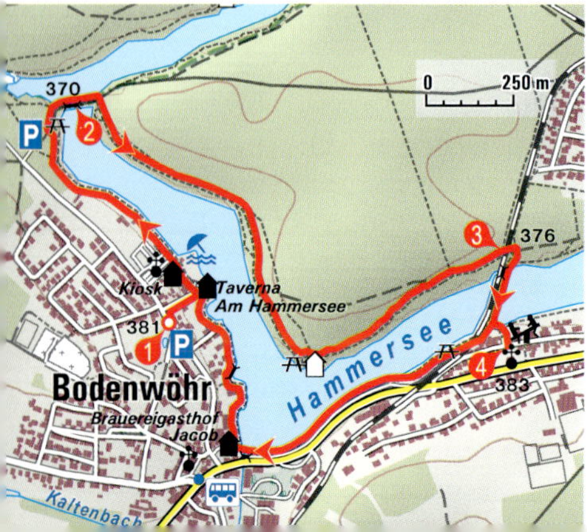

Prackendorfer und Kulzer Moos

29

GROSSE MOORFLÄCHE NORDWESTLICH VON THANSTEIN

1.15 STUNDEN

3,1 KILOMETER

↗ 40 HÖHENMETER

↘ 40 HÖHENMETER

ab 3 Jahren LEICHT

Seltene Pflanzen und Tiere im Moorwald: Lautes Quaken von Fröschen und umherschwirrende Libellen empfangen uns bereits am Parkplatz des Prackendorfer und Kulzer Mooses. Dann lotst uns der Wanderpfad zur größten Moorlandschaft im Naturpark Oberpfälzer Wald und wir tauchen in ein Stück unberührter Natur ein. Ein sich schlängelnder Holzbohlenweg bringt uns trockenen Fußes sicher durch den urwüchsigen, lebendigen Birken-Moorwald. Hinter raschelnden Blättern, Gräsern und zwischen Moosen und Flechten entdecken die Kinder die tierischen Moorbewohner. Hier ist schnell der hektische Alltag vergessen: einfach mal abschalten und die ruhige Gegend genießen. Diese wildromantische Sumpflandschaft ist ein einmaliges Paradies.

Ausgangspunkt: Parkplatz außerhalb von Kulz (Ortsteil von 92554 Thanstein), 487 m (GPS: N49.396407, E12.456504). Anfahrt: Die B22 auf Höhe Winklarn in Richtung Kulz verlassen. Auf der Neunburger Straße/Winklarner Straße bis nach Kulz. Dort auf der Moosstraße aus dem Ort hinaus und an der ersten Abzweigung rechts zum Parkplatz.
Ausrüstung: Gut profilierte, feste Sport- oder Wanderschuhe. Proviant für Picknick unterwegs. Mückenschutz sollte nicht fehlen.
Anforderungen: Ebene, leicht geschotterte Feldwege und Wiesenpfade. Im Bereich der Moorfläche Holzstege; bei Nässe Rutschgefahr auf den Holzplanken. Sonnige und schattige Wegabschnitte.
Einkehr: Unterwegs keine. Picknickmöglichkeit neben dem Parkplatz. Gasthof Krämerhof im Ortsteil Kulz von Thanstein, Tel. +49 9676 325, kraemerhof.de.
Hinweis: Bitte die Bestimmungen des Naturschutzgebietes beachten.

Moorlandschaft soweit das Auge blickt.

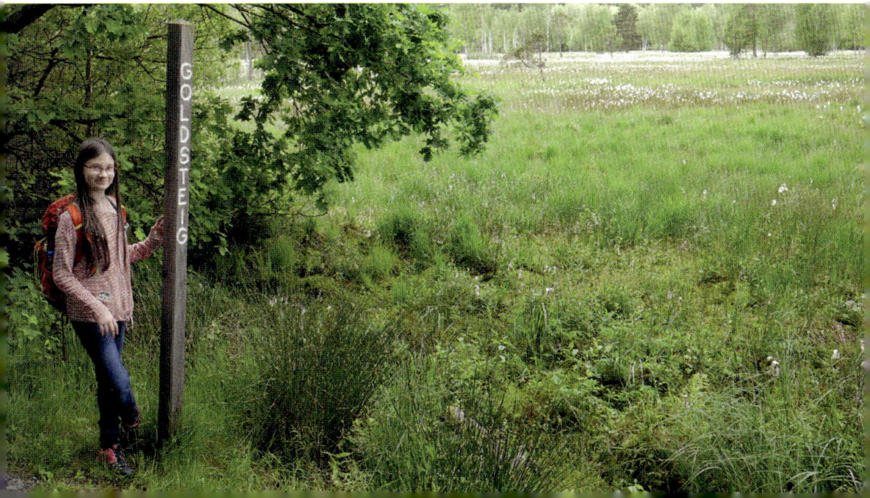

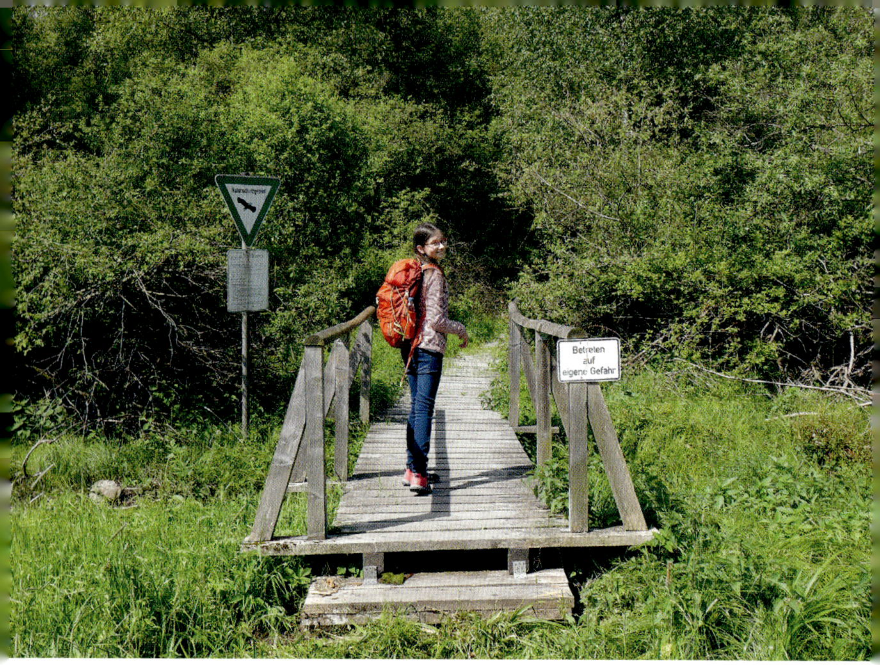

Auf Holzbohlen geht es durch den Birken-Moorwald.

LOS GEHT'S Vom **Parkplatz ①** wandern wir mit dem Symbol »Erlebnis Kulzer Moos« (Libelle), das uns durchgehend begleiten wird, in Richtung Prackendorfer und Kulzer Moos. Gleich am Anfang laufen wir zwischen mehreren Fischweihern hindurch und an einem Holzhäuschen vorbei. Bald darauf biegen wir mit dem Symbol links ab. An der nächsten **Weggabelung ②** halten wir uns erneut links Richtung Prackendorfer und Kulzer Moos. Unser Weg verläuft am Waldrand entlang und biegt wenig später rechts in den Wald ein. Wir durchqueren ihn, überqueren anschließend eine Wiese und beginnen dann am **Holzsteg ③** unseren Weg durch den Birken-Moorwald. Der Steg schlängelt sich quer durch das

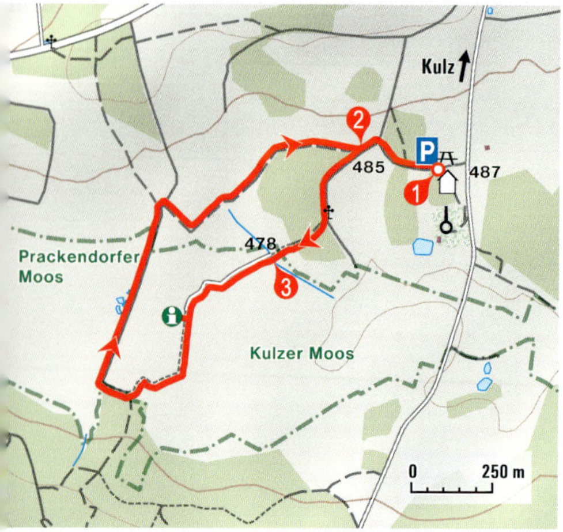

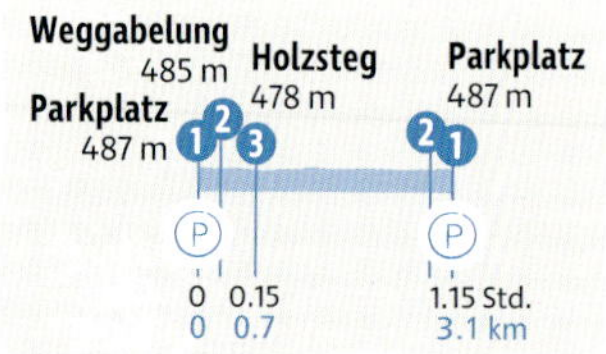

★Highlights

Trockenen Fußes auf hölzernen Stegen durch den unter Naturschutz stehenden Birken-Moorwald laufen.

Im Frühjahr dem Quak-Konzert der blauen Moorfroschmännchen lauschen.

Auf der 80 Hektar großen Moorfläche seltene Tiere und Pflanzen entdecken.

Moorgebiet. Unterwegs beschreiben zahlreiche Infotafeln die dort vorkommenden Pflanzen und Tiere. Zur Infotafel »Torfstich« machen wir rechts einen kleinen Abstecher. Eine Bank lädt hier zu einer kurzen Pause ein. Wir wandern bis zum Ende des Holzstegs durch das Moor und laufen dann auf einem Waldpfad weiter. An der nächsten T-Kreuzung biegen wir mit unserer Markierung rechts in Richtung Parkplatz ab. Auf einem Feldweg geht es zwischen den Moorflächen hindurch. Links und rechts des Weges sehen wir im Moor versunkenen Erlenbruchwald. Wir treten aus dem Wald heraus und folgen der Markierung scharf nach rechts, überqueren eine Wiese und treffen auf die schon vom Hinweg bekannte **Weggabelung 2**. Auf schon vertrautem Weg geht es zurück zum **Parkplatz 1**.

Hallo Kinder!

Im Prackendorfer und Kulzer Moos lebt der **vom Aussterben bedrohte Moorfrosch**. Der sehr unscheinbare, sechs bis acht Zentimeter große, bräunlich gefleckte Frosch fällt in der Moorlandschaft fast gar nicht auf. Doch in der Paarungszeit im Frühjahr ändert das **Männchen** sein Erscheinungsbild und **sein Körper schimmert dann bläulich**. Damit möchte er die Weibchen beeindrucken und natürlich auch die männlichen Konkurrenten. Während dieser Tage findet alljährlich sowohl ein lautes, blubberndes Konzert als auch ein farbenfrohes, bläulich schimmerndes Naturspektakel der männlichen Moorfrösche im seichten Gewässer statt.

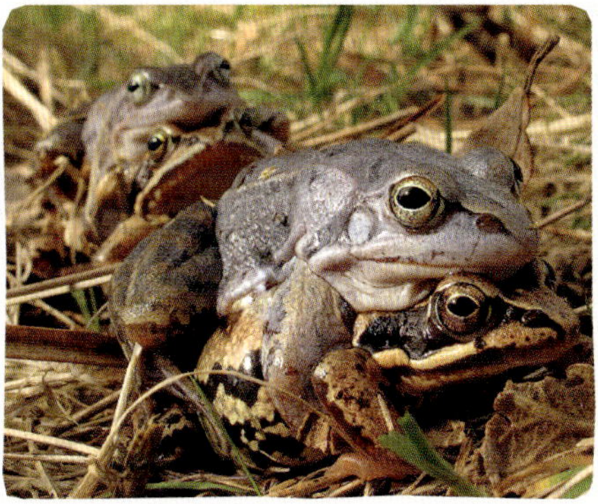

30 Burg Wolfstein und Krähentisch

WOLFSTEINBERG BEI NEUMARKT IN DER OBERPFALZ

2.00 STUNDEN

4,2 KILOMETER

↗ 120 HÖHENMETER

↘ 120 HÖHENMETER

MITTEL ab 5 Jahren

Imposante Burgruine und weiter Blick ins Land: Schon bei der Anfahrt per Auto sehen wir von Weitem die mächtigen Mauerreste der Burg Wolfstein. Im Schatten dieses Wahrzeichens liegt die Stadt Neumarkt in der Oberpfalz. Die Burg wurde im Mittelalter erbaut und nach wechselvoller Geschichte im Jahre 1504 während des Landshuter Erbfolgekriegs stark beschädigt. Seit Ende des 20. Jahrhunderts kümmert sich der Verein Wolfsteinfreunde Neumarkt e. V. liebevoll um die Burganlage, um ihre Reste freizulegen und den Bestand zu sichern. Zudem kann während der Sommermonate an Sonntagen bei schönem Wetter zwischen 13 und 17 Uhr der 22 Meter hohe Bergfried bestiegen werden und es werden Führungen angeboten. Nicht weit von der Burg entfernt befindet sich der Krähentisch, eine kuriose Felsformation, die an einen Tisch erinnert.

Ausgangspunkt: Parkplatz gegenüber Berghotel Sammüller, 487 m (Navi: Schafhofstraße 25, 92318 Neumarkt in der Oberpfalz). Anfahrt: Von der A3, Ausfahrt Neumarkt in der Oberpfalz, auf der B299a bis zur B299, dann rechts in die Amberger Straße. Die nächste links in die Regerstraße und etwas später links in die Kantstraße einbiegen. An deren Ende befindet sich der große Parkplatz.

ÖPNV: Haltestelle Schafhof der VGN-Buslinie 564. Weiter auf der Kantstraße bis zum Parkplatz (ca. 300 m).

Ausrüstung: Gut profilierte Wanderschuhe. Picknickdecke zur Rast am Krähentisch.

Anforderungen: Meist bequeme Wander- und Forstwege. Kurzes Teilstück am Schluss sehr steil und steinig. Überwiegend sonnige Tour.

Einkehr: Am Ausgangspunkt Berghotel Sammüller mit großer Sonnenterrasse (Schafhofstr. 25, 92318 Neumarkt i. d. OPf., Mo–Sa 11.00–22.00 Uhr, So und Feiertage 11.00–17.30 Uhr geöffnet, Tel. +49 9181 40570, sammueller.de).

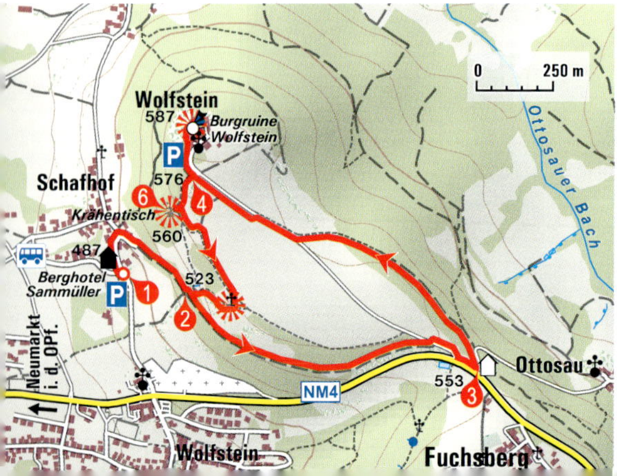

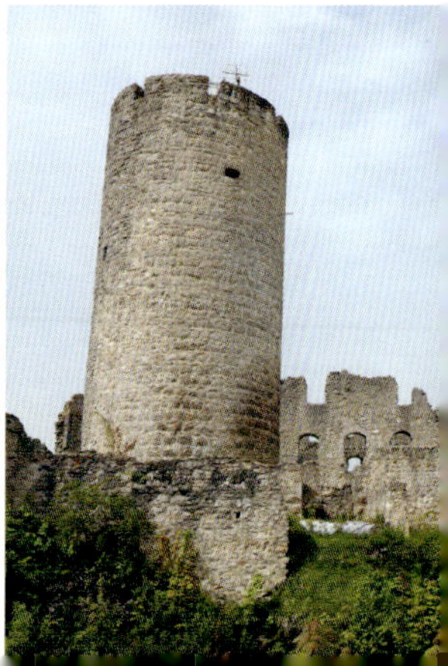

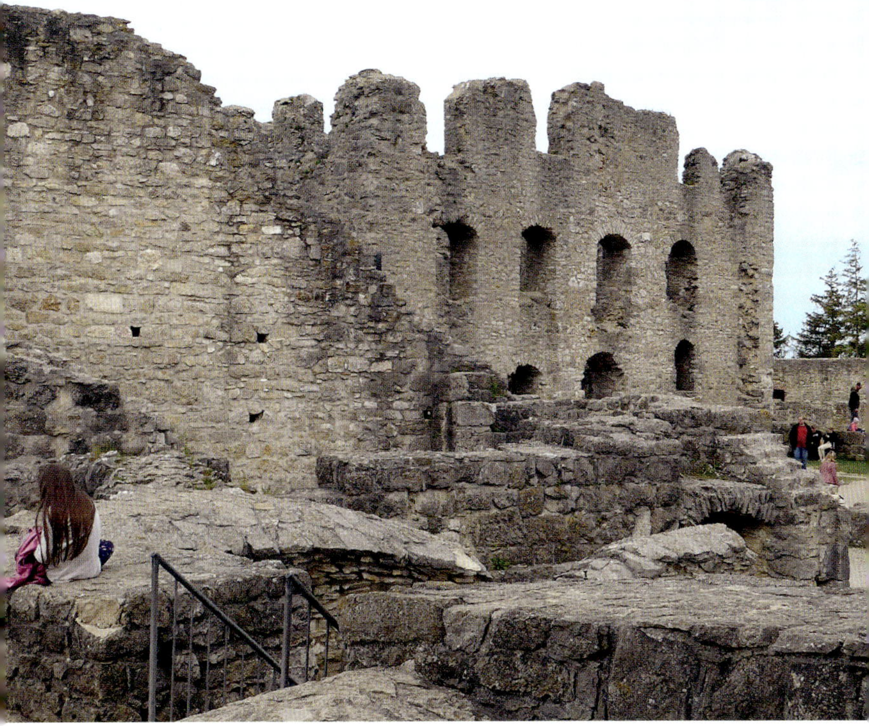

Wir besichtigen die Überreste der Burg Wolfstein.

Hallo Kinder!

Viele Sagen ranken sich um die **Burg Wolfstein**. Eine erzählt, dass ein **verborgener Schatz** auf der Burg liegt, den einst die Ritter von Wolfstein erbeutet haben sollen. Der Besitzer der Burg befahl seiner Tochter, dem Burgfräulein, den Schatz an arme Leute zu verteilen. Leider befolgte sie den Rat ihres Vaters nicht und behielt den Schatz für sich. Es heißt, dass das Burgfräulein seitdem zur Strafe nachts wehklagend durch die verfallenen Überreste der Burg wandert und erst dann erlöst wird, wenn einer den Schatz findet.

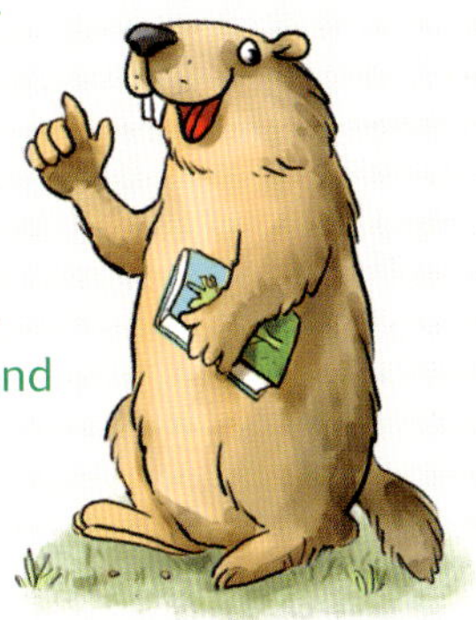

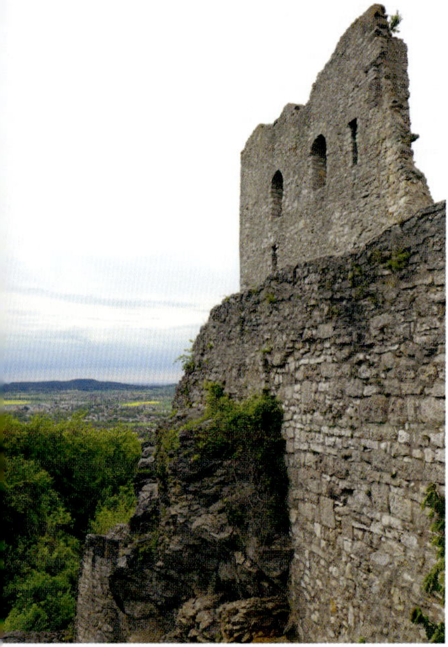

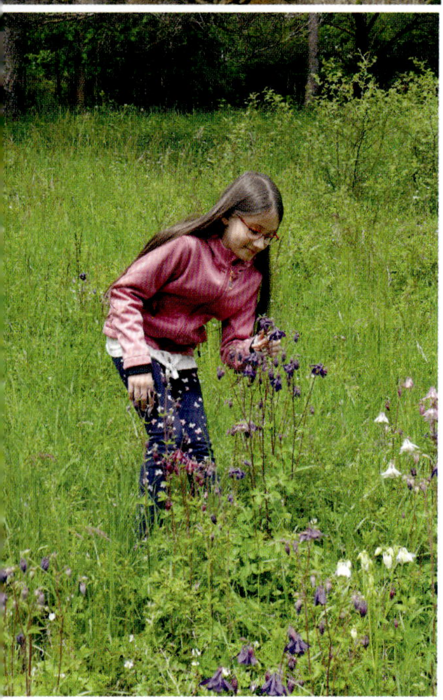

LOS GEHT'S Vom **Parkplatz ❶** folgen wir der Markierung »5« Richtung Fuchsberg (Wandertafel) am Berghotel vorbei durch die Schafhofstraße, dann rechts in die Straße »Zum Krähentisch«. Der markierte Weg steigt stetig etwas an und geht in einen geschotterten Wanderweg über. Wir kommen zu einer **Kreuzung ❷**, an der wir die Wegweiser zur Burgruine ignorieren und geradeaus den ruhigeren Weg entlang des Wolfsteinbergs nehmen. Auf seinen Hängen mit Magerrasen wachsen allerlei seltene Pflanzen und viele Insekten haben dort ihre Heimat. Am Ende der Magerrasenhänge treffen wir auf die Zufahrtsstraße zur Burgruine, auf der wir rechts ein Stück hinunter zur Kreisstraße NM4 gelangen. Wir halten uns links und gehen neben der Straße etwa 60 m bis zu einem **Unterstellhäuschen ❸**. Die Markierung »5« verlässt uns hier und wir biegen mit der Markierung »Burgensteig« links in die Straße nach Ottosau ein. In der nächsten Rechtskurve schwenken wir links auf einen Wanderpfad in den Wald ein. Kurz darauf kommen wir an eine Weggabelung, dort halten wir uns mit dem Burgensteig links Richtung Burgruine Wolfstein. Durch alten Buchenwald hindurch, vorbei an der »Wolfsteinalm«, treten wir aus dem Wald hinaus und sehen schon Teile der Burgruine. Über einen Wiesenpfad erreichen wir die geteerte Zufahrtsstraße und gehen noch ein Stück auf ihr bis zum **Park-**

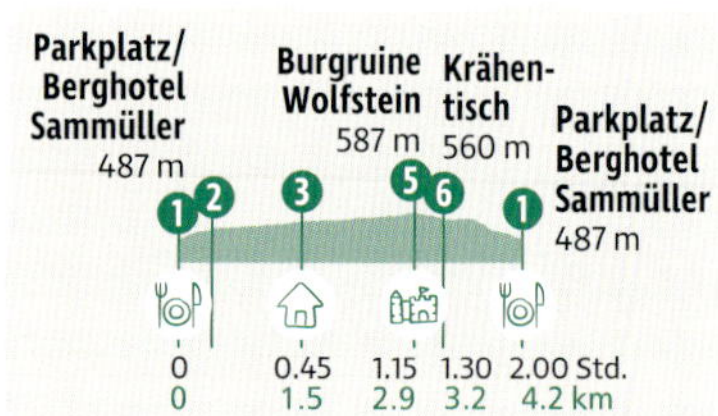

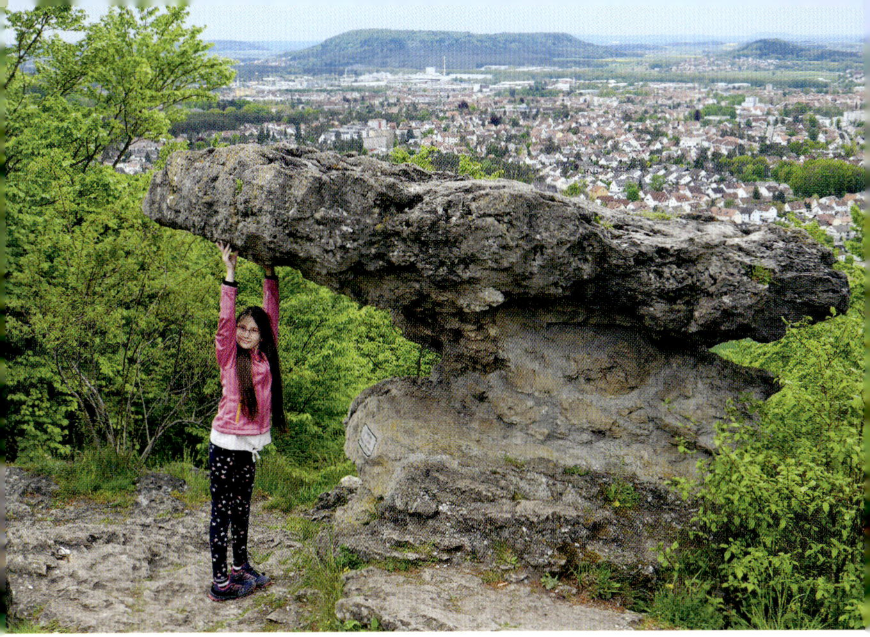

platz der Burgruine ❹ und hinauf zum Burggelände. Über eine Holzbrücke erreichen wir das Innere der **Burgruine Wolfstein ❺** mit ihren mächtigen Mauern und dem hohen Bergfried.

Nach ausgiebiger Besichtigung geht es zurück zum **Parkplatz der Burgruine ❹**, wo wir uns nun nach rechts wenden und den Parkplatz überqueren. Mit der uns schon bekannten Markierung »Burgensteig« wandern wir auf sanft abfallenden Wiesenpfaden hinunter zum **Krähentisch ❻**. Vorbei an mehreren Picknickmöglichkeiten und Rastbänken erreichen wir das markante **Gipfelkreuz**. Von dort oben genießen wir nochmals die schöne Aussicht, bevor wir mit unserer Markierung auf einem schmalen, steilen und steinigen Wanderpfad absteigen. Unten an der schon vom Hinweg bekannten **Kreuzung ❷** angekommen, wandern wir wieder hinunter zum **Parkplatz ❶**.

OBEN

Am Krähentisch.

LINKS OBEN

Von der Burgruine Wolfstein bietet sich ein sensationeller Ausblick.

LINKS UNTEN

Auf den Kalkmagerrasen können wir viele hübsche Blumen entdecken.

★Highlights

Über eine Holzbrücke das Innere der Burganlage Wolfstein erobern und bei schönem Wetter auf den 22 m hohen Bergfried hinaufsteigen.

Entlang des Magerrasenhangs an seltenen Blumen und Kräutern schnuppern.

Vom Krähentisch und vom Gipfelkreuz den grandiosen Fernblick über die Stadt Neumarkt in der Oberpfalz hinaus genießen.

31 Ruine Velburg und Hohlloch

RUND UM DEN SCHLOSSBERG

2.30 STUNDEN

5,4 KILOMETER

↗ 200 HÖHENMETER

↘ 200 HÖHENMETER

MITTEL ab 7 Jahren

Unterwegs im Reich der Bläulinge: Schnell ist das Plateau der Burgruine Velburg vom Parkplatz aus erreicht. Von dort bietet sich ein bezaubernder Blick auf die Stadt Velburg und das Tal der Schwarzen Laaber. Die ringsum felsige Juralandschaft mit ihren Trockenrasen hält eine vielfältige Flora und Fauna für uns bereit: Hier blühen unter anderem Hufeisenklee, Frühlingsmiere, Wiesenkuhschelle, Steinquendel und Brandknabenkraut, an denen sich auch viele Schmetterlinge erfreuen (siehe »Hallo Kinder«). Ein Highlight für kleine Höhlenforscher ist der anschließende Besuch des hoch oben gelegenen Kleinen und Großen Hohllochs. Jedes Jahr an den Pfingstfeiertagen findet am Großen Hohlloch das traditionelle Höhlenfest statt, dann wird die Höhle zum steinernen Bierzelt mit zünftiger Blasmusik.

Ausgangspunkt: Wanderparkplatz unterhalb der Burgruine, 556 m (Navi: Burgstraße 15, 92355 Velburg). Anfahrt: Von der A3, Ausfahrt Velburg, Richtung Velburg. Am Kreisverkehr in die Neumarkter Straße und auf deren Verlängerung, dem Wispeckweg, geradeaus bis zur Burgstraße. Auf dieser links bis zum Parkplatz am Waldrand.
ÖPNV: Haltestelle St. Anna der VGN-Buslinien 513, 542 und 542. Über die Parsberger Straße in die Burgstraße, Beginn und Ende der Tour dort (ca. 600 m).
Ausrüstung: Gut profilierte Sport- oder Wanderschuhe. Brotzeit und Getränke. Badesachen zum anschließenden Besuch des Naturbadesees. Warme Bekleidung zum Besuch der König-Otto-Tropfsteinhöhle.
Anforderungen: Überwiegend auf Wald- und Wiesenpfaden, ein Teilstück auf sehr wenig befahrener Teerstraße. Sehr steile An- und Abstiege im Bereich der Ruine und des Großen Hohllochs. Trittsicherheit erforderlich. Sowohl sonnige als auch schattige Abschnitte.
Einkehr: Unterwegs keine. Gaststätten in der Innenstadt von Velburg.

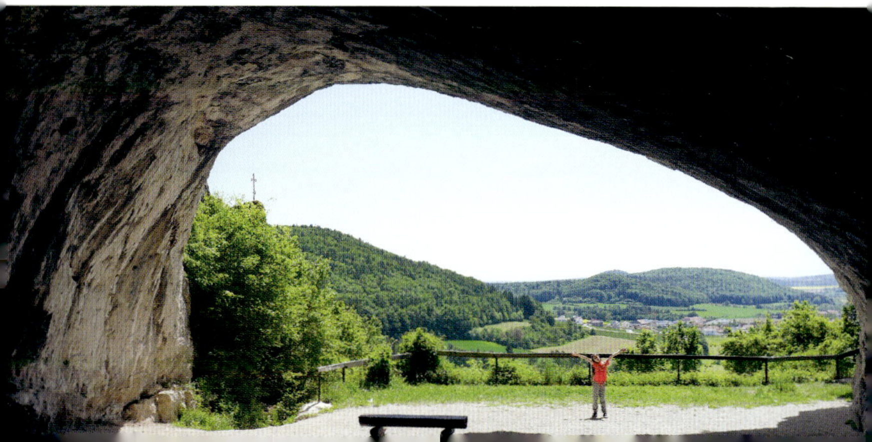

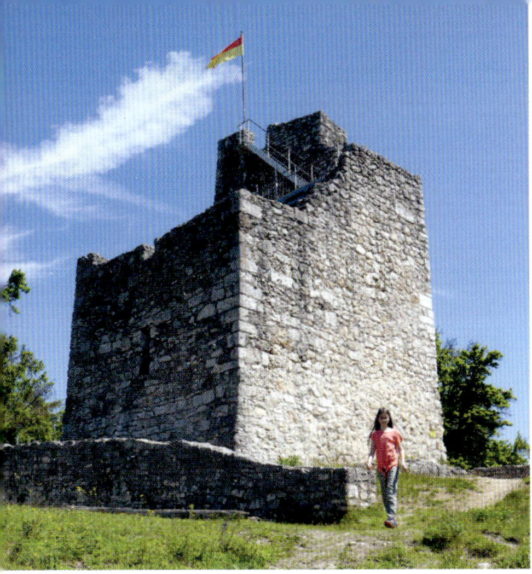

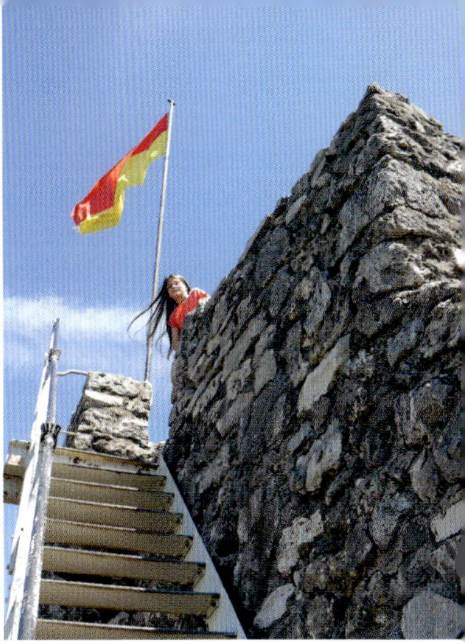

Kurzvariante: Wie bei der Haupttour beschrieben zur Burgruine und weiter bis zum Wanderweg mit der Markierung »roter Punkt«. Hier nach rechts zur Burgstraße und auf dieser rechts zurück zum Parkplatz (1,3 km, 0.45 Std., ab 4 Jahren).
Tipps: Naturbadesee im Stadtteil Altenveldorf (s. Freizeittipp B15). Besuch der Erlebniswelt-Velburg mit König-Otto-Tropfsteinhöhle (s. Freizeittipp F4) und Hochseilgarten mit Kleinkinderparcours ab 3 Jahren (s. Freizeittipp D3).

OBEN
Der Burgfried wird gleich erobert.
LINKS UNTEN
Großes Hohlloch mit prima Akustik und Ausblick.

LOS GEHT'S

Vom **Wanderparkplatz 1** aus folgen wir dem Wegweiser zur Burg und steigen auf einem Pfad leicht aufwärts. Viele Rastbänke laden zwischendurch zum Verweilen ein. Beim Wegweiser Burgtor biegen wir links ab und erreichen bald darauf den Zugang zur **Burgruine Velburg 2**. Nachdem wir die Anlage ausgiebig erkundet und den Burgfried bestiegen haben, verlassen wir die Ruine rechts haltend durch eine Öffnung in der Burgmauer. Wir gehen auf einem Wanderpfad etwas abwärts, bis wir das Gipfelkreuz sehen. Etwas vorher biegt ein schmaler Wiesenpfad nach links ab. Dieser läuft am Hang entlang, vorbei an einer Rastbank und an der verwachsenen »Alten Buche«, und führt uns dann serpentinenartig den Hang hinunter, bis wir am Ende auf einen **Wanderweg 3** mit der Markierung »roter Punkt« stoßen. Wem hier schon die Puste ausgeht, der kehrt mit der Kurzvariante nach rechts zurück zum Wanderparkplatz. Wir aber folgen dem »roten Punkt« nach links auf

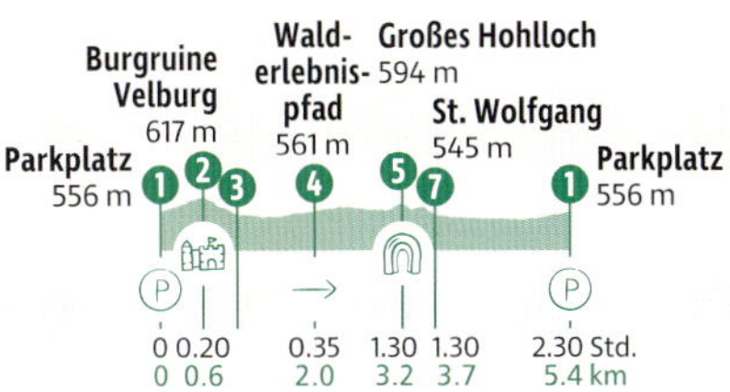

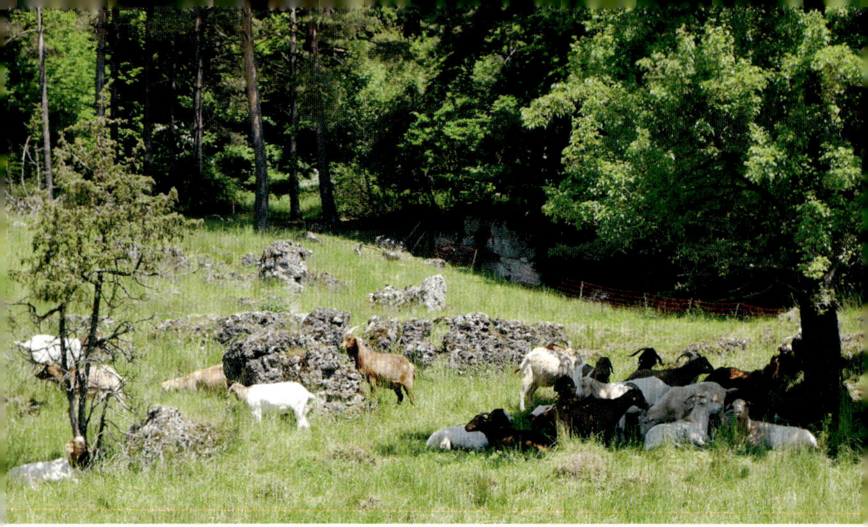

Eine Ziegenherde beim Weiden.

dem breiten Wanderweg am Fuße des Schlossbergs weiter. Unser Weg führt immer am Waldrand entlang, bis wir an einer T-Kreuzung auf den beschilderten **Walderlebnispfad am Burgberg Velburg ④** treffen. Rechts weiter bringt er uns zu einer Teerstraße, wo wir links mit dem Erlebnispfad weiterwandern. Die Teerstraße wechselt alsbald in einen Schotterweg über. Nach ca. 150 m verlassen wir den Walderlebnispfad und folgen rechts dem Schild »Hohlloch« ohne Markierung weiter. Kurz vor dem Großen Hohlloch biegen wir mit dem Wegweiser Richtung Hohlloch links ab. Der sehr steile Weg hinauf zur Höhle ist in wenigen Minuten geschafft. Oben erwartet uns das erfrischend kühle **Große Hohlloch ⑤**, von dem aus wir auch einen tollen Ausblick haben. Wir steigen auf demselben Weg wieder ab, biegen jedoch in der nächsten Rechtskurve des Weges links ohne Markierung auf einen schmalen Wanderpfad ab. Nach ca. 50 m eröffnet uns ein Pfad einen Abstecher hinauf zum **Kleinen Hohlloch ⑥**. Auch diese Höhle kann gefahrlos erkundet werden.

Ziegen sind prima Rasenmäher! Ihnen schmecken die vielen verschiedenen Kräuter und Gräser am Schlossberg.

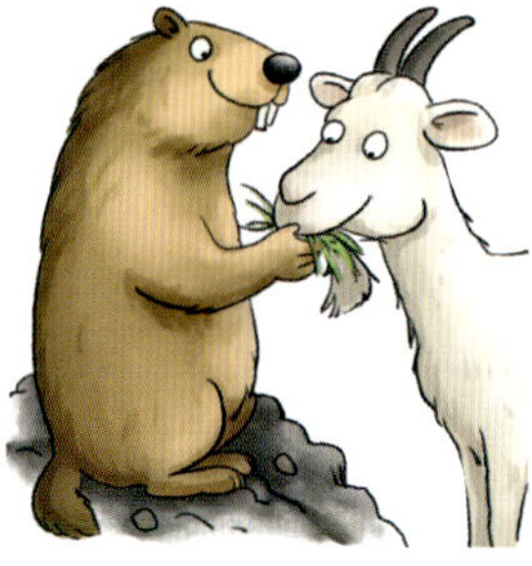

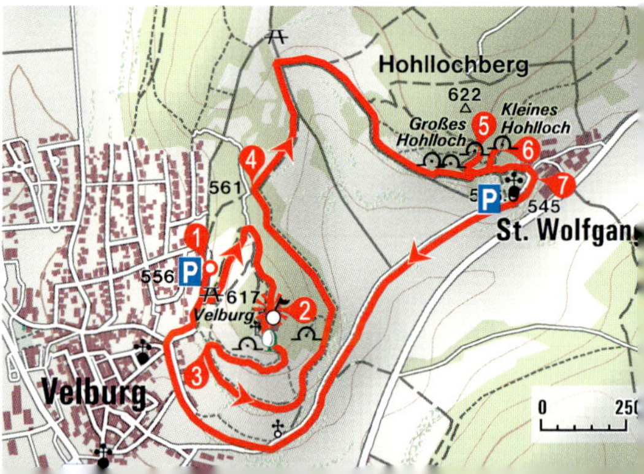

Hallo Kinder!

Auf den felsdurchsetzten Wiesen rund um den Schlossberg gibt es viele Insekten und Schmetterlinge. Besonders auffallend sind **bläuliche, metallisch schimmernde Falter**. Sie gehören zur Familie der **Bläulinge**. Meist sind die männlichen Falter auf der Flügeloberseite schön blau, die Weibchen hingegen eher bräunlich. Sie paaren sich gerne in der warmen Mittagszeit. Danach legt das Weibchen ihre Eier an Futterpflanzen wie dem Hufeisenklee ab, bevor im nächsten Frühling die Raupen schlüpfen. Interessant ist, dass die Raupen eine **Symbiose mit Ameisen** eingehen, das heißt sie nützen sich gegenseitig: Die Ameisen schützen die Raupen vor Feinden und erhalten als Dank dafür die süßliche, nach Honig schmeckende Ausscheidung der Raupen. Mitte Juli schlüpft dann aus der verpuppten Raupe ein wunderschöner Falter.

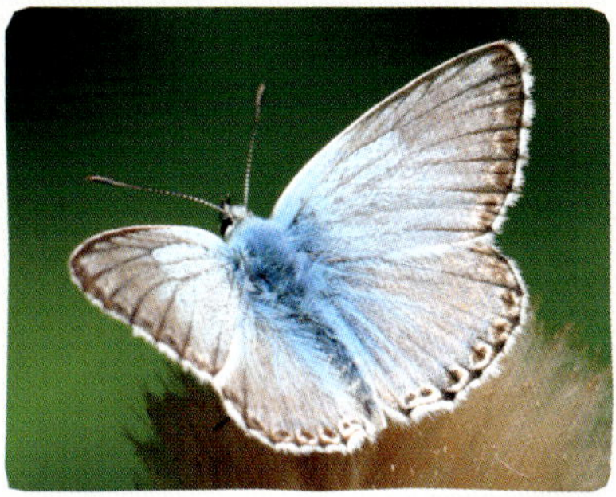

Der Wanderpfad bringt uns anschließend hinunter nach **St. Wolfgang 7**. Wir biegen rechts in die Teerstraße ein, vorbei an der Kirche und einem Parkplatz geht es zum Ort hinaus Richtung Velburg. Etwa 50 m nach der Kapelle »Vierzehn Nothelfer« schwenken wir an einem Marterl rechts in einen Landwirtschaftsweg ein. Er bringt uns zurück in die Stadt Velburg. Vorbei am Tiefs-Turm laufen wir durch die Straße »Zum Stadtturm« und biegen am Ende rechts in die Burgstraße ein, die uns rechts hinauf zum **Wanderparkplatz 1** führt.

★Highlights

Den Bergfried der Burgruine besteigen und auf die Stadt Velburg und das Tal der Schwarzen Laaber hinunterschauen.

Zum Großen und Kleinen Hohlloch hinaufsteigen und die Spalten und Nischen der beiden Höhlen erkunden.

Während der Pfingstfeiertage das Höhlenfest im Großen Hohlloch besuchen.

In den Wiesen an duftenden Kräutern schnuppern, Schmetterlinge beobachten und den Ziegen beim Grasen zusehen.

32 Burgensteig Kallmünz

RUND UM DEN SCHLOSSBERG

1.15 STUNDEN

2,5 KILOMETER

↗ 100 HÖHENMETER

↘ 100 HÖHENMETER

MITTEL | ab 5 Jahren

Haus ohne Dach: Der Markt Kallmünz, dort wo die Vils in die Naab fließt, wird liebevoll auch die Perle des Naabtales genannt und ist schon lange kein Geheimtipp mehr. Unser Spaziergang führt uns durch malerische, enge, verwinkelte Gassen, vorbei an wunderschönen alten, bemalten Bürgerhäusern. In den danebenliegenden hohen Dolomitfelsen entdecken wir das »Haus ohne Dach«, eine Höhlenwohnung. Obendrauf auf dem Felsmassiv sitzt die mittelalterliche Burgruine, der wir nach einem kurzen, jedoch steilen Fußmarsch einen Besuch abstatten. Am Ende unserer Tour schlendern wir am Promenadenufer der Naab entlang und lassen uns in den gemütlichen Gaststätten, Straßencafés oder in der Eisdiele verwöhnen.

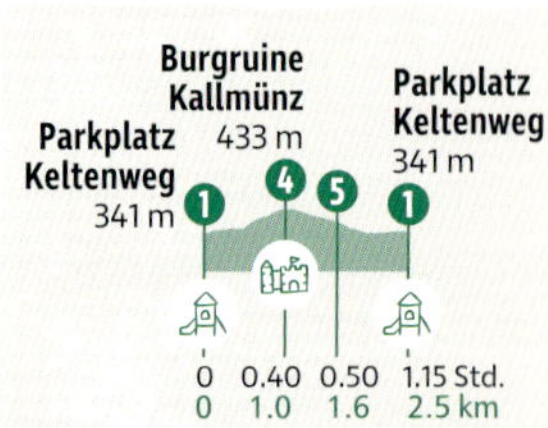

Ausgangspunkt: Parkplatz unterhalb des Rathauses in Kallmünz, 341 m (Navi: Keltenweg 1, 93183 Kallmünz). Alternativ große Parkbucht in der Eicher Straße (Navi: Eicher Straße 16, 93183 Kallmünz). Anfahrt: Von der A3, Ausfahrt Beratzhausen, auf der St2041 hinunter ins Naabtal. Dort auf der St2165 links, bis in Kallmünz rechts die Dinauer Straße abbiegt. Auf ihr über die Vils, dann rechts durch die Vilsgasse, bis rechts ein Wegweiser zum Parkplatz im Keltenweg weist. Zum alternativen Parkplatz auf der St2165 bleiben, dann rechts nach Eich. Im Ort rechts Richtung Kallmünz bis zum Parkplatz in der Eicher Straße.

ÖPNV: Haltestelle Kallmünz Alte Dinauer Straße der RVV-Linie 15 aus Richtung Regensburg Hauptbahnhof und RVV Linie 116 aus Richtung

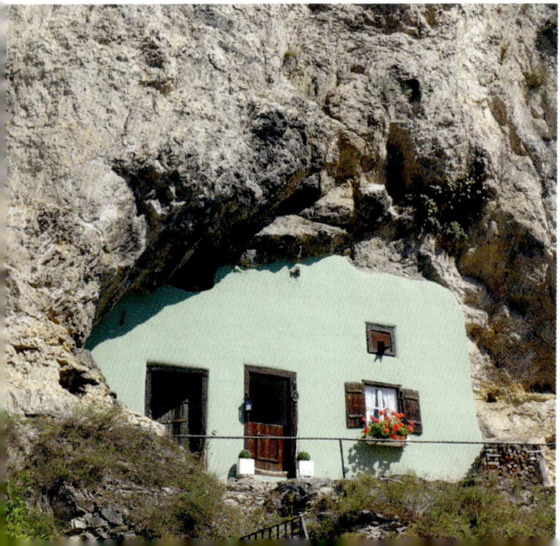

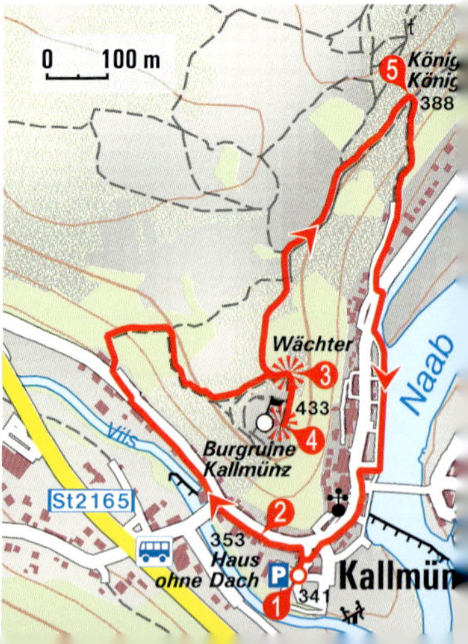

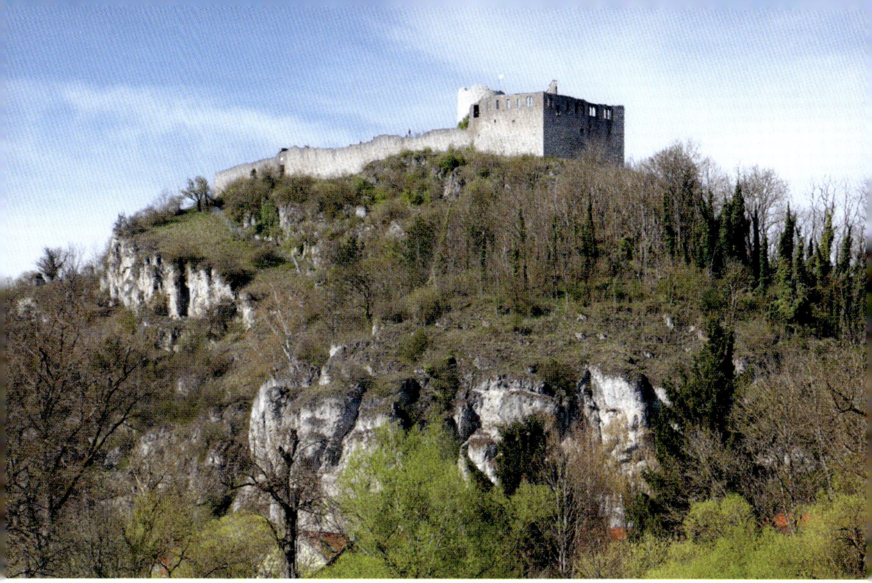

Regenstauf. Mit der Dinauer Straße die Vils überqueren. Wanderung startet und endet dann in der Vilsgasse nicht weit vom »Haus ohne Dach« (5 Min. Gehzeit).
Ausrüstung: Feste, gut profilierte Wanderschuhe, Sonnenschutz, Fernglas.
Anforderungen: Steiler Auf- und Abstieg zur Burg über schmale Pfade. Ansonsten bequeme, breite Wege durch die Altstadt und entlang des Naabufers. Überwiegend sonnige Wanderung.
Einkehr: Diverse Möglichkeiten im Bereich des Marktplatzes.
Tipp: Kostenloser Wild- und Freizeitpark Höllohe mit großem Waldspielplatz (s. Freizeittipp A7).

OBEN
Hoch oben thront die Burgruine Kallmünz.
LINKS UNTEN
Die Höhlenwohnung »Haus ohne Dach«.

LOS GEHT'S Vom **Parkplatz ➊** laufen wir auf dem Keltenweg vorbei an der Verwaltungsgemeinschaft Kallmünz und biegen danach links in die Vilsgasse ein. Schon bald kommen wir am **Haus ohne Dach ➋** vorbei. Sein natürliches Dach ist der umgebende Dolomitfelsen. Weiter entlang der Vilsgasse mit ihren alten, bemalten Häusern. Bei Hausnummer 56 biegen wir halb rechts in einen geteerten Weg ein (Wegweiser »Zur Burg«). Kurz vor der Hausnummer 60 geht es rechts auf einem steilen Pfad nach oben. An einer Weggabelung im Wald halten wir uns rechts und treten aus dem Wald hinaus. Der Pfad steigt steil an. In Sichtweite der Burgruine halten wir uns links und wandern um die Burganlage herum bis zur **Anhöhe ➌**. Dort sehen wir auch die Holzskulptur »Wächter«. Rechts durch das Torhaus gelangen wir in die **Burgruine ➍**, wo nach dem anstrengenden Aufstieg mehrere Picknickplätze zu einer Pause einladen. Wer den Burgfried be-

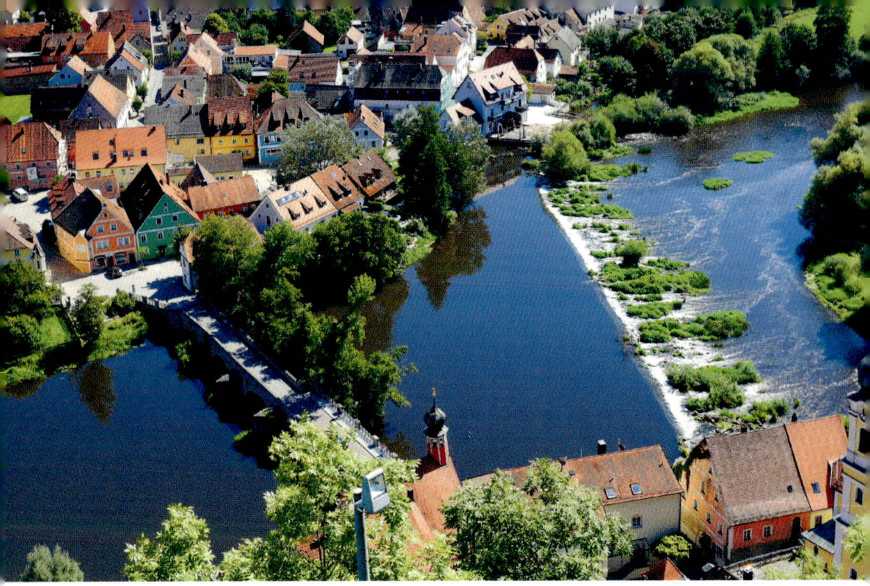

OBEN

Blick auf die Naab und die umliegenden farbenfrohen Häuser.

UNTEN LINKS

Steinskulpturen »König und Königin«.

UNTEN RECHTS

An der Uferpromenade können wir die Seele baumeln lassen.

steigt, hat von dort oben einen herrlichen Blick auf die gesamte Burganlage, den Ort Kallmünz und die beiden Flüsse Vils und Naab, die in Kallmünz zusammenfließen.

Wir verlassen die Burganlage wieder durch das Torhaus und laufen auf der **Anhöhe 3** geradeaus auf einem geteerten Weg weiter. Dieser geht in einen geschotterten Feldweg über. Mit ihm wandern wir durch schöne Kalkmagerrasenhänge, haben einen Blick auf die Vils und halten uns immer rechts. Alsbald erreichen wir die **Skulpturen »König und Königin« 5**, dort biegen wir rechts in einen steilen, steinigen Pfad nach unten ein. Dieser bringt uns zunächst hinunter in den Eselweg, der in die Eicher Straße mündet (der alternative Parkplatz befindet sich ein Stück weiter ortsauswärts). Wir wenden uns nach rechts und laufen auf der Eicher Straße Richtung Ortsmitte. Kurz vor dem Stadttor biegen wir links in die Flusspromenade ein. Entlang der Naab

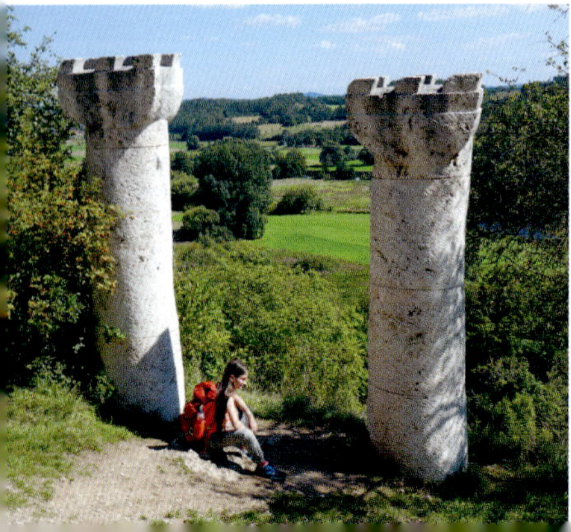

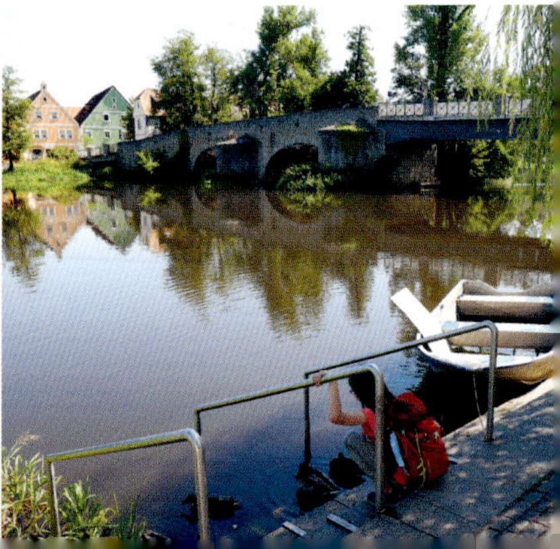

Hallo Kinder!

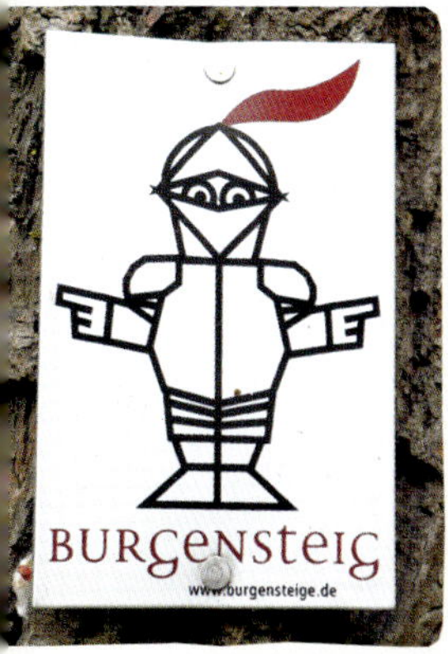

Ich wollte mich mal kurz vorstellen, **Ritter Wonnebold**. Obwohl ich etwas mittelalterlich aussehe, wurde ich erst im Jahre 2008 geboren. Heute diene ich als Wegweiser, der euch von einer Burg zur nächsten Burg bringt. Im Regensburger Land wurden gleich **fünf Burgensteige** angelegt, die euch zu 44 alten Burgen und Ruinen leiten. Meine Wenigkeit unterstützt euch als Wegbegleiter, Anreisehelfer, Warnbold, Schlaubold, Infobold, Ess- und Trinkbold. Jedoch, ihr braucht eine gute Kondition, denn mehr als 200 Kilometer weit müsstet ihr für die gesamte Strecke marschieren! Ich wusste es, so weit wollt ihr nicht wandern. Darum sind in diesem Buch mehrere kürzere Touren, auf denen ihr mich ab und an trefft, um euch ein kleines Stück zu begleiten. Dort wo ich auftauche, gibt es natürlich immer schöne Burganlagen oder -ruinen zu sehen. Ihr findet mich zum Beispiel auch bei den Touren 30 und 31.

laden viele Ruhebänke zur Pause ein. Kurz vor der Steinernen Brücke schwenken wir rechts in eine Gasse ein, die uns auf den Marktplatz bringt. Wir durchqueren ihn, vorbei an mehreren Einkehrmöglichkeiten, und spazieren auf der Vilsgasse weiter. Wir schlendern vorbei an den alten Häusern der Ortschaft, bis uns links der Keltenweg zurück zum **Parkplatz ❶** bringt.

★Highlights

Die Burgruine Kallmünz hoch oben auf dem Felssporn erklimmen und über die Burgmauer hinweg Blicke auf Kallmünz am Zusammenfluss von Naab und Vils werfen.

Unterwegs das in den Fels gebaute »Haus ohne Dach« bestaunen.

Die Flusspromenade der Naab entlangschlendern und dabei den Enten zusehen.

Die bunten Häuser von Kallmünz bewundern und leckeres Eis beim Eiscafé in der Innenstadt schlecken.

Neben dem Parkplatz, auf dem neugebauten Spielplatz »Erlebnisstation an der Vils«, vor der Heimfahrt noch eine Spielpause einlegen.

33 Schlossberg Regenstauf

BLICK INS REGENTAL

1.30 STUNDEN

2,9 KILOMETER

↗ 130 HÖHENMETER

↘ 130 HÖHENMETER

MITTEL ab 5 Jahren

Ritterspielplatz sowie Vogel- und Umweltstation: Einst krönte im 12. Jahrhundert eine Höhenburg den Schlossberg von Regenstauf, die wahrscheinlich im Dreißigjährigen Krieg zerstört wurde. In den folgenden Jahrzehnten trug man die Burgruine ab. Jahrhunderte später plante man, auf diesem Platz ein Benediktinerkloster mit Kirche zu errichten. Schließlich begann 1891 der Bau des Kirchturms, aber zur Fertigstellung der Kirche kam es nie. Nach dem Ende des Zweiten Weltkrieges wurde der beschädigte Turm erhöht und als Aussichtsturm eröffnet. Heute ist der Schlossberg ein bezauberndes Ausflugsziel für die ganze Familie mit Gastwirtschaft, Aussichtsturm und einem Baumpfad, der verschiedene Baumarten vorstellt. Außerdem entstanden für Kinder zwei Ritterburg-Spielplätze. Ein Kletterturm mit Rutsche, Holzritter und Holzturnierpferde begeistern hier kleine Ritter und Burgfräulein.

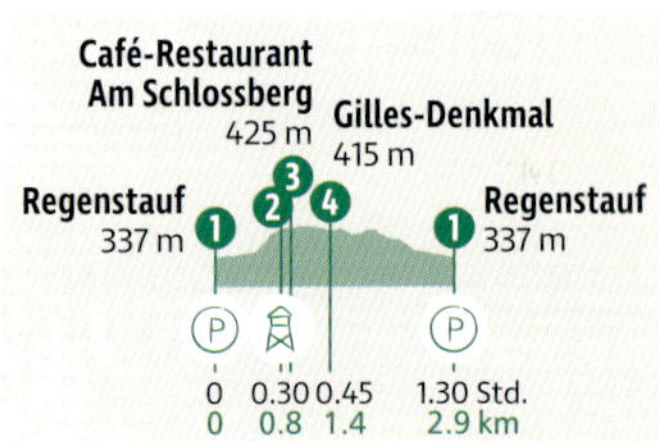

Ausgangspunkt: Großer öffentlicher Parkplatz neben der Vogel- und Umweltstation des Landesbunds für Vogel- und Naturschutz (LBV), 337 m (Navi: Masurenweg 19, 93128 Regenstauf). Anfahrt: Von der A93, Ausfahrt Ponholz, auf der St2397 in Richtung Regenstauf. Am Marktplatz rechts in den Suttenweg. Geparkt werden kann bereits hier oder auf dem etwas größeren Parkplatz rechts im Masurenweg.

ÖPNV: Haltestelle Regenstauf der Regionalbahnlinien RB 23 aus Richtung Regensburg/Marktredwitz und RB 40 aus Richtung Regensburg/Nürnberg. Den Bahnhof nach links verlassen und durch die Bahnhofstraße geradewegs in den Masurenweg bis zum Ausgangspunkt der Tour am Parkplatz (5 Min. Gehzeit).

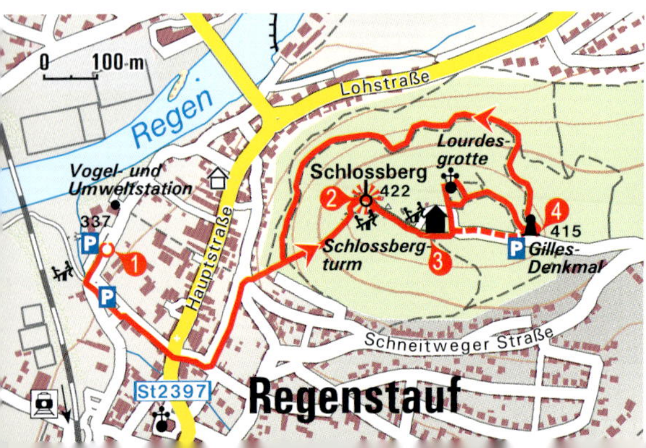

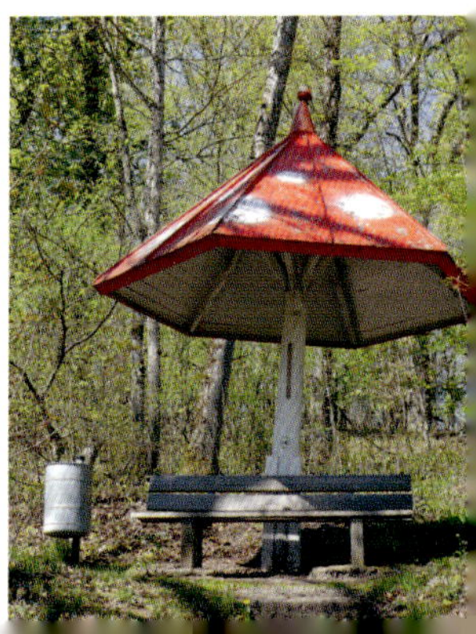

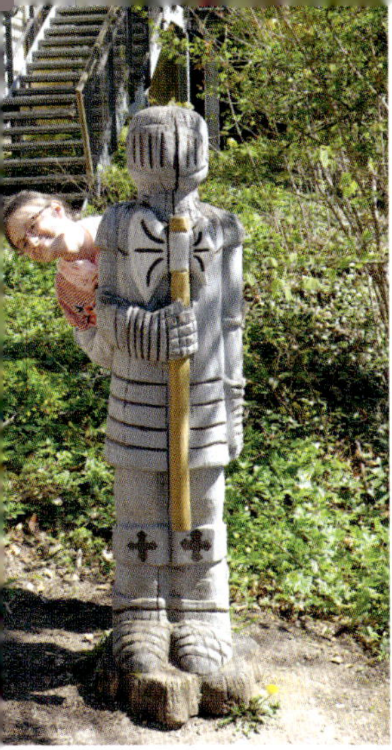

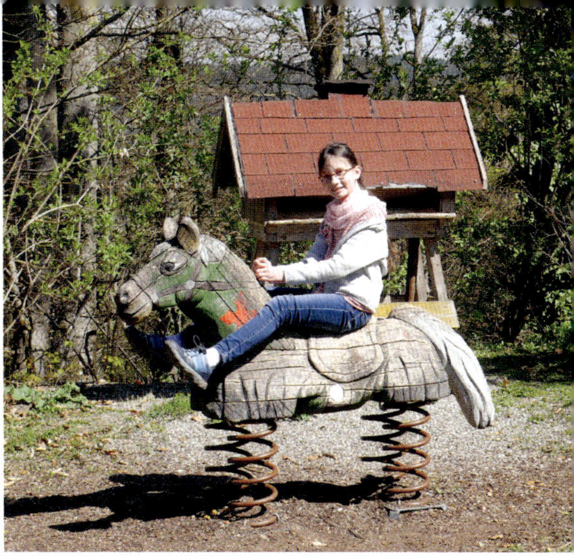

Ausrüstung: Festes Schuhwerk, Fernglas, Sonnenschutz.
Anforderungen: Anfangs steiler Aufstieg über zahlreiche Stufen hinauf zum Turmplatz. Sonst leichtes Auf und Ab auf schmalen Wanderpfaden. Im Bereich des Marktplatzes hauptsächlich geteerte Nebenstraßen. Teils sonnige, teils schattige Wegabschnitte.
Einkehr: Café & Restaurant Am Schlossberg mit großem Biergarten und Ritterspielplatz (schlossberg-regenstauf.com, Tel. +49 9402 9485585, Do bis Sa 17.00–22.00 Uhr, So und Feiertage 11.00–21.00 Uhr geöffnet). Zusätzlich mehrere Einkehrmöglichkeiten rund um den Marktplatz.
Kurzvariante: Vom Parkplatz am Gilles-Denkmal auf bequemem Weg vorbei am »Fliegenpilz« und am Café & Restaurant Am Schlossberg bis zum Turmplatz und wieder zurück (0,7 km, 0.25 Std., ab 2 Jahren). Mit jedem Kinderwagen bzw. Laufrad machbar.
Tipps: Flussbaden im Regen im Valentinsbad (Regentalstraße), Bootswandern auf dem Regen (www.bootswandern.de).

OBEN

Herumtollen auf dem Ritterspielplatz.

LINKS UNTEN

Schattiger Sitzplatz unter dem Fliegenpilz.

★Highlights

Am nördlichen Ende des Parkplatzes die Vogel- und Umweltstation des LBV besuchen (Voranmeldung unter Tel. +49 9402 7899570 erforderlich).

Spiel und Spaß auf zwei herrlich gestalteten Ritterspielplätze auf dem Schlossberg und am großen Spielplatz in der Nähe des Parkplatzes.

Den Schlüssel zum Schlossbergturm im Café & Restaurant Am Schlossberg holen und den Turm besteigen.

Schlemmerpause im sonnigen Biergarten des Café & Restaurant Am Schlossberg.

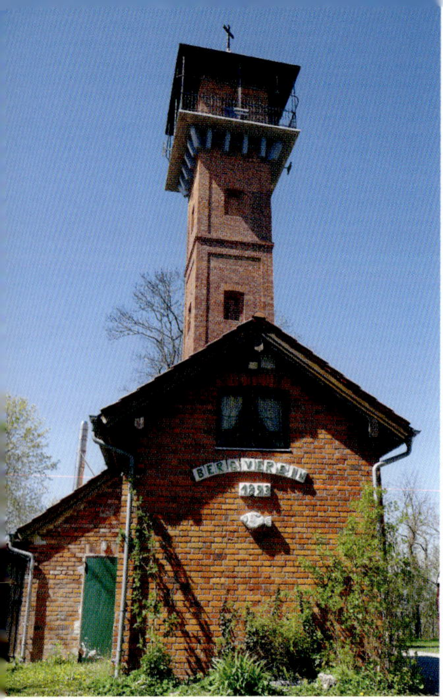

LOS GEHT'S Vom **Parkplatz ❶** gehen wir entlang des Masurenwegs und biegen zwischen Spielplatz und Toilettenhäuschen links in den Alternativparkplatz ein. Über den Parkplatz hinweg erreichen wir den Suttenweg und anschließend den Marktplatz. Diesen überqueren wir an der Ampel und laufen am Brunnen vorbei in die Amannstraße. Dann geht es gleich links durch die Englburgergasse, bevor wir an einer Treppe rechts dem Wegweiser »Schlossberg/Kreuzweg/Aussichtsturm« folgend aufsteigen. Über unzählige Treppenstufen gewinnen wir auf dem Kreuzweg zum Aussichtsturm schnell an Höhe und erreichen alsbald den **Turmplatz ❷**. Ein liebevoll gestalteter Ritterspielplatz mit Ritterburg und Holzpferden lädt zu einer Verschnaufpause ein. Zur Besteigung des Aussichtsturms benötigen wir einen Schlüssel, der beim ca. 100 m entfernten Café & Restaurant Am Schlossberg abgeholt werden kann (Kaution 20 €, Eintritt Erwachsene 1 €, Kinder 50 Cent). Daher überqueren wir den Turmplatz und wandern geradewegs zum nahe gelegenen **Café & Restaurant Am Schlossberg ❸**.

Nach der Turmbesteigung wandern wir hinter dem Restaurant links hinauf zur Lourdesgrotte (Wegweiser). Anschließend gehen wir von der Grotte ein Stück zurück bis zum Beginn des

OBEN

Aussichtsturm auf dem Schlossberg.

UNTEN

Gebetshaus an der Lourdesgrotte und Aufstieg zum Schlossberg.

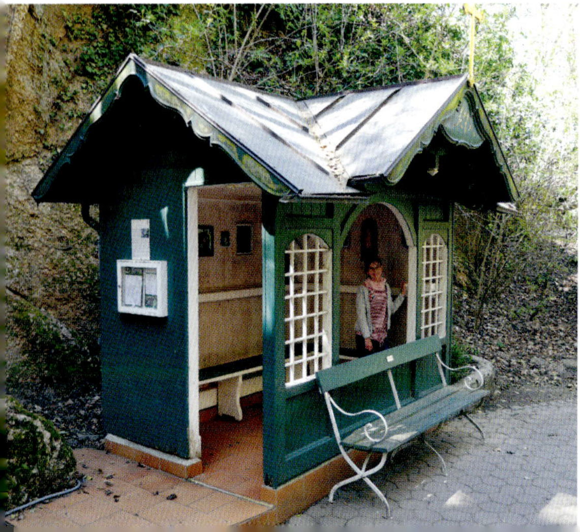

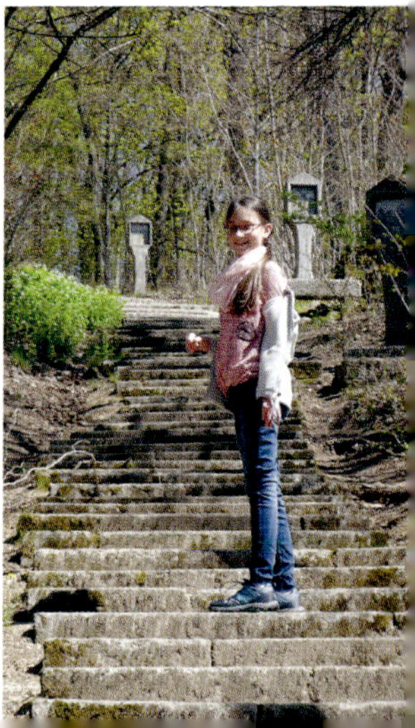

Hallo Kinder!

Sicherlich fällt euer Blick auf dieser Wanderung öfters hinunter auf den **Fluss Regen**, der dem Markt Regenstauf im Mittelalter seinen Namen gegeben hat. Schon im Wappen des Ortes zeigen die zwei gekreuzten Fische die Bedeutung des Flusses für die Versorgung der Bevölkerung. Der Regen ist der **zweitlängste Fluss in der Oberpfalz**. Zwei seiner Quellflüsse entspringen in Tschechien, dazu gesellt sich noch der Weiße Regen, der im Bayerischen Wald entspringt. Zusammen bilden sie den Fluss Regen, der bei Regensburg in die Donau mündet, die schließlich ins Schwarze Meer fließt.

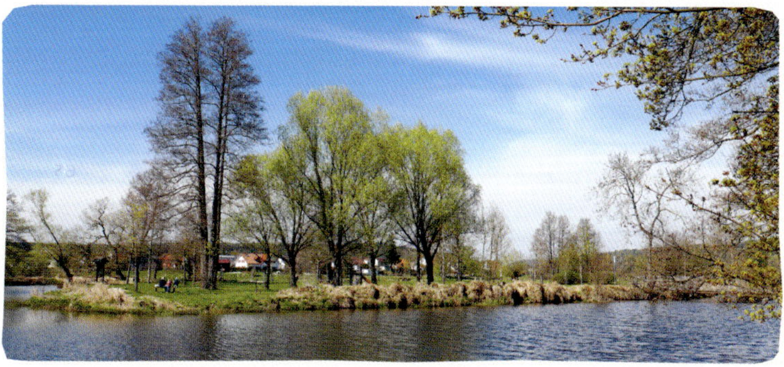

Baumpfades an der Hainbuche. Dort setzt sich unsere Route links auf einem schmalen Wanderpfad fort (Schild »Fußweg zum Marktplatz/Bgm.-H.-Hoffmann-Weg«). Gleich zu Beginn entdecken wir links einen Pavillon, zu dem wir einen kurzen Abstecher unternehmen. Wir folgen dem beschilderten Lehrpfad, der uns an allerlei Baumarten vorbeibringt. Beim Kriegerdenkmal treten wir aus dem Wald heraus und erblicken den Parkplatz am **Gilles-Denkmal ④**. Unser Wanderweg biegt gleich vor dem Gedenkstein scharf links in einen Mischwald ein. Über den Bernhard-Gilles-Weg geht es auf bequemem Pfad um den Berg herum. Zahlreiche Sitzbänke laden zum Verweilen ein. Wir treffen wieder auf den Kreuzweg, der uns nun nach unten bringt. Auf schon bekanntem Weg geht es zurück zum **Parkplatz ①** und zur Vogel- und Umweltstation.

Besucht doch die Vogel- und Umweltstation! Hier gibt es eine Pflegestation für einheimische Wildvögel.

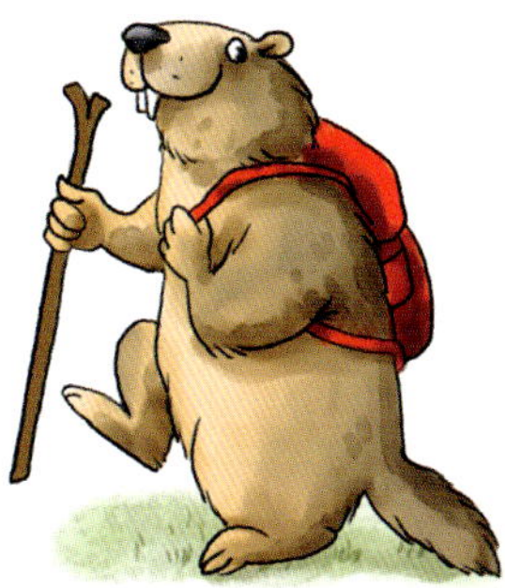

34 Märchenwald Laumertal

IM STÄDTEDREIECK REGENSBURG – CHAM – STRAUBING

0.35 STUNDEN

1,1 KILOMETER

↗ 20 HÖHENMETER

↘ 20 HÖHENMETER

LEICHT ab 2 Jahren

Auf den Spuren der Gebrüder Grimm: Einen entspannten Einstieg in die Wanderregion Oberpfalz verspricht diese kleine Runde für Jung und Alt. Im abgelegenen Laumertal bei Buchberg entstand ein liebevoll und detailreich gestalteter Märchenwald, der die Augen von Kindern und Erwachsenen zum Glänzen bringt. Hier tauchen wir in zehn verschiedene Geschichten der Gebrüder Grimm ein, die die Künstlerin Rosi Baumgarten erstaunlich eindrucksvoll gestaltet hat. Ausrangierte Gegenstände wie rostige Türschlösser, antike Betten, Hausutensilien und hölzerne Kassettentüren wurden passend im Wald in Szene gesetzt. Welches Kind möchte nicht ins Hexenhäuschen der bösen Hexe gucken, Schneewittchens Zwerge kennenlernen oder den Froschkönig küssen? Und obendrein können wir per Audioguide an jeder Station den spannenden Märchen lauschen.

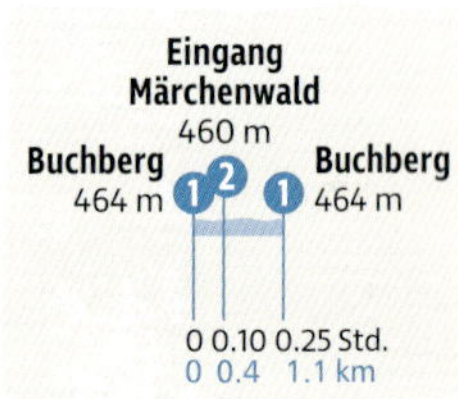

Ausgangspunkt: Parkbuchten unterhalb des Restaurants Laumertal, 464 m (Navi: Buchberg 2, 93179 Brennberg).
Anfahrt: Von der A3, Ausfahrt Wörth an der Donau-Ost, in Richtung Norden durch Wörth an der Donau und auf der St2146 weiter in Richtung Falkenstein. Kurz vor Rettenbach links nach Brennberg abbiegen. Zuerst durch die Höllbachstraße, dann links in die Johannisstraße. Nach ca. 80 m gleich wieder links in Richtung Buchberg/Laumertal abbiegen. Dem Straßen-

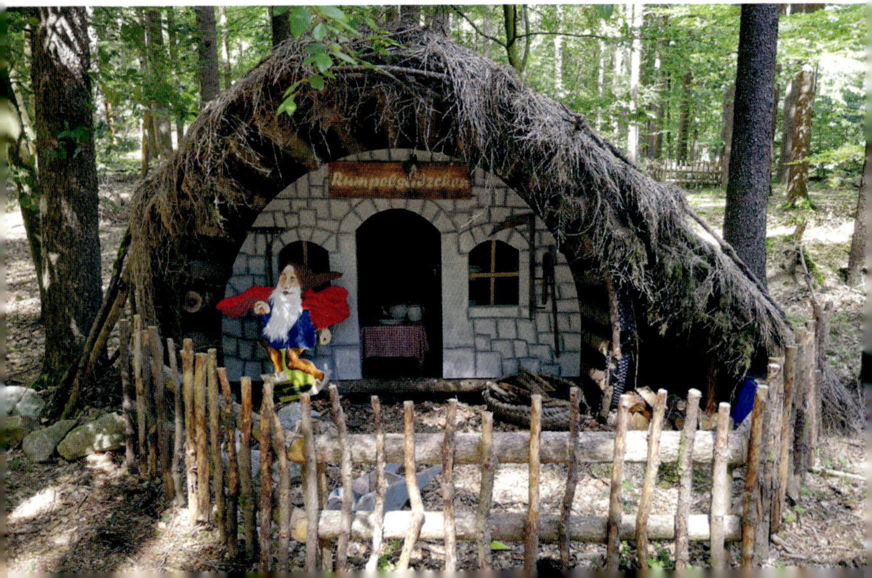

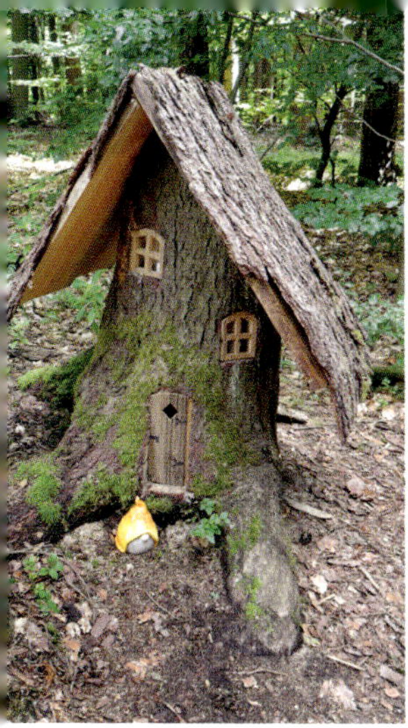

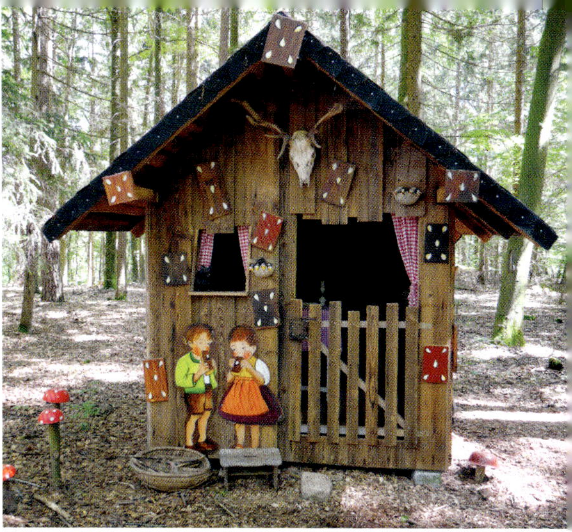

verlauf folgen bis zu den Parkbuchten unterhalb des Restaurants Laumertal.
Ausrüstung: Trekkingsandalen oder leichte Sportschuhe. Handy zum Nutzen des Audioguides (QR-Codes). Evtl. Proviant für unterwegs, da das Restaurant Laumertal zum Teil nur abends geöffnet ist.
Anforderungen: Ebene Forst- und Landwirtschaftswege. Mit Kinderwagen und Laufrad machbar. Überwiegend schattige Wanderung.
Einkehr: Restaurant Laumertal (Buchberg 2, 93179 Brennberg, laumertal.de, Tel. +49 9484 8999000, Do bis Sa 17.00–22.00 Uhr und So 11.00–14.00 Uhr geöffnet, im Sommer Biergartenbetrieb sonntags 14.00–18.00 Uhr).
Tipp: Nach der Tour bietet sich ein Besuch des nicht weit entfernten, kostenpflichtigen Nepal Himalaya Parks an (Martiniplatte, 93109 Wiesent; nepal-himalaya-pavillon.de. (s. »Hallo Kinder«).

OBEN

Ein Wichtelhäuschen und das Hexenhaus von Hänsel und Gretel.

LINKS UNTEN

Rumpelstilzchens Häuschen, tief im Wald.

★Highlights

Die lebensgroßen Figuren im Märchenwald entdecken.

Per Audioguide an den Stationen das jeweilige Märchen der Gebrüder Grimm anhören.

Auf Hin- und Rückweg die Tiere auf den nebenan liegenden Pferdekoppeln und im Alpakagehege beobachten.

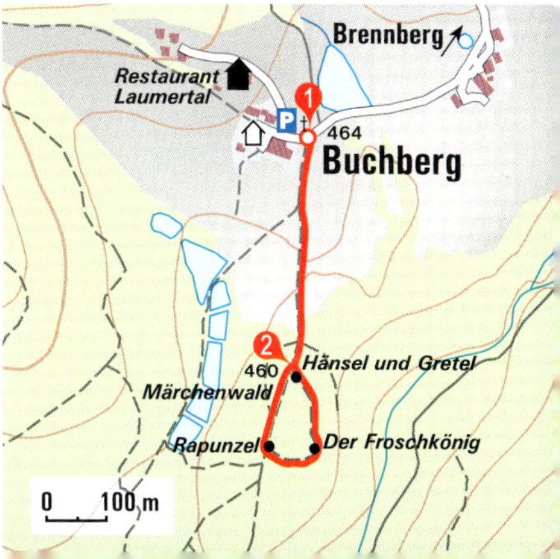

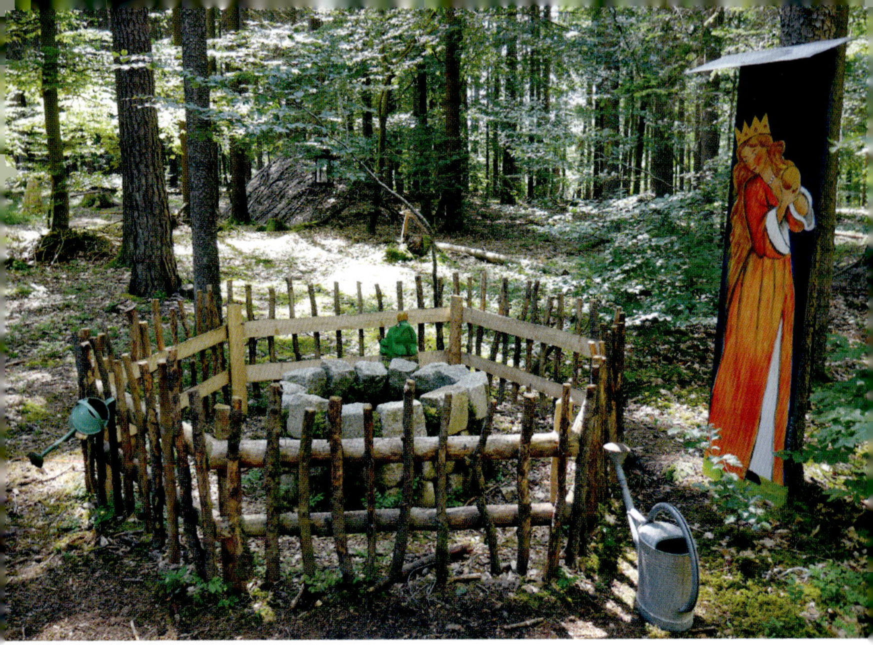

Die Märchenstationen Froschkönig und Rapunzel.

LOS GEHT'S Schräg gegenüber dem Löschteich am Ortsrand von **Buchberg** ❶ beginnt unser kleiner Spaziergang mit der Markierung »blaues Rechteck«. Der Wanderweg verläuft zuerst durch einen lauschigen Hohlweg, dann nach links zwischen grünen Wiesen hindurch. Bevor wir in den Wald eintauchen, entdecken wir Pferdekoppeln und Alpakagehege.

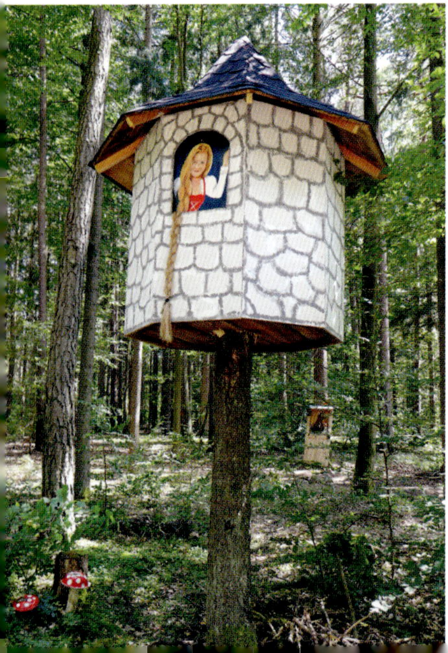

Am **Eingang des Märchenwalds** ❷ empfängt uns als erstes Märchen **Rotkäppchen** und wir entdecken ein paar wunderbar gestaltete Wichtelhäuser. Das bemalte Kopfteil eines alten Betts weist uns den Weiterweg durch den Märchenwald. Wir biegen links ein und durchqueren mit **Hänsel und Gretel**, der **Hasenschule**, den **Sterntalern**, dem **Froschkönig** und vielen weiteren Märchengeschichten den Wald.

Beim Märchen **Rapunzel** biegen wir rechts in eine Forststraße ein und schlendern, vorbei an weiteren Stationen, auf ihr zurück zum **Eingang** ❷. Auf dem schon bekannten Weg geht es dann wieder zurück zum Ortsrand von **Buchberg** ❶.

Hallo Kinder!

Nicht weit entfernt vom Märchenwald liegt der neun Hektar große **Nepal Himalaya Park** auf der Martiniplatte bei Wiesent und lässt uns ein wenig in asiatisches Flair eintauchen. Mitten in der **blühenden, exotischen Gartenanlage** kommen wir auf verschlungenen Wegen dem prachtvollen Nepal-Himalaya-Pavillon näher, der einst das Expo-2000-Gelände in Hannover schmückte. Wir entdecken immer wieder kleine Nischen mit herrlichen **Tempeln, Figuren, Gebetsmühlen, Glocken, Teichen, Wasserläufen, Brücken** und ein **unglaubliches Blumenmeer**, das zum Träumen und Entspannen einlädt. Wenn ihr im Café einen Tee trinkt, bekommt ihr dazu eine Motiv-Tasse, die ihr nach dem Austrinken mit nach Hause nehmen könnt. Kleiner Tipp: In dem kleinen Souvenirladen neben dem Café findet ihr hübsches Kunsthandwerk, das gar nicht so teuer ist.

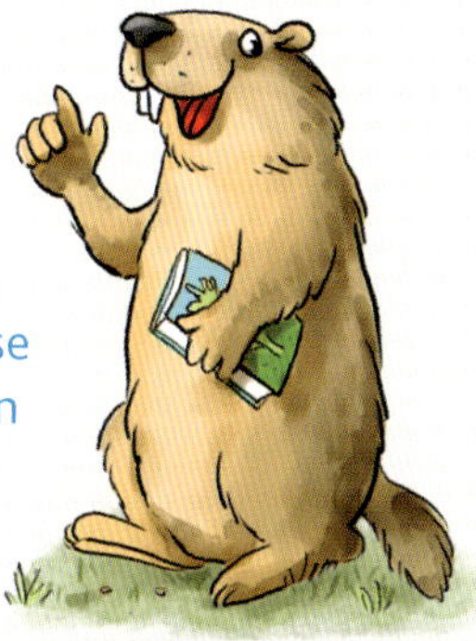

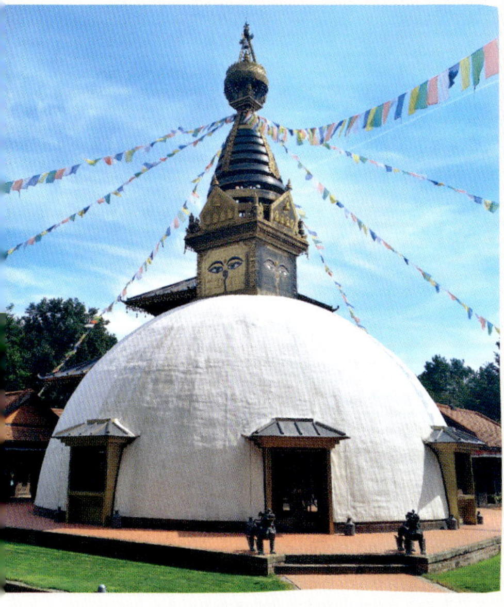

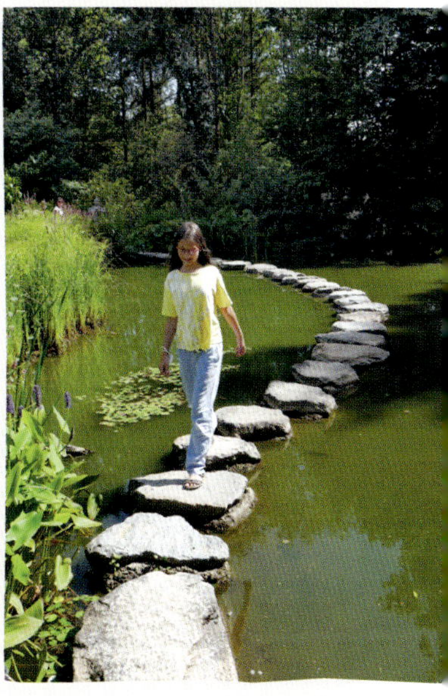

35 Rundweg »Hölle«

EINES DER ÄLTESTEN NATURSCHUTZGEBIETE BEI CHAM

2.00 STUNDEN

4,2 KILOMETER

↗ 110 HÖHENMETER

↘ 110 HÖHENMETER

LEICHT ab 5 Jahren

Eine himmlische Hölle: Der Name des Naturschutzgebiets »Hölle« klingt nicht gerade einladend und nach einem schaurigen Ort. Wagen wir uns dennoch dorthin, werden wir von einem himmlischen grünen Paradies überrascht. Unser Wanderweg schlängelt sich entlang des ruhig fließenden Höllbachs, vorbei an wuchtigen Felstürmen. Moose und Flechten bedecken die Granitfelsen und zwischen Steinritzen lugen Farne hervor. Besonders reizvoll ist diese Wanderung sicherlich im Herbst, wenn der Wald sein buntes Blätterwerk zeigt. Wer allerdings diese ruhige Idylle alleine genießen will, muss sehr früh unterwegs sein, denn während des Tages wird das Naturschutzgebiet von vielen Familien besucht und dann ist hier wahrlich die Hölle los!

Ausgangspunkt: Parkplatz P1 oder P2 im Ortsteil Postfelden von Rettenbach, 558 m (Navi: Postfelden, 93191 Rettenbach). Anfahrt: Von der A3, Ausfahrt Wörth an der Donau-Ost, auf der St2125 und St2146 Wörth an der Donau durchqueren und in Richtung Rettenbach/Falkenstein verlassen. Kurz nach Rettenbach links nach Ruderszell abbiegen. Durch den Ort zum Ortsteil Postfelden. Nach anschließendem Überqueren des Höllbachs liegen die beiden Wanderparkplätze auf der rechten Straßenseite.
ÖPNV: Nur mit Rufbus erreichbar, Haltestelle Wanderparkplatz Höllbach der Linie 900 des Landkreises Cham.
Ausrüstung: Feste, gut profilierte Wanderschuhe. Proviant.
Anforderungen: Stetiges Auf und Ab im Bereich des Blockmeeres. Steiler, kurzer Anstieg gegen Ende der Tour. Einige Stellen erfordern Trittsicherheit. Ansonsten bequeme, flache Wanderpfade oder verkehrsarme Teerstraßen. Nach der Schneeschmelze im Frühjahr oder starken Re-

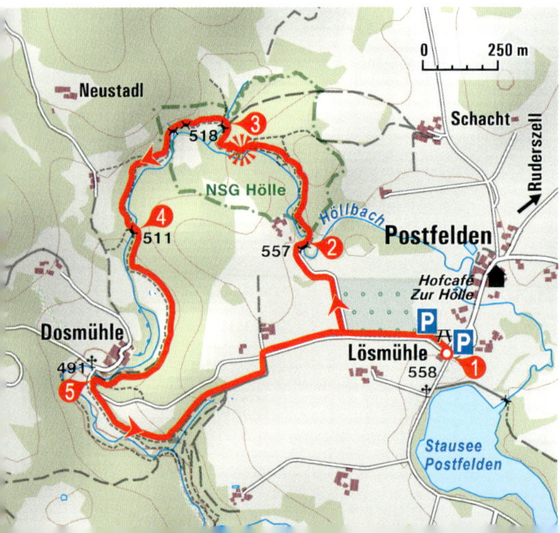

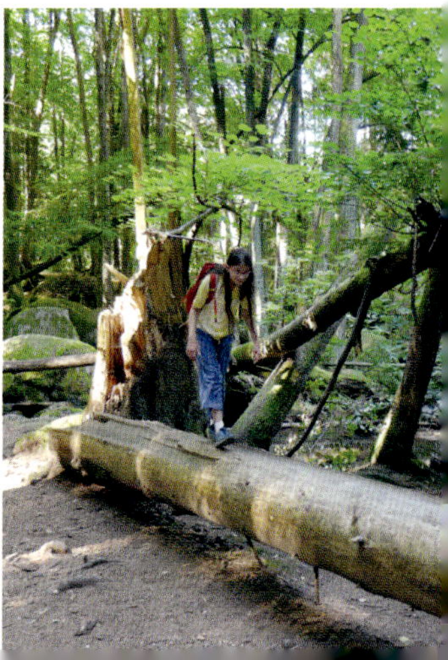

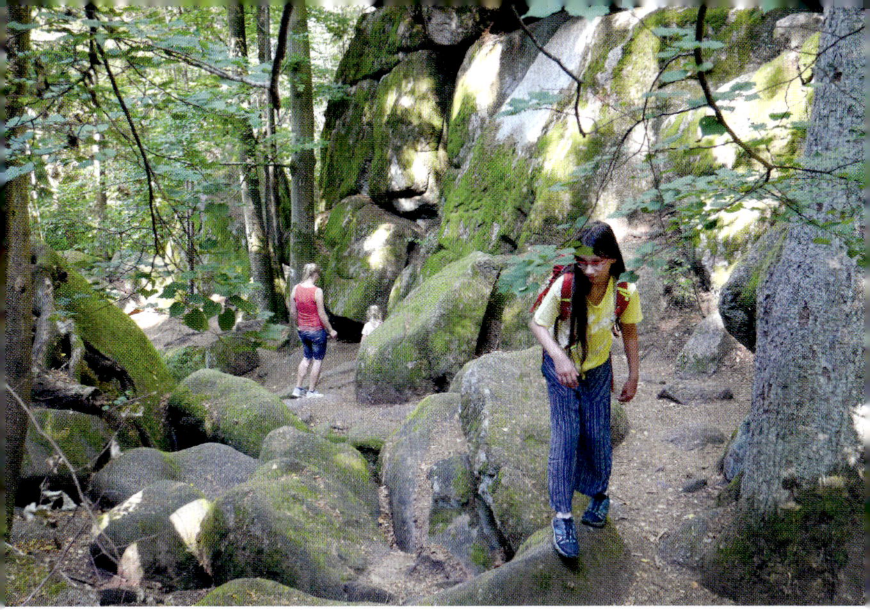

genfällen sollte diese Wanderung vermieden werden. Überwiegend schattige Tour.
Einkehr: Unterwegs keine. Hofcafé »Zur Hölle« in Postfelden, unweit des Parkplatzes P1, Tel. +49 9462 8659557, hofcafe-zurhoelle.de, von April bis Oktober nur Sa und So 13.00–18.00 Uhr geöffnet.
Kurzvariante: Vom Parkplatz wie in der Haupttour beschrieben durch die »Hölle« bis zum Steg und auf demselben Weg wieder zurück zum Parkplatz (2,7 km, 1.00 Std., ab 3 Jahren).
Hinweis: Bitte die Bestimmungen des Naturschutzgebietes beachten.

OBEN
Herrliche Wildnis mit Granitfelsen.
LINKS UNTEN
Balancieren über einen Baumstamm.

LOS GEHT'S Wir starten von einem der **Parkplätze** ❶ in **Postfelden** und wandern mit der Beschilderung »Rundweg Hölle 149/Rb 3« in Richtung Dosmühle. Die Markierung begleitet uns auf der gesamten Wanderung. Wir gehen auf der kaum befahrenen Teerstraße, bis wir am Schild Richtung Höllbachhof rechts einbiegen. Auf einem Landwirtschaftsweg geht es weiter, bis ein Schilderbaum uns rechts in einen Wiesenpfad weist. Auf ihm gelangen wir in den Wald, wo das **Naturschutzgebiet »Hölle«** ❷ beginnt. Ein schmaler Pfad führt uns in leichtem Auf und Ab entlang des gurgelnden Höllbachs mit seinem Blockmeer aus Granitfelsen. Am Ende des Blockmeeres kommen wir zu einem

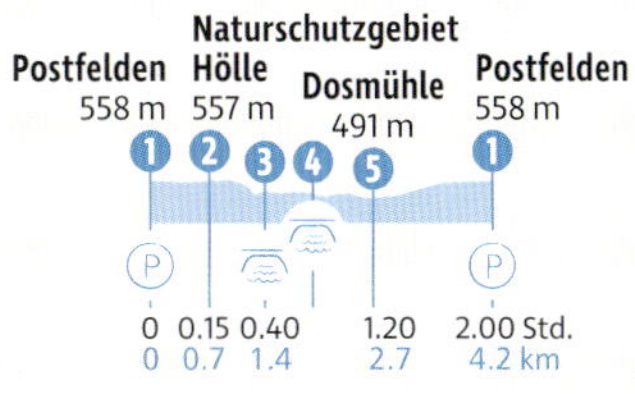

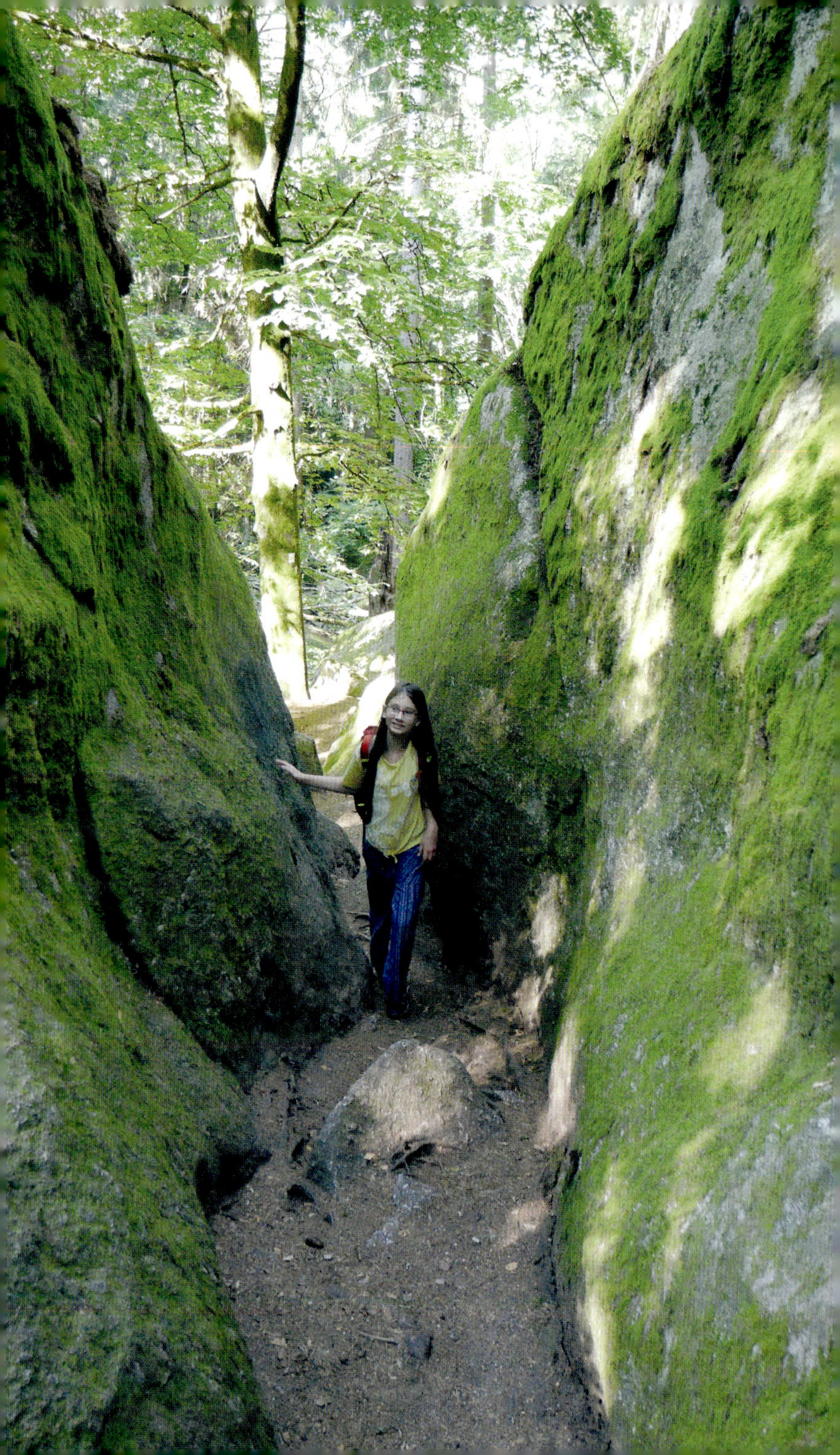

Hallo Kinder!

Wann wird ein Gebiet zum **Naturschutzgebiet**? Jeder von uns, also auch du, kann ein besonders schützenswertes und gefährdetes Gebiet in seiner Gemeinde vorschlagen. Das Staatsministerium für Umwelt und Verbraucherschutz ist in Bayern die zuständige Behörde für die Ausweisung. Es überprüft, ob dieses Gebiet mit seiner Lebensgemeinschaft aus Tieren und Pflanzen bedroht oder gefährdet ist. Wird dieses dann zum Naturschutzgebiet ernannt, kann sich die Pflanzen- und Tierwelt **ohne Eingriff des Menschen** frei entfalten. Das nordwestlich von Postfelden gelegene **Höllbachtal** wurde bereits 1950 wegen seines eindrucksvollen **Blockmeeres** als Naturschutzgebiet anerkannt. In der Oberpfalz findet ihr noch weitere einzigartige Naturschutzgebiete, die ihr mit diesem Wanderbuch besuchen könnt.

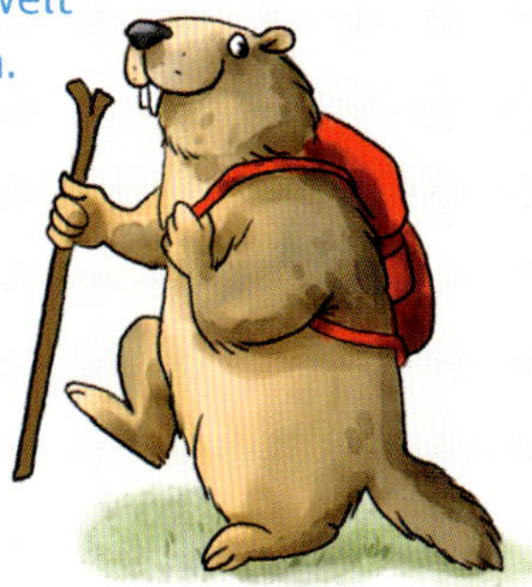

Steg ❸, auf dem wir den Höllbach überqueren und dann links in Richtung Dosmühle weiterwandern. Der Wald lichtet sich und unser Weg läuft meist in der Nähe des Höllbaches entlang. Über einen langen **Holzsteg** ❹ überqueren wir abermals den Bach und erreichen alsbald den Weiler **Dosmühle**. Hier treffen wir auf eine **Teerstraße** ❺, auf ihr kurz links, dann gleich wieder rechts weiter mit unserer Markierung auf einem Wanderpfad in Richtung Postfelden. Wir wandern am Waldrand entlang und in den Wald hinein, bevor der Pfad nochmals ansteigt. Wir treten aus dem Wald heraus und treffen auf eine Teerstraße, die uns rechts zurück zu den beiden **Parkplätzen** ❶ bringt.

LINKS
Zwischen zwei bemoosten Felswänden hindurch.

★Highlights

Über wurzeldurchsetzte, schmale Pfade und ein Blockmeer aus Granit durch das Naturschutzgebiet »Hölle« wandern.

Seltene Moose und Farne machen das Naturschutzgebiet zu einem magischen Ort.

Der Wanderweg durch die schattige »Hölle« wird begleitet vom tosenden Rauschen des Wassers.

Nach der Wanderung einkehren in das Hofcafé »Zur Hölle« und leckere Kuchen genießen.

36 Zum Pfaffenstein

IM FELSENGEBIET »WILDER MANN«

2.00 STUNDEN

4,8 KILOMETER

↗130 HÖHENMETER

↘130 HÖHENMETER

SCHWER ab 8 Jahren

Durch Felsen schlüpfen und kraxeln: Vom Ort Kolmberg aus tauchen wir in ein felsenreiches Waldgebiet ein. Hier heißt es, nicht nur stur dem vorgeschriebenen Wanderweg zu folgen, sondern auch etwas abseits des Hauptweges die unzähligen kleinen Trampelpfade zu erforschen. Es erwartet uns eine Vielzahl von Granitblöcken unterschiedlichster Formen, die teilweise gestapelt oder wild durcheinandergewürfelt im Waldgebiet herumliegen. Verwinkelte Gänge zwischen den Steinriesen lassen Kinderherzen höherschlagen, denn sie laden zum Verstecken, Kraxeln und Herumtollen ein. Dies ist ein perfekter Abenteuerspielplatz in der Natur. Etwa im letzten Drittel des Rundwegs erfordert das Überwinden der ausgesetzten Engstelle im Felsengebiet »Wilder Mann«, eine Portion Mut und Schwindelfreiheit. Für kleinere Kinder bietet sich daher die bequeme Kurzvariante bis zum Pfaffenstein an.

Ausgangspunkt: Parkplatz neben dem Spielplatz in der Ortsmitte von Kolmberg, 538 m (Navi: Am Hochgart 2, 93192 Wald). Anfahrt: Von der A93, Ausfahrt Regensburg-Nord, am Lappersdorfer Kreisel auf der B16 in Richtung Nittenau. In Höhe Nittenau am Steinbruch Treidling nach rechts auf der St2149 bis nach Kienleiten, dort den Fluss Regen überqueren. Mit der Hauptstraße Reichenbach durchqueren und geradeaus in Richtung der Ortschaft Wald. Kurz vor Wald links nach Kolmberg und den Ort auf der Ortsstraße durchqueren. Gleich nach dem Spielplatz wird der Parkplatz im Gebiet »Am Hochgart« erreicht.
Ausrüstung: Feste, gut profilierte Wanderschuhe. Proviant.

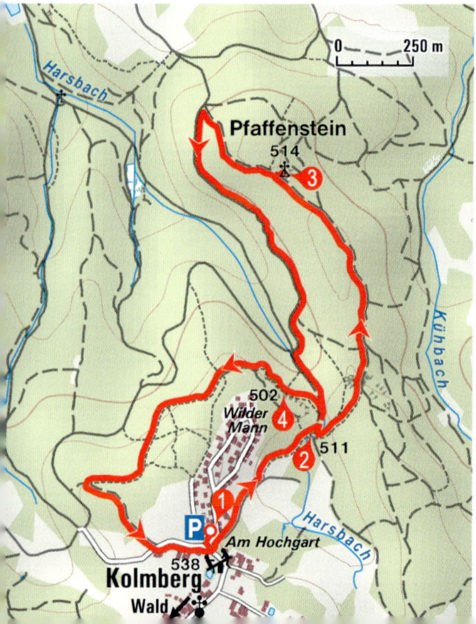

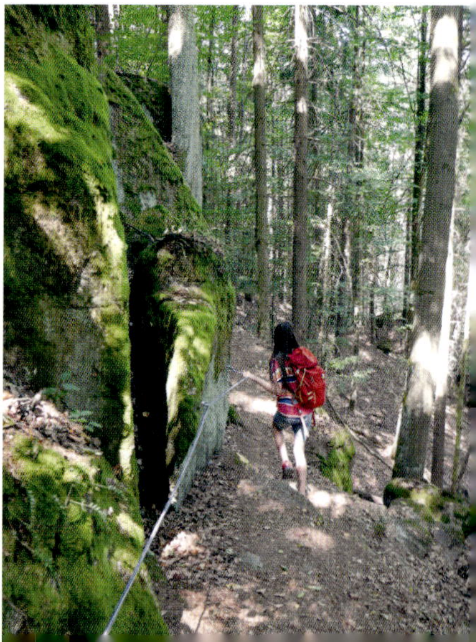

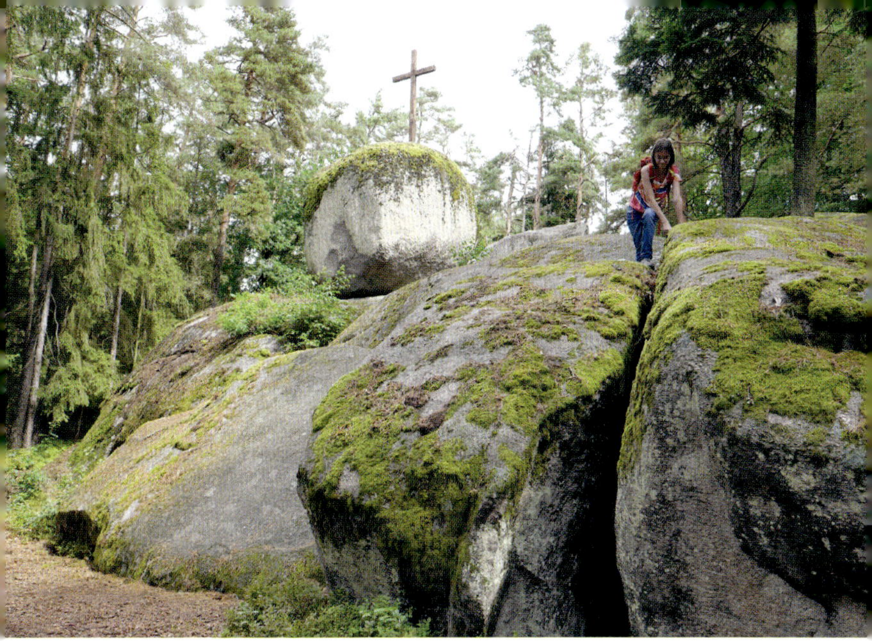

OBEN

Pfaffenstein – da macht das Klettern Spaß!

LINKS UNTEN

Seilsicherung am »Wilden Mann«.

Anforderungen: Stetiges Auf und Ab über schmale Wanderpfade und breite Feld-/Forstwege. Im Bereich des Felsengebietes »Wilder Mann« ca. 15 m seilgesicherte Engstelle (ausgesetzt). Schattige Wanderung.
Einkehr: Keine unterwegs. Restaurant Zum Griechen Ela-Ela (zum-griechen-ela-ela-wald.eatbu.com, Tel. +49 9463 8122001, Mo Ruhetag) in der benachbarten Ortschaft Wald oder Hotel & Landgasthof Lindenhof (lindenhof-hetzenbach.de, Tel. +49 9468 205) im benachbarten Hetzenbach.
Kurzvarianten: 1. Vom Beginn der Straße »Am Hochgart« in Kolmberg wie in der Haupttour beschrieben zum Pfaffenstein und auf demselben Weg wieder zurück zum Ausgangspunkt (3,2 km, 1.20 Std., ab 4 Jahren).
2. Wir wandern wie in der Haupttour beschrieben zum Pfaffenstein und weiter bis zum Wegweiser 153, wo wir rechts auf einem Wanderpfad steil zur Felsformation »Wilder Mann« abbiegen. Dort wandern wir mit Wegweiser 47 geradeaus zum Harsbach und zurück zum Ausgangspunkt (3,8 km, 1.30 Std., ab 4 Jahren).
Tipps: Nicht weit von Kolmberg entfernt, befindet sich in Hetzenbach ein 3,4 km langer Bienenlehrpfad mit zahlreichen Infotafeln und Ratespielen rund um das Thema Biene (siehe Freizeittipp 17).

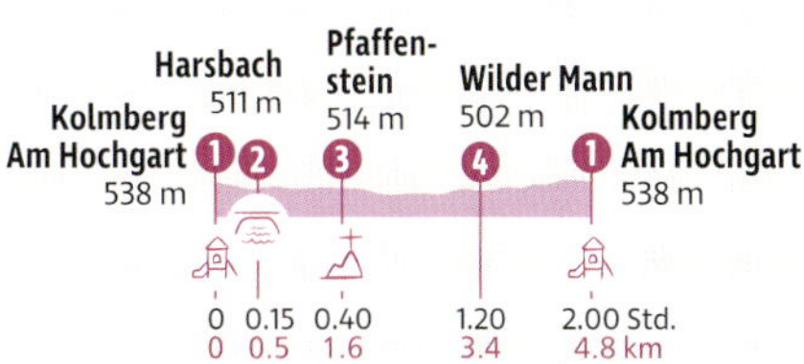

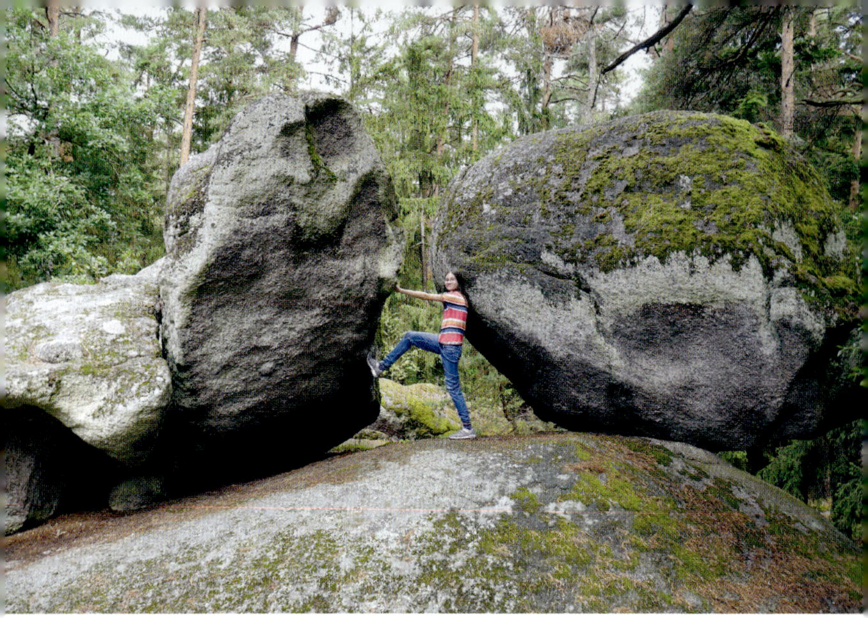

Der ganze Wald mit seinen Felsen ist für Kinder ein Spielplatz.

LOS GEHT'S Am Beginn der Straße **Am Hochgart 1** startet mit der Markierung »grünes Rechteck« unsere Wanderung Richtung Pfaffenstein. Auf einem geteerten Weg laufen wir an den Häusern vorbei abwärts. Schon bald biegen wir mit der Markierung links in den Wald ein. In einer Senke treffen wir auf den **Harsbach 2**, dort verlassen wir das »grüne Rechteck«, überqueren den Bach nach rechts und folgen dem Wegweiser »weiß/rot« links auf einem schmalen Pfad nun mit »rotem Rechteck« bzw. dem Wanderweg 153 steil bergan. An der nächsten T-Kreuzung halten wir uns links und gelangen mit den Markierungen zu einer Rastbank. Nicht weit links und rechts des Weges lassen sich auf schmalen Pfaden grandiose Felsformationen auf eigene Faust erkunden. Besonders auffällig ist der rechts des Wanderweges in Sichtweite gelegene Felsen, der aussieht wie ein geöffneter Mund. An der rechten Seite dieses Felsens können wir durch eine Felsspalte schlüpfen, um den Felsen zu umrunden. Mit den Markierungen geht es anschließend etwas bergab und dann eben dahin bis zum **Pfaffenstein 3**. An der linken Seite führt ein schmaler Pfad in einem Bogen bequem hinauf auf das Felsplateau. Den Kindern macht es Spaß, nach Herzenslust zu kraxeln und sich in Felsspalten zu verstecken.

Wir wandern eben mit den Markierungen weiter, vorbei an einigen Ameisenhügeln. Dann senkt sich der Wanderweg hinab zu einer Forststraße. Zwischendrin entdecken wir entlang des Weges zahlreiche Felsformationen, die unsere Fantasie anregen. Links geht es auf dem breiten Forstweg mit dem Wanderweg 153 weiter. Links und rechts des Weges liegen moosbedeckte, hinkelsteinförmige Felsen und Felshaufen im Wald versteckt. An einer Kreuzung gehen wir mit den Markierungen

★Highlights

In den Felsenmeeren auf halbem Weg zwischen Parkplatz und Pfaffenstein und auf dem Rückweg heißt es klettern, kraxeln und verstecken.

Die Granitriesen des Pfaffensteins sehen aus, als ob ein Riese seine Murmeln verloren hätte. Auf der größten Steinkugel ist ein Gipfelkreuz angebracht.

Auf seilgesichertem Wanderweg hangeln wir uns an der beeindruckenden Felswand im Bereich »Wilder Mann« entlang.

Kleiner Spielplatz gegenüber dem Parkplatz zum Austoben nach der Wanderung.

»153« und »grünes Rechteck« links etwas bergan. Nach ca. 200 m biegt scharf rechts, etwas unscheinbar, ein Wanderpfad steil hinauf in den Hang ab. Unsichere Kinder sollten nun an die Hand genommen werden. (Wanderer der Kurzvariante 2 laufen hier mit der Markierung »47« geradeaus auf dem bequemen Forstweg bis zum Harsbach weiter.) Der Wanderweg schlängelt sich entlang der Felsformation **Wilder Mann** ❹. Der im Steilhang stellenweise ausgesetzte Wanderpfad ist seilgesichert. Mit dem Wanderweg 153 bzw. der Markierung »weiß/rot« geht es bis zu einer Spitzkehre. Hier biegen wir scharf links mit der Markierung ab. Der Pfad steigt etwas an, bevor wir die ersten Häuser von **Kolmberg** und über die Ortsstraße links unseren Ausgangspunkt am Anfang der Straße **Am Hochgart** ❶ erreichen.

Hallo Kinder!

Im nahe gelegenen Dorf Hetzenbach findet alljährlich das **Leonhardifest** statt, wo eine **Prozession mit Pferden** zu Ehren des Schutzpatrons Leonhard veranstaltet wird. Man erzählt sich, dass einst eine Bäuerin, die gerade Brotteig knetete, bei der alljährlichen Wallfahrt nicht mitgehen wollte. »Lieber mögen meine Hände im Brotteig verfaulen«, spottete sie. Und so soll es auch geschehen sein. Eine mahnende Hand findet man in einem Schaukasten in der Kirche. Genau deshalb werden jedes Jahr nach der feierlichen Andacht Brotkugeln zum Schutz der Tiere verteilt. Eine weitere Tradition sind auch die **kleinen geschmiedeten Tiere**, die als kleine Opfergaben abgegeben werden und die ihr in der Kirche bewundern könnt.

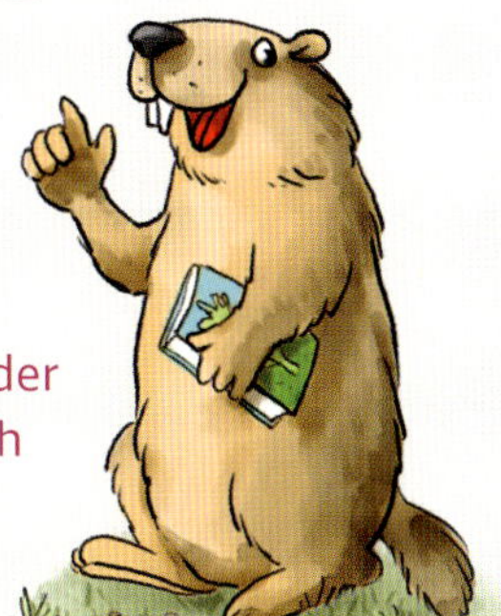

37 Im Schlosspark Falkenstein

FROSCHMAUL, HIMMELSLEITER UND HERZBEUTELGÄSSCHEN

1.15 STUNDEN

2,0 KILOMETER

↗ 100 HÖHENMETER

↘ 100 HÖHENMETER

MITTEL ab 6 Jahren

Zweitgrößter Felsenpark Bayerns: Wer meint, hier gemütlich durch einen Schlosspark schlendern zu können, der liegt definitiv falsch. Der Park entpuppt sich als ein ursprünglicher Naturpark mit einer zauberhaften Granitlandschaft, gekrönt von einer alten Burg. Mal treppauf, dann wieder treppab und durch enge Felsklüfte hindurch, geht es von einer Felsattraktion zur nächsten. Wir steigen hinauf zur Himmelsleiter, zwängen uns durch das Steinerne Gässchen, begeben uns ins »Froschmaul« und laufen schräg durch den Schiefen Stein. Dabei sind Ausdauer, Trittsicherheit und Schwindelfreiheit gefragt. Wer mit Kleinkindern unterwegs ist, wählt deswegen besser den direkten Weg zur Burganlage mit Gaststätte und Museum. Nach der Wanderung sorgt das Freibad Falkenstein mit seiner Breitwellenrutsche für Badespaß.

Ausgangspunkt: Parkplatz unterhalb der Burg Falkenstein, 595 m (Navi: Burgstraße 10, 93167 Falkenstein). Anfahrt: Von der A93, Ausfahrt Wörth an der Donau-Ost, auf St2125 und St2146 Wörth an der Donau durchqueren und in Richtung Rettenbach/Falkenstein verlassen. In Falkenstein von der Regensburger Straße links in den Marktplatz und an dessen Ende links in die Burgstraße. Dieser nach oben folgen, bis zum Parkplatz links unterhalb der Burg.
ÖPNV: Haltestelle Falkenstein Rathaus/Marktplatz der VLC-Buslinie 810 und RVV-Rufbuslinien 900, 904 und 917. Am Ende des Parkwegs beginnt und endet unser Wanderung (ca. 150 m/5 Min.).
Ausrüstung: Feste, gut profilierte Wanderschuhe. Proviant für unterwegs. 1-€-Münze für den Aufstieg zum Burgturm (Automat). Fernglas für die Aussicht vom Turm. Badesachen zum Besuch des Freibades.
Anforderungen: Trittsicherheit und Schwindelfreiheit sind gefordert. Bei Nässe sollte die Tour nicht begangen werden. Stetiges Auf und Ab

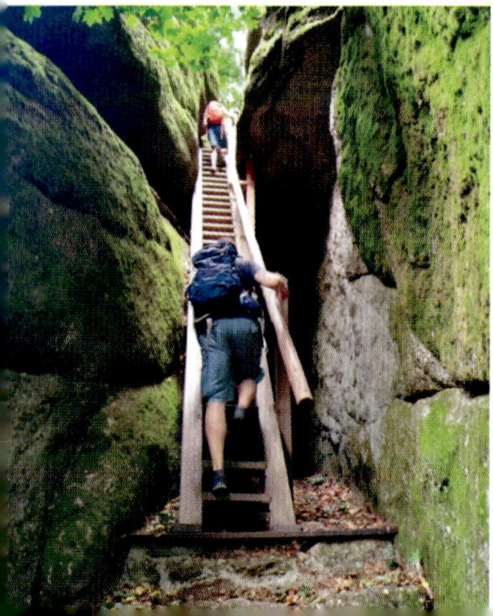

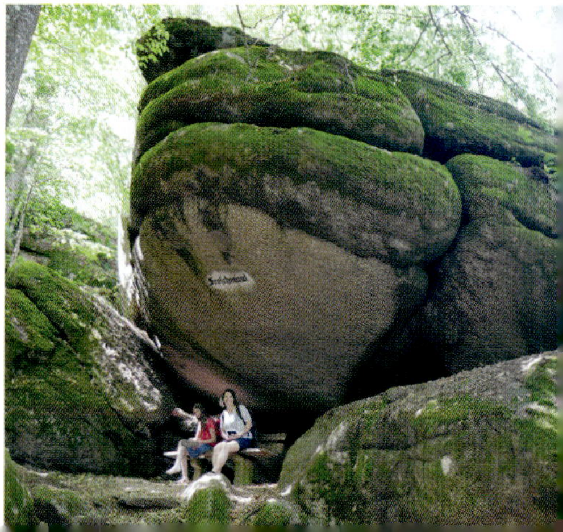

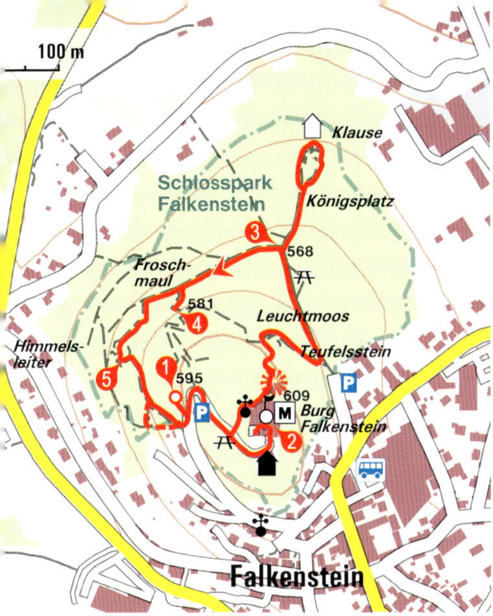

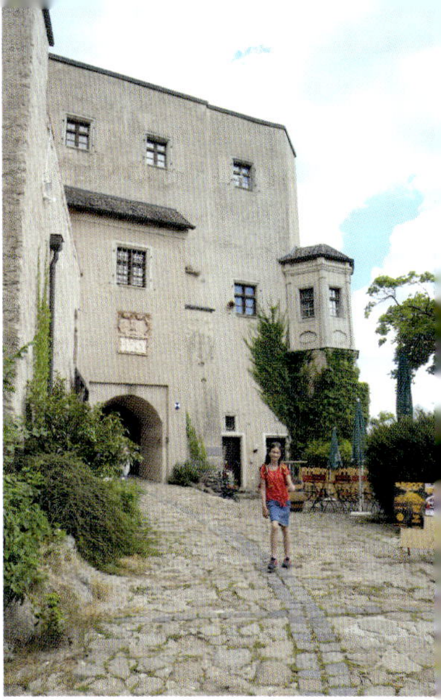

über Steinstufen, Holztreppen und schmale Pfade. Es müssen schmale Felsspalten und -öffnungen durchwandert werden. Ausgesetzte Stellen sind meist mit Geländer gesichert, jedoch nicht kleinkindsicher. Überwiegend schattige Tour.

Einkehr: Burggaststätte Falkenstein, Öffnungszeiten siehe burg-falkenstein.net, Tel. +49 9462 911129.

Kurzvariante: Vom Parkplatz hinauf zur Burg Falkenstein und auf demselben Weg zurück (0,6 km, 20 Min., ab 3 Jahren).

Tipps: Freibad Falkenstein mit nebenan liegendem Bewegungsparcours. Falkensteiner Burghoffestspiele während des Sommers (Infos zu beidem unter markt-falkenstein.de).

Hinweis: Bitte die Bestimmungen des Naturschutzgebietes beachten.

OBEN

Burg Falkenstein.

LINKS UNTEN

Himmelsleiter und »Froschmaul«.

LOS GEHT'S

Vom **Parkplatz ①** unterhalb der Burg gehen wir links die Teerstraße hinauf zur Burg (Wegweiser Rundwanderwege/Burg/Museum). In der nächsten Rechtskurve treffen wir auf den Schlosssteig und gelangen auf ihm geradewegs hoch zur **Burg Falkenstein ②**. Nach der Besteigung des Burgturms, dem Besuch des Jagdmuseums oder einer ausgedehnten Pause im Burghof verlassen wir die Burganlage über das Zugangstor und halten uns kurz darauf rechts (Wegweiser Schlosskapelle/Schanzl/Leuchtmoos/Rundweg). Wir steigen ein paar Stufen hinauf zur **Kapelle**, umrunden diese und steigen über Steinstufen steil hinab bis zum **Schanzl**. Über eine Holzbrü-

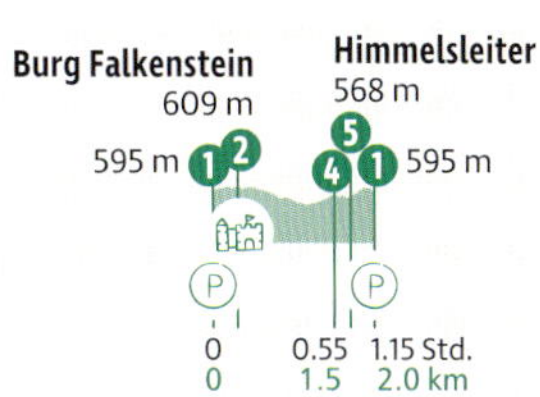

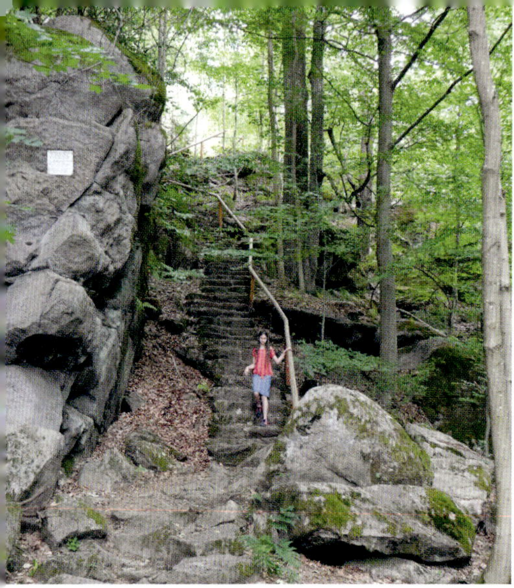

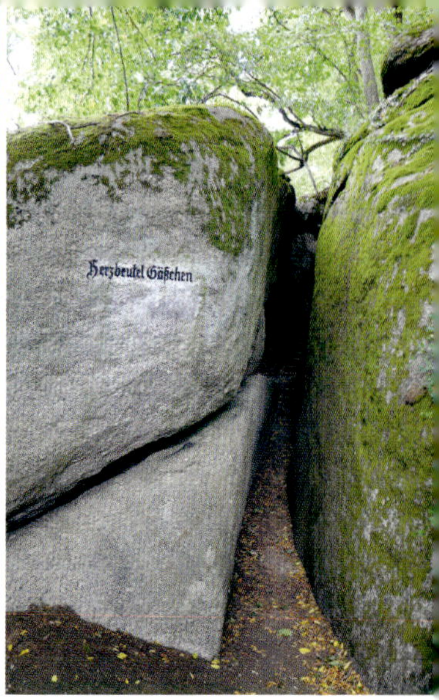

LINKS
Steil bergab zur nächsten Felsattraktion.

RECHTS
Das Herzbeutelgässchen.

cke erreichen wir den Aussichtspunkt, von dem sich bei guter Fernsicht ein Blick bis zum Hohenbogen bietet. Anschließend geht es steil hinab, vorbei an der vergitterten Höhle mit dem Leuchtmoos, bis zu einer Forststraße. Mit der Ausschilderung Königsweg folgen wir ihr links vorbei am ehemaligen Schützenplatz bis zu einer **Kreuzung ❸**. Hier gehen wir zuerst rechts Richtung Königsplatz, Klause und Elisenruh. Wir umrunden den Felsen der **Klause** und erreichen sie dann über Steinstufen. Zurück an der **Kreuzung ❸**, wandern wir nun geradeaus weiter (Wegweiser Rundweg/Freibad/Sportplatz/Siedlung). An der nächsten Weggabelung halten wir uns links und durchqueren den **Schiefen Stein**. Kurz darauf erreichen wir den Felsen **Froschmaul ❹**, der scheinbar eine Ruhebank verschlingt. Unser Wanderweg führt uns rechts unterhalb des Felsens weiter (Wegweiser Rundweg). Kurz darauf biegen wir links in den Himmelsteig (Wegweiser Rundweg Falkensteiner Tor/Himmelsleiter/Burgensteig/Burg) ein. Hier endet der Wanderweg neben einer kleinen Felsspalte. Kinder haben es nun erheblich leichter, sich durch die Spalte hindurchzuzwängen. Kurz nach dem **Steinernen Gässchen** halten wir uns links (Wegweiser Himmelsleiter/Falkensteiner Tor/Rundweg) und erreichen die Holztreppe der **Himmelsleiter ❺**. Auf ihr steigen wir hinauf und durchqueren das Falkensteiner Tor. Wenig später, bei einer Weggabelung am Herzbeutelgässchen, entscheiden wir uns entweder für den bequemen Hangweg links oder steigen rechts (Weg-

So mancher Entdecker vermutete aufgrund des magischen grünen Lichts des Leuchtmooses schon einen Schatz in einer Höhle!

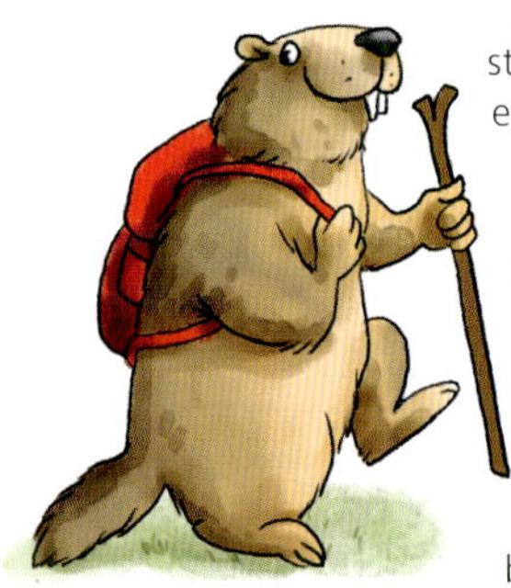

Hallo Kinder!

Bei Spaziergängen im Wald habt ihr bestimmt schon verschiedene Moosarten gesehen. Moose wachsen auf Totholz, Erde, Gestein, im Moor oder sogar im Wasser. Aber heute könnt ihr eine ganz besondere Art entdecken, das **Leuchtmoos**. An lichtarmen Standorten, wie Felshöhlen oder unter Felsüberhängen, fühlt es sich besonders wohl. Aber nicht dass ihr denkt, es wäre wegen seines Namens eine Art Taschenlampe. Im Gegenteil, seine Zellen bilden eine Art **Sammellinse, die spärlich vorhandenes Licht einfängt**. Nur so kann das Moos in der Höhle leben. Der grüne Lichtanteil, der vom Leuchtmoos nicht verwertet werden kann, wird dabei ähnlich wie bei einem Reflektor oder bei einem Katzenauge zurückgeworfen und ist als smaragdgrünes, magisches Leuchten zu sehen.

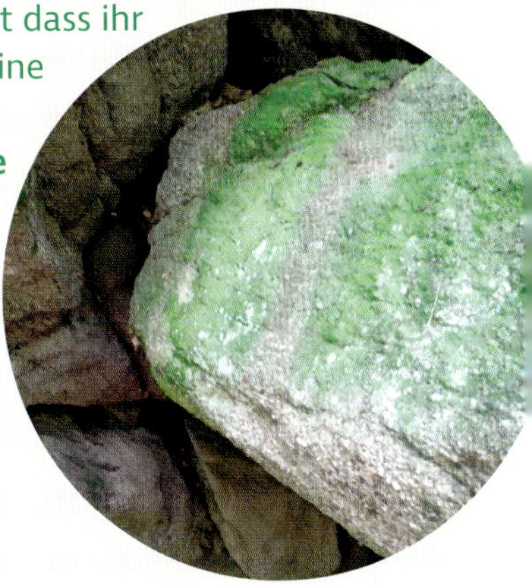

weiser Herzbeutelgässchen/Hohler Stein/Rundweg) steil hinab durch die sehr schmale Felsspalte des **Herzbeutelgässchens**. An dessen Ende steigen wir links über Steinstufen wieder zum Hangweg auf. Gemeinsam geht es hinaus auf die Burgstraße und links zurück zum **Parkplatz ①**.

★Highlights

An einer Burgführung für Kinder teilnehmen und das Jagdmuseum besuchen (markt-falkenstein.de).

Den Burgturm erklimmen und die Fernsicht genießen (gebührenpflichtig).

Auf der Sonnenterrasse der Gaststätte Burg Falkenstein bei gutem Essen den Blick in die Ferne schweifen lassen (nur an den Wochenenden).

Im Schlosspark Falkenstein grandiose Felsformationen, wie Froschmaul, Schiefer Stein oder Steinernes Gässchen, bestaunen.

Sich am Herzbeutelgässchen und an der Himmelsleiter zwischen riesigen Felsblöcken hindurchzwängen.

In einer Felsspalte das seltene Leuchtmoos glitzern sehen.

Nach der Wanderung im Freibad Falkenstein von der Breitwellenrutsche rutschen.

38 Burgruine Schwarzenburg

RUND UM DEN SCHWARZWIHRBERG

2.30 STUNDEN

5,3 KILOMETER

↗ 200 HÖHENMETER

↘ 200 HÖHENMETER

SCHWER · ab 8 Jahren

Nervenkitzel am felsigen Steig: Mit viel Leidenschaft und Liebe wird jedes Jahr auf der Burgruine Schwarzenburg ein Kindertheater aufgeführt. Gleichwohl ist ein Besuch auch außerhalb der Festspielzeit sehr lohnenswert. Eine kleine bewirtschaftete Hütte mit danebenliegendem Spielplatz lädt nach dem Aufstieg bei einem Zwischenstopp an der Burgruine zur Rast. Hernach ist der Burgturm mit seinen vielen Stufen und schönem Blick in den Bayerischen Wald leichter zu erklimmen. Ein kleiner Nervenkitzel auf dem Rückweg ist sicherlich die »Steinerne Wand«. Über die hoch aufragenden, aneinandergereihten Granitblöcke geht es zum Ausgangspunkt zurück.

Ausgangspunkt: Wanderparkplatz oberhalb von Rötz-Bauhof, 541 m (Navi: oberhalb Bauhof 16, 92444 Rötz). Anfahrt: Von der A6, Ausfahrt Leuchtenberg, auf der B22 in Richtung Oberviechtach/Rötz. Auf Höhe Rötz rechts in die St2151 abbiegen. Geradewegs durch Rötz hindurch und Mitte der Neunburger Straße rechts in den Bauhofer Weg. Rechts haltend durch den Ortsteil Bauhof hindurch und am Hang entlang zum großen Wanderparkplatz am Waldrand.
Ausrüstung: Feste, gut profilierte Wanderschuhe. Proviant, falls die Schwarzwihrberghütte nicht geöffnet ist. Fernglas.
Anforderungen: Sehr steiler Aufstieg hinauf zur Burgruine. Der gesicherte Felsensteig im Bereich der »Steinernen Wand« erfordert Trittsicherheit und Schwindelfreiheit, kann aber auch bequem umgangen werden. Steiniger, steiler Abstieg von der »Steinernen Wand« hinunter zur Sattelhütte. Ansonsten meist bequeme Waldwege, ohne besonderen Höhendifferenzen. Größtenteils schattige Wanderung.
Einkehr: Schwarzwihrberghütte, bewirtschaftet von April bis Oktober, geöffnet Mi ab 18.00 Uhr, sonn- und feiertags ab 11.00 Uhr, Tel. +49 172

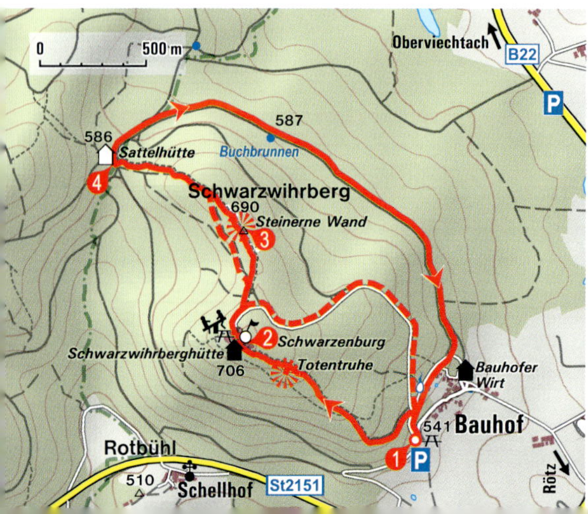

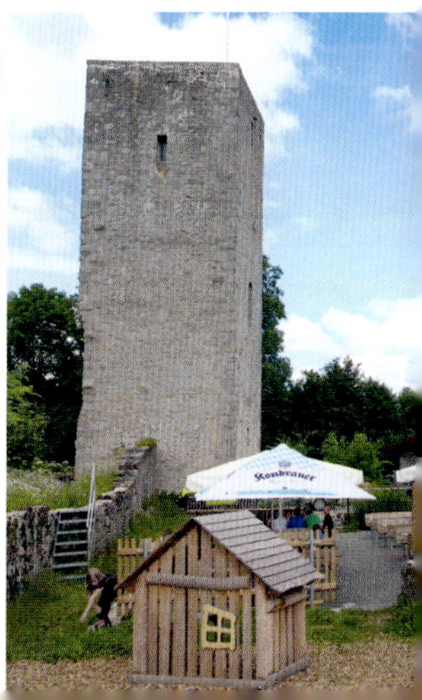

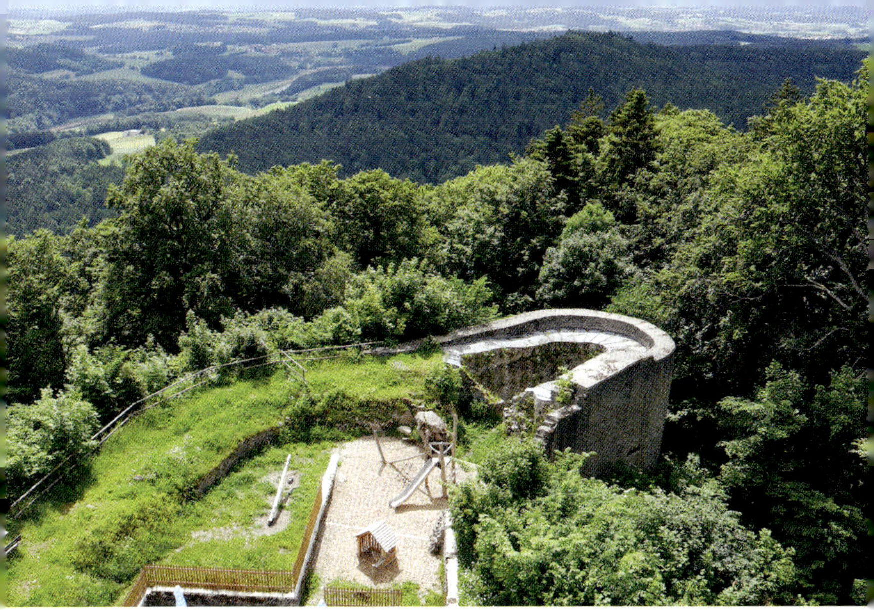

4563049. Außerhalb der Öffnungszeiten steht ein Getränkeautomat zur Verfügung.
Bauhofer Wirt, Familie Dirscherl, Bauhof 11, 92444 Rötz, Tel. +49 9976 304, Fr–Mi 9.00–18.00 Uhr geöffnet, Do Ruhetag, im Sommer Terrassenbetrieb.

LINKS UND OBEN
Wer den Bergfried besteigt, hat eine schöne Rundumsicht.

Kurzvariante: Vom Wanderparkplatz laufen wir links haltend mit den Wegweisern »Zur Burg« auf dem anfangs geteerten, wenig später fein geschotterten Zufahrtsweg zur Burgruine Schwarzenburg hinauf. Auch mit geländegängigen Kinderwagen möglich, jedoch ist dazu gute Kondition nötig. Für den steilen Abstieg sollte eine Zusatzbremse vorhanden sein (3,3 km, 1.40 Std., ab 4 Jahren).
Tipps: Unter dem Motto Märchenzeit finden jedes Jahr im Juli die Burgfestspiele für Jung und Alt statt (Ticketreservierung und Termine unter schwarzenburg-festspiele.de). Erlebnisspielplatz an der Schwarzach mit Klettermöglichkeiten, Feuerstelle, Picknickmöglichkeiten, Planschstelle; dort beginnt auch ein Bienenlehrpfad (ca. 1 km hin und zurück). Besuch des Freibades FreizeitWelle Rötz (roetz.de/hallen-und-freizeitbaeder).

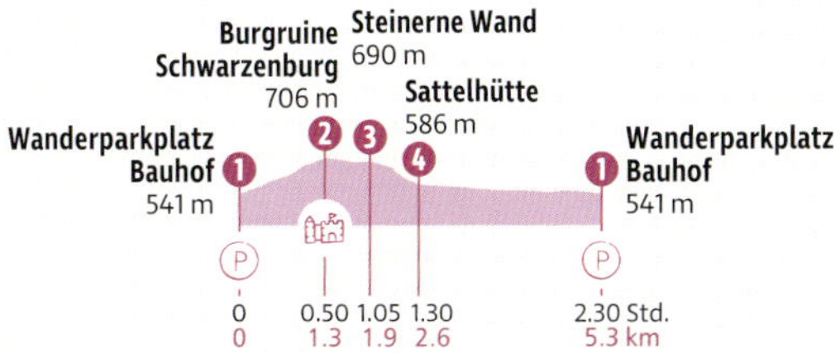

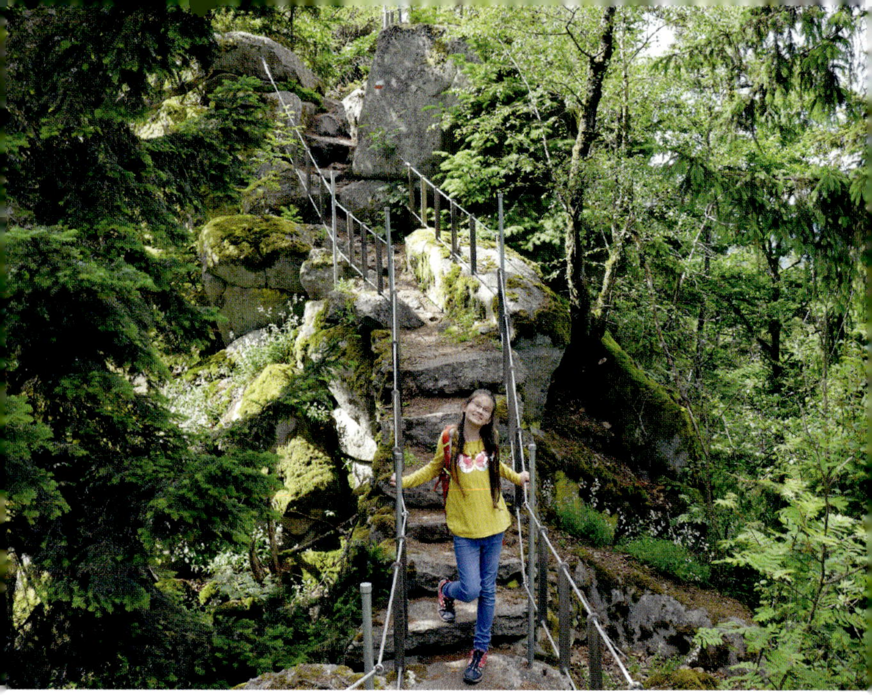

Steinerne Wand – ein spannender Wegabschnitt.

LOS GEHT'S Vom **Wanderparkplatz ❶** gehen wir mit dem Wegweiser »Zur Burg« links haltend eine Teerstraße hinauf und biegen bald darauf erneut mit einem Wegweiser »Zur Burg« links in den geteerten Zufahrtsweg zur Burgruine ein. Wanderer der Kurzvariante bzw. mit dem Kinderwagen bleiben auf dem Zufahrtsweg, wir jedoch verlassen ihn nach wenigen Metern nach links und laufen auf einem Forstweg weiter. Bei einem Antennenmast steigen wir auf einem schmalen Wanderpfad rechts steil bergan. An der nächsten Kreuzung laufen wir geradeaus auf dem Schwarzwihrbergweg in Richtung »Totentruhe«. Kurz vor dem markanten Stein **Totentruhe** machen wir eine kleine Pause links am Aussichtspunkt (mit Ruhebank). Über Steinstufen erreichen wir bald darauf den Burghof der **Schwarzenburg ❷**. Nach Besteigung des Bergfrieds und einer ausgedehnten Spielpause verlassen wir die Burganlage neben dem Batterieturm durch das »Innere Tor«. Ein breiter Waldweg führt uns nun abwärts. Nach ca. 100 m biegen wir links mit der Markierung »Weiß-Rot-Querstrich« auf einen Wanderpfad ein (Wegweiser »Steinerne Wand«). Kurz vor der **Steinernen Wand ❸** müssen wir uns entscheiden. Da der Felsensteig Trittsicherheit und

Im Sommer Badesachen nicht vergessen! Im Freibad FreizeitWelle Rötz könnt ihr euch nach der Wanderung noch erfrischen.

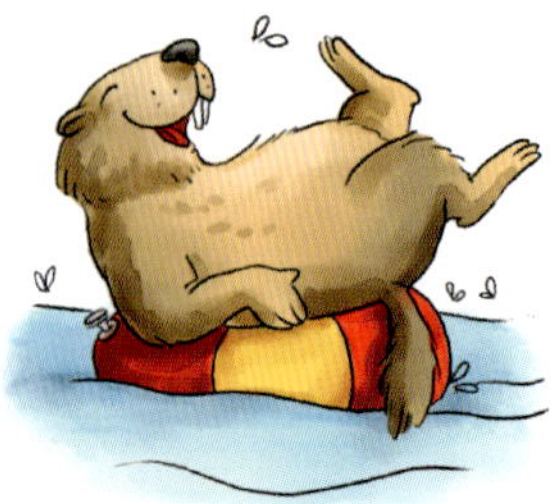

★Highlights

Den Burgturm der Ruine Schwarzenburg erobern und einen Blick auf die Reste der Burg und den Bayerischen Wald werfen.

Von Frühling bis Herbst an Sonn- und Feiertagen in der Schwarzwihrberghütte einkehren und auf dem danebenliegenden Spielplatz herumtoben.

Auf dem Grat der »Steinernen Wand« von Stein zu Stein hopsen.

Am Naturdenkmal »Totentruhe«, das aussieht wie ein Sarkophag, auf Schatzsuche gehen.

Schwindelfreiheit erfordert, gibt es für wenig geübte Wanderer links mit Markierung »Weiß-Rot-Weiß« eine leichte Alternativroute. Nach der Steinernen Wand vereinen sich beide Wanderwege wieder und führen mit der Markierung »Weiß-Rot-Querstrich« steil und steinig hinunter zur **Sattelhütte ❹**. Dort wandern wir auf breitem Forstweg rechts Richtung Bauhof (Wegweiser). Vorbei am Buchbrunnen erreichen wir eine Weggabelung. An dieser halten wir uns mit der Beschilderung »Guttensteiner Permanenter Wanderweg« rechts. Die Forststraße bringt uns hinunter zu einer Teerstraße, dort gehen wir rechts, vorbei an einem Hotel, zurück zum **Wanderparkplatz ❶**.

Hallo Kinder!

Sicherlich wundert ihr euch, warum wir den steilsten Weg zur Burg nehmen. Ganz einfach, ich will euch zeigen, wo der Schatz der Burg versteckt ist. In der steinernen **»Totentruhe«**! Jeden Tag genau um Mitternacht schiebt sich angeblich der Deckel von der Truhe. Daraufhin reitet ein großer, schwarzer Reiter auf einem feurigen Pferd von der Burg blitzschnell hinunter zum Steinsarg. Es ist der Burgherr Guttenstein, der hier in der Region der Wilde Heinz genannt wird. Er küsst das darin liegende blasse, zauberhafte Burgfräulein und schwuppdiwupp schließt sich die »Totentruhe« wieder. Nur wer ein Sonntagskind ist und dem Burgherrn zuvorkommt, kann den Spuk beenden und bekommt als Belohnung den Schatz.

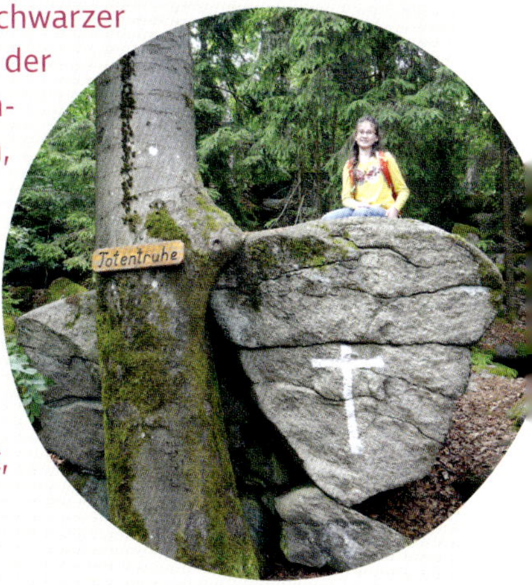

39

Burgruine Kürnberg

RUND UM DEN KÜRNBERG

2.45 STUNDEN

5,3 KILOMETER

↗ 200 HÖHENMETER

↘ 200 HÖHENMETER

MITTEL **ab 8** Jahren

Unterwegs mit dem Buntspecht: Etwas im Wald versteckt liegt die spätgotische Burgruine Kürnberg auf dem Haidberg nördlich von Stamsried. Ein großer Holzspecht weist uns gleich am Anfang den Weg hinauf. Nachdem wir den Burggraben überquert haben, betreten wir die Überreste einer ausgedehnten Burganlage. Von der im hinteren Teil gelegenen Aussichtsplattform haben wir einen guten Eindruck davon, wie früher einmal die verschiedenen Räumlichkeiten angeordnet waren. Der weitere Wanderweg bringt uns etappenweise an mehreren Spielstationen des Walderlebnispfades vorbei. Hier heißt das Motto »Natur zum Anfassen, Natur erleben, Natur verstehen«. Gegen Ende der Wanderung überrascht uns das Naturbad Stamsried mit einem Spielplatz und familiärer Atmosphäre.

Ausgangspunkt: Wanderparkplatz an der Gedenkstätte für ehemalige Volksmusikanten und Sänger (im Ortsteil Waldhäusl), 507 m (Navi: Kürnburgstraße 14, 93491 Stamsried). Anfahrt: Von der B85 auf der St2040 durch Pösing hindurch bis nach Stamsried. Am Ende des Marktplatzes rechts in die Schlossstraße, gleich nach dem Feuerwehrhaus wiederum rechts in die Blumenstraße. An deren Ende links durch die Hildebrandstraße. Dann zuerst rechts in die Kalvarienbergstraße, anschließend links in die Kürnburgstraße und auf dieser hinauf zum Waldrand und zum Wanderparkplatz an der Gedenkstätte.

Ausrüstung: Gut profilierte Wanderschuhe. Evtl. Proviant, da erst am Ende der Tour eine Einkehrmöglichkeit besteht bzw. wenn wegen Wetterbedingungen das Naturbad nicht geöffnet hat. Badesachen für Besuch des Naturbades.

Anforderungen: Anfangs steil hinauf zur Burgruine auf breiten Wanderwegen. Abstieg von der Burgruine auf steinigen, schmalen Wanderpfaden. Rückweg durch den Markt und hinauf zum Parkplatz über den steilen Kreuzweg und eine Teerstraße. Betreten der Burgruine auf eigene Gefahr! Überwiegend schattige Wanderung.

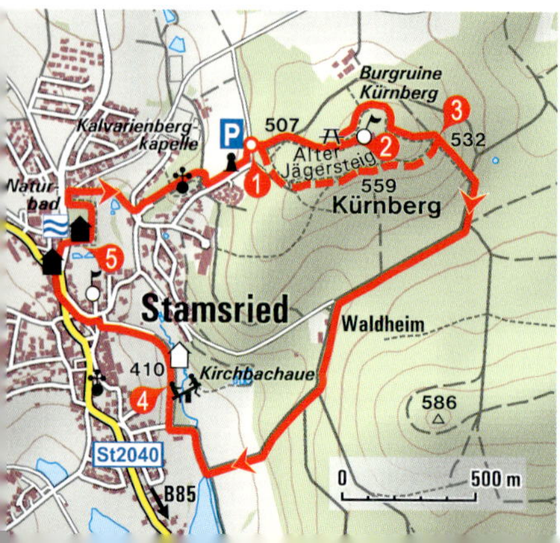

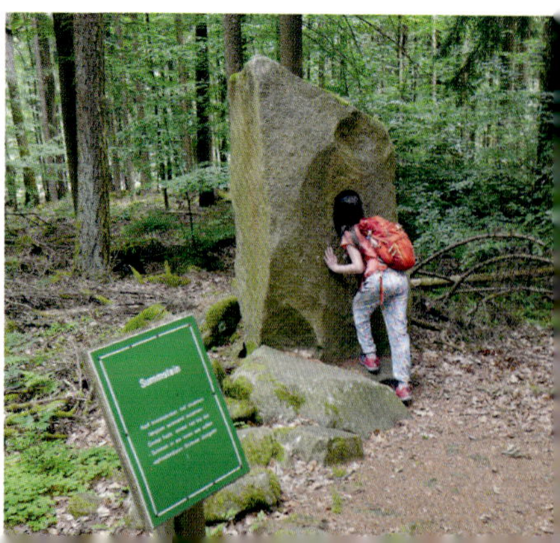

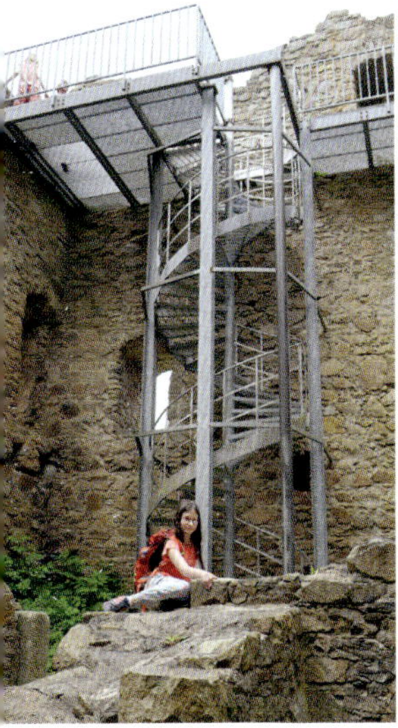

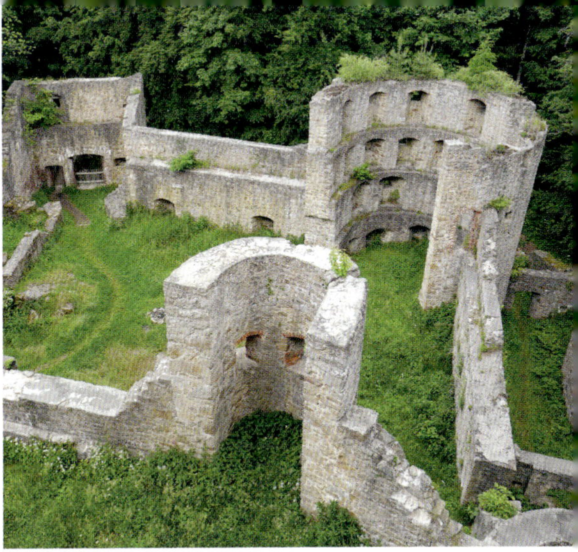

OBEN
Burgruine Kürnberg.

LINKS UNTEN
Summstein am Walderlebnispfad.

Einkehr: Kiosk am Naturbad (siehe Tipp). Ristorante Il Triangolo, Neunburger Str. 2, 93491 Stamsried, Tel. +49 9466 1300, täglich 11.00–14.00 und 17.00–22.00 Uhr geöffnet.
Kurzvarianten: 1. Vom Parkplatz neben der Gedenkstätte wie in der Haupttour beschrieben hinauf zur Burgruine Kürnberg und auf demselben Weg wieder zurück zum Parkplatz (hin- und zurück 900 m, 30 Min., ab 4 Jahren).
2. Vom Parkplatz neben der Gedenkstätte wie in der Haupttour beschrieben hinauf zur Burgruine Kürnberg und hinab bis zur Kreuzung mit der Markierung »grünes Dreieck«. Dort mit dem Symbol Specht rechts auf schmalen Pfaden über den alten Jägersteig zurück zum Parkplatz (1,8 km, 50 Min., ab 5 Jahren).
Tipp: Naturbad Stamsried, während der Sommermonate (ab ca. Anfang Juni, bei Badewetter ab 20 Grad Lufttemperatur) täglich 10.00–20.00 Uhr geöffnet. Info unter Tel. +49 151 40216978, naturbad-stamsried.de. Mit Trampolin, kleinem Spielplatz, Rutsche, Tischtennisplatte, Sandkasten und Kleinkinderbecken.

LOS GEHT'S Vom **Parkplatz ➊** neben der Gedenkstätte folgen wir dem Wegweiser »Walderlebnispfad/Zur Ruine Kürnberg« in den Wald hinein. Kurz darauf weist uns die Specht-Markierung rechts auf den Walderlebnispfad, dessen Mitmach- und Informationsstationen uns beim Anstieg begleiten. Kurz vor der Burgruine erreichen wir das **Baumartenbuch**. Bevor wir dem Walderlebnispfad nach links folgen, gehen wir geradeaus und besichtigen die **Burgruine Kürnberg ➋**. Über eine Holzbrücke betreten wir das Tor zur Vorburg und durchqueren die Burg bis zum großen, gut erhaltenen Palas im hinteren Teil der Anlage, wo es auch eine Aussichtsplattform gibt.

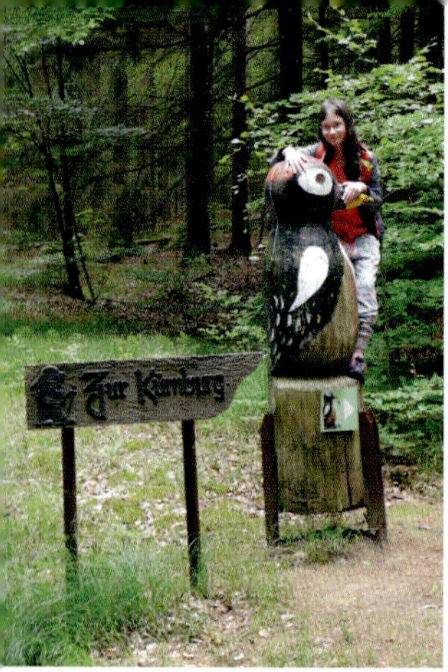

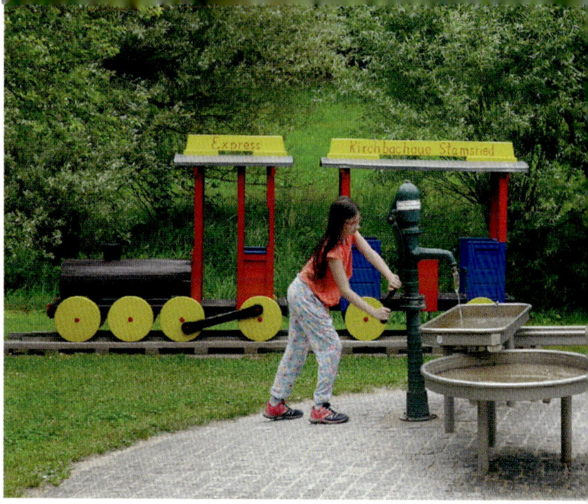

LINKS
Unterwegs mit dem Specht.
RECHTS
Spielpause in der Kirchbachaue.

Zurück am **Baumartenbuch** setzen wir unsere Wanderung auf dem Lehrpfad fort. An der Station »Wald und Holz« biegen wir mit dem Specht-Symbol rechts ab. Ein Pfad bringt uns hinauf zu zwei Holzkabinen, in denen wir den Geräuschen des Waldes lauschen können. Danach geht es mit der Markierung links hinunter, bis wir auf eine **Kreuzung** ❸ treffen. Das Specht-Symbol und die Wanderer der Kurzvariante 2 verlassen uns hier nach rechts, wir jedoch wandern geradeaus mit dem »grünen Dreieck« nochmals steil hinunter und erreichen einen geschotterten Forstweg. Auf ihm nach rechts bis zu einer Kreuzung, an der wir rechts in Richtung Stamsried gehen (Wegweiser; das »grüne Dreieck« verlässt uns nach links). An der Weggabelung am Parkplatz vor dem Waldheim halten wir uns links, passieren das Waldheim und gehen an den nächsten Abzweigungen immer rechts in Richtung Stamsried, bis wir auf einen Feldweg stoßen. Er bringt uns rechts zum Wertstoffhof. Erneut rechts (Wegweiser Keltischer Baumkreis/Kneippanlage/Barfußweg) gelangen wir entlang der Kirchbachaue auf einem ebenen, bequemen Wanderweg zum großen **Spielplatz** ❹, zur Kneippanlage und zum Barfußweg. Gesäumt von den verschieden Baumarten des keltischen Baumkreises geht der Weg bald in eine Teerstraße über und steigt bis zum Feuerwehrhaus steil an. Hier wenden wir uns zuerst nach rechts und biegen dann links in die Blumenstraße ein, auf der es weiter geht in Richtung Schlosspark/Naturbad. Auf der Schlossstraße rechts haltend kommen wir zur Lukas-Rauffer-Straße und auf dieser wieder rechts in die Rötzer Straße bis zum Anfang des Parks. Wir betreten ihn beim Wegweiser

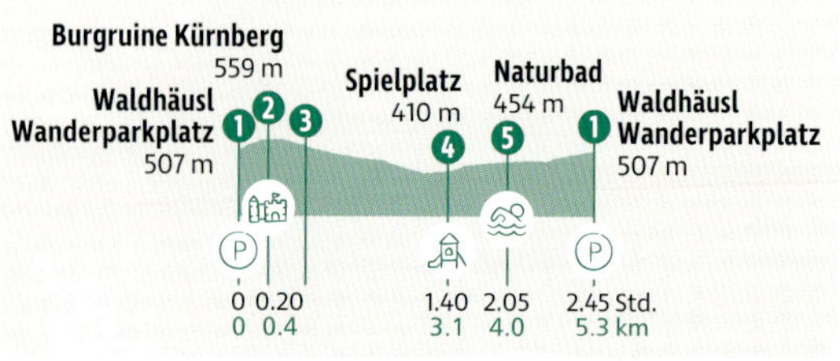

★Highlights

In der ganzjährig frei zugänglichen Burgruine Kürnburg die alten Mauerreste erkunden.

Auf dem Walderlebnispfad die zahlreichen interaktiven Informationstafeln studieren und an den Spielstationen experimentieren.

Am großzügigen Kinderspielplatz in der Kirchbachaue, mit Kletterpyramide, Holzeisenbahn, überdachtem Picknickplatz, Kriechtunnel, Seilrutsche, Wasserspielplatz eine lange Pause einlegen.

Seinen Lebensbaum im keltischen Baumkreis suchen und dessen Bedeutung erfahren.

Badespaß inmitten des lauschigen Schlossparks im Naturbad Stamsried.

»Eingang Naturbad Schlosspark« und passieren den Eingang des **Naturbades ❺**. Entgegen dem Uhrzeigersinn laufen wir um das Naturbad herum, durchqueren den Schlosspark und verlassen ihn durch eine Maueröffnung an der hintersten linken Ecke des Parks. Gleich nach dem Mauerdurchgang biegen wir rechts mit dem Wegweiser »Botanischer Lehrpfad« auf einen schmalen Wiesenpfad ab. An einem Teich vorbei, bringt er uns hinauf zur Kalvarienbergstraße. Dort verlässt uns der Lehrpfad nach links. Wir schlendern ein paar Meter nach rechts, bevor wir scharf links in die Hildebrandstraße einbiegen und steil hinauf zur Kalvarienbergkapelle wandern. Hinter der Kapelle setzt sich der Wanderweg fort, bis wir am Waldrand auf den Ziegelhüttenweg treffen. Hier ein Stück nach rechts und auf der geteerten Kürnburgstraße bergan, erreichen wir nach kurzer Zeit links haltend unseren **Parkplatz ❶**.

Hallo Kinder!

Ein Specht-Logo markiert einen Teil der heutigen Wanderung. **Spechte leben überall**, wo es Wälder gibt. Da sie aber sehr scheue Tiere sind, hört ihr Spechte öfter, als ihr sie seht. Mit ihren kräftigen Schnäbeln hämmern sie kraftvoll Löcher in morsche, abgestorbene Äste und Baumstämme, um an die unter der Rinde verborgenen Insekten zu gelangen. Auf dieselbe Art erschaffen sie sich eine kuschelige **Baumhöhle**, in der sie die Nächte verbringen und ihre Jungen aufziehen. Trotz des vielen Hämmerns bekommt der Specht davon keinen Brummschädel, denn er hat einen **eingebauten »Stoßdämpfer«**.

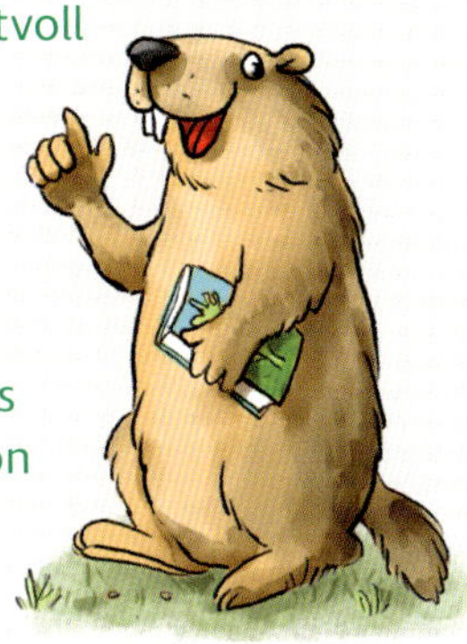

40 Auf dem Schmugglersteig

VOM BERGHOF GIBACHT ZUR TSCHECHISCHEN GRENZE

2.30 STUNDEN

5,7 KILOMETER

↗ 130 HÖHENMETER

↘ 130 HÖHENMETER

MITTEL ab 5 Jahren

Pfenningfelsen, Kreuzfelsen und Tannenriegel: Eine aussichtsreiche Rundwanderung und immer wieder besondere Attraktionen erwarten uns im Bergmassiv Gibacht. Der leicht ansteigende Weg bringt uns zunächst vorbei am Pfennigfelsen, wo sich hinter einem Steintürchen eine Opferstelle im Fels verbirgt. Wer als Wanderer dort eine Münze hineinlegt, kehrt an diesen Ort angeblich immer wieder gesund zurück. Entlang des anschließenden Schmugglersteigs erreichen wir am Drei-Wappen-Felsen die Landesgrenze zu Tschechien. Auf dem weiteren Weg erklimmen wir den aussichtsreichen Kreuzfelsen, besuchen den Leuchtturm der Menschlichkeit auf dem Tannenriegel und genießen den Bayerwald-Blick am Gläsernen Kreuz.

Ausgangspunkt: Parkplatz am Berghof Gibacht, 848 m (Navi: Gibacht 31, 93449 Waldmünchen). Anfahrt: Von der B22 auf der St2400 über Schönthal nach Waldmünchen. Dort weiter in Richtung Ulrichsgrün/Althütte. In Althütte links in Richtung Gibacht und steil hinauf bis zum Parkplatz am Berghof Gibacht.

Ausrüstung: Feste, gut profilierte Wanderschuhe. Fernglas nicht vergessen. Proviant, da es unterwegs keine Einkehrmöglichkeit, aber viele Picknickmöglichkeiten gibt. Cent-Münze zum Hinterlegen am Pfennigfelsen.

Anforderungen: Stetiges Auf und Ab über steinige, wurzeldurchsetzte Wanderpfade. Einige gut überwindbare Eisentritte am Drei-Wappen-Felsen. Großteils schattige Wanderung.

Einkehr: Am Ausgangspunkt Berghof Gibacht, Tel. +49 176 46662302, berghof-gibacht.de, Mo Ruhetag. In Althütte Bergstadel Althütte, bergstadl-althuette.de, So und feiertags geöffnet.

Kurzvarianten: 1. Wie in der Haupttour beschrieben vom Parkplatz am Berghof Gibacht bis zum Kreuzfelsen. Ca. 100 m da-

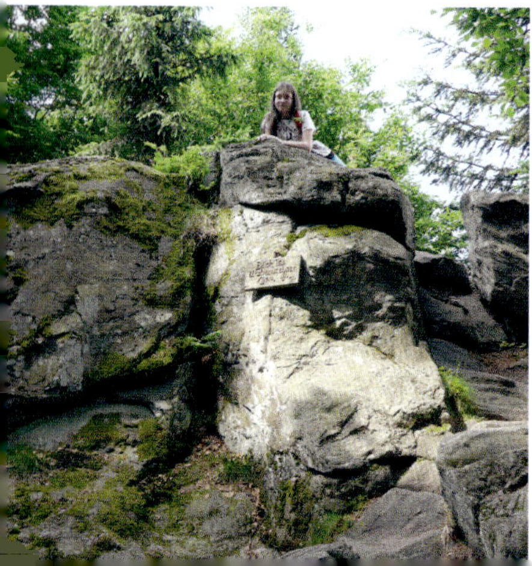

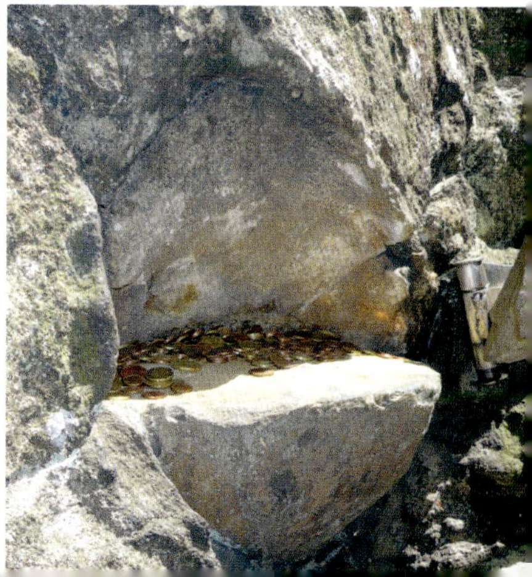

Der Pfennigfelsen mit Ausblick und seinem Münzfach.

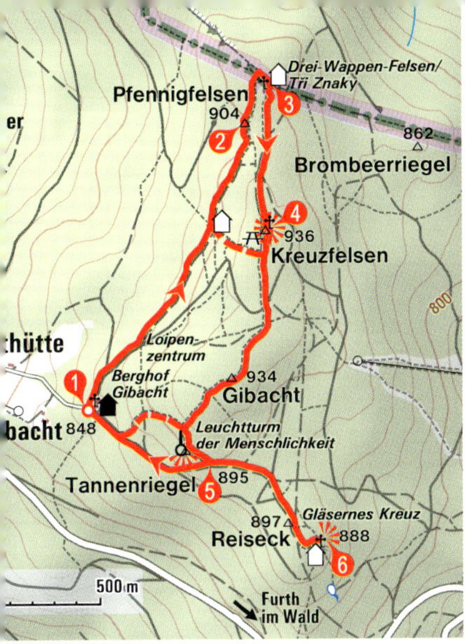

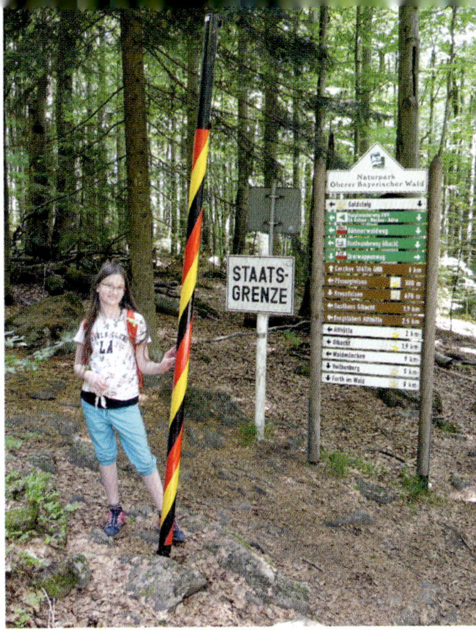

Mit einem Schritt ins Nachbarland Tschechien.

nach biegen wir rechts in Richtung Gasthaus Gibacht (Wegweisertafel) in den Wanderpfad »Fu9« ein. Er bringt uns zum schon vom Hinweg bekannten Unterstellhäuschen am Goldsteig. Mit dem Goldsteig geht es links zurück zum Berghof Gibacht (3,7 km, 1.40 Std., ab 4 Jahren).

2. Wie in der Haupttour beschrieben vom Parkplatz am Berghof Gibacht bis zum »Leuchtturm der Menschlichkeit« auf dem Tannenriegel. Dort drehen wir um und wandern zurück bis zur T-Kreuzung. Mit dem Rundwanderweg Gibacht geht es zurück zum Berghof Gibacht (4,2 km, 1.50 Std., ab 4 Jahren).

LOS GEHT'S Vom **Parkplatz ❶** am **Berghof Gibacht** starten wir auf einem breiten Forstweg mit dem Goldsteig links vorbei am Berghof in Richtung »Pfennigfelsen/Grenzübergang Dreiwappen«. An der nächsten Weggabelung halten wir uns rechts und biegen bald darauf am Loipenzentrum links ab. Es geht meist eben dahin, bis wir zu einer Kreuzung mit einem Unterstellhäuschen kommen. Dort besteht die Möglichkeit, nach rechts Richtung Kreuzfelsen abzukürzen. Wir jedoch wandern geradeaus mit dem Goldsteig weiter Richtung »Pfennigfelsen/Dreiwappen«. Später wechselt der Forstweg in einen schmalen Wanderpfad über, der uns zum **Pfennigfelsen ❷** bringt. Ein Türchen im Stein lässt sich öffnen, um Münzen hineinzuwerfen. Eine Be-

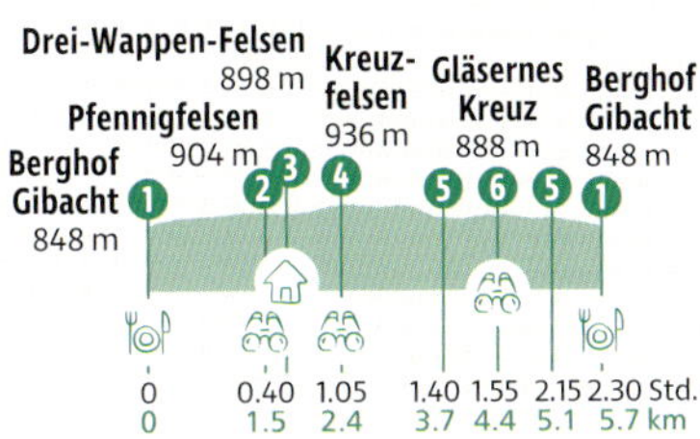

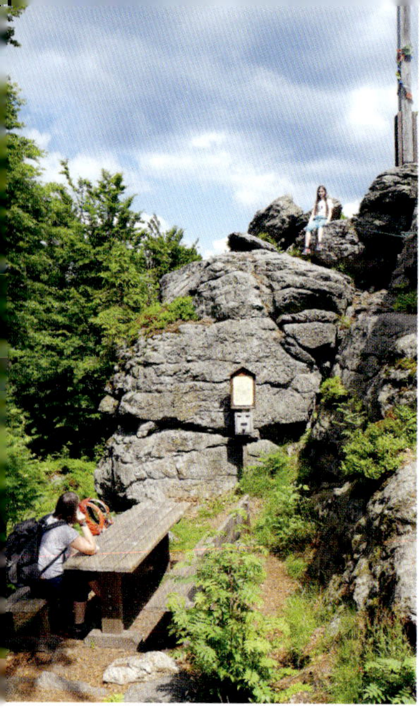

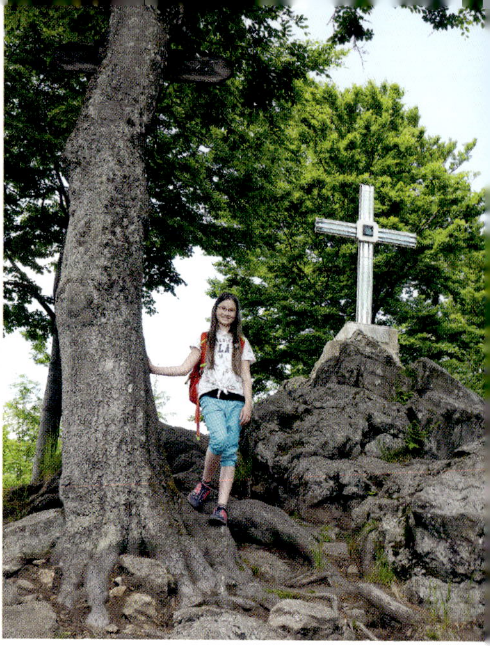

LINKS

Mutige kraxeln auf den Kreuzfelsen.

RECHTS

Am Gläsernen Kreuz bietet sich eine grandiose Sicht.

steigung des Felsens wird belohnt mit einem Blick ins Waldmünchner Land. Der Goldsteig führt uns anschließend weiter über einen alten Schmugglersteig bis zur Landesgrenze am **Drei-Wappen-Felsen ❸** mit einem Unterstand. Hier biegen wir mit dem Goldsteig rechts in Richtung Furth im Wald ab und steigen über einige Eisentritte hinauf. Wir folgen dem Wanderpfad und erreichen schon bald den **Kreuzfelsen ❹**. Seilgesichert geht es hinauf zum Gipfelkreuz. Von dort oben schweift unser Blick bis ins tschechische Hinterland.

Wer auf den Kreuzfelsen hinaufkraxelt, kann sich anschließend ins Gipfelbuch eintragen!

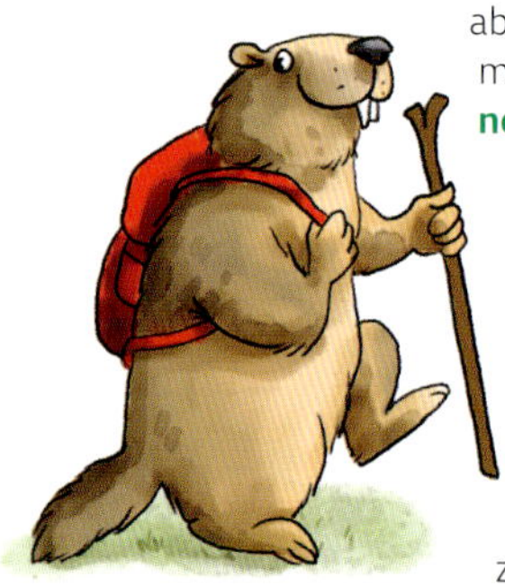

Weiter geht es auf dem Goldsteig Richtung Furth im Wald und schon kurz nach dem Kreuzfelsen gesellen sich die Wanderer der Abkürzung zu uns. Wir kommen an eine T-Kreuzung, an der man mit dem Rundwanderweg Gibacht direkt zurück zum Berghof Gibacht abkürzen kann (s. Kurzvariante 2). Wir aber wandern links mit dem Goldsteig weiter und gelangen alsbald zum **Tannenriegel** mit dem **Leuchtturm der Menschlichkeit**.

Danach senkt sich der Wanderpfad hinab bis zu einem **Schilderbaum ❺**. Hier unternehmen wir mit dem Goldsteig Richtung »Reiseck/Glaskreuz« geradeaus noch einen Abstecher zum Gläsernen Kreuz. Wir überqueren eine Forststraße und kurz darauf ist der Gipfel des **Reisecks** erklommen. Eben geht es noch ein Stück auf dem Plateau entlang, bevor wir das **Gläserne Kreuz ❻** erreichen. Nach einem kurzen Kraxelspaß zum Glaskreuz, bietet uns die andere Seite ein wunder-

★Highlights

Am Pfennigfelsen das versteckte, mit einem Steintürchen verschlossene Geldfach entdecken und einen Cent hineinlegen.

Entlang des historischen Schmugglersteigs bis zur deutsch-tschechischen Landesgrenze am 910 m hohen Drei-Wappen-Felsen wandern.

Am markanten Kreuzfelsen bis zum Gipfelkreuz hinaufkraxeln und im Gipfelbuch einen netten Eintrag hinterlassen.

Am Leuchtturm der Menschlichkeit auf dem Tannenriegel die handgearbeiteten Glaskunstwerke bewundern.

Auf dem 897 m hohen Reiseck eine Pause einlegen und vom Kunstobjekt Gläsernes Kreuz den Bayerwald-Blick genießen.

bares Panorama des Oberen Bayerischen Waldes, den sogenannten Bayerwald-Blick.
Wir kehren auf bekanntem Weg zurück bis zum **Schilderbaum** ❺. Hier halten wir uns links mit den Wegen »Fu9« und »Fu41« Richtung Gibacht. Der anfangs schmale Pfad geht bald in einen Forstweg über, der uns bequem zurück zum **Parkplatz** ❶ am **Berghof Gibacht** bringt.

Hallo Kinder!

Sicherlich habt ihr mitten im Wald keinen Leuchtturm erwartet. Auf dem Gipfel des Tannenriegels wurde im Jahre 2007 ein **Leuchtturm der Menschlichkeit** gebaut. Zu diesem Zweck

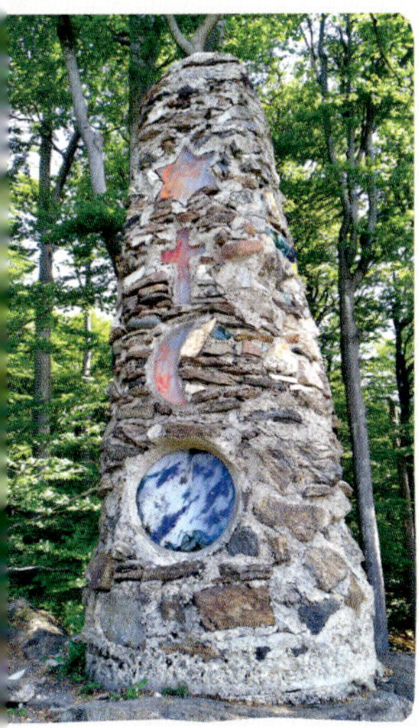

wurden etwa **10 Tonnen Steine aus verschiedenen Ländern und Regionen** auf den Gipfel gebracht und zu einem steinernen Leuchtturm vermauert. Eine Besonderheit seht ihr auf der westlichen Seite: vier aufwendig handgearbeitete Glaskunstwerke sind hier verbaut. Ganz oben sehen wir einen jüdischen Davidstern, darunter ein christliches Kreuz, einen islamischen Halbmond und unten eine Weltscheibe. Nachts werden diese Glaselemente von innen her beleuchtet und rufen die Menschen zu mehr Frieden und Verständnis untereinander auf.

41 Auf den Schwarzriegel

BLICK VOM NATO-TURM AUF DEM HOHEN BOGEN

1.00 STUNDEN
1,9 KILOMETER
↗ 40 HÖHENMETER
↘ 40 HÖHENMETER
LEICHT ab 3 Jahren

Aussichtskanzel in luftiger Höhe: Ein besonders beliebtes Ausflugsziel bei Familien mit Kindern ist der Hohe Bogen. Um den gut tausend Meter hohen Berg entspannt zu erklimmen und unsere Kräfte aufzusparen, fahren wir ganz bequem mit dem Sessellift hinauf. Im Anschluss ist der flache Bergrücken auch für kleine Kinder mühelos zu begehen. Unser Ziel sind die beiden NATO-Türme aus der Zeit des Kalten Krieges, deren Besteigung nun etwas Ausdauer und Schwindelfreiheit verlangt. Auf einer luftigen Außentreppe geht es über knapp 300 Stufen mehr als 50 Meter hinauf zur großflächigen Plattform, die bei guter Fernsicht einen herrlichen Blick in die Berge des Bayerischen Walds und des Böhmerwalds bietet. Mit kleineren Kindern fährt man danach am besten mit dem Sessellift wieder zurück ins Tal. Mit größeren Kindern wählen wir als Rückweg die Variante über die steile Skipiste bis zur Mittelstation und legen das letzte Stück zur Talstation mit der rasanten Sommerrodelbahn zurück. Dort laden die vielen Spiel- und Fahrgeschäfte zum Erkunden ein.

Ausgangspunkt: Parkplatz der Hohenbogenbahn, 658 m (Navi: Liftstraße 2, 93453 Neukirchen beim Heiligen Blut). Anfahrt: Von der B20, Ausfahrt Furth im Wald-Mitte, auf der St2154 über Eschlkam bis nach Neukirchen beim Heiligen Blut. Durch den Ort und bei der Feuerwache rechts in die Paßstraße. In Vordermais rechts in die Liftstraße einbiegen und dieser bis zum Ende am Parkplatz der Hohenbogenbahn folgen.
ÖPNV: Haltestelle Hohenbogen Sesselbahn der VLC-Buslinie 590.
Ausrüstung: Sportschuhe oder Trekkingsandalen. Für die Variante sind feste, gut profilierte Wanderschuhe erforderlich. Sonnenschutz und Fernglas nicht vergessen. Kleingeld für NATO-Turm und Funpark.
Anforderungen: Hin- und Rückweg auf Teerstraße. Schwindelfreiheit beim Auf- und Abstieg auf den NATO-Turm erforderlich. Sonnige, kinderwagentaugliche Wanderung. Die Variante (nicht kinderwagentauglich) hinunter zur Mittelstation ist bei Nässe oder nach ausgiebigen Regenfällen nicht begehbar (extreme Rutschgefahr).
Einkehr: Liftstüberl an der Talstation der Hohenbogen-Bahn (Tel. +49 9947 9040235) und Berghaus Hohenbogen (Tel. +49 9947 464) an der Bergstation, hohenbogen.de/gaststaetten. Gipfelstub'n Biergarten auf dem Gelände der NATO-Türme. An der Variante: Berghaus Schönblick am Hohenbogen, Tel. +49 9947 902949, schoenblick-hohenbogen.de.

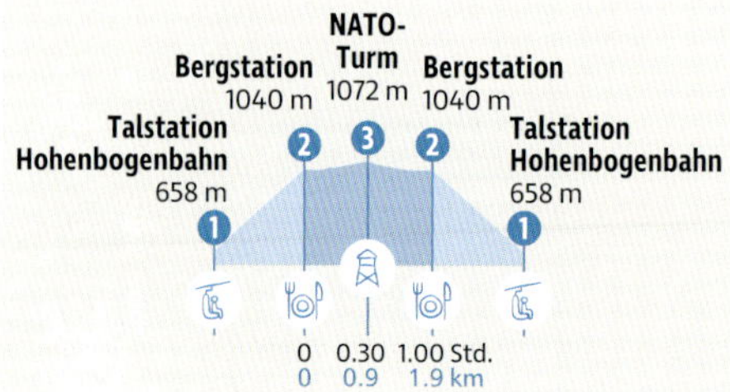

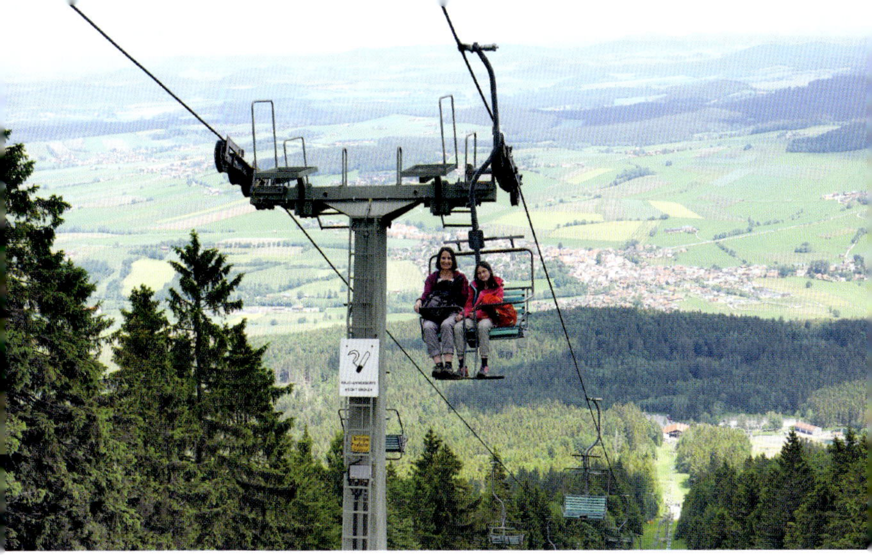

Variante: Anstatt von der Bergstation mit der Sesselbahn hinab ins Tal zurückzukehren, hinter dem Berghaus Hohenbogen in einem Linksbogen hinunter Richtung Haus Schönblick. Steil senkt sich der Wiesenweg hinab bis zu einer Kreuzung, dort geradeaus auf einem Waldweg hinab bis zum Haus Schönblick. Hier links Richtung Hohenbogenbahn (Tal-/Mittelstation). Nochmals steiler Abstieg auf geschottertem Pfad, dann rechts über die Skipiste sehr steil hinab bis zur Mittelstation und dem Beginn der Sommerrodelbahn (3,2 km, 1.45 Std., ab 7 Jahren).

Hinweise: Der Sesselift und die Sommerrodelbahn sind bei trockenem Wetter täglich 9.30–17.00 Uhr in Betrieb, Infos unter Tel. +49 9947 464 hohenbogen.de. Kinderwagen bzw. Buggys werden im Sessellift mitgenommen, sofern sie kompakt zusammenklappbar sind.
Preise und Öffnungszeiten des NATO-Turms siehe sektor-f.de.

OBEN

Bequem hinauf zum Hohenbogen.

UNTEN

Aussichtsplattform in luftiger Höhe.

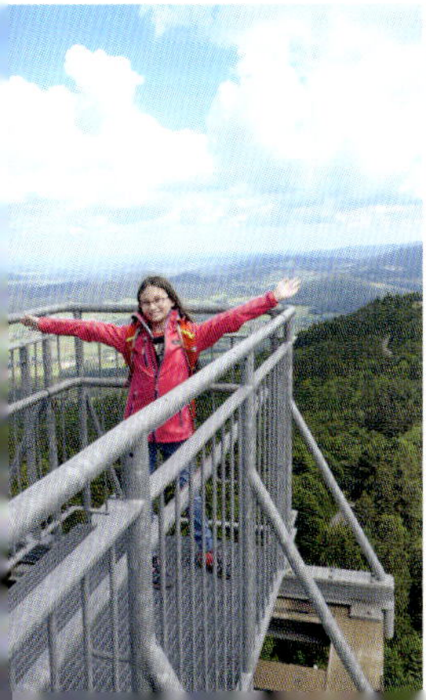

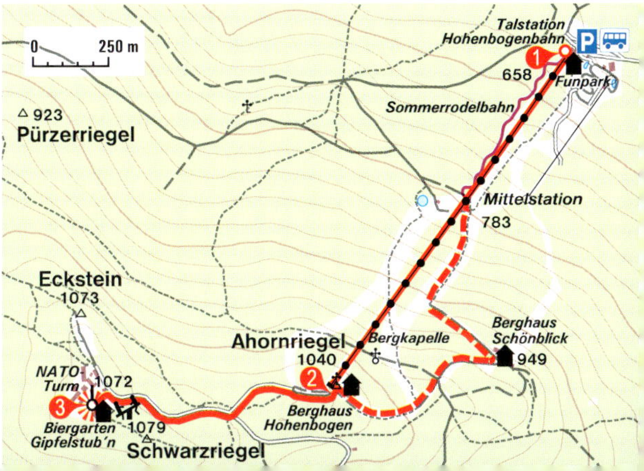

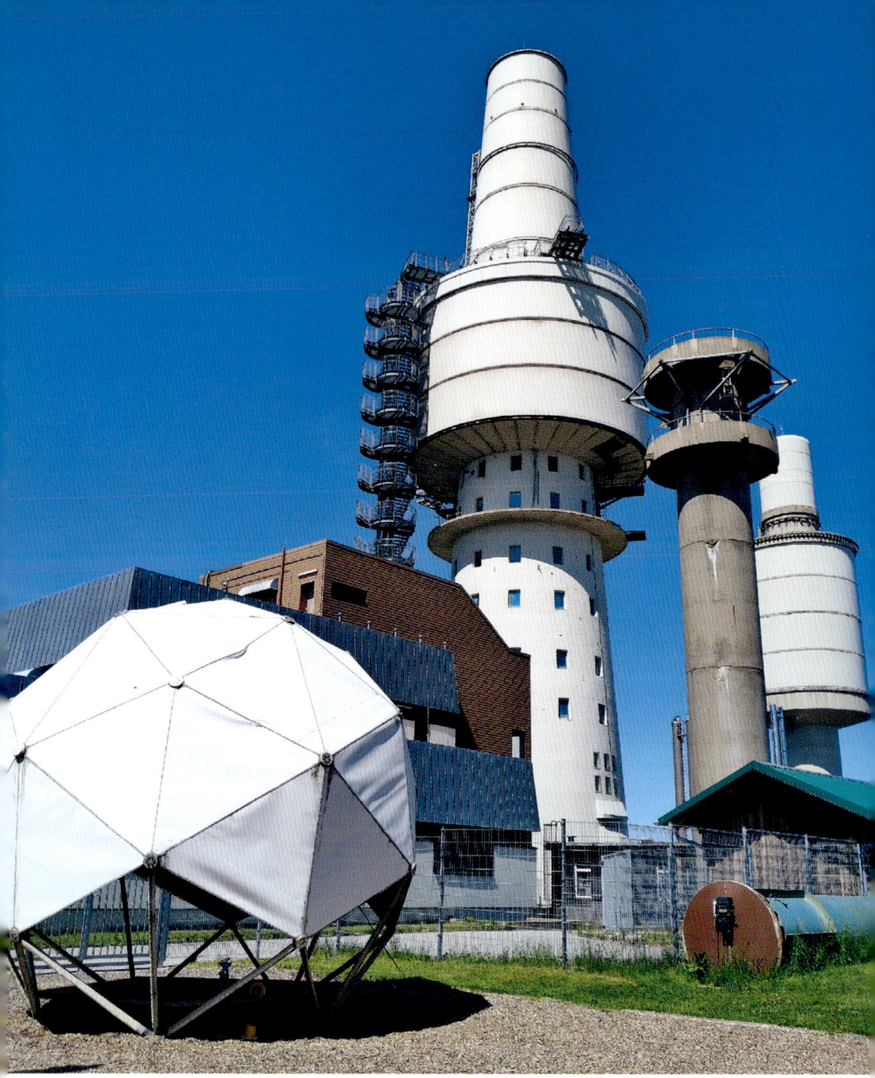

★Highlights

Den NATO-Turm über eine Metall-Wendeltreppe mit 262 Stufen besteigen und von der Aussichtsplattform ins Nachbarland gucken.

Bei den früheren Spionageutensilien eine Spielpause einlegen.

Im Berghaus Hohenbogen lecker schlemmen und den Blick über die Berge schweifen lassen.

Den Funpark mit Wasserrutsche, Pendelbahn, Mini-Seilbahn und großem Spielplatz besuchen.

Ab der Mittelstation mit der Sommerrodelbahn rasant ins Tal hinabsausen.

Hallo Kinder!

Heute könnt ihr vom **NATO-Turm** weit nach Tschechien hineinschauen. Nach dem Zweiten Weltkrieg, während des **Kalten Krieges**, belauschten sich die Westmächte und der Ostblock gegenseitig. Mithilfe von großen Abhöranlagen entlang der Grenze, wie hier auf dem Hohen Bogen, versuchte man, möglichst viel über die Geschehnisse auf der jeweils anderen Seite des sogenannten **Eisernen Vorhangs** in Erfahrung zu bringen. Nach dem Fall der Mauer in Berlin 1989 endete diese Zeit der gegenseitigen Bespitzelung und die Grenzen wurden geöffnet. Aber erst seit 2014 kann man die nicht mehr benötigten militärischen Anlagen besichtigen und einen der beiden Türme besteigen.

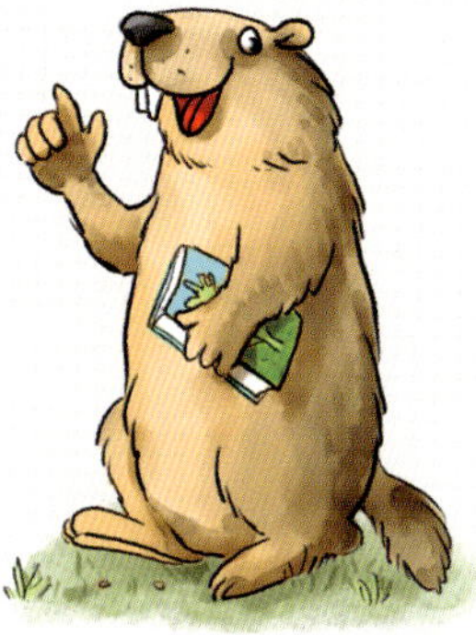

LOS GEHT'S

Von der **Talstation** ❶ fahren wir mit der Sesselbahn in wenigen Minuten bequem hinauf zur **Bergstation** ❷ auf dem Ahornriegel. Dort oben halten wir uns rechts und gelangen auf der Teerstraße zu einer T-Kreuzung. Hier gehen wir rechts in Richtung der NATO-Türme. Die Straße steigt gemächlich an und schon bald ist die Eingangspforte des ehemaligen NATO-Geländes erreicht. Der Gipfelstub'n Biergarten mit einem kleinen Spielplatz lädt hier zu einer kurzen Erfrischungspause ein, bevor wir uns an den gebührenpflichtigen Aufstieg zur Aussichtsplattform auf dem **NATO-Turm** ❸ machen. Schweißtreibend geht es die 262 Stufen hinauf, bevor wir die Aussichtsplattform erreichen. Von dort oben haben wir einen Panoramablick in den Oberen Bayerischen Wald und den Böhmerwald. Nach der Besichtigung des Turms und des Geländes kehren wir auf demselben Weg wieder zurück zur **Bergstation** ❷. Mit dem Sessellift geht es über die Mittelstation bequem hinunter bis zur **Talstation** ❶, wo wir dem **Hohenbogen-Funpark** noch einen Besuch abstatten können.

LINKS

Spielplatz am Fuße des NATO-Turms.

UNTEN

Spritziges Vergnügen im Funpark.

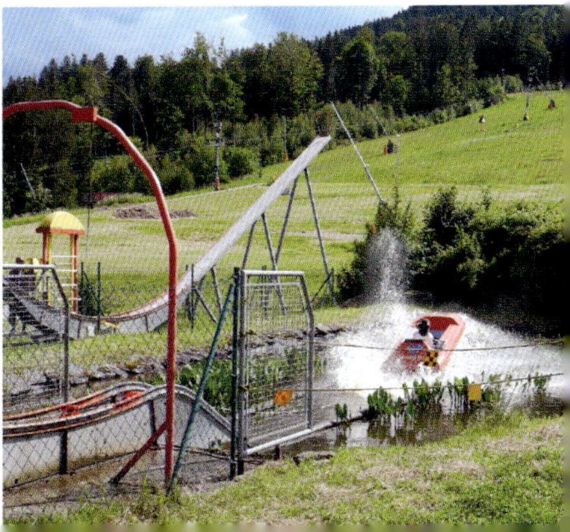

42 Klangweg Neukirchen

PANORAMAWEG BEI NEUKIRCHEN BEIM HEILIGEN BLUT

1.00 STUNDEN

2,2 KILOMETER

↗ 35 HÖHENMETER

↘ 35 HÖHENMETER

LEICHT ab 3 Jahren

Hören, lauschen, spielen und wandern: Was haben Musik und Wandern gemeinsam? Sie bringen uns schöne, unvergessliche Momente und sie können Menschen zusammenbringen. Der Klangweg bei Neukirchen beim Heiligen Blut verbindet beides – gemeinsam Musik machen und dabei einen Panoramaweg genießen. Diese kurzweilige Wanderung bringt uns vorbei an sieben Stationen mit Musikinstrumenten aus den verschiedensten Kulturen dieser Welt. Der Klangweg beginnt mit einem Gong aus China und endet mit dem Drehen der Klangmühlen, deren Obertonreihen an indische Klänge erinnern. Schon nach der ersten Station ist die Neugierde der Kinder geweckt und die weiteren Stationen mit Schlag-, Tasten- oder Streichinstrumenten werden eifrig erkundet.

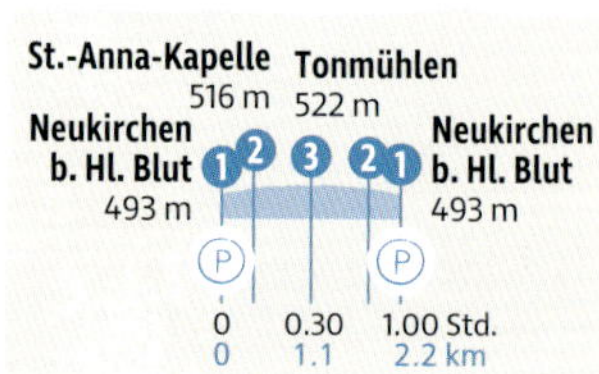

Ausgangspunkt: Parkplatz an der Kirchstraße, 493 m (Navi: Kirchstraße, 93453 Neukirchen beim Heiligen Blut). Anfahrt: Von der B20, Ausfahrt Furth im Wald-Mitte, auf der St2154 vorbei an Eschlkam bis nach Neukirchen beim Heiligen Blut. Nach einer Tankstelle links zum Parkplatz an der Kirchstraße.
ÖPNV: Aus Richtung Furth im Wald mit der Buslinie 590 (Verkehrsverbund Landkreis Cham) bis zur Haltestelle Neukirchen Hl. Bl., Schule.
Ausrüstung: Sportschuhe oder Trekkingsandalen. Sonnenschutz nicht vergessen. 50-Cent-Münzen zur Benutzung der Holzkugelbahn bei

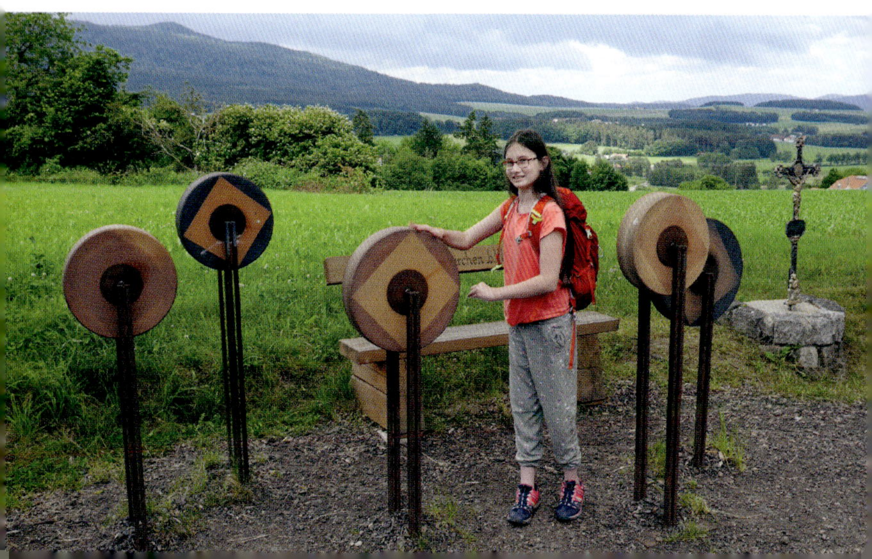

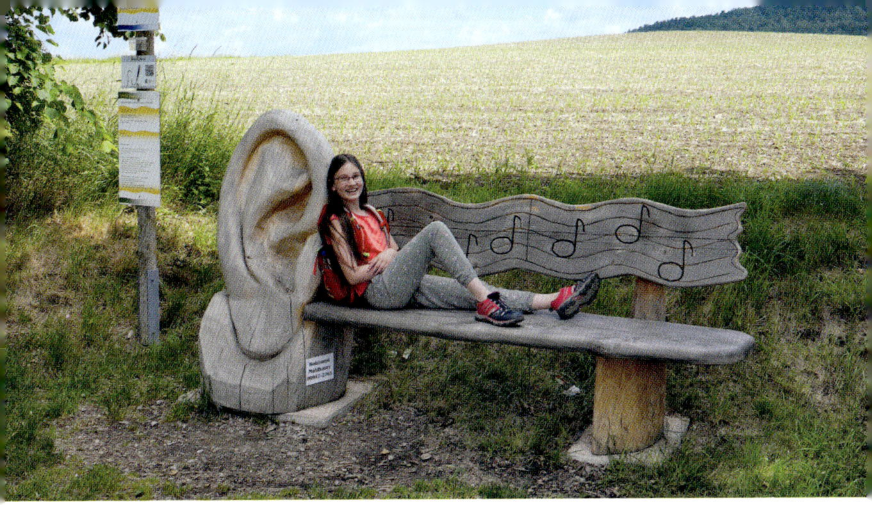

Station 1. Badesachen zum Besuch des Naturbades im Anschluss an die Wanderung.
Anforderungen: Bequeme, breite Wiesenpfade und Nebenstraßen. Mit Kinderwagen machbar. Sonnige Wanderung.
Einkehr: Café-Konditorei Zur Wallfahrtskirche, cafe-zur-wallfahrtskirche.de, Tel. +49 9947 1222. Weitere zahlreiche Einkehrmöglichkeiten in der Innenstadt.
Variante: Am Ende des Klangwegs bei den Tonmühlen geradeaus auf der Teerstraße weiter. Bei einem Anwesen biegt der Naturlehrpfad links auf einen Wiesenpfad ein. Zwischen Feldern hindurch geht es hinab bis zum Freybach am Waldrand. Über einen Holzbohlenweg durchqueren wir ein Wäldchen und biegen links in einen Fahrradweg ein. Dieser verläuft zuerst neben einer Straße, überquert etwas später den Freybach und geht dann in den geschotterten Deschermühlweg über, der uns hinauf zur Hochstraße bringt. Hier links zurück zum Klangweg (Station Gong) und weiter zum Parkplatz oder zur Bushaltestelle (insgesamt 5 km, 2.30 Std., ab 5 Jahren bzw. für ausdauernde Kinderwagenschieber).
Tipp: Besuch des Naturbads mit Kioskterrasse, Nichtschwimmerbecken und Kinder-Spielbachlauf. Spielplatz nebenan. Pater-Fortunat-Straße 26, 93453 Neukirchen beim Heiligen Blut; neukirchen.bayern/de/sport-und-freizeitangebot.html

OBEN
Lauschpause.

LINKS
Klangerlebnis an den Tonmühlen ...

UNTEN
... und an den Orgelpfeifen.

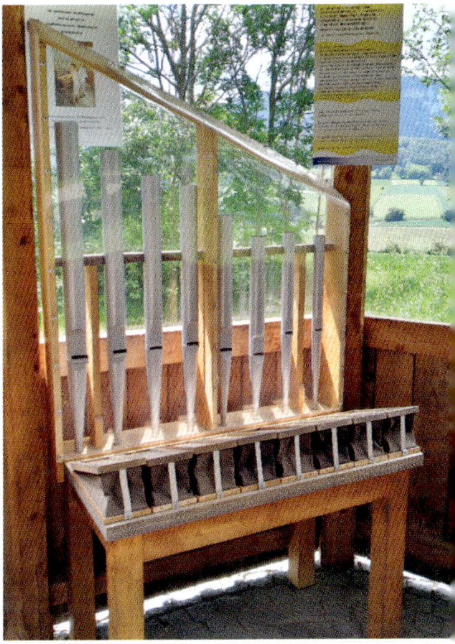

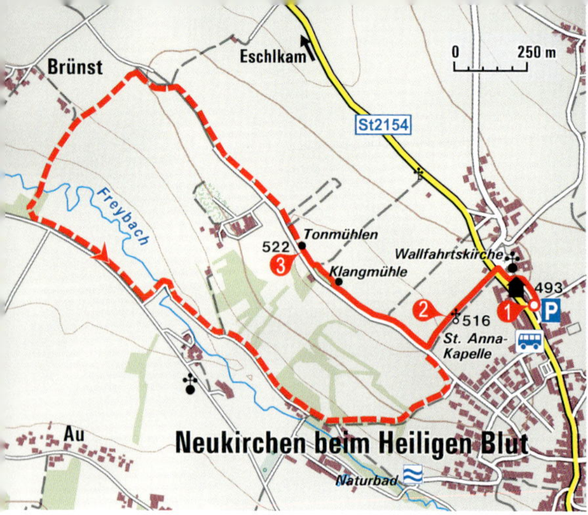

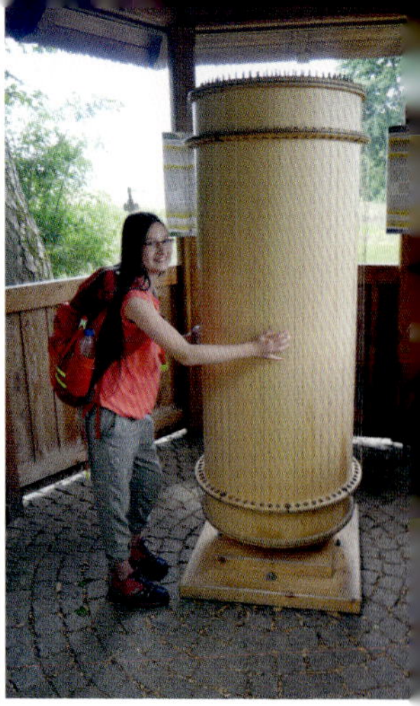

OBEN

An der Klangmühle.

UNTEN

Badespaß ohne Chlor bietet das Naturbad in Neukirchen b. Hl. Blut.

LOS GEHT'S Vom **Parkplatz 1** wandern wir durch die Kirchstraße in Richtung Wallfahrtskirche. Vorbei an Wallfahrtskreuzen biegen wir kurz vor der **Wallfahrtskirche** links ein. Auf dem Gehsteig gehen wir ein Stück rechts neben der Straße. Beim Friedhofseingangstor überqueren wir anschließend die Straße und laufen geradeaus in Richtung Klangweg (Wegweiser). Mit dem Kreuzweg wandern wir zur schon in Sichtweite gelegenen **St. Anna-Kapelle 2**. Wir folgen unserem Wiesenweg und treffen alsbald auf eine Teerstraße. Dort beginnt der **Klangweg** an der ersten Station (Gong). Au-

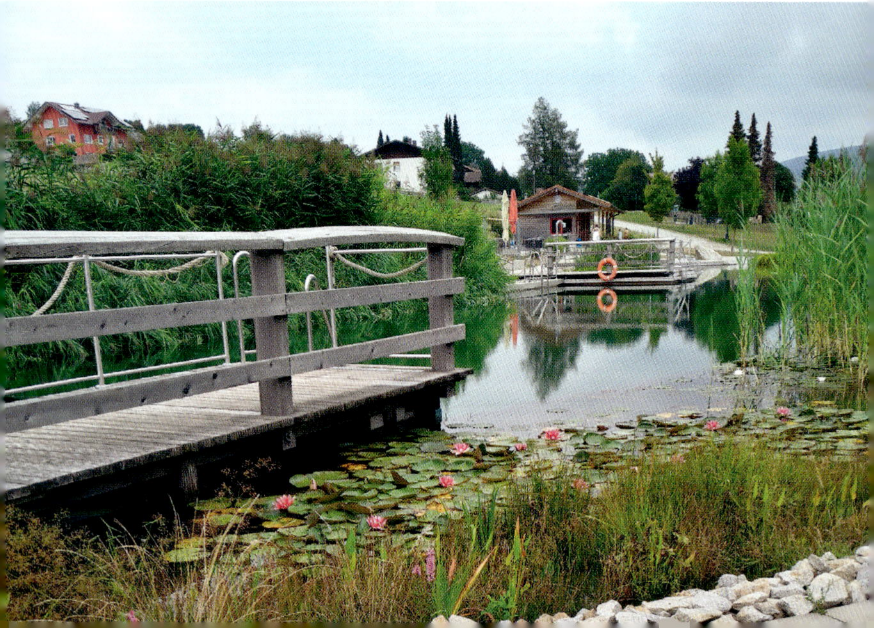

Hallo Kinder!

Ihr kennt bestimmt den beißenden Chlorgeruch im Schwimmbad. In den meisten Schwimmbädern verwendet man die Chemikalie Chlor zur Desinfizierung des Badewassers. Es geht aber auch anders: Im Neukirchner **Naturbad** erfolgt die **Reinigung des Wassers mithilfe von modernen Pflanzenfiltern**. In einem mit Wasserpflanzen bewachsenen Regenerationsbereich bauen **Mikroorganismen** in mehreren Stufen gefährliche Bakterien ab. Ein besonderes Filtergranulat befreit das langsam hindurchsickernde Wasser von gröberen Schmutzpartikeln. Zusätzlich heizt sich das Wasser im seichten Regenerationsbereich ganz natürlich durch die Sonne auf, das spart Heizkosten. Und das Allerbeste ist: Ihr könnt dort kostenlos baden.

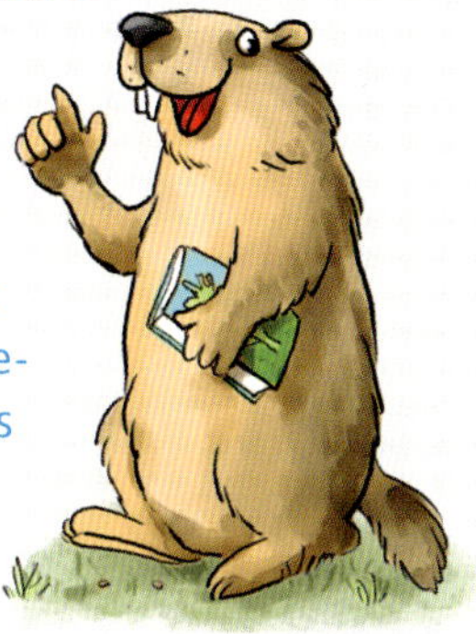

ßerdem befindet sich an diesem Platz die Station 10 des Naturlehrpfades. Links neben dem Gong befindet sich eine **Holzkugelbahn**, die benötigten Holzkugeln sind an einem Automaten käuflich zu erwerben. Unser Klangweg setzt sich rechts auf der Straße fort. Entlang des Weges werden zahlreiche Baumarten erklärt. Vorbei an den Stationen Orgelpfeifen, Trommeln und dem Horchplatz gelangen wir zur **Klangmühle**. Auf einem Holzschnitzelpfad geht es rechts neben der Straße durch ein Wäldchen, in dem mehrere Gesteinsarten aus der Gegend gezeigt werden, bis wir am Ende des Pfades eine Totenbrettgruppe erreichen. Dort auf der Straße weiter, vorbei an Station 6 bis zur siebten Station bei den **Tonmühlen** ❸. Hier endet der Klangweg und wir wandern auf demselben Weg zurück zum **Parkplatz** ❶ in der Kirchstraße.

★Highlights

Musikinstrumente aus verschiedenen Kulturkreisen dürfen an sieben Stationen nach Herzenslust gezupft, getrommelt und gespielt werden. In den Wintermonaten werden die Musikinstrumente abgebaut und sind im Wallfahrtsmuseum zu finden.

Eine Holzkugel aus dem Automaten ziehen und auf der Holzkugelbahn rollen lassen.

Die Wallfahrtskirche Mariä Geburt zum Heiligen Blut mit ihrem Klostergarten besuchen.

Freizeit- & Schlechtwettertipps

Tiere und Natur

A1 Wildpark Waldhaus Mehlmeisel

Rot- und Rehwild, Fuchs, Waschbär, Dachs und viele weitere heimische Wildtiere entdecken wir auf dem Rundweg durch das Freigelände. Von einem Hochsteg blicken wir ins Luchs- und Wildschweingehege. Im Streichelzoo dürfen Ziegen und Schafe gefüttert werden. **Öffnungszeiten:** Täglich 10.00–18.00 Uhr (letzter Einlass um 17.30 Uhr). **Info:** Tel. +49 9272 909812, waldhaus-mehlmeisel.de. **Adresse:** Waldhausstraße 100, 95694 Mehlmeisel.

A2 Straußenfarm Mitterhof

Auf dem Erlebnishof mit Nutztierarche können Strauße, Urschweine, Lamas, Alpakas, Schafe und Ziegen besucht werden. Hofladen und kleines Hofcafé. **Öffnungszeiten:** Erlebnishof und Hofcafé Sa und So 12.00–18.00 Uhr, Hofladen Fr, Sa und Mo 9.00–12.00 Uhr. **Info:** Tel. +49 160 7081135, straussenfarm-mitterhof.de. **Adresse:** Mitterhof 1, 95652 Waldsassen.

A3 Kreislehrgarten Floß

Im »Garten der Sinne« mit alten Obstbäumen, Wildobsthecken und Beerensträuchern darf nach Herzenslust geschnuppert, getastet und geschmeckt werden. Ein Räuberpfad mit Vogelnest, ein Bachlauf und ein Barfußpfad laden zum Entdecken ein. **Öffnungszeiten:** Von April bis Oktober. **Info:** ogv-floss.de **Adresse:** Vohenstraußer Str. 21, 92685 Floß.

A4 Generationenpark Gruberbach

Erholungs- und Freizeitgelände für die ganze Familie. Eine Minigolfanlage mit Imbiss, ein Abenteuerspielplatz, ein Wasserspielbereich, ein Bewegungsparcours, ein Ziegen- und Rotwildgehege und ein Fledermauskeller laden zum Verweilen ein. **Öffnungszeiten:** Ganzjährig rund um die Uhr geöffnet. **Info:** www.moosbach.de/kurparkgruberbach.htm. **Adresse:** Eslarner Straße, 92709 Moosbach. **ÖPNV:** Haltestelle Moosbach-Grub der Linie 6291.

Im Wild- und Freizeitpark Höllohe lassen sich Tiere beobachten ...

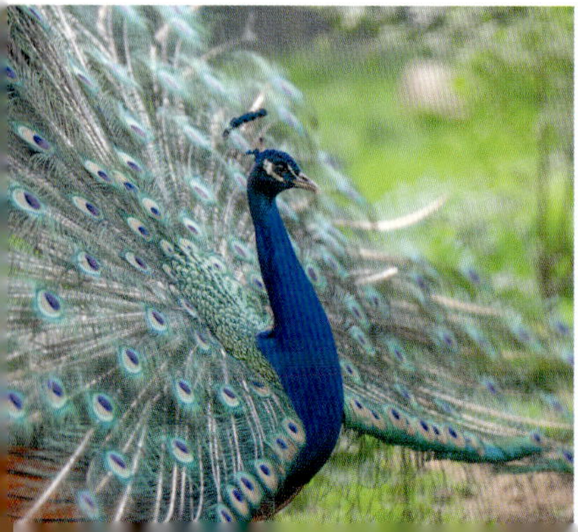

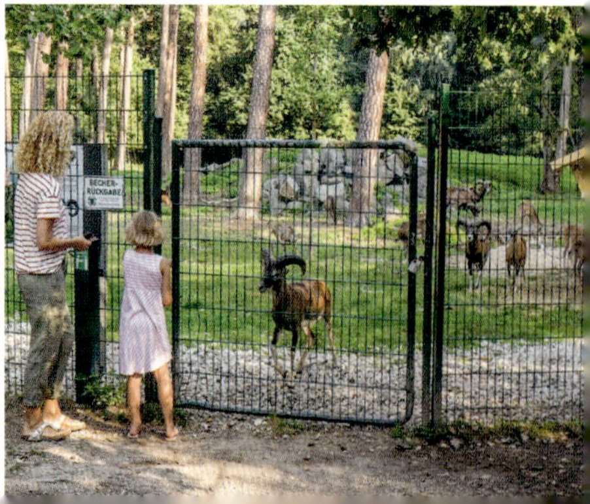

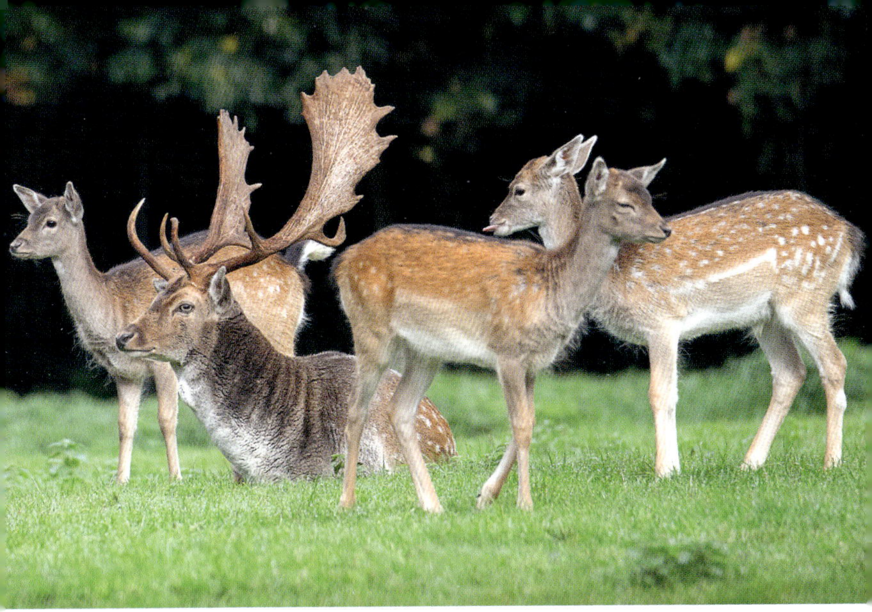

... und sogar Damhirsche füttern.

A5 Vogelpark Eslarn

Neun Großvolieren mit ca. 50 verschiedenen Vogelarten sind wunderschön eingebettet in den Bürgermeister-Karl-Roth-Kurpark (mit Spielplatz und Kneippbecken). **Öffnungszeiten:** Von Mai bis Mitte Oktober 9.00–18.00 Uhr. Kostenloser Eintritt, Spenden willkommen. **Info:** Tel. +49 9653 92070; eslarn.de. **Adresse:** Brennerstraße, 92693 Eslarn. **ÖPNV:** Mit NWN-Linie 6291 aus Richtung Weiden.

A6 Fledermaushaus Hohenburg

Im Rahmen einer Führung kann man hier die letzte Fledermauskolonie der Großen Hufeisennase in Deutschland beobachten. Vorhergehende Anmeldung verpflichtend. **Öffnungszeiten:** Jeden Freitag im Mai und August um 19.00 Uhr, im Juni und Juli um 20.00 Uhr. **Info:** Tel. +49 174 1929704; lbv.de/naturschutz/life-natur-projekte/life-projekt-grosse-hufeisennase/fledermaushaus-hohenburg. **Adresse:** Marktplatz 32, 92277 Hohenburg.

A7 Wild- und Freizeitpark Höllohe

Kostenloser Wild- und Freizeitpark mit großem Waldspielplatz. An Automaten können Futterportionen gegen Einwurf von 1-€-Münzen erworben werden. Gelände überwiegend barrierefrei. Wildparkcafé, zahlreiche Picknickmöglichkeiten. Parkplätze kostenpflichtig. **Öffnungszeiten:** Täglich 5.00–22.00 Uhr. **Info:** wildpark-hoellohe.de. **Adresse:** Höllohe 1, 93158 Teublitz.

A8 Kinder- und Jugendfarm Regensburg

Hier können die Kinder basteln, werkeln, kochen, spielen, Natur erleben oder sich um die Tiere kümmern. Anpacken und Spenden erwünscht. **Öffnungszeiten:** Offener Betrieb jeden Mittwoch und Donnerstag (ab 7 Jahren) und Sams-

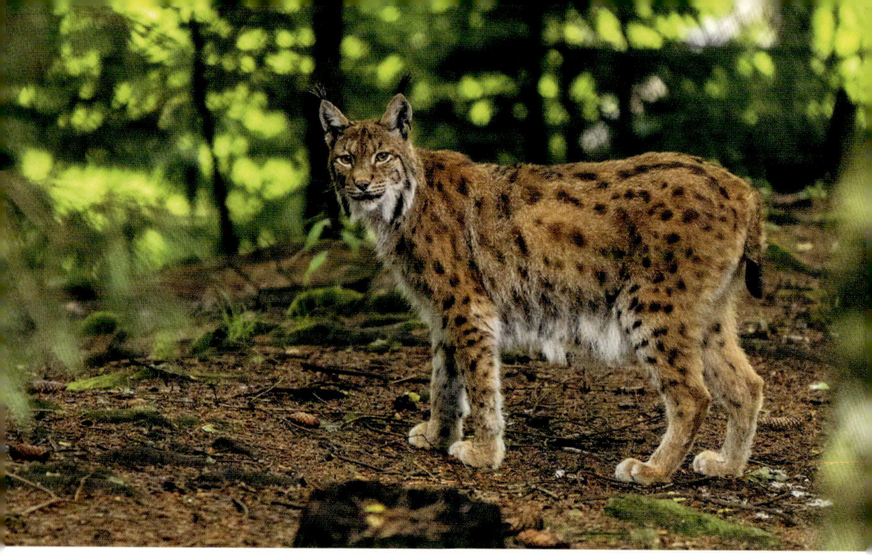

Im Bayerwald Tierpark sind auch scheue Luchse zu sehen.

tag (alle Altersklassen), genaue Öffnungszeiten siehe Internetseite. **Info:** Tel. +49 941 6001545, jugendfarm-regensburg.de. **Adresse:** Taunusstraße 5, 93057 Regensburg. **ÖPNV:** RVV-Linie 1 vom Hauptbahnhof bis Haltestelle Ostpreußenstraße.

A9 Beerenmeile

Regionale Beeren und Gemüse zum Selbstpflücken und Ernten auf vier Ernteflächen der »Beerenmeile«. Zusätzlich bieten manche Standorte ein Beerencafé oder ein Maislabyrinth. **Öffnungszeiten:** Saisonabhängige Öffnungszeiten und Erntemöglichkeiten, siehe Internetseite. **Info:** Tel. +49 9405 9572050, beerenmeile.de. **Adresse:** Mehrere Standorte: Unterislinger Weg, 93053 Regensburg; Am hohen Sand, 93105 Tegernheim; Finkenstraße, 93077 Bad Abbach; Lorenzer Straße, 93138 Lappersdorf.

A10 Wildgarten und Unterwasserbeobachtungsstation Furth im Wald

Durch den Wildgarten streifen und mystischen Wesen begegnen, unter Wasser tauchen, über Hängebrücken gehen und sich ins Moor wagen, das alles erleben Besucher hier. **Öffnungszeiten:** Täglich 10.00–17.00 Uhr. Führungen und Eintrittspreise siehe Internetseite. **Info:** Tel. +49 9973 2933, wild-garten.de. **Adresse:** Parkplätze in der Daberger Straße, 93437 Furth im Wald.

A11 Bayerwald Tierpark

Im einzigen Zoo der Oberpfalz leben über 400 Tiere aus dem bayerisch-böhmischen Grenzgebiet. **Öffnungszeiten:** April bis Oktober täglich 9.00–17.00 Uhr und November bis März täglich 10.00–16.00 Uhr. Eintrittspreise siehe Internetseite. **Info:** Tel. +49 9943 8145; bayerwald-tierpark.de. **Adresse:** Schwarzenbacher Straße 1A, 93470 Lohberg. **ÖPNV:** Haltestelle Lohberghütte-Tierpark der VLC-Buslinie 590 von Mitte Mai bis Ende Oktober aus Richtung Furth im Wald/Arber Bergbahn und VLC-Buslinie 612 aus Richtung Lam.

Erlebnisbäder und Badeseen

- Kleiner Rußweiher (Tour 10)
- Freibad Falkenstein (Tour 37)
- Freibad FreizeitWelle Rötz (Tour 38)
- Naturbad Stamsried (Tour 39)
- Naturbad Neukirchen (Tour 42)

B1 Naturerlebnisbad im Kemnather Land

Badespaß ohne chemische Zusätze im Wasser. Mit Sandstrand und Flachwasserbereich. **Öffnungszeiten:** Bei gutem Wetter täglich 10.00–20.00 Uhr. **Info:** Tel. +49 9642 1560, naturerlebnisbad-kemnather-land.de. **Adresse:** Gabellohe 21a, 95505 Immenreuth.

B2 Badeweiher Fuchsmühl

Natürlicher Badeweiher am Walderlebnispfad mit Liegewiese, Beachvolleyballplatz, Spielgeräten, Imbiss und angrenzendem Campingplatz. **Öffnungszeiten:** Siehe Internetseite. **Info:** Tel. +49 152 29229110, fuchsmuehl.de. **Anfahrt:** An der Friedenfelser Straße, 95689 Fuchsmühl, etwas außerhalb der Ortschaft.

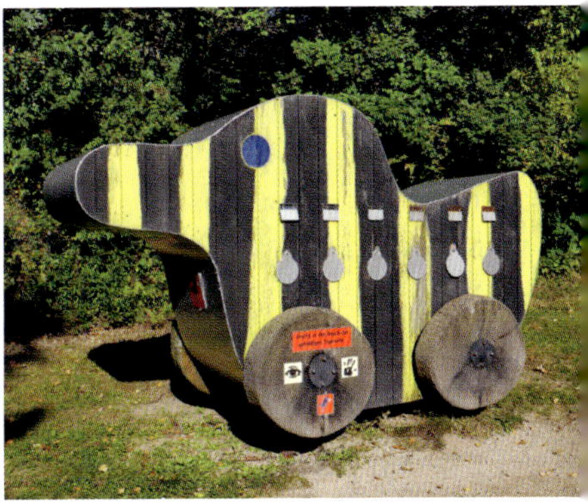

Übergroße Tigerente am Badeweiher Fuchsmühl.

B3 Waldseen Wiesau

Einer der Waldseen bei Wiesau, die Wiesauer Kipp, wurde zum Badesee ausgebaut, mit Kiosk, Volleyballfeld, Badesteg und Kinderbecken. **Öffnungszeiten:** Aktuell unter wiesau.de/tourismus-freizeit-kultur/wiesauer-waldseen/baden. **Anfahrt:** Kornthaner Weg 9, 95676 Wiesau, dort rechts Richtung Wiesauer Kipp.

B4 Städtisches Freibad Tirschenreuth

Hier erwarten die Besucher außer mehreren Wasserbecken für Groß und Klein zusätzlich noch ein Spielplatz, Wasserrutschen, Spritzenten, eine kostenpflichtige Minigolfanlage, ein Beachvolleyballfeld und Tischtennisplatten. **Öffnungszeiten:** Siehe Internetseite. **Info:** Tel. +49 9631 1238; stadtwerke-tir.de/freibad/freibad-tirschenreuth. **Adresse:** Mähringer Str. 34, 95643 Tirschenreuth. **ÖPNV:** Haltestelle Tirschenreuth-Schwimmbad der VGN-Buslinien 1842 und 1856.

B5 Freizeitanlage Kiesibeach

Lang gezogener Sandstrand mit flachen Uferzonen mit danebenliegendem Wunderpark für Kinder. **Öffnungszeiten:** Täglich geöffnet und frei zugänglich. **Info:** pressath.de/freizeit-kultur/freizeitanlage-kiesibeach. **Adresse:** Böttgerstraße, 92690 Pressath.

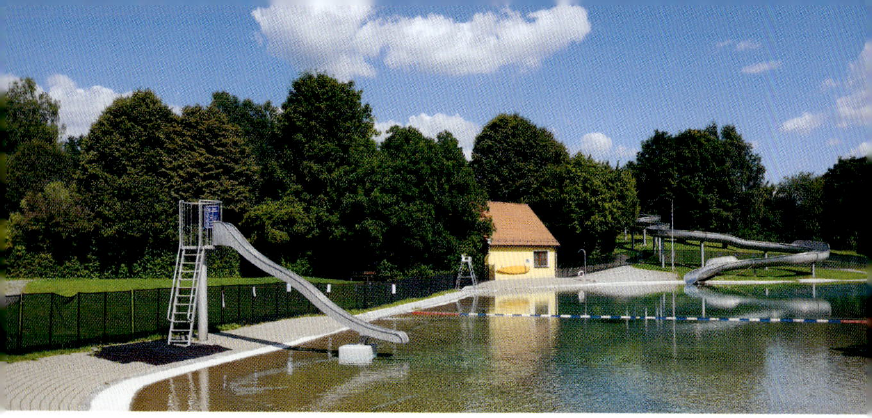

In der Freizeitanlage »Bäckeröd« können wir uns nach der Tour 20 abkühlen.

B6 Weidener Thermenwelt

Thermenwelt mit Kletterwand, Kinderspaßbecken, Kleinkinderbecken, Wildwasserkanal, Geysiren, Außenpool und Wasserrutsche. **Öffnungszeiten:** Siehe Internetseite. **Info:** Tel. +49 961 6713219, weidener-thermenwelt.de. **Adresse:** Raiffeisenstraße 7, 92637 Weiden i. d. OPf.

B7 Freizeitanlage »Bäckeröd«

Erlebnisbad inmitten der parkähnlichen Freizeitanlage mit Kiosk und Biergarten. **Öffnungszeiten:** Siehe Internetseite. **Info:** Tel. +49 9652 1584, waidhaus.de/tourismus/aktiv/freizeitanlage-baeckeroed. **Adresse:** Frankenreuther Straße 15, 92726 Waidhaus.

B8 Terrassenfreibad elasto form Hirschbach

Das Freibad verfügt über ein Schwimmerbecken, ein großes Nichtschwimmerbecken und ein Kinderplanschbecken. Terrassenförmig angeordnete Liegewiesen mit Badcafé. **Öffnungszeiten:** Bei schönem Wetter von Mitte Mai bis Anfang September Mo–Fr 12.00–19.00 Uhr, Sa, So und feiertags 9.00–19.00 Uhr. **Info:** Tel. +49 9152 8008, freibad-hirschbach.de. **Adresse:** An der Hasenleite 1, 92275 Hirschbach. **ÖPNV:** Haltestelle Hirschbach-Freibad der VGN-Linie 498.

B9 Naturbad Königstein

Naturfreibad mit großzügigem Wasserspiel- und Planschbereich und kleinem Bachlauf. **Öffnungszeiten:** Ab Mitte Mai bei schönem Wetter Mo–Fr 12.00–20.00 Uhr, Sa, So und feiertags 10.00–20.00 Uhr. **Info:** marktwerke-koenigstein.de/naturbad/naturbad. **Adresse:** Badstraße 1, 92281 Königstein. **ÖPNV:** Haltestelle Königstein-Freibad der VGN-Linien 447 und 457.

B10 MonteDünenbad

Freibad direkt neben dem Monte Kaolino mit Kinder- und Planschbereich und Erlebnisbecken. **Öffnungszeiten:** Siehe Internetseite. **Info:** Tel. +49 9622 81503, montekaolino-hirschau.de/duenenbad. **Adresse:** Wolfgang-Droßbach-Straße 114, 92242 Hirschau. **ÖPNV:** Haltestelle Hirschau-Freizeitpark der VGN-Linie 455.

B11 Freibad Illschwang

Kleines, aber feines Freibad mit Nichtschwimmerbecken und Kinderplanschbecken. **Öffnungszeiten:** Von Mitte Mai bis Mitte September Mo–Sa 9.00–20.00 Uhr, So 9.00–19.00 Uhr. **Info:** Tel. +49 9666 313, illschwang.de/freizeit-und-gaeste/aktiv-in-illschwang/freibad. **Adresse:** Am Pfarrerberg 2, 92278 Illschwang. **ÖPNV:** Haltestelle Illschwang-Schule der VGN-Buslinien 424, 466, 476 und 477.

B12 Kurfürstenbad Amberg

Das Bad mit insgesamt sieben Becken bietet für jeden Geschmack etwas: Erlebnis- und Planschbecken, Riesenrutsche, Wildwasserkanal und einen Außenbereich. **Öffnungszeiten:** Siehe Internetseite. **Info:** Tel. +49 9621 603830, kurfuerstenbad-amberg.de. **Adresse:** Kurfürstenring 2, 92224 Amberg. **ÖPNV:** Haltestelle Amberg-Kurfürstenbad der VGN-Linien 403, 404, 405, 410, 443, 454, 455, 457, 460, 461, 465, 471 und 476.

B13 Erlebnisbad Schwandorf

Eine Badelandschaft mit sechs Becken, Rutschen, separatem Eltern-Kind-Bereich mit Planschbecken und Spielplatz und einer Kneippanlage verspricht grenzenlosen Badespaß. **Öffnungszeiten:** Täglich 9.00–20.00 Uhr. **Info:** Tel. +49 9431 9442, www.schwandorf.de. **Adresse:** Schwimmbadstr. 1, 92421 Schwandorf.

B14 Bulmare

Badelandschaft mit Erlebnisbecken für die ganze Familie, Freibad, Strömungskanal, Sprudelbucht, Kinderbecken und Außenbecken. **Öffnungszeiten:** Täglich 10.00–22.00 Uhr. **Info:** Tel. +49 9471 601930, bulmare.de. **Adresse:** Im Naabtalpark 44, 93133 Burglengenfeld.

B15 Naturbadesee Altenveldorf

Großzügige Liegewiesen umgeben das Naturbad mit seinem Flachufer, Kinderplanschbecken und Spielplatz. **Öffnungszeiten:** Ab Mitte Mai bei schönem Wetter täglich 10.00–20.00 Uhr. **Info:** Tel. +49 9182 9389205, velburg.de/hp493/Naturbadesee.htm. **Adresse:** Seestraße 18, 92355 Velburg-Altenveldorf. **ÖPNV:** Haltestelle Altenveldorf der VGN-Linie 542.

B16 Stadtwerk.Westbad

Vielseitiges Erlebnisbad mit Wellenbecken, Riesenrutsche, Warminnenbecken, Warmaußenbecken und Kinderbecken. **Öffnungszeiten:** Täglich 9.00–22.00 Uhr. **Info:** Tel. +49 941 6012944, das-stadtwerk-regensburg.de/westbad. **Adresse:** Messerschmittstraße 4, 93049 Regensburg. **ÖPNV:** Haltestelle Westbad der RVV-Linie 11.

B17 AQACUR Bad Kötzting

Badewelt mit Indoor-Wasserwelten wie Thermarium, Solebecken, Jugend- und Kinderbereich und Wellenfreibad. **Öffnungszeiten:** Siehe Internetseite. **Info:** Tel. +49 9941 9475-0, aqacur.de/aqacur-badewelt-bad-koetzting.html. **Adresse:** Bgm.-Seidl-Platz 1, 93444 Bad Kötzting.

Freizeitparks und Erlebnisspielplätze

C1 Generationenpark Eschenbach i. d. OPf

Öffentlicher Park mit Bewegungs- und Kletterparcours, Wasser-Matsch-Bereich und verschiedenen Sportgeräten. **Öffnungszeiten:** Immer frei zugänglich. **Adresse:** Eschenbachweg, 92676 Eschenbach i. d. OPf.

C2 Megafun

Indoorspielplatz mit Ninja-Park, Trampolinen, Kletterburg, verschiedenen Fahrzeugen und Kleinkindbereich. **Öffnungszeiten:** Sa und So 13.00–18.30 Uhr. In der Sommerpause zwischen Ende Mai und Ende August geschlossen. **Info:** Tel. +49 9641 926789, megafun-grafenwoehr.de. **Adresse:** Am Waldbad 3, 92655 Grafenwöhr.

C3 MonteLift

Mitten im Sommer Skifahren auf dem Monte Kaolino. Per Lift geht es hinauf auf den 150 m hohen Quarzsandberg und mit Ski, Zipflbob oder Sandboard rasant wieder nach unten. **Öffnungszeiten:** Siehe Internetseite. **Info:** Tel. +49 9622 703713, montelift.de. **Adresse:** Wolfgang-Droßbach-Straße 114, 92242 Hirschau. **ÖPNV:** Haltestelle Hirschau-Freizeitpark der VGN-Linie 455.

C4 Piratenspielplatz Amberg

Spielen und Toben auf dem Wasserspielplatz des ehemaligen Landesgartenschaugeländes. Bei gutem Wetter steht nebenan ein Kiosk bereit. **Öffnungszeiten:** Jederzeit zugänglich, Kiosk von April bis September an schönen Tagen. **Info:** dav-weiden.de/familiengruppe/ausflugstipps-familiengruppe/ausflugstipps-region/578-piratenspielplatz-amberg. **Adresse:** Werner-von-Siemens-Straße 62, 92224 Amberg. **ÖPNV:** Haltestelle Amberg-Ohmstr. der VGN-Linien 451 und 454.

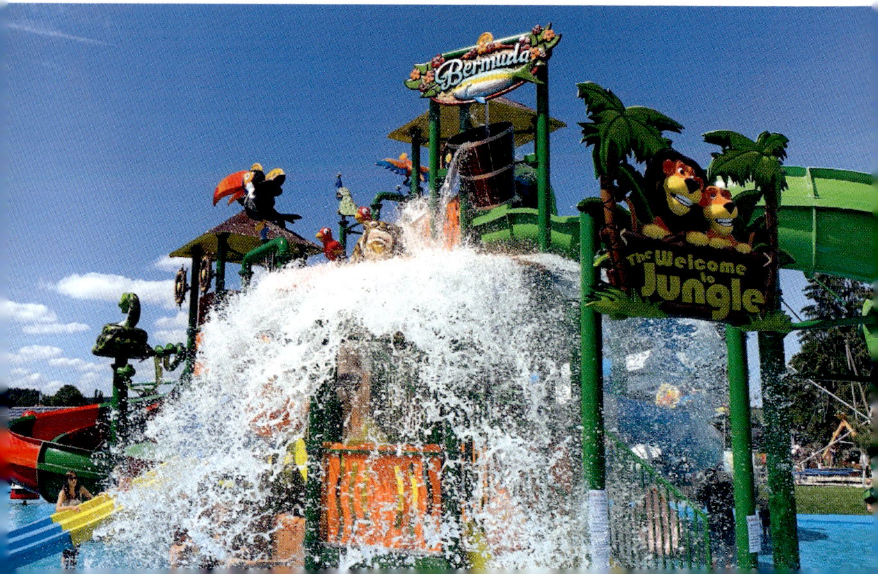

Spritzige Abenteuer im Churpfalzpark.

C5 Indoorspielplatz Nabba Dabba Doo

Auch bei schlechtem Wetter toben, klettern und springen. Tickets müssen online vorab gebucht werden. **Öffnungszeiten:** Siehe Internetseite. **Info:** Tel. +49 9433 7999079, nabbadabbadoo.de. **Adresse:** Schulstraße 12, 92507 Nabburg. **ÖPNV:** Haltestelle Nabburg-Diendorf Schwarzes Marterl der Stadtbus-Linie.

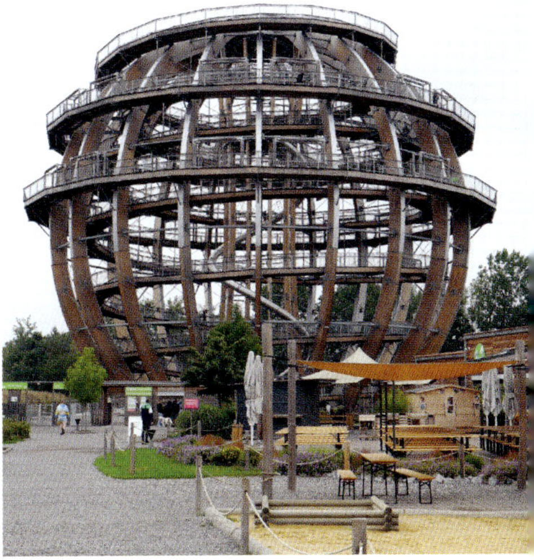

Erlebnisholzkugel – Rutschpartie im Inneren.

C6 Erlebnisholzkugel am Steinberger See

Weltgrößte begehbare Erlebnisholzkugel direkt neben dem Steinberger See mit über 30 Erlebnisstationen, zwei Hängebrücken in wackliger Höhe und einer 80-m-Riesenrutsche. **Öffnungszeiten:** Anfang Februar bis Anfang November Mo–Fr 9.30–18.00 Uhr, Sa 9.00–21.30 Uhr und So 9.00–18.00 Uhr. **Info:** Tel. +49 9431 7986516, dieholzkugel.de. **Adresse:** In der Oder 7, 92449 Steinberg am See.

C7 Wölpi Spielfabrik

Indoorspielplatz mit Rutschen, Hüpfburgen, Trampolin und elektrischen Fahrzeugen. **Öffnungszeiten:** Siehe Internetseite. **Info:** Tel. +49 9181 2651310, woelpiland.de. **Adresse:** Eggenstraße 17a, 92318 Neumarkt i. d. OPf. **ÖPNV:** Haltestelle Neumarkt-Milchhofstr. der VGN-Linien 563 und 573.

C8 Jump-o-Mania Kids World Grünthal

Kidsworld mit Kletterturm, Wabbelberg, Trampolinen, Soccer Court, Kartbahn, Kletterwand und Kleinkindbereich. **Öffnungszeiten:** Siehe Internetseite. **Info:** Tel. +49 9407 9587750, kidsworld-regensburg.de. **Adresse:** Brandlbergstr. 59, 93173 Wenzenbach-Grünthal. **ÖPNV:** Haltestelle Grünthal-Schützenheimweg der RVV-Linie 34.

C9 Jump-o-Mania Trampolinpark Regensburg

Trampolinpark mit Sprungturm, Battlebeam, Court und Airbags. **Öffnungszeiten:** Siehe Internetseite. **Info:** Tel. +49 941 20827644, jump-o-mania.de/trampolinpark. **Adresse:** Lilienthalstraße 4, 93049 Regensburg. **ÖPNV:** Haltestelle Regensburg-Dechbetten der RVV-Linie 10.

C10 Churpfalzpark

Großflächiger Freizeitpark mit Bob-Coaster, Wasserrutschenparadies, allerlei Fahrgeschäften, Riesen-Sandspielplatz, Bumperbooten und vielem mehr. **Öffnungszeiten:** Siehe Internetseite. **Info:** Tel. +49 9971 30340, churpfalzpark.de. **Adresse:** Churpfalzweg 6, 93455 Traitsching.

Klettern

D1 MonteHochseilgarten

Klettergarten mit sechs Parcours für jedes Level. Um Voranmeldung wird gebeten. **Öffnungszeiten:** Siehe Internetseite. **Info:** Tel. +49 152 01622150, montekaolino-hirschau.de/erlebniswelten/montehochseilgarten. **Adresse:** Wolfgang-Droßbach-Straße 114, 92242 Hirschau. **ÖPNV:** Haltestelle Hirschau-Freizeitpark der VGN-Linie 455.

D2 Kletterwald Straßmühle

Kletterwald mit 110 Kletterübungen. Nebenan liegt der Wildpark Faberhof, der kostenlos besucht werden kann. **Öffnungszeiten:** Siehe Internetseite. **Info:** Tel. +49 176 41679823, kletterwald-strassmuehle.de. **Adresse:** Straßmühle 21, 90602 Pyrbaum. **ÖPNV:** Haltestelle Straßmühle Faberhof der VGN-Linie 601.

D3 Hochseilgarten Erlebniswelt Velburg

Hochseilgarten mit Kleinkinderparcours ab 3 Jahren und fünf verschiedenen Kinderparcours. **Öffnungszeiten:** Siehe Internetseite. **Info:** Tel. +49 9182 446, erlebniswelt-velburg.de. **Adresse:** St. Colomann 11, 92355 Velburg. **ÖPNV:** Haltestelle Sankt Colomann der VGN-Anrufsammeltaxilinie A580.

D4 Kletterwald Regensburg

Kletterwald für die ganze Familie mit 13 Kletterparcours und Kinderparcours, auf dem schon ab 4 Jahren geklettert werden darf. **Öffnungszeiten:** Siehe Internetseite. **Info:** Tel. +49 941 30767446 bzw. Tel. +49 152 53606738, kletterwald-regensburg.de. **Adresse:** Rieglinger Höhe 2, 93161 Sinzing. **ÖPNV:** Haltestelle Walderlebniszentrum der RVV-Linien 26 und 27.

D5 Boulderwelt Regensburg

Boulderhalle auf zwei Ebenen mit extra Kleinkinderbereich. **Öffnungszeiten:** Siehe Internetseite. **Info:** Tel. +49 941 89963606; boulderwelt-regensburg.de. **Adresse:** Im Gewerbepark, A46, 93059 Regensburg. **ÖPNV:** Haltestelle Vilsstr./Gewerbepark der RVV-Linien 5 und 8.

Nervenkitzel im Hochseilgarten Erlebniswelt Velburg.

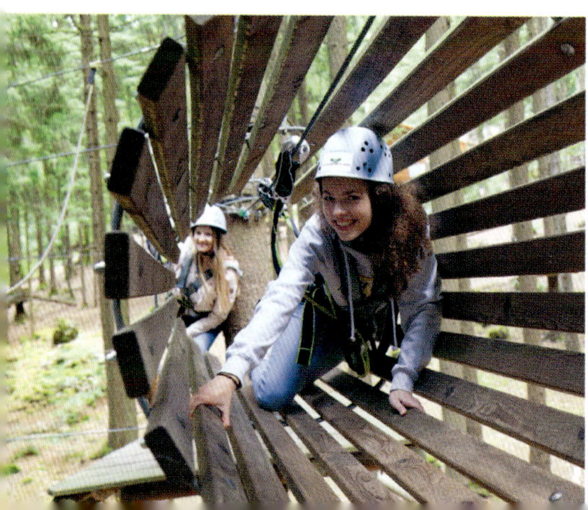

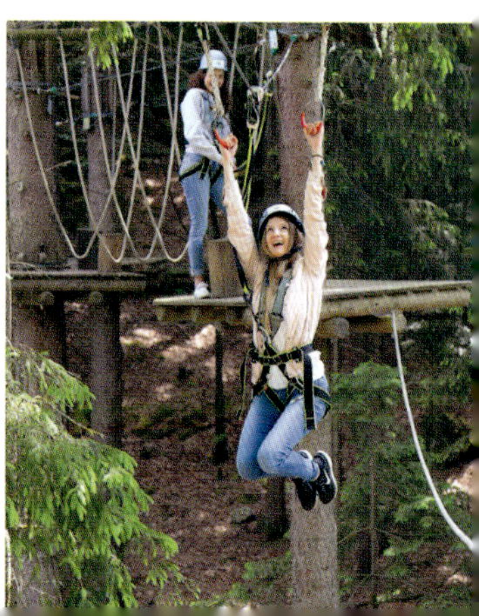

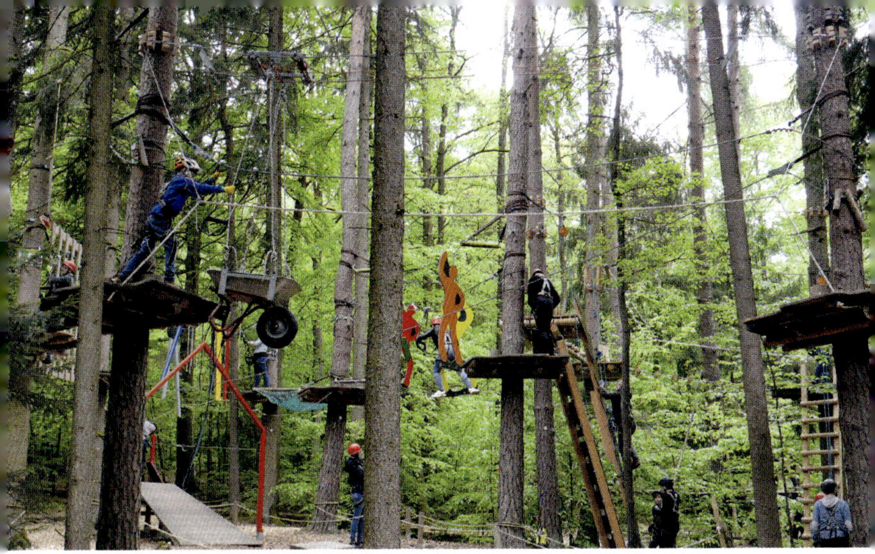

Rodel- und Kartbahnen

OBEN

Kletterwald Regensburg – schon ab 4 Jahren.

UNTEN

Hohenbogen – rasant ins Tal mit der Sommerrodelbahn (s. Tour 41).

- Sommerrodelbahn Hohenbogen (Tour 41)

E1 Sommerrodelbahn Großbüchelberg

Sommerrodelbahn mit Panoramablick über das Stiftland. **Öffnungszeiten:** wetterbedingt, siehe Internetseite. **Info:** Tel. +49 9633 3985 oder +49 9633 8377, freizeitbahn.de. **Adresse:** Großbüchlberg 31, 95666 Mitterteich.

E2 MonteCoaster

Mit den Coaster-Schlitten hoch auf den 150 m hohen Quarzsandberg Monte Kaolino. Anschließend rasant hinab ins Tal. **Öffnungszeiten:** Siehe Internetseite. **Info:** Tel. +49 9622 703 713, montecoaster.de. **Adresse:** Wolfgang-Droßbach-Straße 114, 92242 Hirschau. **ÖPNV:** Haltestelle Hirschau-Freizeitpark der VGN-Linie 455.

E3 ProKart Wackersdorf

Kartfahren auf Profibahnen bei jedem Wetter. **Öffnungszeiten:** Getrennte Öffnungszeiten für Outdoor- und Indoorbetrieb, siehe Internetseite. **Info:** Tel. +49 9431 75520, prokart-raceland.com. **Adresse:** Industriestr. 8, 92442 Wackersdorf. **ÖPNV:** Haltestelle Wackersdorf Industriegebiet/Kart-Bahn der TON-Linie 106.

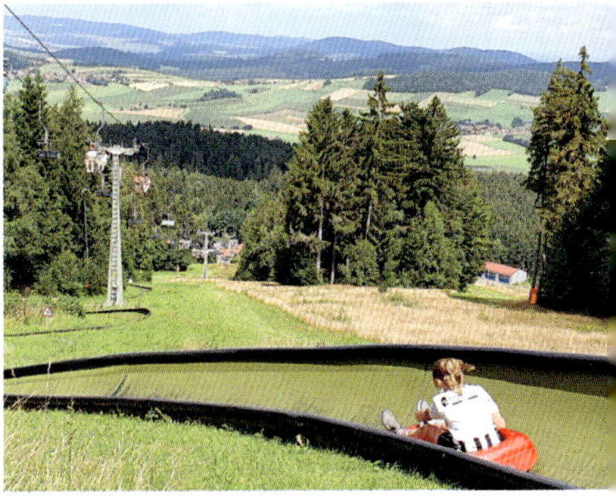

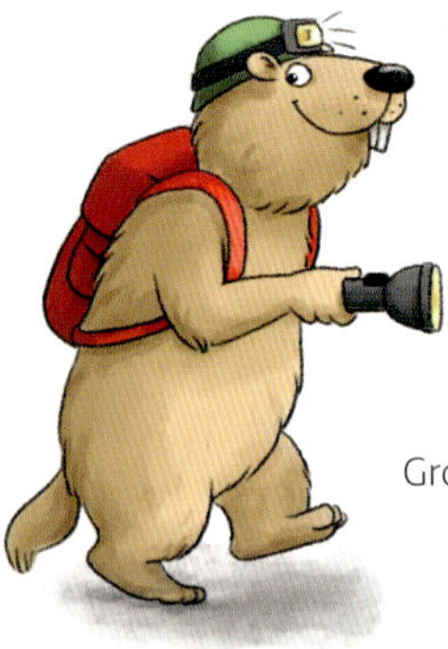

Höhlen

F1 Maximiliansgrotte

In einer ca. halbstündigen Führung bestaunt man die bizarre Kalksteinwelt der 1200 Meter langen Grotte und den größten Tropfstein Deutschlands, den »Eisberg«. **Öffnungszeiten:** Von Anfang April bis Ende Oktober Sa und So, detaillierte Führungszeiten siehe Internetseite. **Info:** Tel. +49 9156/434, maximiliansgrotte.de. **Adresse:** Grottenhof, 91284 Neuhaus-Krottensee.

F2 Osterhöhle Trondorf

185 Meter lange Tropfsteinhöhle mit Höhlensee und Sinterbecken. Die danebenliegende Gaststätte lädt zum Verweilen ein. **Öffnungszeiten:** Von Karfreitag bis Ende Oktober Sa, So und feiertags. 30-minütige Führungen von 12.00 bis 17.00 Uhr immer zur vollen Stunde. **Info:** Tel. +49 9663 2009747, osterhoehle.net. **Adresse:** Trondorf, 92259 Neukirchen bei Sulzbach-Rosenberg.

F3 Schwandorfer Felsenkeller-Labyrinth

Auf den Spuren der sogenannten »Kellerdiebe« wandeln wir durch das Labyrinth aus Felsenkellergängen und -räumen. **Öffnungszeiten:** Siehe Internetseite. **Info:** Tel. +49 9431 45550, www.schwandorf.de/Kultur-Tourismus/Felsenkeller-Labyrinth. **Adresse:** Kirchengasse 1, 92421 Schwandorf. **ÖPNV:** Haltestelle Schwandorf-Rathaus der Citybus-Linien 102A und 102B.

F4 König-Otto-Tropfsteinhöhle

Imposante Stalagmiten und Stalaktiten können hier bei einer ca. 45 Minuten langen Führung bestaunt werden. **Öffnungszeiten:** Siehe Internetseite. **Info:** Tel. +49 9182 446, erlebniswelt-velburg.de. **Adresse:** St. Colomann 11, 92355 Velburg. **ÖPNV:** Haltestelle Sankt Colomann der VGN-Anrufsammeltaxilinie A580.

Die Führung durch die König-Otto-Tropfsteinhöhle ...

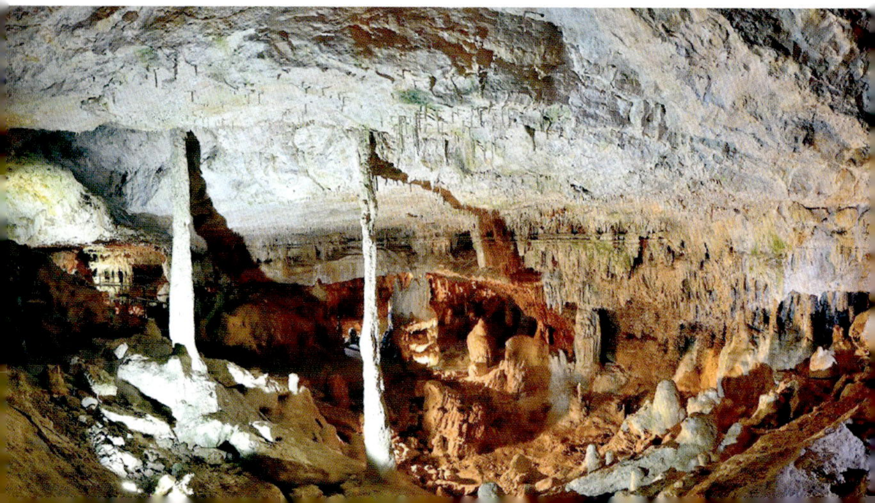

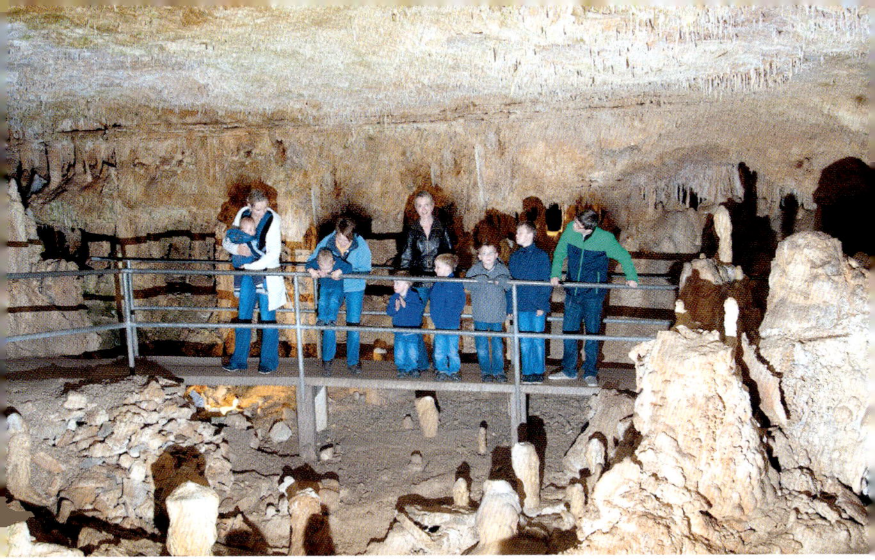

Burgen und Schlösser

OBEN

... ist ein spannender Ausflug in die Unterwelt.

UNTEN

Burgruine Obermurach – in einem Schulranzen findet sich das Fernglas.

G1 Burg Falkenberg

Wunderschön auf einem Felssporn thront die frisch sanierte Burg über dem Ort und dem Waldnaabtal. Im Rahmen der Führung wird an 20 Stationen auf vier Geschossen die Geschichte der Burg erzählt. **Öffnungszeiten:** Burgführungen an Sonn- und Feiertagen um 15.30 Uhr. Treffpunkt ist an der Burgbrücke. **Info:** Tel. +49 9637 9299450, burg-falkenberg.bayern. **Adresse:** Burg 1, 95685 Falkenberg.

G2 Burgruine Liebenstein

Aussichtsreich gelegene Burgruine. **Öffnungszeiten:** Jederzeit zugänglich. **Info:** burgenseite.de/html/liebenstein.html. **Adresse:** Liebenstein 18, 95703 Plößberg.

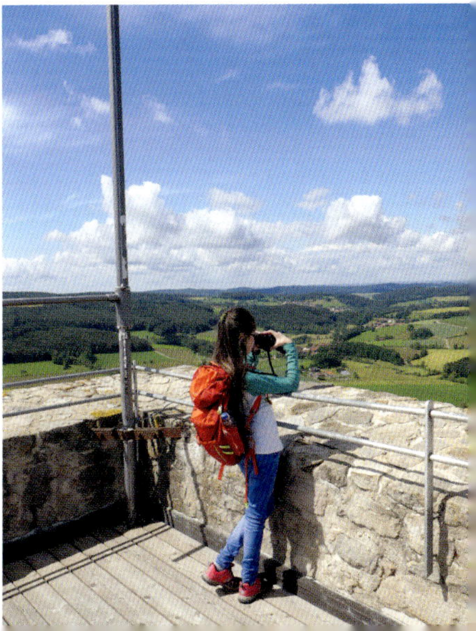

G3 Burgruine Obermurach / Haus Murach

Nachdem man das Eingangstor zur Burganlage aufgeschlossen hat, kann der Burgfried erklommen werden. **Öffnungszeiten:** Jederzeit zugänglich, eventuell muss der Burgschlüssel beim Burgwart im Ort abgeholt werden. **Info:** burgenseite.de/html/obermur.html. **Adresse:** Obermurach 1, 92526 Oberviechtach.

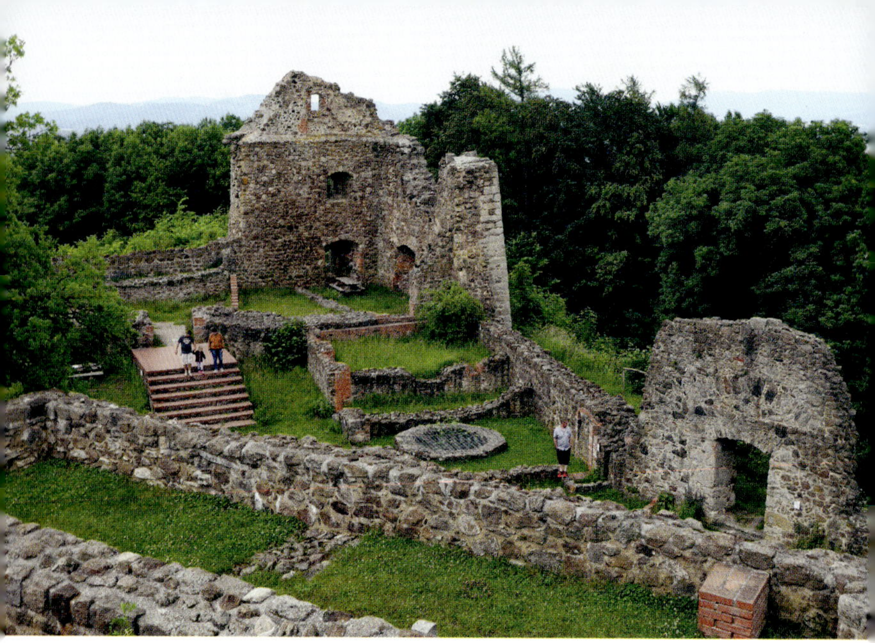

OBEN
Burgruine Runding.

UNTEN
Burgruine Brennberg.

G4 Burg Wolfsegg

Eine der am besten erhaltenen Burgen der Oberpfalz, gelegen über einem ausgedehnten Höhlensystem. **Öffnungszeiten:** 01. Mai bis 03. Oktober Sa, So und feiertags 10.00–16.00 Uhr. **Info:** Tel. +49 9409 1660, burg-wolfsegg.de. **Adresse:** Burggasse 7, 93195 Wolfsegg. **ÖPNV:** Haltestelle Wolfsegg-Ortsmitte der RVV-Linien 13, 15, 42, 109 und 142.

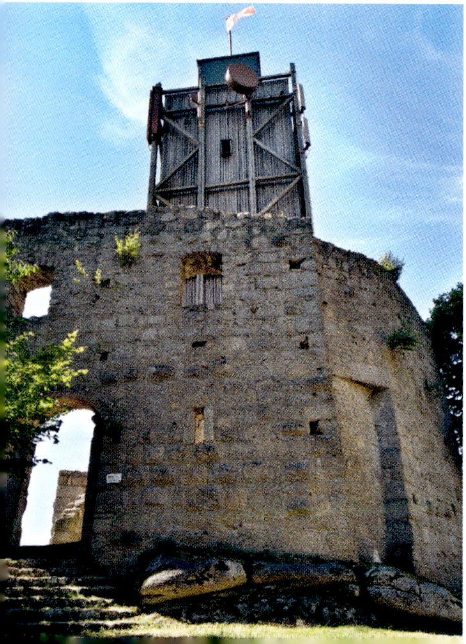

G5 Burg Brennberg

Reste einer großen Burganlage, von deren Holzturm man weit ins Umland blicken kann. **Öffnungszeiten:** Jederzeit zugänglich. **Info:** brennberg.de. **Adresse:** Lerchenfeldstraße, 93179 Brennberg.

G6 Burgruine Runding

Wer mag, kann die Burg Runding auf eigene Faust erkunden oder von Mai bis September um 10.30 Uhr an einer Burgführung teilnehmen. **Öffnungszeiten:** Jederzeit zugänglich. **Info:** burgfreunde-runding.de. **Adresse:** Zur Burgruine 5, 93486 Runding.

Museen

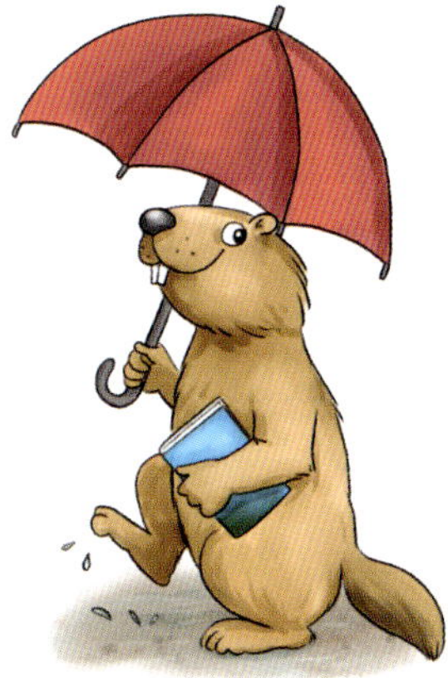

- Museum Vulkanerlebnis Parkstein (Tour 13)

H1 MuseumsQuartier Tirschenreuth

Hier im Fischereimuseum erfährt man vieles über die rund 100 Jahre alte Teichwirtschaft der Region. **Öffnungszeiten:** Di bis So und feiertags 11.00–17.00 Uhr. **Info:** Tel. +49 9631 6122, daszwoelfer.de/de/die-museen. **Adresse:** Regensburger Straße 6, 95643 Tirschenreuth.

H2 Geschichtspark Bärnau-Tachov

Mit rund 30 rekonstruierten mittelalterlichen Gebäuden in drei Siedlungsgruppen zeigt der Geschichtspark die historische Entwicklung der Region. Hier erfahren wir, wie die Menschen vor mehr als 1000 Jahren wohnten, arbeiteten und was sie aßen. **Öffnungszeiten:** Ende März bis Anfang November Di bis So 10.00–18.00 Uhr, letzter Einlass 17.00 Uhr. Mo – außer an Feiertagen – geschlossen. **Info:** Tel. +49 9635 9249975, geschichtspark.de. **Adresse:** Naaber Straße 5b, 95671 Bärnau.

H3 Bergbau- und Industriemuseum Ostbayern im Kultur-Schloss Theuern

Das Museum widmet sich der Bergbaugeschichte in der Region. Die Außenstellen Hammerwerk, Strommuseum, Förderturm und Spiegelschleife können auf einem Rundweg besucht werden. **Öffnungszeiten:** Di bis Sa 9.00–17.00 Uhr, So und feiertags 10.00–17.00 Uhr. **Info:** Tel. +49 9621 397930, kultur-schloss-theuern.de. **Adresse:** Portnerstraße 1, 92245 Kümmersbruck. **ÖPNV:** Haltestelle Schloss Theuern der VGN-Linie 451, 454 und 470.

Mittelalter erleben im Geschichtspark Bärnau-Tachov.

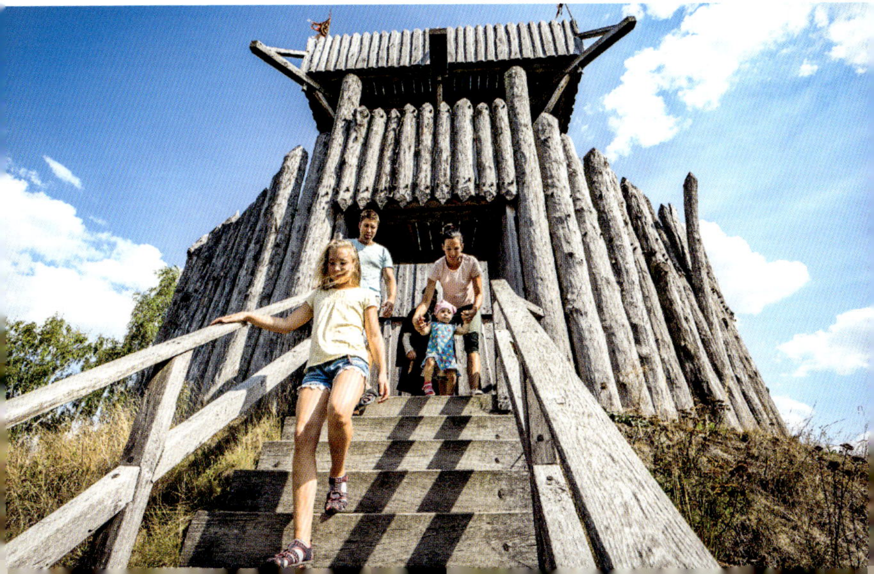

H4 Freilandmuseum Oberpfalz

Das ausgedehnte Museumsgelände lädt zum Erkunden ein. An Sonn- und Feiertagen finden regelmäßig Mitmachprogramme für die ganze Familie statt. **Öffnungszeiten:** Von Mitte März bis Anfang November Di bis So 9.00–18.00 Uhr, Mo geschlossen, außer an Feiertagen. **Info:** Tel. +49 9433 24420, freilandmuseum-oberpfalz.de. **Adresse:** Neusath 200, 92507 Nabburg. **ÖPNV:** Haltestelle Neusath-Freilandmuseum der BAXI-Linie 8402.

H5 Naturkundemuseum Ostbayern

In der Dauerausstellung wird der Naturraum Ostbayern dargestellt. Familien mit Kindern können sich mit einer Forscherkiste auf den Weg durch das Museum begeben. **Öffnungszeiten:** Mo 9.00–12.00 Uhr, Di–Fr 9.00–16.00 Uhr und So 10.00–17.00 Uhr, Sa geschlossen. **Info:** Tel. +49 941 5073443, nmo-regensburg.de. **Adresse:** Am Prebrunntor 4, 93047 Regensburg. **ÖPNV:** Haltestelle Ostdeutsche Galerie der RVV-Linien 6 und 11.

H6 Further Erlebniswelt Flederwisch

Romantischer Abenteuergarten, in dem beispielsweise auf dem »Pfad der Technik« Gold gewaschen, Edelsteine geschürft oder ein Drachen bezwungen werden können. **Öffnungszeiten:** Siehe Internetseite. **Info:** Tel. +49 9973 1229, drachenschmiede-flederwisch-furth.de. **Adresse:** Am Lagerplatz 5, 93437 Furth im Wald.

Unterwegs in der Further Erlebniswelt Flederwisch.

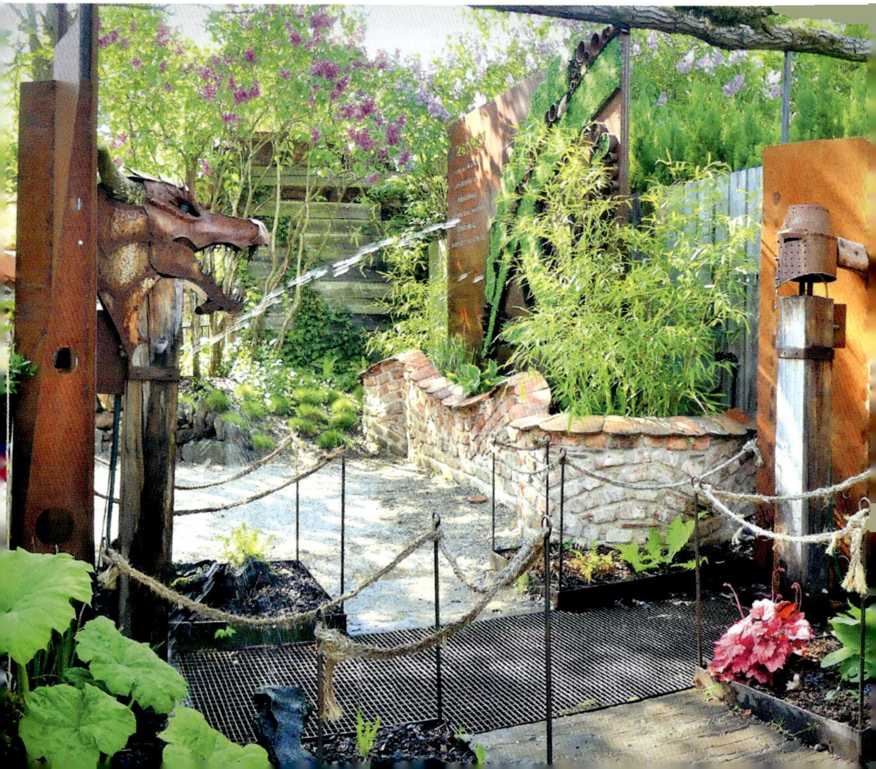

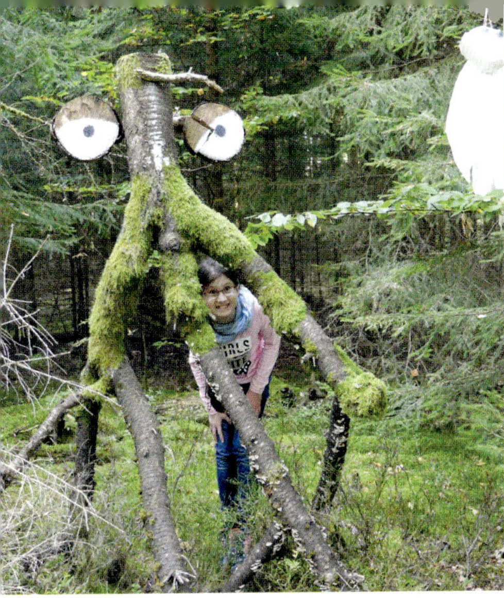

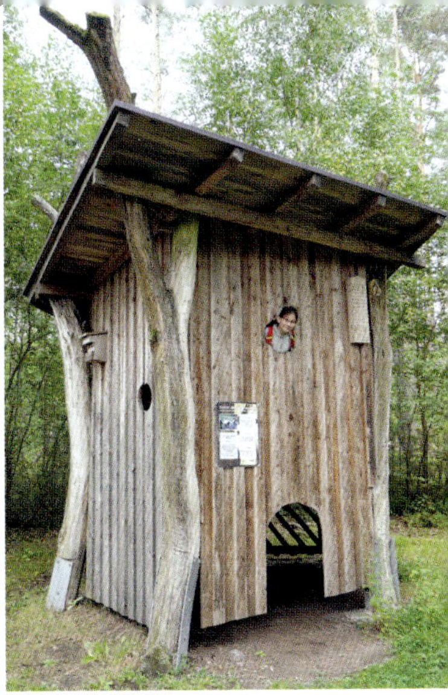

LINKS

Im Geisterwald Harlachberg.

RECHTS

Am Naturerlebnispfad Bierlohe Grafenwöhr.

Lehr- und Erlebnispfade

11 Schleifererpfad in der Glasschleife

Ein 1,6 km langer, versteckter Pfad führt uns vorbei am Wasserrad und dem Stauweiher der ehemaligen Glasschleife. Zu bestaunen ist auch der höchste Wasserfall im Steinwald. **Ausgangspunkt:** Wanderparkplatz kurz vor der Glasschleife (GPS: N49.923389 E12.016528).

12 Geisterwald Harlachberg

Links und rechts des liebevoll gestalteten 1 km langen Wegs spuken lustige, fantasievolle Figuren und begleiten uns auf unserem Weg durch den Geisterwald. **Ausgangspunkt:** Wanderparkplatz am Hochbehälter Harlachberg, Gemeinde Pullenreuth (GPS: N49.92443, E12.03099).

13 Walderlebnispfad Glasberg Waldsassen

Mit Eichhörnchen »Bixi« hüpfen wir auf 3,8 km von einer Erlebnisstation zur nächsten, um etwas über den Wald zu erfahren und ihn zu erleben. Zusätzlich erhaschen wir einen Blick auf die Türme der Basilika Waldsassen und der Dreifaltigkeitskapelle Kappl. **Ausgangspunkt:** Parkplatz am Sportheim des ASV Waldsassen, Schützenstraße 83, 95652 Waldsassen.

14 Naturerlebnispfad Bierlohe Grafenwöhr

Auf dem kurzweiligen Erlebnispfad von 1,3 km Länge lässt sich so einiges entdecken. Eine begehbare Spechthöhle, ein Wasserspielplatz und die anmutige Weidenkathedrale aus geflochtenen, lebendigen Weiden laden zum Spielen ein. **Ausgangspunkt:** Parkplatz am Waldrand; Ende der Bierlohstraße (Navi: Bierlohstraße 50, 92655 Grafenwöhr).

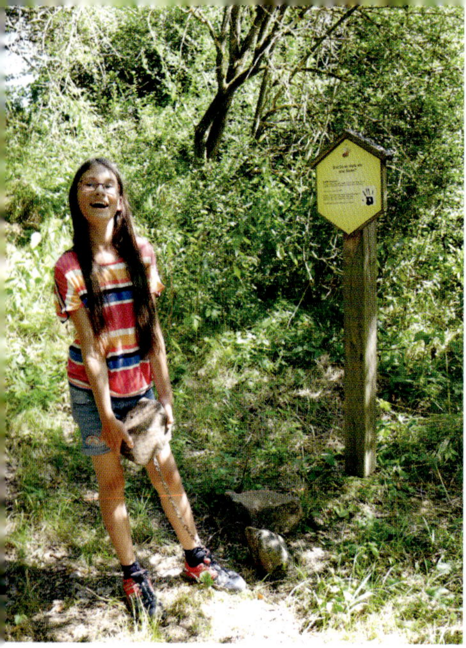

Bienenlehrpfad Hetzenbach – so stark sein wie eine Biene.

I5 Walderlebniswelt Winterleite
Der 3 km lange Rundweg durch einen stillen, naturbelassenen Wald bietet eine abwechslungsreiche Mischung an Erlebnisstationen. **Ausgangspunkt:** Parkplatz im Waldgebiet Winterleite am Ende der Winterleitenstraße von Pressath (GPS: N49.771574 E11.977217).

I6 PleySteinpfad
Der Geologielehrpfad mit Informationstafeln und Erlebnisstationen schlängelt sich auf 1 km Länge durch den Wald oberhalb von Pleystein. **Ausgangspunkt:** Am Sonnenhang 7, 92714 Pleystein.

I7 Bienenlehrpfad Hetzenbach
Schautafeln und interaktive Stationen vermitteln auf einem 3,4 km langen Rundweg alles, was man über Bienen wissen muss. **Ausgangspunkt:** Parkplatz an der Kirche, Leonhardiweg, 93199 Zell-Hetzenbach. **ÖPNV:** Haltestelle Hetzenbach Gasthof Linde der RVV-Linie 34.

Sonstige Freizeitttipps

J1 Eissporthalle Mitterteich
Jeweils Samstags findet eine Eisdisco statt. Schlittschuhe können ausgeliehen werden. **Öffnungszeiten:** Siehe Internetseite. **Info:** Tel. +49 9633 8253, mitterteich.de/eishalle.html. **Adresse:** Am Bad 6, 95666 Mitterteich. **ÖPNV:** Während der Wintermonate Eishallenbus von verschiedenen Orten der nördlichen Oberpfalz, siehe fahrmit-tirschenreuth.de/eishallenbus.

J2 Gerhard-Franz-Volkssternwarte
Hier kann man den Himmel mit einem der größten öffentlich zugänglichen Teleskope Bayerns beobachten. **Öffnungszeiten:** September bis Ende März ab 20.00 Uhr, April bis Ende August ab 22.00 Uhr. **Info:** Tel. +49 9631 600163, sternwarte-tirschenreuth.de. **Adresse:** An der Sternwarte, 95643 Tirschenreuth.

J3 Plättenfahrten auf der Vils
Fahrt mit der Plätte durch die ursprüngliche Landschaft der Vilsauen mit Infos und Anekdoten. **Abfahrtszeiten:** Siehe Internetseite. **Info:** Tel. +49 9621 101239, tourismus.amberg.de/plaettenfahrten. **ÖPNV:** Haltestelle Amberg-Kurfürstenbad der VGN-Linien 403, 404, 405, 410, 443, 454, 455, 457, 460, 461, 465, 471 und 476. **Adresse:** Schiffgasse, 92224 Amberg.

J4 Hans-Schröpf-Arena

Eislaufarena mit Hallen- und Freiluftbereich. **Öffnungszeiten:** Siehe Internetseite. **Info:** Tel. +49 961 6713225, eisstadion-weiden.de. **ÖPNV:** Haltestelle Salzbrücke/WTW der Wies-Bus-Linie 1 und 91. **Adresse:** Raiffeisenstraße 5, 92637 Weiden i. d. OPf.

J5 Planetarium Ursensollen

Hochmodernes Planetarium, das sowohl den Himmel über der Oberpfalz als auch unser Universum erklärt. Tickets für die Vorführungen müssen vorher gekauft oder reserviert werden. **Öffnungszeiten:** Fr 18.30–22.30 Uhr und So 16.30–20.30 Uhr. Freitags ist auch ein Besuch der Sternwarte möglich. **Info:** Tel. +49 9628 9297692, planetarium-ursensollen.de. **Adresse:** Allmannsberger Weg 20, 92289 Ursensollen.

J6 Wild Wake Park

Vier Seilbahnen bieten hier für jedes Niveau ideale Bedingungen zum Wakeboarden. Für Kinder von 6 bis 9 Jahren findet jeden Sonntag am Übungslift ein Bambinikurs statt. **Öffnungszeiten:** Siehe Internetseite. **Info:** Tel. +49 9431 790380, wildwakepark.de. **Adresse:** In der Oder 1, 92449 Steinberg am See.

J7 Volkssternwarte Regensburg

In einem Einführungsvortrag werden die Grundlagen erklärt, anschließend kann der Sternenhimmel beobachtet werden. **Öffnungszeiten:** Jeden Freitag von September bis April ab 20.00 Uhr und von Mai bis August ab 21.00 Uhr. An Feiertagen und in der Sommerpause zwischen 1. Juni und 15. Juli geschlossen. **Info:** Tel. +49 941 562682, sternwarte-regensburg.de. **Adresse:** Ägidienplatz 2, 93047 Regensburg.

J8 Kindgerechte Stadtführungen in Regensburg

Verschiedene Stadtführungen, die sich speziell an Kinder und Jugendliche richten. Es werden Safaris und Entdeckertouren angeboten. **Termine:** Siehe Internetseite, vorherige Anmeldung erforderlich. **Info:** kulttouren.de. **Adresse:** Rathausplatz 1, 93047 Regensburg. **ÖPNV:** Haltestelle Fischmarkt der RVV-Linien 1, 2, 4 und 11.

J9 Schifffahrten und Strudelfahrten auf der Donau

Verschiedene Rundfahrten zu den Strudeln oder bis zur Walhalla. **Fahrplan:** Siehe Internetseiten. **Info:** schifffahrtklinger.de und donauschifffahrt.eu. **Adresse:** Thundorferstraße 6, 93047 Regensburg. **ÖPNV:** Haltestelle Thundorferstraße der RVV-Linien 1, 2, 4 und 11.

J10 Donau-Arena

Eislaufen zu Discomusik. Schlittschuhe können gegen Gebühr ausgeliehen werden. **Öffnungszeiten:** Eislaufsaison von Ende September bis Ende März, detaillierte Terminpläne und Öffnungszeiten sind auf der Internetseite während der Saison ersichtlich. **Info:** Tel. +49 941 6012988, das-stadtwerk-regensburg.de/donau-arena/eislauf. **Adresse:** Walhalla-Allee 24, 93059 Regensburg. **ÖPNV:** Haltestelle Donau-Arena der RVV-Linien 5 und 39.

Stichwortverzeichnis